中国制度
十二讲

姜治莹 主编 孙正聿 邴正 周光辉 等 编著

人民出版社

目　录

1

第一讲　千秋伟业铸巨制

——中国特色社会主义制度更加成熟更加定型

姜治莹*

《商君书》云："凡将立国，制度不可不察也"。一个国家的制度具有全局性、长期性与稳定性的特征，是治国之根本所在。制度优势是一个国家最大的优势，制度稳则国家稳，国家稳则四海平。习近平总书记指出："新中国成立 70 年来，中华民族之所以能迎来从站起来、富起来到强起来的伟大飞跃，最根本的是因为党领导人民建立和完善了中国特色社会主义制度，形成和发展了党的领导和经济、政治、文化、社会、生态文明、军事、外事等各方面制度，不断加强和完善国家治理。"[①]中国特色社会主义制度不断发展和完善，分别在理论基础、社会实践、立场根基与价值理想四个维度全方位展现出中国之治的巨大制度优越性。反过来，理论基础、社会实践、立场根基与价值理想四个维度相互配合、紧密关联，构成一个有机的系统和整体。中国特色社会主义制度深深植根于人民性立场，以马克思主义理论为坚实基础，指导改革开放伟大实践，三者统一于"为人民谋幸福、为民族谋复兴、为世界谋大同"的价值理想追求，共同致力于巩固与稳定中国特

---

*　作者系吉林大学党委书记。

① 习近平：《坚持和完善中国特色社会主义制度　推进国家治理体系和治理能力现代化》，《求是》2020 年第 1 期。

1

色社会主义制度，为推动中国特色社会主义制度走向更加成熟更加定型的崭新局面注入不竭动力。概括来说，从理论基础上看，中国特色社会主义制度的优势集中体现在它的思想高度、时代内涵以及文明逻辑上，坚守马克思主义理论立场的中国特色社会主义制度不仅创新性地发展了马克思主义，而且为指引和开辟人类文明发展道路的新形态作出重要贡献；在社会实践层面上，中国的改革开放是一场伟大的社会实践，改革开放可谓是现代中国的一场革命，这场革命最为重要的社会实践成果，就是创造性地构建、发展和完善了中国特色社会主义制度；就立场根基而言，中国特色社会主义制度根植于人民性立场，对"人民性"的聚焦不仅是马克思主义最鲜明的品格，也是中国特色社会主义制度不断完善的现实表达；此外，理论基础的深化、实践探索的成功、人民性立场的坚守都离不开价值追求层面的引领，"为人民谋幸福、为民族谋复兴、为世界谋大同"的理想旨趣在理论基础、历史底蕴、理想情怀三个方面彰显中国之治的制度优势，构成推动中国特色社会主义更加成熟更加定型不可或缺的价值理想与目标导向。

一、理论优势：符合中国实际的当代中国马克思主义

一个国家选择什么样的治理体系，是由这个国家的历史传承、文化传统、经济社会发展水平决定的，是由这个国家的人民决定的。新中国成立特别是改革开放以来，中国共产党领导全国人民创造了世所罕见的"两大奇迹"：经济的快速发展和社会的长期稳定。中华民族迎来了从站起来、富起来到强起来的伟大飞跃。同时，我们党根据我国传统、现实国情和长期治理经验，创立、发展和形成了中国特色社会主义理论体系，创造性地推进国家治理体系和治理能力现代化。党的十九届四中全会《决定》指出："中国特色社会主义制度和国家治理体系是以马克思主义为指导、植根中国大地、具有深厚中华文化根基、深得人民拥护的制度和治理体系，

是具有强大生命力和巨大优越性的制度和治理体系，是能够持续推动拥有近十四亿人口大国进步和发展、确保拥有五千多年文明史的中华民族实现'两个一百年'奋斗目标进而实现伟大复兴的制度和治理体系。"① 中国国家治理体系是在中国共产党领导下管理国家的制度体系，是中国共产党带领中国人民，把马克思主义国家治理理论与中国实际相结合的伟大实践，它有着坚实的理论基础、丰富的实践经验、鲜明的理论立场和崇高的价值追求。它不仅凝结着我们党团结带领人民不懈奋斗的丰富经验，也充分证明中国特色社会主义制度和国家治理体系具有显著优势。

中国之治的优越性首先体现在制度层面，而制度的产生必须有坚实的理论支撑。中国特色社会主义制度是党和人民在长期实践探索中形成的科学制度体系，我国国家治理的一切工作和活动都依照中国特色社会主义制度展开，我国国家治理体系和治理能力是中国特色社会主义制度及其执行能力的集中体现。在推进中国特色社会主义的伟大实践中，我们党坚持把马克思主义基本原理同当代中国实际和时代特征相结合，创立、发展和形成了中国特色社会主义理论体系。这一理论体系是改革开放伟大实践的宝贵结晶，是深深扎根于中国大地、符合中国实际的当代中国马克思主义，具有无可比拟的理论优势。具体来看，中国特色社会主义理论优势集中体现在它的思想高度、时代内涵以及文明逻辑上。

（一）中国特色社会主义制度之所以具有无可比拟的理论优势，首先在于它始终坚持马克思主义的理论立场，是科学社会主义的生动展现

中国特色社会主义理论体系并不是别的什么理论，它是马克思主义、

---

① 《中共中央关于坚持和完善中国特色社会主义制度　推进国家治理体系和治理能力现代化若干重大问题的决定》，人民出版社 2019 年版，第 2—3 页。

科学社会主义基本原理在当代中国的运用和发展。作为革命家和思想家的马克思，创建了以他的名字命名的马克思主义。以马克思的"两大发现"为实质内容的马克思主义，不仅使人类自觉到自身的发展规律，而且使人类自觉到"现实的历史"即资本主义的发展规律，从而为人类解放指明了现实道路，为当代人类文明形态变革提供了伟大的社会理想。马克思主义是最为"有理"的理论、最为"讲理"的理论、最为"彻底"的理论，因而是最为"说服人"的理论。对于以马克思命名的马克思主义，习近平总书记有一段论述："在人类思想史上，就科学性、真理性、影响力、传播面而言，没有一种思想理论能达到马克思主义的高度，也没有一种学说能像马克思主义那样对世界产生了如此巨大的影响。"[1] 习近平总书记的评价，是对这位伟人崇高一生的最佳诠释。新时代中国特色社会主义制度对马克思主义哲学基本原理和基本立场的继承，就是对马克思主义理论所蕴含的真理力量的生动展现。从根本上来看，"马克思主义能够赋予人民群众伟大的历史创造活动以最坚实的理想信念，能够赋予社会主义运动以最坚实的理论支撑，能够赋予人类选择正确道路和实现文明变革以规律性的道路指引。如果离开了马克思主义，那么我们当代人类就无法形成真实的伟大的社会理想和价值诉求；如果离开了马克思主义，我们就无法选择正确的发展道路和选择人类文明的新形态，当代人类也就无法形成真正的共识和走向未来的方向"[2]。

中国特色社会主义制度充分反映了科学社会主义的本质和特点，并不断彰显和释放出马克思主义哲学的强大生命力和真理力量。中国国家治理体系建立在科学理论——马克思列宁主义及其中国化的系列理论基础之上。我们说中国特色社会主义理论体系与马克思列宁主义一脉相承，这个"脉"，就包括了对科学社会主义基本原则的坚持。正如习近平总书记所指

---

[1] 《习近平谈治国理政》第二卷，外文出版社 2017 年版，第 65 页。

[2] 孙正聿：《让马克思主义真理之光照亮我们的时代》，《吉林日报》2018 年 6 月 1 日。

出的："中国特色社会主义是社会主义而不是其他什么主义，科学社会主义基本原则不能丢，丢了就不是社会主义。"[①] 中国特色社会主义坚定了社会主义的目标，坚持了社会主义的立场，也找到了正确的道路、科学的方法，既包含什么是社会主义的理念，又包含怎么建设社会主义的路径。也正是因为它蕴含的科学逻辑，中国特色社会主义才取得了举世瞩目的成就，作为人类史上一种独特的现代化发展模式引起了国际社会的高度关注。具体来看，中国特色社会主义理论体系对科学社会主义基本原则的坚持主要表现在：在指导思想上，始终坚持以马克思列宁主义为指导；在领导力量上，始终坚持中国共产党的领导；在价值立场上，始终坚持站在无产阶级和广大人民群众的立场上；在根本目的上，始终坚持解放和发展生产力，努力实现共同富裕和人的全面发展；等等。也就是说，中国特色社会主义理论体系的科学内涵、精神实质和实践要求等在本质上始终贯彻和遵循了科学社会主义的基本原理，并没有脱离科学社会主义基本原则所确立的正确轨道。很少有一个国家的道路像中国特色社会主义道路这样如此强调理论指导，如此强调科学理论所确立的基本原则。

（二）中国特色社会主义制度之所以具有无可比拟的理论优势，在于它创造性地发展了科学社会主义、创新性地发展了马克思主义，使其自身具备鲜明的实践特色、民族特色和时代特色

中国特色社会主义理论体系并没有故步自封，它是开放的、与时俱进的。中国特色社会主义理论体系之所以能够指导当代中国获得巨大成功、取得巨大进步，关键就在于它在坚持科学社会主义基本原则的同时，又根据中国实际和时代发展要求创造性地发展了科学社会主义、创新性地发

[①]《习近平在新进中央委员会的委员、候补委员学习贯彻党的十八大精神研讨班开班式上发表重要讲话强调　毫不动摇坚持和发展中国特色社会主义　在实践中不断有所发现有所创造有所前进》，《人民日报》2013 年 1 月 6 日。

展了马克思主义，使其自身具备鲜明的实践特色、民族特色和时代特色。邓小平理论、"三个代表"重要思想、科学发展观、习近平新时代中国特色社会主义思想既一脉相承，又与时俱进，它们在坚持科学社会主义基本原则的基础上，从我国改革开放的实践经验、中华民族的历史传统和世界文明的发展潮流中挖掘新材料、发现新问题、提炼新观点、部署新战略、构建新理论，从而不断把科学社会主义发展到新的高度，这是其他理论所不具备的巨大优势。时代是思想之母，时代孕育了当代中国马克思主义和明确了我国社会发展的新航标。自党的十八大以来，面对全球经济发展不稳定不确定的风险危机、国际政治秩序复杂固化的格局、全球性安全问题叠加的外部环境，以及我国内政、外交、国防等一系列形势变化，中国共产党领导人民进行了一次伟大的社会主义变革，并取得了社会主义现代化建设的历史性成就，中国特色社会主义由此进入新时代。新时代不仅是我国社会发展的新历史方位与新逻辑起点，而且是习近平新时代中国特色社会主义思想的生成场域和基本话语空间。在中华民族健步走向伟大复兴的新时代背景下，中国成为二十一世纪马克思主义研究的中心重镇，伟大的中国样本成为二十一世纪马克思主义聚焦的基础样本，当代中国马克思主义——习近平新时代中国特色社会主义思想成为二十一世纪马克思主义的主体形态，这是历史的大趋势和理论的大逻辑。

二十一世纪马克思主义创新了理论话语，把中国共产党执政规律、社会主义建设规律、人类社会发展规律的认识提高到新境界，回答了新时代坚持和发展什么样的中国特色社会主义、怎样坚持和发展中国特色社会主义的重大时代课题，是马克思主义基本原理同中国具体实际相结合的又一次飞跃；创新了理论主题，把为中华民族谋复兴同为世界人民谋大同统筹起来，回答了"世界怎么了，我们怎么办"的人类难题，是"和平与发展"时代精神的精华；创新了理论形态，把理论创新与实践创新、道路创新、制度创新、文化创新结合起来，是马克思主义中国化最新成果整体性、系统性、协调性的时代明证；创新了理论方向，把"后疫情时代"世界体系的可能变革、第四次产业革命对人类生存方式的挑战、两种社会制度的斗争与合作纳入视野，澄明社会主义发展的未来图景。马克思指出："问题是时代的格言，是表现时代自己内心状态的最实际的呼声。"[1] 真正的哲学能够"捕捉到自己时代的'迫切问题'，并使其升华为理论形态的人类自我意识"[2]。习近平新时代中国特色社会主义思想将马克思主义哲学的时代之维注入自身的理论体系之内，深刻剖析了社会主义中国在新的历史方位中所面临的重大现实问题，构建起"新时代中国特色社会主义"的命题之基，坚持和发展了马克思主义哲学的时代立场，在新的时代场域中孕育和锻造了习近平新时代中国特色社会主义思想这一新的时代精华。

（三）中国特色社会主义制度之所以具有无可比拟的理论优势，还在于它既为坚持和发展中国特色社会主义提供了根本理论指导和强大精神力量，又为世界贡献了独具魅力的思想理论成果，从而推动人类文明演进，不断指引和开辟人类文明发展道路的新形态

作为党和国家的指导思想，中国特色社会主义理论体系在秉持新的时代立场与结合新的时代条件基础上，不断建构"为人民谋幸福、为民族谋复兴、为世界谋大同"的天下情怀和时代精神，成功地引导我们在改革开放的伟大征程上劈波斩浪、浩荡前行，为实现中华民族伟大复兴的中国梦提供了根本理论指导和强大精神力量。不仅如此，中国特色社会主义理论体系所蕴含的能够为全世界所共享的价值观和战略思想，闪耀着"中国式智慧"的光芒，为世界贡献了独具魅力的思想理论成果。解放思想、实事求是、与时俱进的精神，以人为本、科学发展的思想观

---

① 《马克思恩格斯全集》第 1 卷，人民出版社 1995 年版，第 203 页。

② 孙正聿：《马克思主义哲学智慧》，现代出版社 2016 年版，第 4 页。

念，创新、协调、绿色、开放、共享的新发展理念，共商共建共享的全球治理观等，蕴含着丰富的哲学、经济学、政治学、社会学、生态学、国际关系学思想，彰显着中国价值观饱含的人文精神和思想力量，为解决人类共同面临的诸多难题提供了新的视角和思路。建立公正合理的国际政治经济新秩序、建设和谐世界、共建"一带一路"倡议、构建人类命运共同体等重大战略思想，为促进世界和平与发展注入新鲜的时代内涵和实践内涵，彰显了中国作为世界和平的建设者、全球发展的贡献者、国际秩序的维护者的责任和担当。

尤其重要的是，改革开放以来，在中国特色社会主义理论体系指导下，我们探索出了一种完全不同于西方发达国家经历过的现代化发展模式。它既没有对外侵略和扩张，也没有在海外建立殖民地，更没有牺牲他国利益，不仅彰显了人类文明发展的多样性和中国思想理论的优越性，为人类探索更好社会制度贡献了中国智慧和中国方案，而且打破了世界对西方发展模式的盲目崇拜和路径依赖，为广大发展中国家摆脱贫困落后局面作出了重要示范、提供了重要启示。

同时，正如习近平总书记指出的，一部马克思主义发展史就是不断吸收人类历史上一切优秀思想文化成果丰富自己的历史。[①] 习近平新时代中国特色社会主义思想接续秉持着马克思主义的文明立场，作为新时代"文明的活的灵魂"，正在获得世界文明的历史意义和趋向文明的世界化。这主要体现在以下几个方面：一是习近平新时代中国特色社会主义思想以本土文明为视界，开创中国特色的制度文明新样态。中国作为文明型国家在本土历史文化的母版上进行了伟大的社会变革，丰富和重塑了一系列新时代中国特色社会主义制度，并在中国共产党领导下不断地推进我国物质文明和精神文明等诸多文明领域的整体性发展和全面性提升。二是习近平新时代中国特色社会主义思想关乎人类发展问题和全

---

① 参见习近平：《在纪念马克思诞辰 200 周年大会上的讲话》，《人民日报》2018 年 5 月 5 日。

球治理问题，拓宽了他国发展道路的文明新路径。世界多极化进程中地缘政治发生深刻变化，霸权主义和强权政治依然盛行；经济全球化趋势下，世界经济增长动力不足、全球贸易战愈演愈烈、南北发展差距持续扩大。直面世界大发展大变革的现实境遇，中国自觉应对全球问题和推进全球治理体系的变革发展，不仅"拓展了发展中国家走向现代化的途径，给世界上那些既希望加快发展又希望保持自身独立性的国家和民族提供了全新选择，为解决人类问题贡献了中国智慧和中国方案"[1]，而且赋予了中国道路、理论、制度和文化发展的世界文明意义。三是习近平新时代中国特色社会主义思想以共同体文明为载体，助推世界文明多样性的发展进程。中国顺应和平、发展、合作、共赢的世界发展大势，致力于实现地区与国家间的多维交往和构建超越思想隔阂、深化经济协同发展与文化交流合作的文明共同体。

二、实践优势：改革开放实质上是规模宏大的制度变迁和制度创新

中国的改革开放在实质上是一场规模宏大的制度变迁和制度创新。改革开放40多年的实践探索，旗帜鲜明地彰显着中国特色社会主义制度更加成熟更加定型的伟大历史进程。1992年，邓小平同志在南方谈话中明确指出社会主义现代化建设的经验总结以及制度优势的确立，必须从改革开放的实践探索中去不断完善和丰富，"恐怕再有三十年的时间，我们才会在各方面形成一整套更加成熟、更加定型的制度。在这个制度下的方针、政策，也将更加定型化"[2]。在邓小平同志"三十年预见"的关口期，党的十八届三中全会所确立的就是：到2020年，在重要领域和关键环节

---

[1]　习近平：《决胜全面建成小康社会　夺取新时代中国特色社会主义伟大胜利——在中国共产党第十九次全国代表大会上的报告》，《人民日报》2017年10月28日。

[2]　《邓小平文选》第三卷，人民出版社1993年版，第372页。

改革上取得决定性成果，形成系统完备、科学规范、运行有效的制度体系，使各方面制度更加成熟更加定型。从党的十八届三中全会所确定的全面推动、系统设计新时代改革开放的重大理论目标，到 2020 年的今天，经过接近七年时间的进一步奋战，中国特色社会主义制度在各个领域所奠定的基础制度已经更加齐备健全。

"凡事预则立，不预则废"。在全面深化改革的新时代，改革开放的实践探索所凸显的系统性、整体性与协同性的独特优势，显示了中国特色社会主义制度不断完善和优化的决心与勇气，并获得了重大突破。制度优势是一个国家最大的竞争优势，党的十九届三中全会在顺应历史潮流与总结历史经验的基础上提出"相比过去，新时代改革开放具有许多新的内涵和特点，其中很重要的一点就是制度建设分量更重，改革更多面对的是深层次体制机制问题，对改革顶层设计的要求更高"[1]。可以预期，随着改革开放在新时代的纵深推进，并不断着力于固根基、扬优势、补短板、强弱项，中国特色社会主义必然开启更加成熟更加定型的制度体系。在新时代必须继续用好改革开放的"关键一招"，不断从中夯实并彰显出中国特色社会主义制度的实践优势，确保中国特色社会主义的制度优势以更加完满、生动的姿态展现出来。

（一）改革开放夯实并彰显了中国特色社会主义基本经济制度的独特优势，在巩固完善公有制的基础上促进多种所有制经济共同发展

立足基本国情，面向国际潮流，习近平总书记指出："认识世界发展大势，跟上时代潮流，是一个极为重要并且常做常新的课题。中国要发展，必须顺应世界发展潮流。要树立世界眼光、把握时代脉搏，要把当今世界的风云变幻看准、看清、看透，从林林总总的表象中发现本质，

---

[1] 《习近平谈治国理政》第三卷，外文出版社 2020 年版，第 112 页。

尤其要认清长远趋势。"①自《共产党宣言》诞生至今的170余年间，当今世界发展潮流总体上表现为两个维度：一是经济社会发展的现代化潮流；二是社会制度层面的世界社会主义潮流。100多年来，世界各国都在追求经济社会发展的现代化，不同国家采取了不同的经济制度，即西方资本主义经济制度以及列宁领导的十月革命所开创的社会主义经济制度。其中，世界社会主义的经济制度正是在反抗西方资本主义经济制度的诸多弊端中逐步形成的。西方资本主义的经济制度遵循的是资本逻辑，瞄准的是剩余价值的剥削，没有剩余价值可图的地方，资本逻辑不会立足；西方资本主义的经济制度携带的是自发逻辑，市场自发性优先于政府治理性，二者不具备协同性，这在全球化时代更易引发危机。世界社会主义潮流所开创的经济制度避免了盲目性与自发性的困境，苏联通过强大的计划经济体制短期内实现了世界社会主义现代化建设的巨大工程。但是，计划经济的弊病在总体上违背了市场发展的运行规律，也忽视了社会主义中人的自由个性。

中国改革开放所确立的基本经济制度，就是把社会主义制度与市场化原则有机结合起来，形成了以公有制为主体、多种所有制经济共同发展的基本经济制度。传统社会主义经济制度主要是单一的公有制、计划经济和按劳分配制度。改革开放以来，我们在这三个方面都进行了大刀阔斧的改革，形成了今天的基本经济制度，其内涵是"公有制为主体、多种所有制经济共同发展，按劳分配为主体、多种分配方式并存，社会主义市场经济体制等"②。这既超越了资本主义经济制度的弊端，也克服了传统社会主义经济制度的缺陷。党的十八届三中全会，再一次重申"公有制经济和非公有制经济都是社会主义市场经济的重要组成部分，都是我国经济社会发展的重要基础"③。我国基本经济制度最明显的优势是把市

---

① 《习近平谈治国理政》第二卷，外文出版社2017年版，第442页。
② 《习近平谈治国理政》第三卷，外文出版社2020年版，第126页。
③ 《十八大以来重要文献选编》上，中央文献出版社2014年版，第515页。

场这只"无形之手"和政府这只"有形之手"很好地结合起来，既要"有效的市场"，也要"有为的政府"，共同推动了经济发展，破解了世界发展的经济性难题，创造了高速发展的"中国奇迹"。改革开放只有进行时，没有完成时。目前我国仍处于并将长期处于社会主义初级阶段的基本国情没有改变，发展仍然是第一要务，也是解决所有问题的关键。坚定不移地确保中国特色社会主义基本经济制度不动摇，最大限度地调动社会生产的积极性，继续深化改革，进一步促进中国特色社会主义制度更加成熟更加定型。

（二）改革开放夯实并彰显了中国共产党领导的政治优势，党以自我革命的政治勇气，推进全面从严治党，深化自我改革与自我完善，敢于啃硬骨头、涉险滩，为中国特色社会主义制度的成熟定型提供了政治保障

改革开放以来，党的全部理论与实践主题是中国特色社会主义，而"中国特色社会主义最本质的特征是中国共产党领导，中国特色社会主义制度的最大优势是中国共产党领导"①。方向引航道路，道路决定命运，改革开放朝向正确历史方位层层推进的大前提，就是中国共产党的有力领导和社会主义制度的原则规范。改革开放的实践探索，同时也是中国共产党自身改革与完善的实践探索。中国共产党以自我净化、自我完善、自我革新、自我提高的能力不忘初心，积极探索，保证中国现代化建设始终能够在国内外政治环境中稳定地向前发展。面向新时代继续深化改革的要求，在根本制度上保障党的治理能力的进一步提升，就必须"贯彻新时代党的建设总要求，深化党的建设制度改革，坚持依规治党，建立健全以党的政

---

① 习近平:《决胜全面建成小康社会　夺取新时代中国特色社会主义伟大胜利——在中国共产党第十九次全国代表大会上的报告》,《人民日报》2017 年 10 月 28 日。

治建设为统领，全面推进党的各方面建设的体制机制"①。

（三）改革开放夯实并彰显了中国特色社会主义的文化优势，物质文明与精神文明的同步发展、整体推进、协同创新，保证中国特色社会主义制度成熟定型的全面性

早在改革开放初期，"两手抓，两手都要硬"的战略方针，就已明确了中国特色社会主义制度建设不可偏颇的奋进目标。进入新时代，习近平总书记再次强调"只有物质文明建设和精神文明建设都搞好，国家物质力量和精神力量都增强，全国各族人民物质生活和精神生活都改善，中国特色社会主义事业才能顺利向前推进"②。在社会矛盾发生深刻变化的新时代，相较于物质文明的极速发展，精神文明，尤其是具有"中国气派""中国基因"的中华文化，在改革开放的进程中不断实现创造性转化和创新性发展。改革开放以来，讲仁爱、重民本、守诚信、崇正义、尚和合、求大同的中华优秀传统文化的历史底蕴，在社会主义市场经济条件下焕发出了新的生命力，逐步生成新时代中国特色社会主义话语体系、思想体系、价值体系。习近平总书记指出，"站立在960万平方公里的广袤土地上，吸吮着中华民族漫长奋斗积累的文化养分，拥有13亿中国人民聚合的磅礴之力，我们走自己的路，具有无比广阔的舞台，具有无比深厚的历史底蕴"③。精神文明与物质文明的相互激荡，更为全面地满足人民在新时代的文明追求，更好地弘扬中国精神、传播中国价值、凝聚中国力量，铸造中国特色社会主义文化新优势，为推进中国特色社会主义制度成熟定型贡献了巨大的文化支撑。

---

① 《中共中央关于坚持和完善中国特色社会主义制度　推进国家治理体系和治理能力现代化若干重大问题的决定》，人民出版社 2019 年版，第 9 页。
② 《习近平谈治国理政》第一卷，外文出版社 2018 年版，第 153 页。
③ 《习近平谈治国理政》第二卷，外文出版社 2017 年版，第 339 页。

（四）改革开放夯实并彰显了中国特色社会主义制度的社会治理优势，在加快发展的同时，注重社会治理能力的稳健性，积极维护社会稳定，促进公平正义

改革开放40多年的实践探索，经历了从加强社会管理水平、创新社会管理体制到提升社会治理能力、创新社会治理体制的层层递进、不断深化的过程。党的十九届四中全会指出："坚持和完善共建共治共享的社会治理制度，保持社会稳定、维护国家安全。"[1] 改革开放所形成的社会治理经验和社会治理成果，极大地推动了中国特色社会主义制度在稳定的社会治理环境中不断成熟定型，反映了国家治理体系和治理能力的现代化。尤其在国际局势复杂、紧张、恶化的背景下，中国特色社会主义制度以其愈加成熟定型的姿态继续前行，真正做到了"乱云飞渡仍从容"。并且，在我国社会主要矛盾发生变化的新时代，社会治理能力的综合提升与体系建设是应对主要矛盾变化的必然要求。植根新时代，人民对美好生活的向往更加强烈，参与社会事务的意识也更加热忱，社会治理机制的不断完善就成为亟待推进的任务。党的十九届四中全会指出，加快形成"人人有责、人人尽责、人人享有的社会治理共同体"[2]，从而满足人民群众的参与感、获得感、幸福感、安全感，进一步彰显中国特色社会主义制度的优越性。总体而言，改革开放以来在教育、医疗、就业、社保、扶贫等各方面所实现的社会治理成果，是完善中国特色社会主义制度的重要内容，也是显现中国特色社会主义制度优势的重要组成部分。

---

[1] 《中共中央关于坚持和完善中国特色社会主义制度　推进国家治理体系和治理能力现代化若干重大问题的决定》，人民出版社2019年版，第28页。

[2] 《中共中央关于坚持和完善中国特色社会主义制度　推进国家治理体系和治理能力现代化若干重大问题的决定》，人民出版社2019年版，第28页。

（五）改革开放夯实并彰显了中国特色社会主义制度在生态治理上的优越性，良好的生态维护与建设，是中国特色社会主义制度不断生发活力的本源性要求，也是增强民生福祉的优先领域，改革开放在加快发展的同时，注重生态文明制度的构建

早在改革开放之初，环境保护就被鲜明地提升为基本国策的高度。党的十六届三中全会提出统筹人与自然和谐发展的思想，党的十六届五中全会提出把节约资源作为基本国策。党的十七大提出建设生态文明、牢固树立生态文明理念。党的十八大提出把生态文明建设放在突出地位，"融入经济建设、政治建设、文化建设、社会建设各方面和全过程，努力建设美丽中国"①。党的十九大强调加快生态文明体制改革。2015 年，《生态文明体制改革总体方案》的出台，在制度体系的构建层面上将生命文明融入顶层设计中，系统、深化、全面地对之进行规划与治理，彰显着改革开放以来的生态文明建设获得了重大突破。在沙漠治理、退耕还林还草、江河湖泊治理、有害气体减排等方面，成就斐然，并获得了国际盛誉。反观包括美国在内的发达资本主义国家，至今没有建立起国家层面的生态制度体系。生态经济学家柯布对此指出"生态文明的希望在中国"②。与此相比，改革开放所构建的生态文明制度及其治理效应，已然成为全球生态治理的贡献者、引领者，中国特色社会主义的制度优势愈加明显。

（六）改革开放夯实并彰显了中国特色社会主义制度始终不渝地走和平发展的道路，着眼于国内国际两个大局，推动构建人类命运共同体

在全球化时代，历史愈来愈成为世界历史。中国改革开放的目标不仅仅

---

① 《十八大以来重要文献选编》上，中央文献出版社 2014 年版，第 30—31 页。

② 转引自张孝德：《世界生态文明建设的希望在中国——第 7 届生态文明国际论坛观点综述》，《国家行政学院学报》2013 年第 5 期。

是使自身发展强大，更是顺应人类历史发展潮流，为全世界文明的良序发展贡献出更大的中国力量，以此为未来社会发展提供可资借鉴的历史指南。中国的改革开放不断融入世界，并呼吁以全球资源共同、协力解决世界各国所面对的挑战。在此基础上，中国改革开放又一直在强调要在保留各国历史文化传统和社会制度的前提下，构建共商共建共享共赢的人类命运共同体，做到全人类命运与共、休戚相关。人类命运共同体的构建，秉持和平与发展的时代理念，建立和平与发展的长效机制，促进世界经济和平、稳定地发展。正如习近平总书记指出的："中国将始终做全球发展的贡献者，坚持走共同发展道路，继续奉行互利共赢的开放战略，将自身发展经验和机遇同世界各国分享，欢迎各国搭乘中国发展'顺风车'，一起来实现共同发展。"① 积极推动人类命运共同体的构建，凸显了中国改革开放立足国内国际局势的大视野，反映了中国特色社会主义制度的人类性、时代性、世界性担当，更彰显了中国特色社会主义制度更加成熟更加定型的显著优势。

三、价值优势：人民立场是中国共产党的根本政治立场

（一）中国特色社会主义制度根植于人民性立场

中国特色社会主义的制度体系包含根本制度、基本制度、重要制度，其中，"具有统领地位的是党的领导制度"，"党的领导制度是我国的根本领导制度"。② 从整个制度体系之中选取最根本的领导制度加以考察，能够最切近、最明晰地展现出中国特色社会主义制度的本质性特征。"中国共产党的领导是中国特色社会主义最本质的特征。"③ 之所以要坚定地维护中

---

① 《习近平谈治国理政》第二卷，外文出版社 2017 年版，第 525—526 页。
② 《习近平谈治国理政》第三卷，外文出版社 2020 年版，第 125 页。
③ 《习近平谈治国理政》第二卷，外文出版社 2017 年版，第 18 页。

国特色社会主义这一本质特征，根本原因就在于，中国共产党是人民的政党，是以人民的利益为旨归的政党。人民性不仅构成中国共产党执政之合理性的基石，也成为中国国家制度不断完善、治理能力不断提升的内在不竭动力。

"人民立场是中国共产党的根本政治立场，是马克思主义政党区别于其他政党的显著标志。"① 其他政党的特点在于，其运动是"为少数人谋利益的运动"。与此相反，马克思主义政党的本质特征是，其运动是"无产阶级的运动"，是"为绝大多数人谋利益的独立的运动"。② 在《共产党宣言》中，马克思恩格斯多次阐述了共产党人同整个无产阶级及其利益具有本质一致。共产党人不是代表个别的无产者发声，而是引导整个无产阶级取得自由与解放。无产阶级是"铁板一块"，在整个无产阶级的立场上，"一方面，在无产者不同的民族的斗争中，共产党人强调和坚持整个无产阶级共同的不分民族的利益；另一方面，在无产阶级和资产阶级的斗争所经历的各个发展阶段上，共产党人始终代表整个运动的利益"③。在马克思看来，站在整个无产阶级的立场，为绝大多数人谋利益，既是共产党人的理论自觉，也是共产党人的实践担当。

进一步具体到中国而言，中国共产党自成立之初便自觉以马克思主义为指导思想，以民族的独立富强和人民的自由解放为根本出发点。毛泽东曾一针见血地指出，中国共产党和国民党之间存在的根本差异。中国共产党"我们自己就是人民的一部分，我们的党是人民的代表，我们要使人民觉悟，使人民团结起来。在这个问题上，我们同国民党是对立的，一个要人民，一个脱离人民"④。中国共产党人始终同中国人民紧密相连，同仇敌忾、共铸辉煌。

---

① 《习近平谈治国理政》第二卷，外文出版社 2017 年版，第 40 页。
② 《马克思恩格斯文集》第 2 卷，人民出版社 2009 年版，第 42 页。
③ 《马克思恩格斯文集》第 2 卷，人民出版社 2009 年版，第 44 页。
④ 《毛泽东文集》第三卷，人民出版社 1996 年版，第 58 页。

从纵向来看，中国历经从"站起来"到"富起来""强起来"的艰苦卓绝的奋斗过程。中国共产党团结并带领中国人民，一起推翻了压迫、剥削、奴役人民的"三座大山"，取得了新民主主义革命的伟大胜利，获得了前所未有的民族独立和人民解放，中国的面貌从此焕然一新。新中国的成立和社会主义制度的建立，不仅是中国人民奋勇革命寻求解放的必然结果，也是中国人民艰苦奋斗共创未来的历史开端。在此基础上，以邓小平同志为主要代表的党中央领导集体引导并团结人民通过改革开放的伟大创举，解放和发展生产力，变革人民群众贫穷落后的生活状况，允许一部分人先富起来，逐步使人民实现共同富裕。在新的历史起点上，以习近平同志为核心的新一代中央领导集体团结各族人民，通过不断完善中国特色社会主义制度和不断提升国家治理能力，逐步使 14 亿多中国人民全部脱贫，并着眼于实现"两个一百年"的奋斗目标和中华民族的伟大复兴。从"站起来"到"富起来""强起来"的历史和实践再一次证明，中国的国家制度和国家治理体系之所以具有强大的生命力和巨大的优越性，最根本的一点在于，中国有一个人民的政党——中国共产党，以及中国共产党始终坚定地植根于人民性的根本立场。

从横向来看，当代西方世界，各资本主义国家及其政党，以美国最为典型，表面上打着民主与人权的旗号，以自由民主的普世价值为标杆，实际上，一味着眼于某些特定人群的利益，炮制了巨大的社会贫富差距，甚至无视人民最基本的生命安全。在此意义上，资本主义国家难以走出"特殊利益"的局限。正如马克思所揭示的那样，"正是由于特殊利益和共同利益之间的这种矛盾，共同利益才采取国家这种与实际的单个利益和全体利益相脱离的独立形式，同时采取虚幻的共同体的形式"①。马克思的论断无疑表明，西方资本主义国家虚幻地认为自己所属的共同体的特殊利益与普遍共同体的利益是一致的，实质上，其真实面貌不过是把资产阶级的特

---

① 《马克思恩格斯文集》第 1 卷，人民出版社 2009 年版，第 536 页。

殊利益强加为共同体的普遍利益，所谓的共同利益、普遍利益不过是一种虚假的形式或不实的噱头。马克思有力地洞见了这一点，并进一步指出资产阶级社会的历史局限性在于"实际需要和利己主义"的原则。具体表现在"财产权问题上"，西方资产者尤为注重的"财产权"实质上是一种自私自利的权利。"私有财产这一人权是任意地（à son gré）、同他人无关地、不受社会影响地享用和处理自己的财产的权利；这一权利是自私自利的权利。这种个人自由和对这种自由的应用构成了市民社会的基础。这种自由使每个人不是把他人看做自己自由的实现，而是看做自己自由的限制。"① 市民社会或资产阶级社会极力推崇的"自由"正是奠基于这样的财产权基础上的。可见，这种"自由"并非建立在人与人相结合基础上的真正的自由，而是建立在人与人相分裂基础上的虚幻的自由。他人的自由并非自身自由的前提和条件，反而成为自身自由的限制和阻碍。利己主义原则以及人们的逐利行为形成资本增殖的现实表达。以"资本增殖"为轴心、以资产阶级的特殊利益为出发点、以利己主义为基本原则，正是在这三者相统一的基础上，西方国家及其政党建构自身、确证自身。

与此截然不同，中国以人民群众的利益和关切为中心和出发点，秉持集体主义的原则。人民能够在共产党的领导下团结一致，凝聚成磅礴力量，集中力量办大事。在《党和国家领导制度的改革》中，邓小平曾指出："在中国这样的大国，要把几亿人口的思想和力量统一起来建设社会主义，没有一个由具有高度觉悟性、纪律性和自我牺牲精神的党员组成的能够真正代表和团结人民群众的党，没有这样一个党的统一领导，是不可能设想的，那就只会四分五裂，一事无成。"② 随着中国特色社会主义进入新时代，中国共产党订立了新的目标，致力于使 14 亿多中国人民全部脱贫。习近平总书记一再突出强调中国共产党员的初心和使命，指明"中国执政

① 《马克思恩格斯文集》第 1 卷，人民出版社 2009 年版，第 41 页。
② 《邓小平文选》第二卷，人民出版社 1994 年版，第 341—342 页。

者的首要使命就是集中力量提高人民生活水平，逐步实现共同富裕"①。从人民立场的角度看，中华民族伟大复兴的中国梦就是人民的梦。

综上可知，不论从历时态的角度看，还是从共时态的角度看，都一致表明，中国共产党的根本标识就是"人民性"。中国共产党人旗帜鲜明地始终坚定"人民立场"，并致力于解决好人民群众最关心最直接最现实的利益问题、最困难最忧虑最急迫的实际问题。正是根植于人民性的根本立场，中国特色社会主义制度和国家治理体系才能够不断朝着更美好的生活样态趋于完善。它并非既定的制度和治理方式，而是一个以人民的发展为中心的不断完善的动态发展过程。一方面，从"站起来"到"富起来""强起来"，从"激活生产力""调动先富"到"脱贫攻坚""共同富裕"，这一系列的巨大飞跃和伟大实践证明，以中国共产党的领导为本质特征的中国特色社会主义制度和国家治理体系是具有强大生命力和优越性的制度和治理体系，是推动人民幸福和实现民族伟大复兴的制度和治理体系；另一方面，反过来也可以说，这些历史性的伟大实践既是中国特色社会主义制度和国家治理体系在新时代的历史征程中更加完善的集中体现，又是中国特色社会主义的治理能力在新时代的发展中更加现代化的现实表达。

（二）人民性是马克思主义最鲜明的品格

人民性是中国特色社会主义制度优势的核心特质，也是中国共产党人继承马克思主义实现人类解放的未来图景这一精髓的理论根基。"马克思主义是人民的理论，第一次创立了人民实现自身解放的思想体系。马克思主义博大精深，归根到底就是一句话，为人类求解放。"简言之，"人民性是马克思主义最鲜明的品格"，② 它与人类性具有本质关联性。二者的关联

---

① 《习近平谈治国理政》第二卷，外文出版社 2017 年版，第 30 页。
② 习近平:《在纪念马克思诞辰 200 周年大会上的讲话》，《人民日报》2018 年 5 月 5 日。

性不仅仅在数量上表现为绝大多数。更重要的是，在性质上，二者都聚焦于推翻剥削阶级旧社会和旧制度；在旨趣上，都力求实现绝大多数人的自由和解放，乃至全人类的解放。

从理论渊源看，马克思曾指出："旧唯物主义的立脚点是市民社会，新唯物主义的立脚点则是人类社会或社会的人类。"[①] 以"社会的人类"为立脚点，就"必须推翻使人成为被侮辱、被奴役、被遗弃和被蔑视的东西的一切关系"[②]，并创造崭新的条件，为走向人类的自由解放和全面发展开辟道路。马克思通过"资本"概念揭示了资本主义社会的秘密，指认资本主义社会的基本前提是"劳动力成为商品"，基本特性是"着眼于剩余价值的生产"，内在逻辑是"以资本增殖为轴心"，核心关系是"资本和劳动的关系"，必然结果是形成资产阶级对无产阶级的剥削、奴役与压迫。在此基础上，马克思主张全世界无产者联合起来，推翻资产阶级的统治，建立无产阶级政权。可见，"人类性"还意味着"阶级性""革命性"和"科学性"的统一，意味着逻辑与历史的统一。正是站在整个无产阶级的立场上，马克思才能把现代社会关系的全部领域看得明白而清楚。正是在这种统一中，马克思开辟了一条通往未来共产主义社会的现实路径。

从理论旨趣看，人类性以"现实的人"为出发点，破除"资本"迷信，正视人民群众的积极作用，摆正人本身的位置，以人的眼光和人的尺度看待人本身，建立属于人的真正的自由联合体。马克思在对囿于黑格尔派考察方式（绝对精神的自证）的"绝对批判"加以驳斥和批判时指出，"绝对批判"看待群众的立场和态度是"同现实的人相脱节的人类彼岸精神的历史"。黑格尔派的"绝对精神"、法国空论派的理性至上以及布鲁诺等人的"绝对批判"，都把群众和批判事业对立起来。并认为群众"是历史上的消极的、精神空虚的、非历史的、物质的因素"[③]，而精神的、批判的、

---

① 《马克思恩格斯文集》第 1 卷，人民出版社 2009 年版，第 502 页。
② 《马克思恩格斯文集》第 1 卷，人民出版社 2009 年版，第 11 页。
③ 《马克思恩格斯文集》第 1 卷，人民出版社 2009 年版，第 293 页。

历史的、积极的因素是"布鲁诺先生及其伙伴"。群众之所以出现在他们的批判视野之中，根本原因在于"群众只是为了'批判'才作为'群众'而存在"。在此意义上，布鲁诺等人的"绝对批判"语境中的"群众"根本不同于"现实的群众"。何谓"现实的群众"？马克思对费尔巴哈给予高度评价，并直述其论断为"天才的阐述"："正是人，现实的、活生生的人在创造这一切，拥有这一切并且进行战斗。并不是'历史'把人当做手段来达到自己——仿佛历史是一个独具魅力的人——的目的。历史不过是追求着自己目的的人的活动而已。"① 在马克思看来，正是"现实的群众""活生生人"创造了历史，正是群众及其实践活动才真正构成了历史的积极因素和积极批判力量。正是"现实的群众""活生生的人"才是真正意义上的历史发展的动力和目的。他们在各自的社会历史阶段创造了一切，并将继续创造着各种使自身走向自由解放的条件。因为人类不仅仅按照"物种"的尺度生存，而且按照"美的规律"生活。这是人类与其他物种最为本质的区别所在。"动物只是按照它所属的那个种的尺度和需要来构造，而人却懂得按照任何一个种的尺度来进行生产，并且懂得处处都把固有的尺度运用于对象；因此，人也按照美的规律来构造。"② 按照人的尺度，从人的目光，以人的发展的中心来审视历史发展的未来前景，将会是"代替那存在着阶级和阶级对立的资产阶级旧社会的，将是这样一个联合体，在那里，每个人的自由发展是一切人的自由发展的条件"③。可见，"人类性"意味着"现实的人"和历史发展的统一、"群众史观"和"人类解放学说"的统一。

从上述论断可知，马克思的"人类性"理念中深刻地蕴含着"人民性"理念。"现实的群众"就是"现实的人""活生生的人"，他们既是历史发展的出发点，也是历史发展的真实目的。这意味着人民追求的生活、人民

---

① 《马克思恩格斯文集》第 1 卷，人民出版社 2009 年版，第 295 页。
② 《马克思恩格斯文集》第 1 卷，人民出版社 2009 年版，第 163 页。
③ 《马克思恩格斯文集》第 2 卷，人民出版社 2009 年版，第 53 页。

关切的利益当且应当成为各国马克思主义政党、国内外马克思主义学者、信仰马克思主义的人们自觉关切的核心主题。

　　沿着无产阶级革命和建立社会新形态的路径来看，中国特色社会主义是无产阶级革命取得胜利、社会主义国家和社会主义制度成功建立、人民生活样态成功转型的当代典范。具体而言，近代以来中国的新民主主义革命作为世界共产主义革命的重要组成部分，当时中国所面临的主要社会矛盾是中国人民同外国帝国主义、本国封建主义、官僚资本主义之间的矛盾。因此，中国所面临的迫切任务是以新民主主义革命的方式推翻帝国主义的殖民统治和封建主义的剥削统治，实现民族独立和人民解放。中国的新民主主义革命取得了伟大胜利，建立了新中国，并随之建立了无产阶级政权和社会主义制度。然而，贫穷不是社会主义。普遍贫穷并不能为人民的生活新貌、社会的新形态提供任何有力的条件和保障。由此，必须在重释社会主义的基本含义和本质特征，重申社会主义初级阶段的历史定位的基础上，解放思想、实事求是、直面现实。中国社会的主要矛盾已经转变为"人民日益增长的物质文化需要同落后的社会生产之间的矛盾"[①]。当下的历史任务便从反帝反封建和建立新中国转变为着力提高人民群众的物质文化水平。中国最终通过实行改革开放的伟大举措和社会主义市场经济的灵活体制，解放和发展了生产力，激活了人民的自主创造性，逐步满足了人民物质文化的需要。这也成为具有中国特色的社会主义发展模式。中国特色社会主义进入了新时代，社会主要矛盾再次发生了历史性的变化，转化为"人民日益增长的美好生活需要和不平衡不充分的发展之间的矛盾"。"新时代美好生活"成为当代中国人民的一种新的生活样态。美好生活的新样态既包含人民群众对物质和精神等层面的现实需要，也包含人民群众对公平正义和美好生活等方面的理想追求。可见，从取得新民主主义革命的伟大胜利到建立和巩固社会主义制度再到构筑新时代美好生活的新型样

[①]　《改革开放三十年重要文献选编》上，中央文献出版社 2008 年版，第 212 页。

态，中国的一系列积极实践与历史转型最典型地体现了以人民为中心、把人民放在最高位置的无产阶级致思取向和共产主义发展路径。

"人民性"在理论上和实践上都根植于马克思理论所蕴含的"人类性"理念之中，根植于无产阶级的基本立场之中、人类自由解放的价值旨趣之中、共产主义的社会图景之中。"新时代美好生活的新样态"既是未来共产主义社会形态的当代表达，也是"人类性"和"人民性"理念的中国表达，同时还是无产阶级政权和中国特色社会主义制度不断完善的现实表达。

四、理念优势："三为三谋"是中国之治的价值理想

2018年4月8日，习近平主席会见联合国秘书长古特雷斯时指出，"我们所做的一切都是为人民谋幸福，为民族谋复兴，为世界谋大同。"在世界百年未有之大变局的时代背景下，进一步深化对中国之治的制度优势的理解，既包含着历史尺度的旨趣、理论之维的反思，同时也是现实道路的探索。《习近平新时代中国特色社会主义思想学习纲要》提出："为人民谋幸福、为民族谋复兴、为世界谋大同，是深刻理解和全面把握习近平新时代中国特色社会主义思想的金钥匙。"站在价值意蕴与理想追求的高度来看，中国特色社会主义制度的价值理想优势集中体现于三个层面："为人民谋幸福"的价值追求、"为民族谋复兴"的理想信念、"为世界谋大同"的使命担当。"三为三谋"与中国之治紧密相连，有机结合，分别从理论基础、历史底蕴、理想情怀三重维度彰显中国之治的制度优势，为中国特色社会主义制度注入力量，构成推动中国特色社会主义更加成熟更加定型不可或缺的价值理想与目标导向。反过来，中国特色社会主义制度凝聚着厚重的国家情怀、民族情怀、人民情怀与世界情怀，赋予"三为三谋"的价值追求以坚实的理论根据、物质保障与制度基础，全方位支持"三为三

谋"的实现，把国家的富强、民族的振兴与人民的幸福融合在一起，共圆历史的梦、现实的梦、未来的梦，圆中华民族伟大复兴的中国梦。

（一）"不忘初心，为人民谋幸福"的价值追求凝聚着人民的期盼，为中国特色社会主义制度的构建和发展提供正确的目标导向，在理论之维的层面彰显中国之治的制度优势，具有深厚的理论基础

在党的十九大报告中，习近平总书记指出："中国共产党人的初心和使命，就是为中国人民谋幸福，为中华民族谋复兴。这个初心和使命是激励中国共产党人不断前进的根本动力。"[①] 中国特色社会主义最本质的特征是中国共产党领导，中国特色社会主义制度的最大优势是中国共产党领导。中国共产党人始终把人民立场作为根本立场，把为人民谋幸福作为根本使命，永远把人民对美好生活的向往作为奋斗目标。在中国共产党以"为人民谋幸福"的初心的价值理想的引领下，一大批惠民举措落地实施，人民生活水平不断改善，脱贫攻坚战取得决定性进展，教育事业全面发展，就业状况持续改善，城乡居民收入增速超过经济增速，人民健康和医疗卫生水平大幅度提高。以"为人民谋幸福"为初心的价值追求和理想信念，深刻诠释了党的性质与宗旨。这种价值信念具有深厚的理论根基，"不仅来自于对人民的朴素感情、对真理的执着追求，更建立在马克思主义的科学理论之上"[②]。

实现人的自由全面发展是马克思主义哲学的终极旨趣，为人类解放和人民幸福而奋斗是马克思主义理论的根本宗旨。早期的马克思在《青年在选择职业时的考虑》一文中写道："在选择职业时，我们应该遵循的主要

---

① 习近平：《决胜全面建成小康社会　夺取新时代中国特色社会主义伟大胜利——在中国共产党第十九次全国代表大会上的报告》，《人民日报》2017 年 10 月 28 日。

② 习近平：《在"不忘初心、牢记使命"主题教育总结大会上的讲话》，《人民日报》2020 年 1 月 9 日。

指针是人类的幸福和我们自身的完美……人们只有为同时代人的完美、为他们的幸福而工作，才能使自己也达到完美……经验赞美那些为大多数人带来幸福的人是最幸福的人"①。为了实现"一切人的自由发展"的理想性追求，马克思将其全部学说的出发点与落脚点指向以人的全面发展为内容的人类解放，要想实现这一价值理想意味着"必须推翻那些使人成为被侮辱、被奴役、被遗弃和被蔑视的东西的一切关系"②，必须实现人民的现实的幸福。马克思主义学说"既表达了人类解放的旨趣，即对人的全面发展的价值理想的承诺；又表达了人类解放的历程，即对人的全面发展的实现过程的揭示；也表达了人类解放的尺度，即以人的全面发展的价值标准，观照人类全部历史活动和整个历史进程"③。谋求人类解放和人的幸福，摆脱人在现实中的异化状态，是马克思主义的根本宗旨，是马克思恩格斯毕生为之奋斗的事业，也是中国特色社会主义制度价值追求建构和发展的重要指引。

（二）"牢记使命，为民族谋复兴"的责任担当符合民族的向往，为中国特色社会主义制度的成熟和定型提供永久的理想信念，在历史之维的层面突出中国之治的制度优势，内含着深厚的历史底蕴

习近平总书记指出，"一个国家选择什么样的国家制度和国家治理体系，是由这个国家的历史文化、社会性质、经济发展水平决定的。中国特色社会主义制度和国家治理体系不是从天上掉下来的，而是在中国的社会土壤中生长起来的，是经过革命、建设、改革长期实践形成的"④。中

---

① 《马克思恩格斯全集》第 40 卷，人民出版社 1982 年版，第 7 页。
② 《马克思恩格斯选集》第 1 卷，人民出版社 1995 年版，第 10 页。
③ 孙正聿：《人的全面发展与当代中国　人的解放的旨趣、历程和尺度——关于马克思人的全面发展学说的思考》，《学术月刊》2002 年第 1 期。
④ 习近平：《坚持和完善中国特色社会主义制度　推进国家治理体系和治理能力现代化》，《求是》2020 年第 1 期。

华民族是具有五千多年文明史的伟大民族，生生不息的中华文明积淀着中华民族最深沉的精神追求，在世界上长期处于领先地位。长期的封建统治和闭关自守导致近代中国积贫积弱，自鸦片战争失败起逐渐沦为半殖民地半封建社会。为了自立于世界民族之林，一代代中华儿女奋发图强，担当起民族复兴的时代重任与历史使命，投身于中华民族伟大复兴的洪流之中。"从石库门到天安门，从兴业路到复兴路，我们党近百年来所付出的一切努力、进行的一切斗争、作出的一切牺牲，都是为了人民幸福和民族复兴。"①实现中华民族伟大复兴与中国最广大人民群众的共同利益紧密相连，中华民族的复兴是近代以来最伟大的方向与目标。为实现中华民族伟大复兴的中国梦而努力奋斗，就是为中国最广大人民群众共同的美好生活目标而奋斗，就是为推动中国特色社会主义制度的完善与发展而不懈奋斗。

在中国特色社会主义制度更加成熟更加定型的今天，我们比历史上任何时期都更接近、更有信心和能力实现中华民族伟大复兴的目标。在中国共产党的领导下，"为民族谋复兴"的价值追求凭借其浓厚的历史底蕴，为中国之治的制度优势提供了理想旨趣层面的重要引领。反过来，制度优势是一个国家的最大优势，制度竞争是国家间最根本的竞争。制度稳则国家稳，新中国成立 70 多年来，中华民族实现伟大飞跃的根本原因，在于党领导人民建立和完善了中国特色社会主义制度。我国不断努力统筹推进"五位一体"总体布局、协调推进"四个全面"战略布局，在搞好经济建设、政治建设、文化建设、社会建设、生态文明建设的同时兼顾国防建设，推进祖国统一，维护世界和平。幼有所育、学有所教、劳有所得、病有所医、老有所养、住有所居、弱有所扶等一系列保障不断提升增强了人民群众的获得感、幸福感和安全感，带领中国人民从"站起来""富起来"，

---

① 习近平：《在"不忘初心、牢记使命"主题教育总结大会上的讲话》，《人民日报》2020 年 1 月 9 日。

一步步走向"强起来"。但是，中华民族伟大复兴绝不是轻轻松松、敲锣打鼓就能实现的。全党必须准备付出更为艰巨、更为艰苦的努力。我们必须继续坚持中国道路、弘扬中国精神、凝聚中国力量，为民族复兴的宏伟蓝图提供源源不断的精神动能。可以看出，中国共产党"为民族谋复兴"的使命具有深厚的历史底蕴，不仅是党的性质宗旨、理想信念、奋斗目标的集中体现，而且是中国特色社会主义制度的重要优势所在，激励着我们党永远坚守，砥砺着我们党坚毅前行。

（三）"勇于担当，为世界谋大同"的理想旨趣聚焦国家的追求，为中国特色社会主义制度的完善和升华提供永久的目标导向，在理想之维的层面点明中国之治的制度优势，体现出崇高的世界情怀与丰富的实践成果

中华民族历来讲求"天下一家"，主张民胞物与、协和万邦、天下大同。古往今来，"天下一家"的"大同"思想是中华民族最为耳熟能详的社会理想与价值理想，是中华优秀传统文化的重要组成部分，也是人民群众心中向往与憧憬的美好盛世。在这种意义上，中国梦不仅是国家的梦、民族的梦，也是每一个中国人民追求幸福的梦，同世界人民的梦想息息相通。"为世界谋大同"的价值引领与崇高情怀和人类命运共同体理念把中国梦与世界梦紧密相连，头顶同一片蓝天的世界各国人民以"天下大同"为奋斗目标，和而不同、求同存异、互帮互助、共同前进、和谐共存，以结成人类命运共同体为共同的理想。以中国特色社会主义制度的完善和升华为重要基础，"为世界谋大同"的理想旨趣顺应了和平、发展、合作、共赢的时代潮流，汲取了"各美其美，美人之美，美美与共，天下大同"的优良传统，回应了新时代复杂多变的国际背景下的要求，体现出日益走近世界舞台中央的中国把自身发展同世界发展相统一的崇高情怀、世界精神与大国风范，为世界性问题提供中国智慧与中国方案，成为人类社会持

续发展、共同繁荣、长治久安的正确选择。

当前，全球气候变化、环境破坏日益严重，区域热点问题持续不断，国际恐怖主义活动愈演愈烈，移民（难民）潮流席卷全球，网络安全等非传统安全威胁持续蔓延。面对复杂的国际环境和世界经济贸易形势，习近平总书记指出："放眼世界，各国早已休戚相关、命运相连。我们要立足共同利益，着眼长远发展，致力于实现世界持久和平繁荣、各国人民安居乐业，避免因一时短视犯下不可挽回的历史性错误。"① 在习近平总书记擘画与推动下，"为世界谋大同"的理想旨趣成为新时代中国特色大国外交的重要指引，赢得越来越多的国际认同，收获了丰富的实践成果。中国积极参与联合国维和等全球行动，努力维护世贸组织等多边机构权威，主办了第二届"一带一路"国际合作高峰论坛、北京世界园艺博览会、亚洲文明对话大会、第二届中国国际进口博览会，向世界展示了一个文明、开放、包容的中国。作为构建人类命运共同体的重要实践平台的"一带一路"建设逐步发展，稳步走向世界。自从提出"一带一路"伟大倡议以来，全球100多个国家和国际组织纷纷响应，积极支持与参与建设，一大批有影响力的标志性项目成功落地，从初步理念到实际行动，发展成为实实在在的国际合作，取得了令人瞩目的成就。正如习近平总书记所强调的："中国有信心走好自己的路、办好自己的事，同世界各国和平共处、合作共赢，共建人类命运共同体，为创造世界经济更加美好的明天不懈努力。"②

站在价值意蕴的高度上，以"为人民谋幸福"的价值追求、"为民族谋复兴"的理想信念、"为世界谋大同"的使命担当为重要思想引领，中国之治的制度优越性充分尽显，分别凭借其深刻的理论基础、厚重的历史底蕴和崇高的理想旨趣，全力助推中国特色社会主义制度走向成熟与定

---

① 习近平：《携手共进，合力打造高质量世界经济》，《人民日报》2019年6月29日。

② 习近平：《携手共进，合力打造高质量世界经济》，《人民日报》2019年6月29日。

型。反过来，以中国共产党的领导为最本质特征的中国特色社会主义制度赋予"为人民谋幸福、为民族谋复兴、为世界谋大同"的价值情怀以坚实的理论根据、物质保障与制度基础，将国家情怀、民族情怀、人民情怀与世界情怀化为一体，把中国人民与世界人民凝聚在一起，全方位确保"三为三谋"的实现，支持中国人民张开双臂拥抱世界，呼吁各国人民齐心协力构建人类命运共同体，一同致力于构建持久和平、普遍安全、共同繁荣、开放包容、清洁美丽的世界。

新中国成立 70 多年来，中国共产党领导人民创造了世所罕见的"两大奇迹"：经济快速发展奇迹和社会长期稳定奇迹。我国大踏步赶上时代，用几十年时间走完了发达国家几百年走过的工业化进程，以崭新的姿态屹立于世界的东方，长期保持社会和谐稳定、人民安居乐业，成为国际社会公认的最有安全感的国家之一。可以说，在人类文明发展史上，没有任何一种国家制度和国家治理体系能够在这样短的历史时期内创造出我国取得的奇迹。巨大的进步离不开中国特色社会主义制度的建立和完善，习近平总书记指出："制度更加成熟更加定型是一个动态过程，治理能力现代化也是一个动态过程，不可能一蹴而就，也不可能一劳永逸。我们提出的国家制度和国家治理体系建设的目标必须随着实践发展而与时俱进，既不能过于理想化、急于求成，也不能盲目自满、故步自封。"[1] 在新时代下，坚实的理论基础、丰富的实践成果、人民性的根本立场与崇高的价值理想从各个方面充分彰显出中国之治的制度优势，为推动中国特色社会主义制度更加成熟更加定型贡献力量。我们应开拓创新、锐意进取，进一步增强政治责任感和历史使命感，毫不动摇地坚持和巩固中国特色社会主义制度，与时俱进完善和发展中国特色社会主义制度和国家治理体系，出色完成这项长期战略任务和重大现实课题。

---

[1] 习近平：《坚持和完善中国特色社会主义制度　推进国家治理体系和治理能力现代化》，《求是》2020 年第 1 期。

第二讲　为有源头活水来

——制度优势和制度自信的理论逻辑

孙正聿*

一、理论支撑：马克思主义是指导我们思想的理论基础

　　理论的基本功能是规范和引导人们的思想和行为。任何国家制度和国家治理体系都有自己的理论依据和理论支撑。作为中华人民共和国的最主要的缔造者，毛泽东同志明确指出："领导我们事业的核心力量是中国共产党。""指导我们思想的理论基础是马克思列宁主义。"①这十分清楚地表明，马克思主义是中华人民共和国的国家制度和国家治理体系的最坚实的理论基础；坚持和完善中国特色社会主义制度、推进国家治理体系和治理能力现代化，首先必须明确和坚持这个"指导我们思想的理论基础"。

　　关于马克思主义，习近平总书记在纪念马克思诞辰 200 周年大会上的讲话中明确指出："马克思主义是科学的理论，创造性地揭示了人类社会发展规律"；"马克思主义是人民的理论，第一次创立了人民实现自身解放

---

*　作者系吉林大学哲学社会科学资深教授。

①　《毛泽东文集》第六卷，人民出版社 1999 年版，第 350 页。

的思想体系";"马克思主义是实践的理论,指引着人民改造世界的行动";
"马克思主义是不断发展的开放的理论,始终站在时代前沿"。① 作为中国
特色社会主义制度和国家治理体系的理论基础,马克思主义揭示的人类社
会发展规律是社会主义制度的最深层的理论根基,马克思主义的人民实现
自身解放的思想体系是社会主义制度的最根本的核心理念,马克思主义指
引的人民改造世界的行动是社会主义制度的最基本的实践过程,马克思主
义具有的不断发展的开放的理论品质是坚持和完善中国特色社会主义制度
的最重要的理论源泉。制度优势的理论支撑、理论自信和理论创新,奠基
于马克思主义的理论根基上。

一种理论具有怎样的意义和价值,从根本上说,就在于它所揭示的规
律对于人类的生存和发展具有怎样的意义和价值。对于整个人类来说,最
为重大和最为艰难的理论问题,莫过于揭示人类社会的发展规律;对于现
代人类来说,最为重大和最为艰难的理论问题,莫过于揭示资本主义的运
动规律即社会主义取代资本主义的运动规律。"马克思主义是科学的理论"。
恩格斯在《在马克思墓前的讲话》中,这样概括和评价马克思的"最伟大
的思想":他"发现了人类历史的发展规律",还"发现了现代资本主义生
产方式和它所产生的资产阶级社会的特殊的运动规律"。② 马克思的"两大
发现",不仅使人类自觉到自身的发展规律,而且使人类自觉到"现实的
历史"即资本主义的运动规律,从而为创建代替资本主义制度的社会主义
制度奠定了最坚实的理论基础。中国之治的制度优势,最为坚实的理论根
基,就是马克思的"两大发现"所揭示的人类历史的发展规律和资本主义
的运动规律,即人类必将以社会主义制度取代资本主义制度的发展规律。

制度问题,说到底是"为谁"的问题;制度的理论根基问题,说到底
是"为谁"的理论问题。"马克思主义是人民的理论"。在《共产党宣言》中,

---

① 习近平:《在纪念马克思诞辰 200 周年大会上的讲话》,人民出版社 2018 年版,第 7、8、9 页。
② 《马克思恩格斯选集》第 3 卷,人民出版社 1995 年版,第 776 页。

马克思恩格斯就明确地指出："过去的一切运动都是少数人的或者为少数人谋利益的运动。无产阶级的运动是绝大多数人的、为绝大多数人谋利益的独立的运动。"① 因此，马克思恩格斯为共产党人提出"实践"和"理论"两个方面的历史任务：在"实践方面，共产党人是各国工人政党中最坚决的、始终起推动作用的部分"；在"理论方面，他们胜过其余无产阶级群众的地方在于他们了解无产阶级运动的条件、进程和一般结果"。② 正是在为"无产阶级运动的条件、进程和一般结果"作出"理论方面"的论证中，马克思恩格斯不仅深刻地阐述了代替资本主义制度的社会主义制度的"人民性"，而且深刻地指明了社会主义的发展方向："代替那存在着阶级和阶级对立的资产阶级旧社会的，将是这样一个联合体，在那里，每个人的自由发展是一切人的自由发展的条件。"③ 习近平总书记一再强调指出："人民对美好生活的向往，就是我们的奋斗目标"④。坚持人民主体地位，这是马克思主义的"人民的理论"对我们的制度优势的最坚实的理论支撑。

马克思主义是指引着人民改造世界的行动的"实践的理论"。马克思主义的理论力量就在于，它赋予人民群众的历史创造活动以最坚实的理想和信念，它赋予社会主义运动以最坚实的理论支撑，它赋予人类文明形态变革以最坚实的道路指引。中国特色社会主义制度是党和人民在长期实践探索中形成的科学制度体系。以毛泽东同志为主要代表的中国共产党人，把马克思列宁主义基本原理同中国具体实际结合起来，创立了毛泽东思想，团结带领全党全国各族人民，经过长期浴血奋斗，完成了新民主主义革命，建立了中华人民共和国，确立了社会主义基本制度，成功实现了中国历史上最深刻最伟大的社会变革，为当代中国一切发展进步奠定了根本政治前提和制度基础。党的十一届三中全会以后，以邓小平同志为主要代

---

① 《马克思恩格斯选集》第 1 卷，人民出版社 1995 年版，第 283 页。
② 《马克思恩格斯选集》第 1 卷，人民出版社 1995 年版，第 285 页。
③ 《马克思恩格斯选集》第 1 卷，人民出版社 1995 年版，第 294 页。
④ 《习近平谈治国理政》第一卷，外文出版社 2018 年版，第 4 页。

表的中国共产党人，作出把党和国家工作中心转移到经济建设上来、实行改革开放的历史性决策，深刻揭示社会主义本质，科学回答了建设中国特色社会主义的一系列基本问题。党的十八大以来，以习近平同志为核心的党中央，深刻回答了新时代坚持和发展什么样的中国特色社会主义、怎样坚持和发展中国特色社会主义这个重大时代课题，创立了习近平新时代中国特色社会主义思想，并在这一思想指引下坚持和完善中国特色社会主义制度、推进国家治理体系和治理能力现代化。实践证明，中国特色社会主义制度和国家治理体系是以马克思主义为指导、植根中国大地、具有深厚中华文化根基、深得人民拥护的制度和治理体系，是具有强大生命力和巨大优越性的制度和治理体系，是能够持续推动中华民族伟大复兴的制度和治理体系。

"马克思主义是不断发展的开放的理论"，是坚持和完善中国特色社会主义制度、推进国家治理体系和治理能力现代化的无尽的理论源泉。恩格斯特别强调地指出："我们的理论是发展着的理论，而不是必须背得烂熟并机械地加以重复的教条。"[①] 马克思主义的生命力就在于，它不是一个僵化的、封闭的理论体系，而是一个发展的、开放的理论体系，它集中地体现了时代的精神、世界的潮流和创新的实践，它引导人类以文明形态变革去破解人类历史发展进程中的难题。理论是思想中的现实。任何重大的理论问题都源于重大的现实问题，任何重大的现实问题都深层地蕴含重大的理论问题。习近平总书记指出："只有聆听时代的声音，回应时代的呼唤，认真研究解决重大而紧迫的问题，才能真正把握住历史脉络、找到发展规律，推动理论创新。"[②] 党的十八大以来摆在全党全国人民面前的一个重大的实践课题和理论课题，就是我国的改革事业如何推进和深化。在党的十八届三中全会上，习近平总书记首次提出"完善和发展中国特色社会主

---

① 《马克思恩格斯选集》第4卷，人民出版社1995年版，第681页。

② 习近平:《在哲学社会科学工作座谈会上的讲话》，人民出版社2016年版，第14页。

义制度，推进国家治理体系和治理能力现代化"这个重大命题，并将其确定为我国全面深化改革的总目标，为把全面深化改革推向纵深发展指出了明确方向。这是我们党的一个重大理论创新。这就需要我们从中国特色社会主义制度建设及推进国家治理体系和治理能力现代化的伟大实践中，不断地提出和探索制度建设的重大理论问题，为我们的制度优势提供具有新的思想内涵、时代内涵和文明内涵的理论支撑。

二、理论自信：建立在真理与价值相统一的制高点上的中国制度

中国之治的制度优势，从根本上说，是因为中国特色社会主义制度建立在对马克思主义所揭示的社会发展规律的深刻把握和具体运用之上，建立在对我国社会发展阶段的清醒认识和经验总结之上，建立在理论创新、实践创新、制度创新相统一的基础之上，建立在实现中华民族伟大复兴和实现人的全面发展的社会理想和价值目标之上。制度优势的理论自信，就在于中国特色社会主义制度建立在真理与价值相统一的制高点上。

人的认识活动和实践活动总是面对两大问题：一是"对不对"的真理问题；二是"好不好"的价值问题。真理和价值是人类活动的两个基本尺度。人的活动是否符合事物的运动规律，这就是真理尺度；人的活动是否满足自己的需要和目的，这就是价值尺度。真理和价值统一于人的实践活动之中。实践作为人的有目的的物质活动，既要求人们按照事物的本来面目和运动规律改造世界，又要求人们按照自身的需要和目的改造世界。离开真理性认识的价值追求，离开价值追求的真理性认识，都是非现实的。中国共产党是以全心全意为人民服务为根本宗旨的政党，其理论和实践要求真理与价值的高度统一。这突出地表现为我们党始终要求坚持真理与向人民负责的统一。坚持真理就是实事求是，就是尊重历史规律，尊重中国社会本身的发展规律，通过不断探索达到对社会发展的真理性认识。向人

民负责就是为最广大的人民谋利益，就是使人民群众获得全面发展的条件，就是实现中华民族的伟大复兴。没有为人民谋幸福的坚定的价值目标，就不可能真正达到对中国社会的真理性认识；没有对中国社会的真理性认识，为人民谋幸福的价值目标就不可能实现。建设中国特色社会主义就要把真理观和价值观统一起来，把坚持真理和向人民负责统一起来。真理的力量和道义的力量的统一，就是我们的不可战胜、无坚不摧的力量。中国特色社会主义制度建立在真理与价值相统一的制高点上，也就是建立在人类社会发展规律与为人民谋幸福相统一的制高点上，因而具有显著的制度优势。

制度优势的理论自信，其根基是对科学社会主义的自信。国家学说是科学社会主义的重要内容，马克思恩格斯深刻地论证了国家的起源、职能、实质和消亡问题，列宁将科学社会主义由理论变为实践，建立了世界上第一个社会主义国家，毛泽东从中国实际出发创造性地提出社会主义社会的矛盾学说，在理论和实践上拓展和深化了马克思主义的国家理论。党的十九届四中全会通过的《中共中央关于坚持和完善中国特色社会主义制度　推进国家治理体系和治理能力现代化若干重大问题的决定》，明确提出我国国家制度和国家治理体系具有的多方面显著优势。这些显著优势，是我们坚定中国特色社会主义道路自信、理论自信、制度自信、文化自信的基本依据。

制度优势的理论自信，奠基于中国特色社会主义制度和国家治理体系发展的历史性成就和显著优势。习近平总书记指出："在人类文明发展史上，除了中国特色社会主义制度和国家治理体系外，没有任何一种国家制度和国家治理体系能够在这样短的历史时期内创造出我国取得的经济快速发展、社会长期稳定这样的奇迹"[1]。中国特色社会主义进入新时代，不仅

---

① 习近平：《坚持和完善中国特色社会主义制度　推进国家治理体系和治理能力现代化》，《求是》2020 年第 1 期。

迎来了中华民族从站起来、富起来到强起来的伟大飞跃，而且使科学社会主义在二十一世纪的中国焕发出强大生机活力，在世界上高高举起了中国特色社会主义伟大旗帜，并且以中国特色社会主义道路、理论、制度、文化的不断发展，为解决人类问题贡献了中国智慧和中国方案。制度优势的理论自信，奠基于以中国特色社会主义理论为指导思想的中国特色社会主义的伟大实践及其所创造的中国奇迹。

制度优势的理论自信，关键是对"党是最高政治领导力量"的自信。中国共产党领导是中国特色社会主义最本质的特征，是中国特色社会主义制度的最大优势。中华人民共和国是中国共产党带领全国各族人民在新民主主义革命胜利后缔造的。在新民主主义革命时期，以毛泽东同志为代表的中国共产党人就积极探索党如何领导政权，为党领导国家积累了宝贵的实践经验并形成了重要的理论基础。在《井冈山的斗争》一文中，毛泽东同志就明确提出正确处理党与政权的关系问题，并强调"党要执行领导政府的任务"。抗日战争时期，中国共产党在抗日根据地积累了党领导政权建设的丰富经验。全国解放前夕，毛泽东同志在《论人民民主专政》一文中更加明确地论述了党与人民共和国的关系，这就是"共产党领导的人民民主专政的国家"。1954 年颁布的第一部中华人民共和国宪法，确立了中国共产党领导、人民当家作主的新型国家制度，为党领导国家体制奠定了宪法基础。党的领导地位是历史和人民的选择，是确保国家始终沿着社会主义方向前进的坚实根基，也是实现中华民族伟大复兴的必然要求。中国特色社会主义制度的最大优势是中国共产党的领导；制度优势的理论自信最根本的是对中国共产党领导的自信。

制度优势的理论自信，体现在对中国特色社会主义制度的根本制度、基本制度、重要制度的理论自觉。根本制度，就是中国特色社会主义制度中起顶层决定性、全域覆盖性、全面领导性作用的制度，其中，党的集中统一领导制度和全面领导制度是我们党和国家的根本领导制度，人民代表大会制度是我国的根本政治制度，马克思主义在意识形态领域指导地位的制度是我国的根本文化制度，共建共治共享是我国的根本社会治理制度，党对人民军队的绝对领导是我国的根本军事制度。基本制度，就是通过贯彻体现国家政治生活、经济生活的基本原则，对国家经济社会发展等发挥重大作用的制度，其中，体现在政治领域就是中国共产党领导的多党合作和政治协商制度、民族区域自治制度、基层群众自治制度这三大基本政治制度，体现在经济领域就是公有制为主体、多种所有制经济共同发展，按劳分配为主体、多种分配方式并存，社会主义市场经济体制等三大基本经济制度。重要制度，就是由根本制度和基本制度派生而来的、国家治理各领域各方面各环节的具体的制度，主要包括我国经济体制、政治体制、文化体制、社会体制、生态文明体制、法制体系、党的建设制度等。[①] 中国特色社会主义制度的根本制度、基本制度和重要制度，坚持党的领导、人民当家作主、依法治国的有机统一，把国家制度同法律制度结合起来，把发挥制度优势同提高治理效能结合起来，体现了具有主体性、原创性的现代治理思想。

制度优势的理论自信，还在于中国特色社会主义制度和国家治理体系根植中国大地、具有深厚中华文化根基。习近平总书记指出："一个国家选择什么样的国家制度和国家治理体系，是由这个国家的历史文化、社会性质、经济发展水平决定的"，中国特色社会主义制度和国家治理体系"是在中国的社会土壤中生长起来的"，"具有深刻的历史逻辑、理论逻辑、实践逻辑"。[②] "在几千年的历史演进中，中华民族创造了灿烂的古代文明，形成了关于国家制度和国家治理的丰富思想"，中国"自古以来逐步形成了一整套包括朝廷制度、郡县制度、土地制度、税赋制度、科举制度、监察制度、军事制度等各方面制度在内的国家制度和国家治理

[①] 参见《〈中共中央关于全面深化改革若干重大问题的决定〉辅导读本》，人民出版社 2013 年版，第 175—176 页。

[②] 习近平：《坚持和完善中国特色社会主义制度　推进国家治理体系和治理能力现代化》，《求是》2020 年第 1 期。

体系"。①中华民族几千年中所形成的关于国家制度和国家治理的丰富思想和制度体系，与中国人的社会生活和价值观念是潜移默化地相互融通的，构成了中国特色社会主义制度和国家治理体系的深厚的历史底蕴，是制度优势的理论自信的更基本、更深沉、更持久的文化根基。

制度优势的深厚中华文化根基，不仅体现在中华民族关于国家制度和国家治理的丰富思想和制度体系，而且具体地体现在中华民族创造了具有中华民族法律精神品格的法律文化和中华民族的独树一帜的中华法系。习近平总书记指出："我们的先人们早就开始探索如何驾驭人类自身这个重大课题，春秋战国时期就有了自成体系的成文法典，汉唐时期形成了比较完备的法典。我国古代法制蕴含着十分丰富的智慧和资源，中华法系在世界几大法系中独树一帜。"②中华民族在几千年的历史进程中所形成的法治理念、法治制度和法治实践，以及由此所形成的独树一帜的中华法系，是推进我国国家治理体系和治理能力现代化的不可或缺的宝贵资源，是走出一条具有中国特色的法治现代化道路的弥足珍贵的中华文化根基。制度优势的理论自信，需要我们挖掘和传承中华法律文化的精华。

制度优势的理论自信，体现在人民对中国特色社会主义制度的价值目标的自觉追求。制度的灵魂是制度的社会理想和价值指向。习近平总书记指出："中国共产党人的初心和使命，就是为中国人民谋幸福，为中华民族谋复兴"，"永远把人民对美好生活的向往作为奋斗目标"。③中国特色社会主义制度的社会理想和价值指向是实现国家富强、民族振兴、人民幸福，我们对中国特色社会主义制度的理论自信，深层地体现在人民对这个社会理想和价值指向的自信。任何时代、任何国家、任何个人的价值观，

---

① 习近平：《坚持和完善中国特色社会主义制度　推进国家治理体系和治理能力现代化》，《求是》2020 年第 1 期。

② 《习近平关于全面依法治国论述摘编》，中央文献出版社 2015 年版，第 32 页。

③ 习近平：《决胜全面建成小康社会　夺取新时代中国特色社会主义伟大胜利——在中国共产党第十九次全国代表大会上的报告》，人民出版社 2017 年版，第 1 页。

都具有社会性质、社会内容和社会形式，并具体地、生动地表现为社会的价值理想、价值规范和价值导向与个人的价值期待、价值认同和价值取向的矛盾。马克思恩格斯指出："统治阶级的思想在每一时代都是占统治地位的思想。这就是说，一个阶级是社会上占统治地位的物质力量，同时也是社会上占统治地位的精神力量。"① 在社会的价值理想与个人的价值期待、社会的价值规范与个人的价值认同、社会的价值导向与个人的价值取向的矛盾中，社会的价值理想、价值规范和价值导向是矛盾的主要方面，它规范和引领着整个社会的价值指向和价值追求。我们对制度优势的理论自信，就在于中国特色社会主义制度的社会理想和价值指向是根植于中国大地的"人民的自觉追求"。

作为制度灵魂的价值观，从内容上看总是具有社会性质的社会正义、政治制度、法律规范、道德伦理、人生意义问题，从性质上看总是具有社会性质的真与假、善与恶、美与丑、个人利益与集体利益、局部利益与整体利益、暂时利益与长远利益问题，从形式上看总是表现为作为社会意识形式的宗教、艺术、科学和哲学，因此，个人的价值目标总是"取决"于社会的价值理想，个人的价值取向总是"取向"于社会的价值导向，个人的价值认同总是"认同"于社会的价值规范。中国特色社会主义制度的显著优势就在于确保国家始终沿着社会主义方向前进、紧紧依靠人民推动国家发展、切实保障社会公平正义和人民权利、促进全体人民在思想上精神上紧紧团结在一起、实现人民对美好生活的向往和中华民族的伟大复兴。中国特色社会主义制度的价值理想、价值规范和价值导向，赋予中国人民以坚定不移地走中国特色社会主义道路的理想和信念，具有强大的思想和精神凝聚力，为中国特色社会主义事业提供源源不断的精神动力和价值追求。

习近平总书记指出："看一个制度好不好、优越不优越，要从政治上、

---

① 《马克思恩格斯选集》第 1 卷，人民出版社 1995 年版，第 98 页。

大的方面去评判和把握。""中国特色社会主义制度好不好、优越不优越，中国人民最清楚，也最有发言权。""始终代表最广大人民根本利益，保证人民当家作主，体现人民共同意志，维护人民合法权益，是我国国家制度和国家治理体系的本质属性，也是我国国家制度和国家治理体系有效运行、充满活力的根本所在。"[①] 制度优势的理论自信，从根本上说，就是对马克思主义的"人民的理论"的自信，就是对习近平新时代中国特色社会主义思想引领中国人民实现中华民族伟大复兴的自信。

三、理论创新：不断提炼新理论概括新实践

中国特色社会主义制度建设实践的不断深化、国家治理体系的不断完善和国家治理能力的不断提升，呼唤并且推动制度理论研究在实践基础上的理论创新。在制度建设的伟大实践中不断地"提炼出有学理性的新理论"和"概括出有规律性的新实践"，就会不断地强化中国特色社会主义制度的理论支撑，不断地提升全国各族人民对中国特色社会主义制度的理论自信，不断地强化制度优势的理论根基。

制度优势的理论创新，首要的是提升制度研究的自觉性。习近平总书记指出："相比过去，新时代改革开放具有许多新的内涵和特点，其中很重要的一点就是制度建设分量更重，改革更多面对的是深层次体制机制问题，对改革顶层设计的要求更高，对改革的系统性、整体性、协同性要求更强，相应地建章立制、构建体系的任务更重。"[②] 这首先就要求我们深化对制度的系统性研究。中国特色社会主义制度既包括根本制度、基本制度和重要制度，又包括各个不同领域的具体制度。它们在制度系统中各有自

---

① 习近平：《坚持和完善中国特色社会主义制度　推进国家治理体系和治理能力现代化》，《求是》2020 年第 1 期。

② 《习近平谈治国理政》第三卷，外文出版社 2020 年版，第 112 页。

己的定位，具有不同的层次。不同层次、不同定位的制度，起到的作用不同，运行的机理不同。习近平总书记指出："中国特色社会主义制度是一个严密完整的科学制度体系，起四梁八柱作用的是根本制度、基本制度、重要制度，其中具有统领地位的是党的领导制度。"① 根本制度是立国的根本，是制度优势的根基。制度创新是以根本制度为根基，构建系统完备、科学规范、运行有效的制度体系，使各方面制度更加成熟更加定型，各领域基础性制度体系基本形成。

制度优势的理论创新，重在对中国特色社会主义制度的"显著优势"的深化研究，赋予这些"显著优势"以深刻的思想内涵、时代内涵和文明内涵。中国特色社会主义制度的"显著优势"是在中国特色社会主义的伟大实践中形成、巩固、完善和发展的，从这一伟大实践中不断地"提炼出有学理性的新理论"和"概括出有规律性的新实践"，才能实现制度研究的理论创新。这就需要我们着力研究中国特色社会主义制度的根本制度、基本制度、重要制度，着力研究如何固根基、扬优势、补短板、强弱项，构建系统完备、科学规范、运行有效的制度体系，着力研究如何加强系统治理、依法治理、综合治理、源头治理，把我国制度优势更好转化为国家治理效能，着力研究如何提升国家治理能力，在治理能力现代化上提供坚实的理论支撑。

制度优势的理论创新，要深入研究完善和发展中国特色社会主义制度与推进国家治理体系和治理能力现代化的关系。习近平总书记指出："必须完整理解和把握全面深化改革的总目标，这是两句话组成的一个整体，即完善和发展中国特色社会主义制度、推进国家治理体系和治理能力现代化。这里面有一个前一句和后一句的关系问题。前一句，规定了根本方向，我们的方向就是中国特色社会主义道路，而不是其他什么道路。也就

---

① 习近平：《坚持和完善中国特色社会主义制度　推进国家治理体系和治理能力现代化》，《求是》2020 年第 1 期。

是我经常说的，我们要坚定不移走中国特色社会主义道路，既不走封闭僵化的老路，也不走改旗易帜的邪路。后一句，规定了在根本方向指引下完善和发展中国特色社会主义制度的鲜明指向。两句话都讲，才是完整的。只讲第二句，不讲第一句，那是不完整、不全面的。"①习近平总书记的论述深刻地阐述了完善和发展中国特色社会主义制度与推进国家治理体系和治理能力现代化关系的相互关系，体现了马克思主义辩证法的"两点论"与"重点论"的高度统一，为我们把握"制度"与"治理"的辩证关系提供了科学的方法论，从而使我们党对全面深化改革总目标的认识达到了一个新高度，提高到了一个新水平。

　　制度优势的理论创新，还要深入研究推进国家治理体系现代化与提升治理能力现代化的辩证统一关系。习近平总书记指出："国家治理体系和治理能力是一个国家制度和制度执行能力的集中体现。国家治理体系是在党领导下管理国家的制度体系，包括经济、政治、文化、社会、生态文明和党的建设等各领域体制机制、法律法规安排，也就是一整套紧密相连、相互协调的国家制度；国家治理能力则是运用国家制度管理社会各方面事务的能力，包括改革发展稳定、内政外交国防、治党治国治军等各个方面。国家治理体系和治理能力是一个有机整体，相辅相成，有了好的国家治理体系才能提高治理能力，提高国家治理能力才能充分发挥国家治理体系的效能。"②习近平总书记的论述深刻地阐述了国家治理体系与国家治理能力相互制约、相互促进的辩证关系。国家治理体系与国家治理能力虽然紧密联系，但并不是国家治理体系越完善，国家治理能力自然而然就越强，因此，我们必须把国家治理体系和治理能力现代化统筹谋划，在实现国家治理体系现代化的过程中，不断提高各级领导干部的能力素质和执政本领。

---

① 《习近平关于全面深化改革论述摘编》，中央文献出版社 2014 年版，第 20—21 页。

② 《习近平谈治国理政》第一卷，外文出版社 2018 年版，第 91 页。

制度优势的理论创新，需要深化对国家治理体系和治理能力的法治与人治的研究。习近平总书记指出："法治和人治问题是人类政治文明史上的一个基本问题，也是各国在实现现代化过程中必须面对和解决的一个重大问题。综观世界近现代史，凡是顺利实现现代化的国家，没有一个不是较好解决了法治和人治问题的。相反，一些国家虽然也一度实现快速发展，但并没有顺利迈进现代化的门槛，而是陷入这样或那样的'陷阱'，出现经济社会发展停滞甚至倒退的局面。后一种情况很大程度上与法治不彰有关。"① 对于法治建设，习近平总书记明确地提出："评价一个国家政治制度是不是民主的、有效的，主要看国家领导层能否依法有序更替，全体人民能否依法管理国家事务和社会事务、管理经济和文化事业，人民群众能否畅通表达利益要求，社会各方面能否有效参与国家政治生活，国家决策能否实现科学化、民主化，各方面人才能否通过公平竞争进入国家领导和管理体系，执政党能否依照宪法法律规定实现对国家事务的领导，权力运用能否得到有效制约和监督。"② 习近平总书记的论述，为我们提出了法制建设的一系列重大理论课题。

制度优势的理论创新，需要着力探索如何提升全体人民对中国特色社会主义制度的理论自信。"人民有信仰，国家有力量，民族有希望"。坚持和完善中国特色社会主义制度，需要培育和弘扬社会主义核心价值观，巩固和加强全体人民共同奋斗的思想基础。这就需要我们从马克思主义博大精深的思想理论中，着力阐发其科学的世界观、人生观和价值观，为全体人民坚定不移走中国特色社会主义道路提供坚定的理论支撑；这就需要我们从中华民族深厚的文化传统中，着力地阐发爱国主义精神和勇于担当的家国情怀，强化全体人民对中国特色社会主义制度深刻认同的文化底蕴；这就需要我们面对当代世界思想观念和价值取向日益活跃、意识形态和社

---

① 《习近平关于全面依法治国论述摘编》，中央文献出版社2015年版，第12页。

② 习近平：《在庆祝全国人民代表大会成立60周年大会上的讲话》，人民出版社2014年版，第16—17页。

会思潮纷纭激荡的新形势，着力地研究当代的价值观冲突，在不同社会制度的深刻比较中增强全体人民对中国特色社会主义的道路自信、理论自信、制度自信和文化自信。

制度优势的理论创新，需要我们不断地提升发现问题和分析问题的理论思维能力，不断地提高驾驭复杂局面处理复杂问题的本领，从而不断地推进实践基础上的理论创新。在改革开放的进程中，我国社会的不同地区、不同行业、不同阶层、不同群体的各种利益关系十分复杂，随着改革的不断拓展和不断深化，对利益关系的触及也将越来越深，只有运用唯物辩证法的理论思维，善于驾驭和处理全局与局部、当前与长远、重点与非重点的复杂关系，才能在权衡利弊中趋利避害、在统筹协调中推进改革。这就要求我们在制度建设中突出改革的系统性和协同性，以辩证智慧做到"审大小而图之，酌缓急而布之，连上下而通之，衡内外而施之"。中国特色社会主义进入新时代，我国社会主要矛盾已经转化为人民日益增长的美好生活需要和不平衡不充分的发展之间的矛盾。人民对美好生活的需要日益广泛，不仅对物质生活提出了更高要求，而且在民主、法治、公平、正义、安全、环境等方面的要求日益增长，因而对制度建设提出更为广泛、更为深刻的要求。从理论上"概括出有规律性的新实践"，准确地把握不同地区、不同行业、不同阶层、不同群体等各方利益的交汇点和结合点，使改革成果和制度建设更公平地惠及全体人民，这是制度优势的理论创新的重要的着力点。

制度优势的理论创新，特别需要增强战略思维的理论自觉，深化对顶层设计和统领全局的理论研究。问题导向的理论思维，它所指向的首要问题，是统揽全局的战略问题。习近平总书记指出："战略问题是一个政党、一个国家的根本性问题。战略上判断得准确，战略上谋划得科学，战略上赢得主动，党和人民事业就大有希望。"[1] 引领中华民族伟大复兴的理

---

[1]　《习近平谈治国理政》第二卷，外文出版社 2017 年版，第 10 页。

论思维，生动地体现在治国理政中的统揽全局的战略思维。"战略"是为实现一定目标而进行的全局性的、长远性的谋划；"战略思维"是用全局性、长远性的谋划以取得总体性、根本性的实践效果的理论思维；"战略思维能力"是综合决策、驾驭全局、赢得主动的理论思维能力。战略思维所指向的战略问题，主要包括根本性的战略目标问题、总体性的战略布局问题、长远性的战略步骤问题、阶段性的战略转变问题和方向性的战略诉求问题。战略问题首先是根本性的战略目标问题。党的十九大的主题是：不忘初心，牢记使命，高举中国特色社会主义伟大旗帜，决胜全面建成小康社会，夺取新时代中国特色社会主义伟大胜利，为实现中华民族伟大复兴的中国梦不懈奋斗。这个主题，就是习近平新时代中国特色社会主义思想所确立的引领中华民族伟大复兴的根本性战略目标。这个战略目标从根本上引领了我们党在新时代的战略布局、战略步骤和战略转变等战略上的谋划和决策，坚持统筹推进"五位一体"总体布局、协调推进"四个全面"战略布局，从全面建成小康社会到基本实现现代化，再到全面建成社会主义现代化强国。战略目标的确立，战略布局、战略步骤和战略转变的谋划与实施，从根本上说，取决于方向性的战略诉求。方向决定前途，道路决定命运。"中国共产党人的初心和使命，就是为中国人民谋幸福，为中华民族谋复兴。"①"人民对美好生活的向往，就是我们的奋斗目标。"②人民性是马克思主义最鲜明的品格。中国共产党始终把人民立场作为根本立场，把为人民谋幸福作为根本使命，把全心全意为人民服务作为根本宗旨，团结带领全国人民共同创造历史伟业。为中国人民谋幸福的战略诉求，决定了实现中华民族伟大复兴的战略目标；实现中华民族伟大复兴的战略目标，体现了为中国人民谋幸福的战略诉求。方向性的战略诉求与根本性的战略目标的高度统一，展现了习近平新时代中国特色社会主义思想的强大

---

① 《习近平谈治国理政》第三卷，外文出版社 2020 年版，第 1 页。

② 《习近平谈治国理政》第一卷，外文出版社 2018 年版，第 4 页。

的真理力量和道义力量，引领了坚持和完善中国特色社会主义制度、推进国家治理体系和治理能力现代化的方向。制度优势的理论创新，必须始终牢牢地把握住这个根本方向。

制度优势的理论创新，需要我们站在"构建人类命运共同体"的高度，为世界法治文明贡献中国智慧和中国方案。习近平总书记指出："法治是人类文明的重要成果之一，法治的精髓和要旨对于各国国家治理和社会治理具有普遍意义"①。在制度建设和法治建设的理论研究中，我们不仅积极地挖掘和传承了中华民族的法治思想，而且批判地汲取了资产阶级革命中所产生的霍布斯、洛克、伏尔泰、孟德斯鸠、卢梭、康德、黑格尔的国家学说和法治思想，以及现当代的罗尔斯、诺奇克、哈耶克、桑德尔等的政治哲学思想。法治思想和法治文明的交流和互鉴，不仅需要我们积极地挖掘传统和吸收外来，而且更为重要的是在中国特色社会主义的伟大实践中，构建具有主体性、原创性的当代中国法治思想体系。从时代的和世界的视野看，当代中国所面对的问题，并不仅仅是中国自己的问题，而且是中国所面对的世界性的和时代性的问题；当代中国所选择的中国特色社会主义道路，并不仅仅是中国自己的发展道路，而且是中国所开拓的创建人类文明新形态的发展道路；当代中国所积累的建设中国特色社会主义的经验，并不仅仅是中国自己的建设经验，而且是为解决当代人类问题贡献的中国智慧和中国方案。中国特色社会主义制度和国家治理体系，不仅保障我国创造出经济快速发展、社会长期稳定的奇迹，而且为人类探索建设更好社会制度贡献了中国智慧和中国方案。习近平总书记指出："我国的实践向世界说明了一个道理：治理一个国家，推动一个国家实现现代化，并不只有西方制度模式这一条道，各国完全可以走出自己的道路来。可以说，我们用事实宣告了'历史终结论'的破产，宣告了各国最终都要以西方制度模式为归宿的单线式历史观的

---

① 《习近平关于全面依法治国论述摘编》，中央文献出版社 2015 年版，第 32 页。

破产。"①站在中国特色社会主义制度的真理与价值相统一的制高点上，从坚持和完善中国特色社会主义制度、推进国家治理体系和治理能力现代化的伟大实践中，不断地"提炼出有学理性的新理论"和"概括出有规律性的新实践"，就会为中国之治的制度优势提供更加坚实的理论支撑，并为世界法治文明建设提供作为中国智慧的理论资源，为"构建人类命运共同体"和实现人的全面发展作出更大的贡献。

---

① 《习近平关于社会主义政治建设论述摘编》，中央文献出版社 2017 年版，第 7 页。

第三讲　砥柱人间是此峰

——中国共产党的领导是中国制度的最大优势

彭　斌　周光辉*

国家领导体制是国家治理体系的中枢，也是决定国家治理能力尤其是领导力的核心要素。"领导制度、组织制度问题更带有根本性、全局性、稳定性和长期性。"[①] 从国家领导体制上讲，当代中国既不是采取传统的以皇权为核心的君主制，也不是实行政党竞争、分权制衡的总统制或内阁制，而是采用政党领导体制。"中国特色社会主义制度是一个严密完整的科学制度体系，起四梁八柱作用的是根本制度、基本制度、重要制度，其中具有统领地位的是党的领导制度。党的领导制度是我国的根本领导制度。"[②] 然而，仍然有相当多的海外学者将当代中国的领导体制界定为威权体制，否定中国领导体制的正当性。这就需要准确地描述和科学地分析中国政党领导体制，既构建一种能够契合中国历史与现实的理论叙事，又阐明中国政党领导体制的价值正当性与合理性。

---

*　作者周光辉系吉林大学行政学院教授。

①　《邓小平文选》第二卷，人民出版社 1994 年版，第 333 页。

②　习近平：《中国共产党领导是中国特色社会主义最本质的特征》，《求是》2020 年第 14 期。

一、党的领导体制的形成与其历史必然

国家领导体制是由一系列以国家领导权为核心的制度、规则和惯例构成的，它包括国家领导权、领导原则、领导结构、领导权运行机制与领导方法等基本构成要素，涉及国家治理体系中的领导和组织制度及其功能结构、工作机制与程序安排。其中，国家领导权是国家主权的表现形式，是领导国家制定和修改宪法与法律、确立国家大政方针、决定国家重大事务和重要组织人事安排的权力，它在国家领导体制和权力体系中居于中枢地位，是其核心要素。国家领导权包含着对政治、组织、军事和意识形态等方面的领导，主要表现为通过政治决策引领国家发展方向、确立国家发展目标和制定国家重大政策，承担着维护国家主权、保障国家安全、引领国家发展的职能。

领导原则是具有权威性的领导行为规范和价值理念，它是领导行为的正当性依据，也是国家领导权、领导结构、领导权运行机制和领导方法应当遵循的准则，体现领导体制的性质，决定着领导方向、目标、路线、方针与政策。

领导结构是指领导权与其他权力之间的配置结构和组合关系，它体现出领导体制中各行为主体（包括组织、机构和个人）之间相互关系的构成方式，涉及通过什么样的领导机构和组织结构实施领导行为。领导结构是国家领导体制的关键组成部分，任何领导体制都是通过相应的结构发挥其功能。

领导权运行机制是使领导权运行起来的程序和方式的有机集合，它通过将国家领导权的运行、交接、监督等过程中的方式、环节、步骤、阶段依据一定的程序排列，使其呈现出一种规范有序的动态过程。

领导方法是领导主体实现特定领导目标的形式与途径。在领导活动中，不同的领导方法会产生不同的领导情境，影响领导行为的绩效和领导

目标的实现。

通过将国家领导体制解析为上述要素，可以发现，中国实行政党领导体制，由政党领导国家发展，实施国家治理。具体而言，这表现为，中国共产党长期掌握国家领导权，在国家领导体制中居于核心地位，通过一系列的制度体系保障实施国家领导行为。中国政党领导体制不是中国共产党自封的或强加的，而是中国共产党动员、带领人民在争取民族独立、国家统一和人民解放的长期革命的历史中形成的，是近代以来中国社会各种因素与各种力量相互作用的必然结果。因此，科学地阐释中国政党领导体制，首先就需要分析中国政党领导体制形成的历程及其历史必然性。

（一）党的领导体制形成的历史

中国不是一个想象的共同体，而是在漫长的历史发展中形成的政治共同体，具有辉煌灿烂的古代文明。1840 年以后，帝国主义列强通过武力或武力威胁强迫清政府签订一系列不平等条约，严重损害了中国国家主权和领土完整，使中国传统的统治秩序和皇权体制逐步解体，日益沦为半殖民地半封建社会。晚清时期，清政府也曾尝试确立君主立宪体制，然而，由于各方面的原因而归于失败。

1911 年，孙中山先生领导辛亥革命推翻了清朝统治，创建了中华民国，开启了中国构建现代国家的历程。辛亥革命后，中国试图建立资产阶级共和国，采取了多党制和议会政治，尝试过内阁制、总统制和军政府制等多种体制。然而，上述体制都未能确立强有力的国家领导权，未能解决严重的国内外危机，反而使中国陷入军阀割据的状态。1928 年，南京国民政府在名义上实现了国家统一。但是，由于独裁、腐败和派系林立等原因，它也没有建立合理有效的国家领导体制，没有彻底解决军阀割据和国家主权独立、统一的问题。

1921 年，中国共产党应运而生，担负起为人民谋幸福、为民族谋复兴的历史使命，发挥先锋队政党的引领作用，逐步掌握革命领导权。革命领导权包含着对政治、组织、军事和意识形态等方面的具体领导，涉及采取什么样的路线、方针和政策动员、带领人民群众实现革命目标。"所谓领导权……是以党的正确政策和自己的模范工作，说服和教育党外人士，使他们愿意接受我们的建议。"① 随着对中国革命的性质、目标、动力、对象等重大问题的不断探索，中国共产党逐步深化了对革命领导权的认识。党的一大通过了中国共产党纲领，提出要把工人、农民和士兵组织起来，确定党的根本政治目的是实行社会革命。此后，尽管有党的领导人提出了无产阶级领导权问题，然而，直到1925年1月，党的四大才明确提出无产阶级在民主革命中的领导权问题："中国的民族革命运动，必须最革命的无产阶级有力的参加，并且取得领导的地位，才能够得到胜利。"② 但是，党的四大对实现革命领导权的途径、方式和措施缺乏明确的认识，最终导致1927年大革命的失败。

在政治发展中，领导权是革命的核心问题，也是革命成败的关键。革命领导权不是天然的，而是通过正确认识革命的内在规律并实施正确的领导行为才确立的。大革命失败后，中国共产党总结经验教训，确定了土地革命和武装斗争的方针，掌握革命领导权。1927年8月1日，中国共产党领导南昌起义，揭开了党独立领导革命战争、创建人民军队和武装夺取政权的序幕。同年9月，毛泽东率领秋收起义的工农革命军开始创建井冈山革命根据地，逐步开辟出农村包围城市、武装夺取政权的革命道路，通过"三湾改编""古田会议"确立了党对军队的绝对领导，创造性地解决了缔造一支在党的绝对领导下的人民军队的一系列重大问题。中国共产党在领导人民军队开展武装斗争的同时，将党的组织延伸到农村基层，动员和组织群众，开展土地革命，改造基层社会，建立革命根据地和基层政

---

① 《毛泽东选集》第二卷，人民出版社1991年版，第742页。

② 中共中央文献研究室、中央档案馆编：《建党以来重要文献选编（一九二一———一九四九）》第二册，中央文献出版社2011年版，第219页。

权。在土地革命战争时期，"领导这个革命战争的惟有共产党，共产党已经形成了对于革命战争的绝对的领导权。"①1931 年 11 月，党在江西瑞金组织召开了中华工农兵苏维埃第一次全国代表大会，成立了中华苏维埃共和国临时中央政府，制定了《中华苏维埃共和国宪法大纲》，形成党的领导体制的雏形。在延安时期，中国共产党领导了局部政权，使党的领导体制进一步发展，逐步取得新民主主义革命的胜利。1949 年 9 月，中国共产党主持召开了中国人民政治协商会议第一届全体会议，制定了《中国人民政治协商会议共同纲领》。10 月 1 日，中华人民共和国中央人民政府宣告成立。这表明中国共产党动员、带领中国人民从根本上解决了近代以来的民族危亡问题，标志着中国共产党领导的多党合作和政治协商的新型政党制度的形成。由此可见，作为先锋队政党，中国共产党在动员、带领人民进行革命的过程中逐步掌握革命领导权，运用其价值理念、组织模式和制度文化构建国家领导体制，形成了政党领导体制。中国政党领导体制萌芽于瑞金时期，成长于延安时期，确立于中华人民共和国的成立。

（二）党的领导体制的历史必然

鸦片战争以后，随着帝国主义列强的侵略，中华民族不仅面临着严峻的生存危机，而且面临着以皇权为核心的传统权威体系的逐渐瓦解乃至崩溃。权威是能够使某些行动者采取共同行动的正当性理由，也是维系政治共同体的核心要素。权威的本质性功能在于"确保一个联合起来的群体的联合行动"②，"其标志是被要求服从者不加质疑的承认"③。在中国传统王朝体制中，皇权属于国家最高统治权，它不仅是维系国家权力系统有效运作

---

① 《毛泽东选集》第一卷，人民出版社 1991 年版，第 184 页。

② ［法］耶夫·西蒙：《权威的性质与功能》，吴彦译，商务印书馆 2015 年版，第 14 页。

③ ［美］汉娜·阿伦特：《共和的危机》，郑辟瑞译，上海人民出版社 2013 年版，第 108 页。此处译文依据英文版稍作修改。

的关键，而且是实现国家整合与规模治理的核心要素，为全社会提供正当性标准和依据，成为传统社会的政治权威。当晚清时期作为政治权威的皇权逐步瓦解之际，以"天命"为核心的传统道德权威和以儒家思想为核心的意识形态权威也随之消解。"社会和经济变革必然分裂传统的社会和政治团体并破坏对传统权威的忠诚。"① 权威危机是当时中国的生存危机与价值危机的集中体现，它既表明传统国家逐步丧失旧有的根基而成为脆弱的国家，难以有效推进现代化发展，也意味着曾经世代相传的价值体系受到质疑和否定，使中国人传统的意义世界逐渐坍塌和解体。

导致晚清和民国时期权威危机的关键因素在于，中央政府逐渐丧失了对全国军事武装力量的有效控制。在现实社会，任何国家都必须通过领导和控制全国军事武装力量来保障政府权威，从而实现"缓和冲突，把冲突保持在'秩序'的范围以内"②。晚清时期，湘军、淮军等地方武装逐步形成了"兵为将有"的体制，使军事力量地方化，最终在民国初年形成了地方军阀割据。这表明，"从帝制的废墟中却不能自动产生出一个现代型国家，而是分裂出大大小小的传统型权力中心，形成严重的政治权威危机"③。

晚清和民国时期产生权威危机的根本原因则在于阶级、阶层矛盾日益严重，以致社会分裂和失序。当时，中国是小农经济占统治地位的落后的农业国，各地方实力派与中央政府依赖于赢利型甚至掠夺型的经济体制持续汲取农村资源④，使农村的土地和财富逐渐集中于地主、高利贷商人和地方黑恶势力手中，农民则陷入更加贫困甚至濒临破产的境地。这就使国家政权日益内卷化，无法通过改造既有的社会经济结构和调整利益关系来实

---

① ［美］塞缪尔·P. 亨廷顿：《变化社会中的政治秩序》，王冠华、刘为等译，上海人民出版社 2008 年版，第 28 页。

② 《马克思恩格斯选集》第 4 卷，人民出版社 2012 年版，第 187 页。

③ 罗荣渠：《现代化新论——中国的现代化之路》，华东师范大学出版社 2013 年版，第 243 页。

④ 参见［美］杜赞奇：《文化、权力与国家：1900—1942 年的华北农村》，王福明译，江苏人民出版社 1996 年版，第 58 页。

现社会整合。

除上述因素之外，无论晚清政府、北洋政府还是南京国民政府，都实行独裁政治，将广大民众和社会群体排斥在政治生活之外。这就导致国家政权存在着功能性障碍，既难以获得广大民众的支持和认同，也丧失了与社会构建合作关系的能力，无法保障国家政权具有广泛的社会基础，难以形成社会各界普遍承认的政治权威。

从理论上讲，任何国家都必须以相应的权威尤其是政治权威为基础。辛亥革命彻底地把晚清以来权威危机的事实醒目地摆在大众眼前，它不仅标志着中国传统政治权威的终结，而且开启了中国政治权威创造性重建的历程。权威危机既是中国重建国家领导体制的初始条件，又是构建国家领导体制面临的结构性约束条件。当时中国亟须完成的政治任务是实现民族独立、国家统一和人民解放，将国家重新组织起来，在全国范围内实施有效的领导和管理。只有完成这样的任务，才能为重建政治权威奠定前提和基础。然而，无论晚清政府、北洋政府和南京国民政府的体制有何差异，它们都未能完成上述任务。在这种状况下，只有先锋队政党才能动员、带领人民实现民族独立、国家统一和人民解放，也才可能实现政治权威的创造性重建，推动现代国家领导体制的构建。先锋队政党是"政党世界的具有组织革命意义的制度模式"[1]。作为先锋队政党的中国共产党，"它是靠革命手段'缔造'了国家于是成为国家的灵魂，构成了国家最深刻的内容"[2]。

第一，中国共产党掌握革命领导权，确立了党对人民军队的绝对领导，实现了全国武装力量的完全统一，从根本上改变了晚清和民国时期"兵为将有"的军事体制。从本质上讲，党对人民军队的绝对领导就是构建党和国家控制暴力机器的制度和机制。这既是中国社会文明进步的前

---

[1]　陈明明、程文侠：《先锋队政党的构建：从意识形态到组织形态——关于列宁建党学说的一个讨论》，《江苏社会科学》2018 年第 4 期。

[2]　陈明明：《作为一种政治形态的政党—国家及其对中国国家建设的意义》，《江苏社会科学》2015 年第 2 期。

提，又是其标志，它表明对暴力的控制能力的提高和控制方式的完善，从而能够确保国家权威，维护国家主权，规范社会关系，保障社会秩序，也才能更好地保障人权。邓小平曾指出："中国一向被称为一盘散沙，但是自从我们党成为执政党，成为全国团结的核心力量，四分五裂、各霸一方的局面就结束了。"①

第二，中国共产党将党的组织嵌入基层社会，通过社会革命改造和重构基层结构与制度，重塑基层秩序。中国共产党通过土地改革，实现了"耕者有其田"的目标，得到广大农民的拥护和支持。此后，党和政府逐步将农民组织起来实现集体化，"将千百年以来实际控制乡村的统治权第一次集中到正式的国家政权组织体系中来"②。这就使国家政权能够扎根基层，持续地获得基层力量，强化政治动员、社会合作、财政汲取等方面的能力，从而完成"20世纪的历史任务：'重组基层'，使上层和下层、中央和地方整合在一起。使中央政府获得巨大的组织动员能力，以及政令统一通行等诸多好处。这对于一个向来被视为'一盘散沙'的农业大国来说，其意义尤为重大"③。

第三，中国政党领导体制能够在人民根本利益一致的基础上将各民主党派、人民团体和无党派爱国人士等组织起来参政议政，纳入制度化的参与渠道。这有利于吸纳不同阶层和群体的诉求，增进领导体制的包容性、民主性与适应性，凝聚各方面力量共同推进现代化建设。

在现实社会，任何权威的形成和维系都依赖于其对所在共同体的功绩，在于它能够有效促进共同体的利益。中国共产党在动员、带领人民实现民族独立、国家统一和人民解放的过程中拥有巨大的功勋，所以才能成为现代中国的政治权威。在政治发展中，中国共产党在成为政治权威的同时，也确立了人民的道德权威地位，使为人民服务成为党和国家行为的正

---

① 《邓小平文选》第二卷，人民出版社1994年版，第267页。

② 徐勇：《政权下乡：现代国家对乡土社会的整合》，《贵州社会科学》2007年第11期。

③ 《杜润生自述：中国农村体制变革重大决策纪实》，人民出版社2005年版，第20页。

当性依据；确立了马克思主义的意识形态权威地位，构建出适合中国现代化发展的政治信仰体系。这就使中国实现了权威的现代性转换，即从王朝体制中皇帝的个人权威转变为现代国家中政党的组织权威，从注重人格化的传统权威转化为制度性的现代权威，从植根于农业文明和小农经济的权威转换为适合工业文明和现代化发展的权威，从以实现某个阶级或群体的统治为目标的权威转换成领导人民实现当家作主的权威。通过确立政党领导体制，中国拥有了坚强的领导核心，彻底解决了近代以来的国家生存危机与权威危机，实现了政治权威的创造性重建。这就使中国社会能够有效地组织起来实现共同行动，推进规模治理和现代化发展，促进人权事业的进步。正如耶夫·西蒙（Yves Simon）指出的："就权威的本质性功能而言，自由的进步并不意味着权威的隐退。……权威与自由的对立并不是一种绝对的对立。因为权威和自由这两者在形而上学层面上完全是好的东西，所以它们完全不是相互冲突的，它们的互补性显然要胜过它们的对立性。"[1]

二、党的领导体制的发展

（一）中华人民共和国成立初期党领导体制的发展

中华人民共和国成立初期，中国政党领导体制坚决维护人民的主体地位，坚持民主集中制和群众路线，创建了一系列的制度、体制与机制，构建出党、政、军、群、法之间的领导关系和组织体系，确立了党的全面领导。

在党际关系上，中国共产党领导的多党合作和政治协商制度不断发展，多党合作与政治协商的内容不断丰富。1949 年底和 1950 年初，各民

---

[1]　［法］耶夫·西蒙：《权威的性质与功能》，吴彦译，商务印书馆 2015 年版，第 33 页。

主党派相继召开全国性会议，明确将《中国人民政治协商会议共同纲领》作为政治纲领，宣布接受中国共产党的领导。1956 年 9 月，党的八大第一次确立了中国共产党和各民主党派"长期共存、互相监督"的方针，更加明确了中国新型政党制度的内容。

在党政关系上，中国共产党创立了一系列的制度和组织方式加强党政联系，形成了党领导国家政权机关的工作制度和运行机制。1949 年 11 月，中共中央作出《关于在中央人民政府内组织中国共产党党委会的决定》和《关于在中央人民政府内建立中国共产党党组的决定》，加强党对政府机构的领导。1953 年 3 月，中共中央印发《关于加强中央人民政府系统各部门向中央请示报告制度及加强中央对于政府工作领导的决定（草案）》，确立了政府工作重大事项请示报告制度和归口领导模式。1958 年 6 月，中共中央印发《关于成立财经、政法、外事、科学、文教各小组的通知》，决定设立中央工作领导小组。这是党中央正式提出常设党内"领导小组"进行对口领导，履行议事协调的职能。

在党与军队的关系上，中华人民共和国建立统一的军队，实行统一的指挥、制度、编制和纪律，设立国家最高军事领导机关，统一管辖并指挥中国人民解放军和其他人民武装力量。1954 年 4 月颁布的《中国人民解放军政治工作条例（草案）》以法规的形式规定，在中国人民解放军中设立党的各级委员会作为部队统一领导的核心，确定党委统一的集体领导下的首长分工负责制作为党对军队的领导制度。同年 9 月，中央政治局决定成立党的中央军事委员会，担负整个军事工作的领导职能。

在党群关系上，党将加强自身建设、密切联系群众作为工作重点，建立健全一系列的党纪法规和制度。1949 年 11 月，中共中央决定成立中央与地方各级纪律检查委员会，加强党的纪律性，克服官僚主义。1951 年 4 月，党的第一次全国组织工作会议通过《关于整顿党的基层组织的决议》，决定开展为期三年的整党工作，加强党与人民群众的密切联系。除了重视思想教育、政治动员等方式之外，党逐步建立健全各级人大、司法、信访等制度，保障人民群众当家作主的权利。

在党和法的关系上，通过创制相应的组织制度和机制，实现党对政法工作的领导。1949 年 9 月，中国人民政治协商会议第一届全体会议通过的《中华人民共和国中央人民政府组织法》规定国务院设政治法律委员会，负责指导和联系公安部、司法部、最高人民法院、最高人民检察署和人民监察委员会等部门，开启了中华人民共和国成立后党管政法工作的模式。同年 10 月，中共中央决定最高人民法院、最高人民检察署成立联合党组，加强和充实党对政法工作的领导。1956 年 7 月，中央政治局决定成立中央法律委员会，其任务是完成中央交办的工作，主要是法律工作的方针政策及各部门分工等问题，不主管具体案件。1958 年 6 月，中央决定成立政法小组，直接隶属于中央政治局和书记处，全面领导政法工作。

中华人民共和国成立初期，中国还完善了分部分级管理干部的制度，除军队干部单独管理外，其余干部都由中央和各级党委的组织部统一管理。同时，党领导开展生产资料所有制改造，建立社会主义公有制，为政党领导体制奠定了坚实的基础。通过上述制度安排，中国政党领导体制成功地将党的组织嵌入政府、军队、人民团体和政法单位等，将党的领导有效融入国家治理体系，保证了党的统一、军队的统一和国家的统一。

从历史的角度讲，中华人民共和国成立初期中国政党领导体制在取得伟大成就的同时，也在实际运作中存在一些问题。这些问题最终在"文化大革命"的重大失误中集中体现出来，使许多制度都受到严重冲击。

（二）改革开放以后党领导体制的发展

1978 年 12 月，党的十一届三中全会纠正了"文化大革命"的错误，作出了实行改革开放的历史性决策。改革和完善国家领导体制是改革开放的重要组成部分。通过分析改革开放尤其是党的十八大以来的领导体制改革，可以发现，中国政党领导体制的领导原则和中国共产党的领导地位没有改变，但是，其领导结构、领导权运行机制和领导方法则存在一些具体的发展。

第一，中国政党领导体制改革的目标是为了坚持和完善党的领导，构建系统完备、科学规范、运行有效的领导制度体系，实现党的领导科学化、民主化和法治化，更好地发挥领导效能。1980 年 8 月，邓小平在《党和国家领导制度的改革》中明确指出："改革党和国家的领导制度，不是要削弱党的领导，涣散党的纪律，而正是为了坚持和加强党的领导，坚持和加强党的纪律。"①习近平也多次指出："要改进党的领导方式和执政方式，保证党领导人民有效治理国家"②，"坚持中国共产党的领导，不是不要民主了，而是要形成更广泛、更有效的民主"③，强调"推进党的领导制度化、法治化"④。这就表明，坚持和完善党的领导的重要途径是实现领导科学化、民主化和法治化，确保领导体制具有权威性、领导力和效能。党的领导科学化就是要求按照科学的程序，通过科学的论证，把握领导工作的内在规律与方法，为领导行为提供相应的科技支撑；党的领导民主化是实现人民民主的内在要求，它需要在领导过程中运用民主的方式方法倾听民意，整合协调各方利益，保障群众权益；法治化要求将领导行为、过程和方式等都纳入党纪法规的范畴，依法实施领导。党的领导的科学化、民主化与法治化是内在统一的，体现在领导体制改革的过程中。

第二，在领导结构上，注重理顺党、政、军、群、法的关系，充分发挥各行为主体在治国理政中的作用。

（1）不断健全和完善新型政党制度，充分发挥民主党派参政议政的作

---

① 《邓小平文选》第二卷，人民出版社 1994 年版，第 341 页。

② 习近平：《决胜全面建成小康社会 夺取新时代中国特色社会主义伟大胜利——在中国共产党第十九次全国代表大会上的报告》，人民出版社 2017 年版，第 37 页。

③ 《习近平在看望参加政协会议的民盟致公党无党派人士侨联界委员时强调 坚持多党合作 发展社会主义民主政治 为决胜全面建成小康社会而团结奋斗》，《人民日报》2018 年 3 月 5 日。

④ 习近平：《加强党对全面依法治国的领导》，《求是》2019 年第 4 期。

用。1982 年 9 月，党的十二大将"长期共存、互相监督""肝胆相照、荣辱与共"确立为指导中国共产党和各民主党派关系的基本方针。1989 年 12 月，中共中央制定《关于坚持和完善中国共产党领导的多党合作和政治协商制度的意见》，明确了民主党派的参政党地位和性质，明确了中国共产党领导的多党合作和政治协商制度是中国的基本政治制度。1993 年 3 月，八届全国人大一次会议将"中国共产党领导的多党合作和政治协商制度将长期存在和发展"载入宪法。2015 年，中共中央制定了《关于加强人民政协协商民主建设的实施意见》和《关于加强政党协商的实施意见》，为新型政党制度的进一步发展提供了纲领性文件，指明了方向。

（2）理顺党政关系，调整职责分工，深化机构改革。1982 年 9 月，党的十二大通过的党章规定："党必须保证国家的立法、司法、行政机关……积极主动地、独立负责地、协调一致地工作。"这就是在坚持党的领导的前提下适度区分党政职能，保障各个政府行为主体依法独立负责行使法定职权，为理顺党政关系提供了基本依据。党的十八大以来，党中央持续深化党和国家机构改革，深入理顺党政职责关系。2018 年 3 月，中共中央印发《深化党和国家机构改革方案》，以加强党的全面领导为统领，以国家治理体系和治理能力现代化为导向，以推进党和国家机构职能优化协同高效为着力点，开始新一轮机构改革，优化职能配置。

（3）始终不渝地坚持党指挥枪的原则，坚持党对人民军队的绝对领导。1982 年宪法规定："中华人民共和国中央军事委员会领导全国武装力量。……中央军事委员会实行主席负责制。"中华人民共和国中央军事委员会和中共中央军事委员会是同一机构，对武装力量发布命令时一般以中央军委统称。这体现了党和国家对军队领导的一致性，体现了中国人民解放军作为党的、国家的和人民的军队的有机统一。党的十八大以来，以习近平同志为核心的党中央坚持和完善党对人民军队的绝对领导，开创强军兴军新局面。2017 年 10 月，党的十九大通过的党章规定，"中国共产党坚持对人民解放军和其他人民武装力量的绝对领导"，"中央军事委员会实行主席负责制".① 这就强调了军队建设必须牢牢把握听党指挥的政治方向，从制度上保证全国武装力量由军委主席统一领导和指挥，国防和军队建设一切重大问题由军委主席决策和决定，中央军委全面工作由军委主席主持和负责，巩固和完善了新时代强军兴军的领导体制基础。

（4）改革开放以后，中共中央制定了《关于加强党同人民群众联系的决定》等一系列党内法规，加强党风廉政建设，践行群众路线，密切党群关系。党的十八大以来，党中央坚定推进全面从严治党，制定和落实关于改进工作作风、密切联系群众的八项规定，相继开展群众路线教育实践活动等集中性学习教育，坚决反对形式主义、官僚主义、享乐主义和奢靡之风，坚定不移地反腐败，着力解决群众反映强烈的突出问题。

（5）加强和改进党对政法工作的领导，加强党内法规制度建设。1982年9月，党的十二大通过的党章规定："党必须在宪法和法律的范围内活动。"这表明党的领导行为必须符合法律和程序，即只有经过法定程序和方式，党的路线、方针和政策才能上升为国家意志。1997年9月，党的十五大正式提出"依法治国，建设社会主义法治国家"。1999年3月，九届全国人大二次会议将"依法治国，建设社会主义法治国家"载入宪法，成为中国法治建设的里程碑。党的十八大以来，党中央提出一系列全面依法治国新理念、新思想、新战略和新举措，坚持依法治国与制度治党、依规治党统筹推进、一体建设，确保各级党委政法委员会运用法治思维和法治方式领导政法工作。2019年1月，中共中央制定的《中国共产党政法工作条例》是建党以来第一部关于政法工作的法规，为党领导政法工作确立了基本规范。

第三，坚持和完善民主集中制，促进领导权运行机制的科学化、民主化与法治化。

（1）坚定维护党中央权威和集中统一领导，健全总揽全局、协调各方

---

① 《中国共产党章程》，人民出版社2017年版，第7、19页。

的党的领导制度体系。维护中央权威是中国政党领导体制有效运行的基本前提。邓小平曾经指出："中央要有权威。改革要成功，就必须有领导有秩序地进行"[①]，"最重要的就是全党服从中央"[②]。在新时代，只有坚决做到"两个维护"，确保党中央令行禁止，才能把党的领导落实到国家治理各领域、各方面和各环节。

（2）健全党的集体领导体制，完善民主集中制的具体运作方式和程序。在中央层面，其主要做法有：一是党中央不设主席只设总书记，总书记负责召集中央政治局会议和政治局常委会会议，主持中央书记处工作；二是理顺中央政治局及其常委会与中央委员会、中央书记处的关系，建立中央政治局常委会向中央政治局、中央政治局向中央委员会定期报告工作的制度，积极发挥中央委员会集体领导的作用，恢复设立中央书记处并明确其只是中央政治局及其常委会的办事机构；三是健全通过正式会议作出集体决策的制度，凡属国家重大事务，视其重要程度，分别召开中央政治局常委会议、中央政治局会议、中央工作会议、中央委员全体会议、党的全国代表大会讨论决定；四是健全中央政治局常委会、中央政治局的工作规则和会议议事规则，健全中央内部议事规则与决策程序，完善党内民主决策机制。2001年9月，党的十五届六中全会将"集体领导、民主集中、个别酝酿、会议决定"确定为党委内部议事决策的基本制度。此后，这一方针写入了历次党章。

（3）改变了过去领导干部实际上的职务终身制，实行领导干部任期制和退职、退休制度，实现了中央领导班子交接的规范化，形成了制度化的领导权有序交接机制。

（4）健全和完善决策咨询机制，充分发挥各级各类决策咨询机构的作用，促进民主党派、人民团体、智库机构和专家、学者以书面建议、参加

---

① 《邓小平文选》第三卷，人民出版社1993年版，第277页。
② 《邓小平文选》第二卷，人民出版社1994年版，第271页。

论证会、座谈会等方式参与决策咨询，使决策咨询成为领导决策过程中的重要环节。

（5）逐步提高政党领导体制的会议制度化水平，逐渐实现各级各类会议召开时间、频率、持续时间等方面的定期化、规范化和定型化，基本实现会期制度化，促进了领导权运行的规范化和程序化。

第四，建立健全相应的制度和机制，将群众路线贯穿于领导过程和领导方法中。

（1）完善调研工作制度，开展科学的调查研究。重视调查研究，是党的优良传统。改革开放以来，中国政党领导体制坚持和加强调查研究，完善重要决策调研论证制度，强调提高调研的广泛性、针对性、科学性和有效性，使党的决策及其实施更加符合实际、贴近群众。

（2）健全试点工作机制，既注重开展全国性、地方性的试点进行政策试验来积累经验，也注重总结和推广地方成功的自主创新经验，从而减小政策失败的风险，避免重大政策失误。

（3）健全党组织集体学习制度，逐步形成规范化的学习机制。2004年9月，党的十六届四中全会提出"建设学习型政党"，推进学习型党组织建设。党的十六大以来，党中央率先垂范，紧紧围绕中央工作部署和治国理政的重大理论和实际问题开展集体学习，推动了全党的学习建设。其中，十六届、十七届、十八届中央政治局分别进行了44次、33次和43次集体学习；党的十九大以后，截至2021年5月31日，中央政治局共进行了30次集体学习。

（4）建立健全党务、政务公开的法律法规制度，保障群众的知情权、表达权、参与权和监督权。改革开放以来，中国逐步健全重大问题决策征求意见制度，采取听证会、论证会、座谈会等形式，广泛听取群众意见；逐步健全党务政务信息公开公示制度，形成群众意见反馈机制；完善落实重大项目、重大决策风险评估机制，促进各项工作获得群众的信任和支持。

改革开放以后，党和政府还注重运用科学方法、科技手段和工具辅助领导工作，创建"互联网＋党建""互联网＋政务"服务平台，提高领导和决策的科学化、民主化与法治化水平。

三、党领导体制的基本构成要素与鲜明特征

当代中国政党领导体制是由一系列具有稳定性、持续性和内在联系性的基本构成要素组成的。这些要素是有效实现领导体制功能的前提，体现出鲜明的特征。

（一）党领导体制的基本构成要素

第一，中国共产党是最高政治领导力量，掌握国家领导权，在国家领导体制中居于"总揽全局、协调各方"的核心地位，在国家权力体系中发挥中枢作用。"中国共产党的领导是中国特色社会主义最本质的特征，是中国特色社会主义制度的最大优势。党政军民学，东西南北中，党是领导一切的。"[1] 中国共产党是长期执政的政党，党掌握国家领导权的地位是长期不变的。在中国政党领导体制中，国家领导权具有高度集中统一性。中国共产党通过党委制、党组制、党管干部和归口领导等制度将国家领导权集中于党，党内重大事务的领导权集中于中央委员会和中央政治局。"中国的权力核心是政治局和政治局常委会。"[2] 中国政党领导体制开展领导活动的基本方式是制定和实施决策。

第二，中国政党领导体制坚持以人民为中心的领导原则，将人民立场

---

[1] 《中国共产党章程》，人民出版社 2017 年版，第 11 页。

[2] 杨光斌：《中国政府与政治导论》，中国人民大学出版社 2003 年版，第 48 页。

作为党的根本政治立场。中国共产党是马克思主义政党，坚持党性和人民性的统一，党的根基在人民、血脉在人民、力量在人民。以人民为中心的原则为党的活动确立了根本规范和依据，成为判断各级党组织领导行为的标准，决定着党的领导方向、目标、路线、方针与政策。

第三，在领导结构上，中国政党领导体制通过一系列的制度、程序和规范确立了中国共产党与其领导对象之间的结构体系，构建了党、政、军、群、法的结构性关系。中国共产党与各民主党派、国家机关、人民军队、人民团体、社会组织等行为主体之间不是平行的关系，而是领导与被领导的关系，其他行为主体都是在中国共产党的领导下履行自身的职能。"我国社会主义政治制度优越性的一个突出特点是党总揽全局、协调各方的领导核心作用，形象地说是'众星捧月'，这个'月'就是中国共产党。"[1]

在党际关系上，中国政党领导体制以新型政党制度为制度基础，以坚持共产党的领导地位为前提，以共产党领导、多党派合作，共产党执政、多党派参政为基本特征，明确了各民主党派的参政党地位和参政议政的职能，创建出执政与参政、领导与合作内在统一的政党合作体制。中国共产党对各民主党派的领导，不是组织上的领导，而是政治领导，即在政治方向、政治原则和方针政策方面的领导，充分尊重各民主党派在宪法和法律范围内的政治自由、组织独立和法律地位平等。

在党政关系上，中国共产党是居于领导地位的执政党，全国人大及其常委会、国务院、国家监委等中央、地方和基层各级政府机构都在党的领导下履行其职能。党对政府的领导是以党的政治领导为基本前提，以总揽全局和协调各方关系为主要方式，各级政府都要贯彻落实党中央的决策部署，服从同级党委的领导，政府重大事项需要向党委请示报告，通过政府政策将党的决策转变成政令并贯彻实施。

----

[1] 中共中央文献研究室：《习近平关于社会主义政治建设论述摘编》，中央文献出版社 2017 年版，第 31 页。

在党与军队的关系上，坚持党对人民军队的绝对领导。毛泽东曾指出："我们的原则是党指挥枪，而决不容许枪指挥党。"① 这就是，坚持军队最高领导权和指挥权属于党中央和中央军委，中央军委实行主席负责制；通过党委制、政治委员制、政治机关制、党委统一的集体领导下的首长分工负责制、支部建在连上等一整套严密、科学、完整的组织领导体系，确保党对军队的绝对领导有效落实。

在党群关系上，党始终保持同人民群众的血肉联系，党来自于人民群众，又必须回到人民群众中去，共同组成了命运共同体。"我们共产党人区别于其他任何政党的又一个显著的标志，就是和最广大的人民群众取得最密切的联系。"② 一方面，党的领导在于人民群众的支持，党必须密切联系群众，相信群众，依靠群众，坚持对人民群众和群团组织的领导；另一方面，人民群众在党的领导下，通过各种途径和形式管理国家事务、经济文化事业和社会事务，实现人民当家作主。

在党与法的关系上，坚持党对政法工作的绝对领导，党中央决定政法工作大政方针，决策部署事关政法工作全局和长远发展的重大举措，管理政法工作中央事权和由中央负责的重大事项，把党的领导贯彻到政法工作各方面和全过程。在组织结构上，各级党委政法委员会是党委领导政法工作的职能部门，是实现党领导政法工作的重要组织形式。在中央层面，中央政法委员会是党中央领导全国政法机关的部门，负责指导、支持、协调、监督、检查最高人民法院、最高人民检察院等政法单位开展工作。

第四，中国政党领导体制采取民主集中制的领导权运行机制，民主集中制体现在领导权运行的具体方式、环节、步骤和阶段中。"民主集中制是我们党的根本组织制度和领导制度"③。在领导权运行过程中，民主集中

---

① 《毛泽东选集》第二卷，人民出版社 1991 年版，第 547 页。

② 《毛泽东选集》第三卷，人民出版社 1991 年版，第 1094 页。

③ 习近平：《始终坚持和充分发挥党的独特优势》，《求是》2012 年第 15 期。

制实行"四个服从"的原则，要求领导机构制定决策时以民主为前提形成统一的意志；在决策制定后，党、政、军、群、法等都必须在上级机关的集中统一领导下，行使各自职责，贯彻落实相关决议。

第五，在领导方法上，坚持"从群众中来，到群众中去"，把群众路线贯彻到党的全部领导活动中。群众路线是从群众的实践中认识和用正确的认识指导群众实践。它是由领导与群众的各种互动方式组成的，不仅强调群众在领导过程中的主体作用，而且要求领导者具有并在工作中不断深化群众观点和群众立场，依据群众的需要制定决策，将决策落实为群众的行动，通过实践来检验决策的科学性，不断改进决策。

（二）党领导体制的鲜明特征

当代中国政党领导体制的鲜明特征是党的领导、人民当家作主和依法治国的有机统一。从权威的角度分析，坚持党的领导就是坚持中国共产党的政治权威地位，坚持党掌握国家领导权；人民当家作主就是确立人民的道德权威地位，人民是政治正当性的来源和基础；依法治国就是要维护宪法和法律的权威，它是坚持和发展中国政党领导体制的有效途径和保障。在本质上讲，上述三者的有机统一就是当代中国的政治权威、道德权威和法律权威的有机统一：作为政治权威的党的领导是实现人民当家作主和依法治国的根本保证，也是当代中国能够创造性地重建权威体系的基本前提；作为道德权威的人民当家作主为党的领导和依法治国提供了价值目标和正当性依据，党的领导和依法治国都必须服务于人民当家作主的目标；依法治国是党领导人民治理国家的有效途径，也是运用法律权威保障党的领导和人民当家作主。这就使中国政党领导体制完成了近代以来中国传统权威的现代性转换，实现了政治权威的创造性重建，因而具有强大的政治号召力、吸引力和感召力。

四、党领导体制的合理性分析

当代中国政党领导体制是得到中国人民衷心拥护、适合中国现代化发展的，具有价值正当性与合理性。然而，在国际学术界，相当多的海外学者却将中国的领导体制界定为威权体制。"一般认为，威权主义政体乃是现代化进程中介于极权与民主之间的一种较为温和的专制政体形态。"[①] 依据这种观点，中国领导体制的合法性主要依赖于经济绩效、强制性权力与文化传统，而不是普选程序下的选民授权，所以，除非采取西方式的选举性民主和政党竞争体制，否则，它迟早会崩溃。但是，中国既没有采取西方式的体制，也没有走向崩溃，而是在各方面都取得举世瞩目的成就。在这种情况下，海外学术界开始运用加上"韧性的"（resilient）、"柔性的"（soft）、"变革性的"（revolutionary）、"竞争性的"（competitive）、"弹性的"（flexible）、"调适性的"（adaptive）、"民粹性的"（populist）、"咨询性的"（consultative）等修饰词的"威权体制"描述中国领导体制。然而，上述观点并没有科学地、准确地、全面地阐释中国政党领导体制，没有认识到其价值正当性与合理性。

第一，在价值原则上，中国政党领导体制始终坚持人民立场，以人民为中心。海外学术界运用自由主义民主作为衡量标准来区分民主体制与威权体制，将威权主义作为"民主的反义词"[②]。中国政党领导体制不同于自由民主体制，没有采用西方式的选举性民主，然而，却不能以此认为中国是非民主的体制。中国政党领导体制不是为了实现某一政党或政治集团的利益，从来不代表任何利益集团、权势团体和特权阶层的利益，而是把人民立场作为党和国家的根本政治立场，构建了一整套实现人民当家作主的

[①] 许瑶：《威权主义：概念、发展与困境》，《国外理论动态》2013 年第 12 期。

[②] ［美］乔万尼·萨托利：《民主新论：当代论争》，冯克利、闫克文译，上海人民出版社 2015 年版，第 278 页。

制度。在政权组织形式上，当代中国采取人民代表大会制度，由选民依法选举人民代表组成国家权力机关，代表人民管理国家事务。这就提供了制度化的民意表达和民主参政方式，规定了代表的权力来源，为国家权力的运用提供了规范性原则。

第二，中国没有采取西方式的竞争性政党体制，而是采取中国共产党领导的多党合作和政治协商制度，具有高度开放性和包容性。尽管竞争性的政党体制在一定程度上有利于持不同意见的群体表达意愿，然而，它也使那些处于竞争中的政党或政治团体可能为了自身利益而操纵选民，或者蜕变形成制度化的政党、集团或寡头分肥机制，甚至导致不同政党或政治团体之间为了反对而反对，形成了否决型体制。① 中国新型政党制度不是实行一党专制，而是实行共产党执政、各民主党派参政的政党合作体制，不仅通过党内民主、党际协商、人民代表大会制度、政治协商制度等途径形成了广泛参与公共决策的机制，而且要求领导者执行群众路线，主动地、持续地深入到群众中间，通过决策制定的方式回应群众诉求。 这就创制出执政与参政、领导与合作内在统一的机制，既能充分吸纳各方面的意见，又发挥了执政党长期稳定的优势，有目标、有规划、有步骤、有措施、有成效地持续推进现代化发展。

第三，中国坚定不移走中国特色社会主义法治道路，实行全面依法治国。海外学者通常认为，威权体制属于人治而不是法治的体制，其统治者运用专断的、恣意的权力进行统治。然而，当代中国不是依据某个人或群体的专断意志治理国家，而是遵循法治的原则和规范实施治理。中国的宪法和法律都是通过法定程序、由相应的立法机关制定或修正的，是具有普遍约束力和权威性的，政治与社会生活的基本方面和主要社会关系都被纳入法律规范的调整范围。中国共产党的领导活动都是依法进行的，其领导

---

① Fukuyama F. , "America in Decay: The Sources of Political Dysfunction", *Foreign Affairs*, Vol.93, No.5, 2014.

权运用行为都由宪法与法律进行规范，受其限制与约束，具有明确的界限，需要承担相应的法律责任。

第四，中国政党领导体制为中国的政治稳定、经济发展和社会进步奠定了权威基础。在现实社会，任何国家都需要确立某种形式的政治权威才能保障社会稳定与秩序。"人类所以创造出政治这种社会治理形式，实际上就是通过建立公共权力或公共权威这种政治形式，来保证公共生活规则的效力，从而满足整合人类公共生活内部秩序的需要。"[1] 萨托利（G. Sartori）曾指出，民主与权威并不是对立的，"权威对民主是至关重要的……民主需要有权威支持的权力"，"威权主义是伪造和滥用权威的政体"，是"对权威的否定"。[2] 中国共产党成立后，动员、带领人民经过社会革命实现了传统权威的现代转型，确立了以党的政治权威为核心的领导体制。这种政治权威以实现人民民主作为判断党和国家行为的正当性依据和价值标准，是人民主权理念中国化的体现和发展，符合现代政治文明发展的普遍要求。

第五，中国政党领导体制具有韧性、适应性、稳定性和可持续性，有效促进了中国人权事业的发展。海外学术界通常认为威权体制具有过渡性、不稳定性、不可持续性，无法保障人权。然而，中国政党领导体制却应时变革，与时俱进，成功应对各种风险挑战。有学者因此提出中国已形成了稳定的"韧性威权主义"[3]体制。尽管这种观点肯定了中国领导体制的韧性，然而却依然偏颇地将其定性为威权体制。中国政党领导体制之所以具有韧性，恰恰在于它能够不断进行自我革命，坚持以人民为中心，尊重民意，顺应民心，改善民生，发扬民主，让人民共享现代化发展成果，持

---

[1]　周光辉：《政治文明的主题：人类对合理的公共秩序的追求》，《社会科学战线》2003年第4期。

[2]　［美］乔万尼·萨托利：《民主新论：当代论争》，冯克利、闫克文译，上海人民出版社2015年版，第283—286页。

[3]　Andrew J. Nathan, "Authoritarian Resilience", *Journal of Democracy*, Vol.14, No.1, 2003.

续地、全面地推进人权事业的发展。

从根本上讲，海外学者误读中国领导体制的根源在于，他们采用西方中心主义的思维方式，将现代化等同于西方化，即西方的现代性向全球扩展的过程，因而必然将自由民主体制预设为人类政治发展的方向，把当今世界中的非自由民主体制视为威权体制。例如，亨廷顿（S. Huntington）就曾将绝对君主制、贵族制、法西斯国家、一党体制、军人政权和个人独裁等都归纳为威权体制。① 这不仅没有对不同国家的政治体制进行科学的类型划分，而且否定了不同国家政治发展道路的多样性。在西方国家，"政党是因现代国家产生而产生的，在一定程度上可以说，政党是作为现代代议民主制度的内在要求而出现的……国家是政党的前提。"② 然而，在近代以来面临民族危亡的状况下，中国却是由先锋队政党动员、带领人民进行社会革命，形成了政党领导的国家建设和治理模式。通过政党领导体制，中国创造性地建构了现代政治权威，实现了从近代"中国之乱"到当代"中国之治"的转变，维护了国家主权、安全和发展利益，促进了人权事业的发展，形成了中国式的现代化道路。中国政党领导体制是从中国土壤中生长出来的，不仅促进了中国现代政治文明的发展，而且为推动人类政治文明的发展作出了贡献。

---

① 参见［美］塞缪尔·亨廷顿：《第三波：20 世纪后期民主化浪潮》，刘军宁译，上海三联书店 1998 年版，第 10—11 页。

② 林尚立：《党、国家与社会：党实现领导核心作用的政治学思考》，《中共天津市委党校学报》2001 年第 1 期。

第四讲　百川入海浮天波

——人民当家作主是社会主义民主政治本质特征

何志鹏*

　　"人民当家作主"是"民主"这个概念较为通俗而具有中国特色的表述。这里的"民主"不是任何一个社会形态或者学术流派中所特指的民主，而是总体上广泛接受的通行民主理念。从宏观的意义上讲，"民主是一种国家形式，一种国家形态"①。也就是受到理论研究者和实践推动者认可的观念：人民在决策中具有发言权和决策参与权的一种形式。人民当家作主是中国共产党领导中国人民在长期的革命和建设过程中探索积累而形成的一种治理制度。它在中国的社会发展与实践中取得了丰富的经验，也获得了广泛的认可。探索人民当家作主制度背后的理论基础与实践经验，检视人民当家作主制度所蕴含的内容与理性，是展示中国治理探索面貌和风格的重要方面，也是中国可以与世界各国分享的重要的制度成就。

一、民主是人类历史关于治理结构的长期探索焦点

　　民主具有悠久的历史，无论在东方还是西方，都形成了很多理论论

＊　作者系吉林大学法学院院长，教授。

述，在自马克思开始的共产主义领导者和研究者那里，民主也被反复讨论，并且在相关的社会运行中成为政治制度的一部分。人民当家作主是在这一理论和实践基础上的进一步探索与尝试。它不仅体现了中国特色，也成为中国治理体系和治理能力的重要组成部分。

从西方理论与实践的源泉上看，民主起于古希腊。根据现有历史记载，早在公元前 15 世纪，古希腊就出现了民主。"民主"一词最早见于古希腊文（δημοκρατία，demokratia），由"人民"（δημο，demos）和"统治"（κρατία，kratos）两个词组成。所以合在一起，它的含义就是人民所具有的权利，人民所进行的统治，或者是人民掌握的政权。作为一种治理模式，民主是古希腊各种政体总结归纳而呈现出来的一个概念。由于古希腊都是城邦制度，所以他们的民主范围也比较小。对于很多事物，有公民权的个人都可以直接参与到决策之中。到了现代社会，民主的含义变得更加广泛，除了人民拥有权力之外，还经常包括平等自由等意思，然而人民在决策中具有发言权和表决权，一直是这一概念的核心内涵。这一内涵已经成为现代人类社会所广泛认可的政治价值，也成为现代文明国家广泛接受的治理原则。

（一）民主理念的理论维度

民主是一个具有鲜明历史意义的概念，因而随着历史发展的不同，在不同的地域条件之下，民主会有着不同的表现形式，包含不同的内容。从实践上看，古往今来的所有政治体系中都包含着一定程度的民主。而且从治理的效果上看，民主的程度越深，治理的效果越好。随着民主参与的范围和民主意识领域的减少，治理的效果也就逐渐变坏。尽管有很多思想家都曾经对专制制度予以很高的评价，并由此对于民主思想予以抨击和反对；也有些学者仅仅在抽象的超越社会阶层以及阶级的意义上去讨论民主，却没有看到民主与社会分层之间的关系，但是总体看来，民主的治理方式还是得到了普遍的认可。

有些西方学者认为通过公民的民主可以提升社会经济的发展，这个观点实际上是经不起推敲的，因为社会经济的发展是一个很专业的问题，单凭人们通过民主的方式表意和表决是无法找到良好和妥善的发展道路的，必须将民主与专业科学有效地结合起来，才能够真正地促进经济发展。与此同时，也不应忽视高质量高效能的经济发展会促动人们的民主心态。因为在没有足够的经济基础之时，人民在冻馁困苦的状况下，是很难有参与的积极性和主动性的。

（二）作为治理方式一部分的民主所具备的共性

通过理论家周密细致的逻辑分析，以及在实践中的反复探索，关于民主形成了一些各种社会制度、各个历史时代都能够认可的基本共识。换言之，只要宣称这是一种民主制度，就具备某些最基本的特征。总体而言，民主的特征表现为以下几个方面：

第一，民主以一定程度的自由和平等为前提。不同领域的学者对于民主的阐释有着相当大的差别，但无论如何，民主就意味着一定范围内的民众对于政治决策有表达自己的意志和参与最终决定的权利。要想表达自己的意志，就意味着这一范围的民众应当有着自由表达自己的思想、观念、主张的权利，如果没有这样的权利，那么所谓的民主是根本不可能实现的，所以，这种自由隐含在民主的制度架构之中，是民主的当然前提。而与此同时，民主意味着民众对于决策能够表意，也就是通过各种形式的投票表决，最终对政治决策有一定的塑造意义。这就表明参与决策的每一个民众都在一定程度上是政治决策的衡量者。尽管很可能存在着表决权权重的状况，然而仍然需要了解，所有参与决策者在这些工作上的地位和意义是普遍被认可的。这也就意味着，每一个人的价值在决策做出过程中都被计算在内，这可以被视为是平等的一种表达方式。

第二，民主是一种授权委托机制。虽然民主是国家议事决策的重要制度，但是这并不意味着在国家运行的过程中每一个方面每一项事物，都需要通过有选举权的人参与决策才能完成。那样不仅会大大拉低工作的效率，而且也是毫无必要的。由此产生了现代民主的基本形式，即代议制民主。这里的代议制民主，就是通过第一次较为大规模、彻底的民主的方式，选出一些被委托人，也就是国家公职人员。这些人员背负着选民的期待，代表着选民的利益和诉求，对于国家的事务更加直接全面地参与。在他们参与国家的具体工作的时候，背后代表的是推举他们的人民。此时，这一些常规工作就不再需要选民直接投入。这既能够保证国家日常工作的效率，也能够提升国家工作的专业性。进而，国家公职人员在行使国家权力的过程中就具备了一种被授权、被委托的资格。人民群众只需要考察相关工作人员是否尽心履职即可，不需要再全面考察相关的事务。代议制民主的精髓就在于选民选出适当的人，国家在选择了这些人作为公职人员的节点，选民的选举权就已经用尽，此后的事务选民不再参与，进而由这些被选的人来参与国家事务。

第三，民主意味着少数对于多数的服从。民主在决策的过程中，意味着"多数决"。这种多数既可以是简单多数，也就是超过半数，也可以是特定多数，例如2/3或者3/4，或者其他在法律规范之中所形成的比例。"多数决"就意味着在充分的酝酿和沟通信息的前提下，每一位参与决策的人按照自己的意志和判断进行投票，最后按照多数人的意见予以处理。但是，在现实生活中，"多数"根据具体的语境往往有不同的含义。例如，在有多个被选举人的情况下，很可能经过选民的选举，任何一个被选者都没有达到简单多数或者特定多数，此时就需要在规范上予以设定，或者提出更合适的解释方式，更加可操作的后续规则。与此同时，在"多数决"的情况下，少数人的意志实际上是被置于一侧了，甚至被直接忽略。然而，只要所有的参与者都认可"多数决"这一原则，即使是少数也应当对于决出的结果予以认可和支持。也就是说，民主的运行意味着从社会机制和所有参与者的角度，对"多数决"这一规则的认可。它不意味着不同政见者之间你死我活的竞争、甚至斗争，而是在选票确定的情况下直接服从多数人认可和支持的方案。相比完全胜者为王、败者为寇的机制，或者其他零和博弈的竞争而言，这种方式是一种社会文明进步的体现。同时也意味着人们在社会事务上，更易于达成基本共识。

第四，民主需要以法治作为保障。法治是民主真正得以顺利进行的制度框架，如果没有法治作为民主运行的轨道和程序设计民主，则很有可能走向无序，甚至走向暴政。所以说，不存在离开法治的民主。在一个良好运转的国家里，法治可以确认和巩固民主，又可以来体现和保障民主。一般而言，在宪法中会对人民行使国家主权和民主权利的范围予以规定，特别规定相应的程序，并且会在一些规范中设置违背这些规定的法律后果，包括刑事责任。宪法性的法律还会进一步规定国家机关的结构组成以及相关公职人员产生的办法、职权、责任和活动准则。通过这样一些规范的确立，民主就形成了一个制度化定型化的国家运行机制，就可以在社会中顺利地运行和发展。所以，法治为民主提供了结构和程序上的前提和基础。而法治在建构的过程中都以民主为依托，所有的法律规范，从起草到最终通过，都要充分考虑人民的意愿和意志，而不能任性胡为。从这个意义上，民主和法治形成了一个相互促进的良性循环，共同为社会治理提供有效的运行模式。

（三）资产阶级民主制度探索的经验与教训

在与封建君主统治长期而艰苦卓绝的斗争过程中，资本主义形成了他们的民主制，并且在资本主义社会建设和发展的过程中，对于民主制的具体设计进行了完善。从当初高扬民主自由平等博爱的理想旗帜，到后来逐渐凝结成资本导向的民主。资本家当家作主，资产阶级的民主制度经历了一个逐渐发展的过程。最初是具有历史进步意义，并且团结广大无产阶级的，然而随后就变得越来越僵化和没落。20世纪中叶以后，资产阶级民主制度更多地显露出了民主的虚伪性、低效性和决策失误的特点。总体上看，资产阶级民主制有五个方面的特点：

第一，通过议会制替代了原来的专制君主统治，在法律上确立了公共意志的至高无上位置。使人民群众感受到脱离了独裁专制的政治结构，形成了较为稳固的政治与经济基础，构建了均衡的国家体系。

第二，以选举为程序和阶梯使得相关人员获得国家权力。以往国家权力的获得方法往往是基于身份，也就是在等级和世袭的意义上获得爵位和职位。但是在资产阶级民主制的框架下，人民具有了选举权和被选举权，从而在理论上具备了可以担当国家公职的可能性。当然，并不是所有的人都有机会真正进入国家政治体制之中，这在很大程度上是以金钱为基础的。无论是巡回的精选演讲，还是在报纸、电视、网络等媒体上的个人宣传或者执政纲领宣传，都必须以金钱为基础。所以在选举的过程中，并不是靠真正的能力和人品，而是看是否掌控了相关的渠道。马克·吐温的讽刺小说《竞选州长》正是在这个意义上揭示了资产阶级民主所深嵌的虚伪性。

第三，国家权力的运行一般采取分权制衡的方式。以孟德斯鸠的《论法的精神》为理论依托，资产阶级民主所形成的政治体制是三权分立。也就是立法、司法与行政权分别归属于不同的部门，三者相互制约，同时也相互平衡，避免某一权力畸形扩大。这种设计从理论上讲固然是美好的，从目标上讲也是妥当的，然而，在现实生活中，各项权力的背后实际上都是资本家的利益，也就是说，各种各样的制度设计最后都操控于背后金钱的力量。

第四，通过政党政治来组织和推动选举。尽管理论上全民都具有被选举权，但如果真的如此实施的话，很可能选举制度最后归于失效，因为在没有任何有效的运行体制和支持机制的状况下，任何一个人都很难得到选民的认知，更不要提认可和支持，所以在资本主义各国就出现了多党轮流执政的局面。也就是各个党派彼此斗争、相互遏制，每一党派推出自己的参选人员举全党的全部力量，对这一候选人予以支持。这样就能够简化选举的程序，也能够使选举的竞争形势更加明晰，有利于最终推出预期的领导人。但是这种选举的缺陷在于在政党推举的过程中，可能由于一系列因素的影响，导致推出的候选人并不是最合适的人选，甚至本身就是不合适的人选，通过各种各样的包装手段使其获得选举资格，直至最后获得国家权力。

第五，通过逐渐完善的资产阶级法制来保障和固化资产阶级的民主，在资产阶级取得权力、巩固权力和发展国家治理的过程中一个突出的特点就是对法制的要求越来越高，法制建设的效果也越来越明显。资本主义国家中较为发达的，特别是欧美国家大多都具有比较长期的法制建设经验，与此同时它们相互借鉴，形成了较为完善的法律体系，这些法律规范能够从多个方面对于民主的体制予以保障，如果对美国的选举制度有比较深入的了解就能清楚尽管相关的选举制度并不一定是非常合理的，但是相关的规则却非常明晰。而且在选举获得结果之后，也还有法律上的救济手段。这样就容易给人以一种民主较为彻底的印象。

总体看来，资本主义的民主经历数百年的发展已经较为成熟。一方面，这种成熟意味着它的根基比较稳固，在人民心目中的接受程度也比较高；另一方面，这种成熟也意味着制度的缺陷、运行过程中的问题也越来越突出地显露出来。这使得我们既能够认真地借鉴资产阶级民主制度建设发展中的经验，也能够着力避免资产阶级民主运行中暴露出来的问题。

二、民主是共产党人治国理政思想的重要组成部分

发展社会主义民主政治，是推进国家治理体系和治理能力现代化的题

中应有之义。① 以马克思、恩格斯为代表的无产阶级革命家和共产主义理论家，对于民主进行了更加深刻的揭示。马克思主义对民主问题的观察和分析非常注意区分民主的时空条件。马克思主义经典作家认为，必须将对民主的分析与国家的权力政治运行紧密地联系在一起。按照马克思的辩证唯物主义和历史唯物主义观念，将民主视为国家上层建筑的一部分与专制相对立。作为上层建筑，是由社会给定的经济基础决定的，同时也服务于经济基础。经济基础的性质和演化决定了民主所具有的性质和演化过程。在不同的经济基础之上，必然会产生不同类型的民主。民主的发展程度与形式受制于经济发展水平，同时也受到社会文化和历史传统的影响。马克思主义认为，阶级社会中的民主是具有阶级性的国家形态。国家的性质决定了民主的性质。在不同社会形态之中，民主之间存在着根本的区别。即使是在同一种社会类型的不同国家之间，也会存在着民主的不同形态。

马克思主义学说认为，作为国家制度的一种形式，民主与专政紧密连接，二者互为条件，不可分割。每一种民主制度在目的上都是巩固统治阶级的政治统治，并且维护统治阶级的经济利益。民主是统治阶级的民主，对于被统治阶级而言则意味着专制。具体言之，就是统治阶级以民主的方式研讨如何对被统治阶级进行专政。当然，在不同的历史时期，基于不同类型的民主制度，民主和专政的关系会有所不同。在剥削阶级作为社会统治阶层的社会，民主仅仅是少数人对于政治决策的参与权和决定权。无论是奴隶制社会，还是封建社会，奴隶主、封建地主阶级对于奴隶和农民都进行普遍的专制统治。在类似于古希腊城邦那样的地区所实行的民主制也是以严格的区分界定人民和非人民、公民和非公民作为前提的。大量的受剥削受压迫的阶级都不在民主主体的范围之内。到了资本主义时期，民主的统治方式成为社会治理的主流方式。但是，民主是有条件的。只有那些占据生产资料的资本家才能够更充分地享受民主。所以，资本主义社会的

---

① 《习近平谈治国理政》第二卷，外文出版社 2017 年版，第 289 页。

本质仍然是资产阶级专政。

在社会主义社会，民主则建立在生产资料公有制的基础之上。所以，更广大的人民群众具有政治决策的参与权和投票权。被实行专政的仅仅是少数。对社会造成严重危害和破坏的敌人，在社会主义逐渐发展的过程中，剥削阶级作为一个完整的、不能自食其力，却总是作威作福的阶级被消灭，阶级矛盾、敌我矛盾逐渐减少。社会矛盾主要体现为人民内部矛盾，在这种情况下，人民民主的范围会逐渐扩大，专政的对象则逐步减少。如果我们在历史的大脉络上从奴隶社会一直贯穿到社会主义社会进行观察，会看到民主的参与者在不断地扩展，被专政的对象则逐渐地收缩，形成一种人民群众所具有的为国家建言献策、对国家政策发表意见的机会越来越多的规律。

三、人民当家作主是中国特色民主建设的时代足音

人民当家作主是人民主权和人民民主合在一起的一种表述。这种表述采用了中国民间都能理解的措辞，既通俗易懂，也表达了中国相关制度的自身特性。也就是说，这并不是效仿、追随西方的规则或做法，而是在中国民众自身观念和实践的基础上，形成的政治制度。

从社会发展的规律以及社会主义自身的特征看，民主与社会主义密不可分，正因为社会主义是在资本主义更高的社会阶段，所以它理应拥有更强的人民性，它的民主也必然显得更为高级、更为切实，更应当让全体人民真实地享受到管理国家、规划国家的权利。从这个意义上讲，可以说，社会主义坚定不移的政治原则就是与民主紧密连接。如果不能够坚持社会主义的民主，那么这个社会的性质就是值得怀疑的。从社会政治发展与建设的立场上说，要想实现国家的现代化、社会的现代化，就必须高扬民主的旗帜，做好民主的理论探索和实践推进。建设高度民主的社会主义政治

制度是社会主义国家、政党、人民肩负的不可推却的任务，当然也是社会发展的根本目标。

人民当家作主是社会主义民主政治的本质特征[1]。1949年建立了中华人民共和国，实现了中国从几千年封建专制政治向人民民主的伟大飞跃。中国特色社会主义是亿万人民自己的事业，所以必须发挥人民主人翁精神，更好保证人民当家作主。坚持党的领导、人民当家作主、依法治国的有机统一，是坚持中国特色社会主义政治发展道路的关键。我国社会主义制度保证了人民当家作主的主体地位。尊重人民主体地位，保证人民当家作主，是我们党的一贯主张。中国梦是民族的梦，也是每个中国人的梦。只要我们紧密团结，万众一心，为实现共同梦想而奋斗，实现梦想的力量就无比强大，我们每个人为实现自己梦想的努力就拥有广阔空间。中国梦归根到底是人民的梦，必须紧紧依靠人民来实现，必须不断为人民造福。坚持党的领导、人民当家作主、依法治国有机统一，坚持人民主体地位、扩大人民民主、推进依法治国，坚持和完善人民代表大会制度的根本政治制度、中国共产党领导的多党合作和政治协商制度、民族区域自治制度以及基层群众自治制度等基本政治制度。建设服务政府、责任政府、法治政府、廉洁政府，充分调动人民积极性。中国共产党领导人民实行人民民主，就是保证和支持人民当家作主。保证和支持人民当家作主不是一句口号、不是一句空话，必须落实到国家政治生活和社会生活之中，保证人民依法有效行使管理国家事务、管理经济和文化事业、管理社会事务的权力。

人民当家作主的目的是维护人民的根本利益。早在20世纪50年代，邓小平同志就反复强调，革命和建设都要贯彻群众路线，搞建设不能凭热脑筋。搞社会主义一要群众满意，二要发展生产力。特别强调，在国家建设方面，最根本的工作方法就是调查研究、实事求是，这就意味着

---

[1] 《习近平谈治国理政》第三卷，外文出版社2020年版，第28页。

要倾听人民的声音，了解民间的观点。①1951 年 12 月 29 日，邓小平同志主持西南局工作的时候，得知军委和政务院想要在川西扩建机场，就建议中央慎重考虑，因为有 7 万农民需要安置，机场占用了他们良好的农用土地，会引起民众的不满情绪。②1957 年，邓小平同志提出，在人民内部扩大民主生活，继续健全民主制度。处理人民内部的矛盾，必须坚持和风细雨的方法，坚持"团结——批评——团结"的方法。各级领导人员必须充分尊重人民群众的民主权利，经常倾听人民群众的呼声和要求，认真考虑各种合理的不同意见和反对意见，诚心诚意地接受群众的批评和监督，坚决地改正自己的缺点和错误。"凡属于人民内部的争论问题，只能用民主的方法去解决，只能用讨论的方法、批评的方法、说服教育的方法去解决，而不能用强制的、压服的方法去解决。"只有贯彻执行毛泽东同志的这个指示，才能鼓舞群众的热情，提高群众的觉悟，才能使群众在今后的政治生活中勇于批评和发表意见，敢于争辩和坚持真理。③针对"大跃进"所造成的问题，邓小平同志指出，"大跃进"以来的教训是调查研究很少，也就意味着当我们的工作离开了民意，离开了民主，就可能走入歧途。④

　　坚持党的领导，就是要支持人民当家作主，实施好依法治国这个党领导人民治理国家的基本方略。⑤只有在党的领导下依法治国、厉行法治，人民当家作主才能充分实现，国家和社会生活法治化才能有序推进。⑥人类社会长期的历史经验表明，如果任由普通民众按照自发的方式进行民主表达自己的思想，提出自己的观点，并且按照自己的意志来提出决策方案，表决决策方案，则不仅有可能带来低效率，而且很有可能形成错误的

---

① 《邓小平文集（1949—1974）》（下卷），人民出版社 2014 年版，第 56—59 页。

② 《邓小平文集（1949—1974）》（上卷），人民出版社 2014 年版，第 328 页。

③ 《邓小平文集（1949—1974）》（中卷），人民出版社 2014 年版，第 354 页。

④ 《邓小平文集（1949—1974）》（下卷），人民出版社 2014 年版，第 81—83 页。

⑤ 《习近平谈治国理政》第一卷，外文出版社 2018 年版，第 147 页。

⑥ 《习近平谈治国理政》第二卷，外文出版社 2017 年版，第 114 页。

决定。这就意味着，民主必须有先置的领导者。也就是在民众酝酿意见的过程中，要有专业人员从长远发展的角度，提出可行的方案，而不是由民众在没有有效指导的前提下任意考虑方案。当前，世界各国的民主制度都不是自发民主，而是针对某些相对成熟的议案提案所进行的商讨和表决。这一经验也为我们所接受。所以，我们提出，中国的民主是由中国共产党领导的。在方案进入讨论之前的阶段，中国共产党就担任了国家治理的专业思想者和规划者的角色。在进入民主之前，首先由中国共产党的组织和党员对于发展的方向、发展的方式、发展的步调进行研讨，在初步研讨有了一定的结论之后提交民众以适当的程序进行讨论，这样就既能保证决策的高效性，也能保证决策的专业性。而当我们在立法过程中，或者人选推举过程中，以专业人员的水准判断首先提出一份提案，再由公众来表决，就可以一方面避免极端错误的方向，另一方面给民众以作出决定和修正专家所提出的建议的机会。这是一个既充分尊重民意同时又保证民意处于合理的运行范围之内的制度构架，是一个合理正当的运作方式。这种由中国共产党领导的民主并不意味着人民的意志被虚化，或者人民的意志只是一个橡皮图章，人民群众在对议案进行研讨商量的时候提出很多实质性的修改，甚至是否定意见，从而对国家大政方针的制定和实施提出有益的建议。

从某种意义上说，民主是非常脆弱的。不仅民主制度自身的维护非常脆弱，容易被各种各样的因素所牵引，最后丧失了民主的实际本质；而且民主在运行的过程中，也容易给相应的权力实施程序、制度运行机制、人民根本利益保障带来冲击，从而使得国家治理陷入混乱无序。为了保证民主自身能够健康稳定地存续和运行，就需要有明晰有效的法律制度予以规定。从民主的形式、民主的程序，到民主的功能，都应当有明确的规范。与此同时，为了对于民主的效果予以有效的保障和限制，非常有必要对民主的边界和程序用法律的方式规定下来。在我国，全面依法治国，核心是坚持党的领导、人民当家作主、依法治国有机统一，关键在于坚持党领导立法、保证执法、支持司法、带头守法。[①] 在法律体系之中，宪法以至上的法治地位和强大的法治力量，有力保障了人民当家作主，充分体现人民共同意志，充分保障人民民主权利，充分维护人民根本利益。民主在法治的轨道之内运行，民主自身才能够持久，才能够健康，同时也能保证社会的其他价值，特别是人权和法治得以实现。

在国际舞台上，一些不明真相的政客和学者对中国政治制度攻击最多的就是我们的民主架构和运作方式。他们认为，直选才是经由民主达致善治的道路，并基于此对中国提出各种各样的批评。实际上，直选并非民主的唯一形式，也称不上是民主的最好形式。而且从理论上看，直接民主不是一个善治体系的必然前提；或者说，纯粹的民主不仅不一定带来善治，还有可能带来灾难性的后果。最突出的一个问题就是，民众由于信息不对称所了解的情况不全面，容易被错误的观点和主张所引导。对于绝大多数民众而言，视觉和听觉的冲击力就足以让他们作出判断。如果在这种情况下对于国家政治大局进行操控，那么结局很可能是非常危险的。因为政治、外交、法律和医学、化学非常类似，是需要高度的专业性的，没有这个方面的训练，仅凭直觉或者感受就认定应当采取何种决策，经常都是误判。如果回到古代就能了解，很多人进行决策的时候都会请那些有智慧的谋士提出建议，即使是这些知识渊博、信息全面、判断力超常的人士也经常会发生误判，就很容易理解那些普通的没有经受过任何训练的民众，怎么可能给出正确的决策？在这种情况下，他们就非常容易受到一些简单的口号诱导，最后做出自己的决定，而这些决定在资深的政治家看来很可能是不理性的。从这个意义上讲，我们就可以理解那些认为直选就是真民主，而真民主就一定会导致善治的观点，其实是缺乏有效的实践例证和理论支撑的，反之在专业人员认真思考、反复磋商酝酿之后所提出的建议，则更有可能符合社会发展的方向和治理的需求。中国的民主主要采取的就是这种方式。

---

① 《习近平谈治国理政》第二卷，外文出版社 2017 年版，第 39 页。

民主还可能经常走入的误区就是由于情绪的波动而导致的暴政。实际上民主所形成的多数暴政和前面提到的民主的非理性决策有相辅相成的关系。如果说前者做出的仅仅是不具备充分理性考量的无害决策或者不明显的错误的话，在一些观点或者信息的诱导下，民众还有可能更向前一步，直接给出错误的选择。古往今来，在民主被误导方面，最经常列举的例子就是"苏格拉底之死"。本来，按照案件的正常情况，苏格拉底是不应当被处死的，但是由于苏格拉底的直白触怒了民众，所以，民众最后判他有罪，乃至死刑。这都是民主不能摆脱的问题。所以，完全靠民众用多数来进行决策，不一定就是正确明智的选择，甚至有可能完全带来错误的结果。这被称为"多数人的暴政"。中国数十年来人民当家作主的实践表明，民主必须进行有序的规制，而不能随意将所有决定权都交给民众。从理论上讲，不加规制的民主有很多缺陷和问题；从实践上讲，不仅法国的大革命造成了很多明显的社会问题，中国1966—1976年的十年动乱，也出现了很多社会的困难。如果我们对于"文化大革命"的社会运行状况进行检视的话，不能不说，那是试图广泛发扬人民群众当家作主，决定本单位本领域本地区事务的一种尝试。然而，从最初的民主、革命的思想演化成大鸣、大放、大字报，再到武斗，直至把一些专业人士打成反动学术权威、走资派，可以说社会偏离了正常的轨道，失去了正常的秩序，进入到混乱的状态。十年"文革"给经济社会文化带来的创伤，至今尚未治愈。这样不加指引、没有规制的民主，对于社会发展而言是非常不利的，对于国家的进步、人民的权利，甚至基本的生命财产安全都造成了威胁。这个例子向我们充分而雄辩地表明，民主必须有领导、有规制、有监督。

四、人民当家作主初步形成结构完整的运行系统

中国的人民当家作主制度，从名称到各个组成部分，从形式到内容，

都具有中国的特色。这是与中国的民族文化传统、历史发展脉络、社会结构与状况，特别是中国共产党领导中国人民在革命和社会建设的实践中摸索和积累的经验离不开的。正是有了这样的历史文化社会土壤，中国的人民当家作主制度才能够生根发芽，长成一棵茁壮而茂盛的大树。

（一）人民代表大会制度

人民代表大会制度是我国根本的政治制度。人民代表大会制度是坚持党的领导、人民当家作主、依法治国有机统一的根本政治制度安排，必须长期坚持，不断完善。广义地说，人民代表大会制度包括了民族区域自治，然而由于民族区域自治在发展的过程中形成了自身的特点，所以成为人民当家作主相对独立的一个部分。当前人民代表大会制度包括以下几个方面。

第一，人民代表大会包括全国人民代表大会和各省自治区直辖市的人民代表大会以及更为基层的人民代表大会，各级人民代表大会均由民主选举产生，他们对人民负责、受人民监督。作为民主集中制的基础，人民代表是由民主选举产生的。人民行使国家权力，以拥有选举权和被选举权为重要的标志。在按照法定的程序选举人民代表的过程中，直接选举是由选民选出代表；间接选举则由选举单位选出代表。人民代表在选出之后，选民或选举单位有权按照法律所规定的程序进行罢免。由选举和罢免这两个程序可以充分显示出人民按照自己的意志行使国家权力的特征。人民代表出现的程序是人民代表大会制度中民主程序、民情民意的重要基础。

第二，人民代表大会和它的常务委员会以集体的方式来行使国家的权利。由集体来决定问题，严格按照民主集中制的原则来讨论事务、作出决定。各级人民代表大会及其常务委员会的职权是由宪法来规定的，按照宪法的相关规定，全国性的重大问题需要经过全国人民代表大会及其常务委员会予以讨论，作出决定，而地方性的重大问题则需要经过地方各级人民代表大会及其常务委员会予以讨论，作出决定。由此看出，凡重大问题均需要集体决定，而不能由一个或少数几个人作出决定。这就保证了国家的权力始终掌握在全体人民的手中。

第三，国家的重要机关机构，包括行政机关、审判机关和检察机关，均经人民代表大会产生，对人民代表大会负责，向人民代表大会报告工作，受人民代表大会监督。人民代表大会统一行使国家的权力。在这样的前提之下，国家所拥有的行政权、司法审判权和检察权由相关机构明确划分。由此能够使国家所拥有的行政权、审判权、检察权在确立和运行的过程中不会脱离人民代表大会，或者违背人民代表大会的意志去采取措施、进行活动，同时也能保证上述国家机关在法律所规定的职权范围之内独立地进行本领域的工作相互配合、相互衔接，形成一个统一的国家权力运行体系。

第四，中央和地方各级国家机构在进行职能划分的时候，采取由中央进行集中统一领导，同时也充分发挥地方的积极性、主动性和创造性的原则。全国人民代表大会与地方各级人民代表大会依照法律的规定各自享有不同的职权。在工作时，于职权范围之内分别审议和决定全国性或地方性的大政方针。全国人民代表大会对于地方各级人民代表大会不存在领导关系，仅仅存在法律监督的关系、选举的过程和标准指导的关系，以及工作内容相互联系的关系。国务院对各级地方政府具有领导关系，全国人民代表大会和国务院所做出的决定，各级地方政府必须遵照执行。与此同时，对于各个地方自身的事务而言，法律或者行政体系均赋予地方以充分的自主权。由此，既保证了中央的集中统一领导，又充分地发挥地方的积极性。将自主权留给地方，按照国家规定的方向和目标，建设国家、发展社会、服务人民。

人民代表大会制度是一种代议制民主制。选民对于国家事务的参与主要体现为，选出他们所中意或认可的人民代表，以及在人民代表未能按照他们的期待尽职尽责之时予以罢免。广大人民群众并不直接参与国家事务，而是由他们所选出的人民代表来参与国家事务，对相关领域的问题进行议论、提出意见、表达立场，投出自己负责任的一票。他们通过自己的行为向选举他们的人民负责，完成了民主的重要职责。

（二）中国共产党领导下的多党合作和政治协商制度

中国共产党领导的多党合作和政治协商制度，是中华人民共和国的一项基本政治制度，是中国特色政党制度长期探索的成功结果。毛泽东同志说，国家各方面的关系都要协商。[①] 周恩来同志说，新民主主义的议事精神不在于最后的表决，主要是在于事前的协商和反复的讨论。[②] 毛泽东同志说，我们政府的性格，你们也都摸熟了，是跟人民商量办事的，是跟工人、农民、资本家、民主党派商量办事的，可以叫它是个商量政府。[③] 协商民主是党领导人民有效治理国家、保证人民当家作主的重要制度设计，同选举民主相互补充、相得益彰。[④] 在中国社会主义制度下，有事好商量、众人的事情由众人商量，找到全社会意愿和要求的最大公约数，是人民民主的真谛。[⑤]

多党合作和政治协商制度包含以下几个方面的内容。

第一，中国共产党是执政党，各民主党派是参政党，中国共产党和各民主党派是通力合作的亲密友党。中国共产党是代表工人阶级及广大人民的政党，所以，作为执政党，中国共产党执政的实质就是代表工人阶级和广大人民掌握人民民主专政的国家政权；作为参政党，各民主党派根据法律的规定享有参政的权利。各民主党派参政的基本点是：参加国家政权，参与国家大政方针和国家领导人选的协商，参与国家事务的管理，参与国

---

① 《毛泽东文集》第六卷，人民出版社 1999 年版，第 386 页。

② 《周恩来统一战线文选》，人民出版社 1984 年版，第 134 页。

③ 《毛泽东文集》第七卷，人民出版社 1999 年版，第 178 页。

④ 《习近平谈治国理政》第三卷，外文出版社 2020 年版，第 295 页。

⑤ 《习近平谈治国理政》第三卷，外文出版社 2020 年版，第 295 页。

家方针、政策、法律、法规的制定和执行。

中国的民主党派是指那些在 1949 年之前中华人民共和国成立，中国共产党执政之前就已经存在致力于在中国实现资产阶级共和国，曾经与中国共产党积极合作，明确支持中国共产党推翻国民党统治，在中华人民共和国建立的过程中承认中国共产党的领导权，反对中国国民党反动派，并且在中华人民共和国成立之后继续存在下去的政党。主要包括：

（1）中国国民党革命委员会。简称民革，于 1948 年 1 月 1 日正式成立，当时的主要成员是国民党内部的民主派和其他爱国民主人士，政治主张是推翻国民党的独裁统治，实现中国的独立民主与和平，民革章程 1988 年 11 月进行了修改，规定民革现阶段的政治纲领是在社会主义初级阶段基本路线的指引下，领导全体党员团结国内外拥护祖国统一的爱国者，为统一祖国振兴中华而奋斗。目前民革成员主要来自四个方面：同中国国民党有关系的人士；同台湾各界有关系的人士；致力于祖国统一事业的人士；以及其他有关人士，并着重吸收有代表性的人士和中高级知识分子。

（2）中国民主同盟。简称民盟，成立于 1941 年 3 月 19 日。在重庆刚刚成立时的名称是中国民主政团同盟，1944 年 9 月改现名。民盟是中国共产党领导的爱国统一战线的组成部分，是同中国共产党通力合作的参政党，是主要由从事文化教育以及科学技术工作的高中级知识分子组成的、具有政治联盟特点的、致力于建设中国特色社会主义事业的参政党。

（3）中国民主建国会。简称民建，成立于 1945 年 12 月 16 日，当时的政治主张是保障公民的基本权利和人权，保护和发展民族工商业，反对国民党的独裁统治。

（4）中国民主促进会。简称民进，成立于 1945 年 12 月 30 日。当时主要是从事文教出版工作的人士和上海工商界爱国民主人士组成的党派。其政治主张是，在中国推进民主政治改革，要求国民党还政于民，建立联合政府，实行宪政。

（5）中国农工民主党。简称农工党，1930 年 8 月成立。当时的主要政治主张是反对国民党的独裁统治，要求建立平民政权。

（6）中国致公党。1925 年成立于美国旧金山。由华侨社团美国致公组团发起，以归侨侨眷中的中上层人士为主组成，接受中国共产党的领导，协助中国共产党和政府巩固和发展安定团结的政治局面，维护党员和所联系的归侨侨眷的利益。

（7）九三学社。成立于 1946 年 5 月，当时的政治主张是基层民主与科学传统，反对内战，实行民主政治。根据九三学社章程，九三学社的组织发展以大中城市中具有一定代表性的科技界，及高等教育、医药卫生等方面的高中级知识分子为主。

（8）台湾民主自治同盟。简称台盟，1947 年 11 月 12 日成立于香港。当时台盟是在台湾省之外建立和存在的谋求台湾摆脱国民党统治、实行民主政治和地方自治的政治组织。1949 年 3 月，台盟总部自香港迁至北京。台盟的政治纲领是：坚定不移地贯彻实施中国共产党在社会主义初级阶段的基本路线，高举爱国主义社会主义旗帜，团结广大盟员和所联系的台湾同胞，为加快改革开放和社会主义现代化步伐，为维护安定团结的政治局面，为健全社会主义民主和法治，为实现祖国统一而奋斗。

第二，中国共产党与各民主党派合作的首要前提和根本保证是坚持中国共产党的领导和坚持四项基本原则。

第三，中国共产党与各民主党派合作的基本方针是长期共存、互相监督、肝胆相照、荣辱与共。

第四，中国共产党与各民主党派以宪法和法律为根本合作准则。中国人民政治协商会议（简称"人民政协"或"政协"）是中国共产党领导多党合作与政治协商的重要机构，是中国人民爱国统一战线组织中的主要部分，是我国政治生活中体现社会主义民主的重要形式。人民政协的性质决定了他与国家机关的职能不同。人民政协的主要工作是围绕团结和民主两大主题，履行政治协商、民主监督和参政议政的职能。

多党合作与政治协商的主要形式有参政议政、民主监督、民主党派成员在国家机关任职等。

参政议政是指在中国共产党的领导之下，各个民主党派成员对于国家重大方针、政策、法律、法规的制定和执行进行积极了解、提出意见和建议，并且参与到国家重大政治问题和国家领导机构人选的协商之中，也参与国家事务的具体管理。其采取的形式主要有四种：首先，民主协商会。由中共中央主要领导人邀请各民主党派的主要领导人和无党派的人士召开会议。中国共产党领导人针对将要提出的重大政策、方针和民主党派的人士进行协商，听取他们的意见。民主协商会一般每年举行一次。其次，高层谈心会。中共中央主要领导人根据自身需要，不定期地邀请各民主党派的主要领导人和无党派人士，举行小范围的谈心，就共同关心的问题交换意见和方法。再次，双月谈心会。中共中央主持各民主党派和无党派人士参加的会议，会上主要通报或者交流重要的情况，传达重要的文件，听取各民主党派和无党派人士提出的政策性建议，或者讨论某些专题，一般每两个月举行一次，遇到重大事件的时候则随时通报。最后，书面建议或者约谈。各民主党派领导人和无党派人士可以随时就国家大政方针和具体的重大问题向中共中央提出书面建议，或者约请中共中央负责人进行交谈，口头表达其重要的建议。

民主监督是在多党合作和政治协商的框架下，由民主党派对于中国共产党和中国共产党领导下的国家机关作出工作的监督。1957 年，邓小平同志在西安干部会上作报告强调共产党要接受监督。他说：宪法上规定了党的领导，党要领导得好，就要不断地克服主观主义、官僚主义、宗派主义，就要受监督，就要扩大党和国家的民主生活。如果我们不受监督，不注意扩大党和国家的民主生活，就一定要脱离群众，犯大错误。因为我们如果关起门来办事，凭老资格，自以为这样就够了，对群众、对党外人士的意见不虚心去听，就很容易使自己闭塞起来，考虑问题产生片面性，这样非犯错误不可。所以毛主席在革命胜利之后再三强调这个问题，这是看得很深很远的。① 民主监督的主要形式包括：民主党派在政协会议上向中共中央提出意见建议和批评；以调查研究为基础，就国家的政治经济社会领域的重大问题提出批评和建议；具有民主党派成员身份的人大代表、政协委员通过议案、提案、检查实行监督；民主党派的成员通过应聘担任政府的特约监察员、检察员、审计员和教育监督员，来发挥监督的作用；等等。

民主党派成员在国家机关任职，根据中国的政治传统，各个民主党派一般都有少数成员被中国共产党举荐，在各级政府和司法机关担任领导职务。

人民政协作为统一战线的组织、多党合作和政治协商的机构、人民民主的重要实现形式，是社会主义协商民主的重要渠道和专门协商机构，是国家治理体系的重要组成部分，是具有中国特色的制度安排。② 在中华人民共和国建立起一个人民民主国家的路上，中国人民政治协商会议起到了非常重要的作用。在人民代表大会真正形成之前，中国人民政治协商会议实际上肩负着作为代表人民意志、意愿，行使人民权利的重要任务。也就是说，在1949—1953年之间，中国人民政治协商会议具有临时议会的地位，对国家的立法、行政工作具有不可替代的重要作用。特别是在新中国成立之初那个关键的时段之内，人民代表大会未能选出之前，政治协商会议的工作为新中国的奠基贡献了很多重要的力量。1953年1月28日，邓小平同志在全国政协党组会议上讲话指出，人民代表大会的召开并非宣告统战政策的结束。③ 中国人民政治协商会议设全国委员会和地方委员会。作为中国人民爱国统一战线的组织和中国共产党领导的多党合作与政治协商的重要机构，由中国共产党、各民主党派、无党派民主人士、人民团体、各民族和各界代表、台湾同胞、港澳同胞和归国侨胞的代表，以及特

---

① 《邓小平文选》第一卷，人民出版社1994年版，第270页。

② 《习近平谈治国理政》第三卷，外文出版社2020年版，第293页。

③ 《邓小平文集（1949—1974）》（中卷），人民出版社2014年版，第51—53页。

别邀请的人士组成。

中国人民政治协商会议的主要职能是政治协商和民主监督，组织参加政协的各党派团体和各族各界人士参加议政。政治协商的主要内容是国家的重要方针政策和部署，国家政治生活方面的重大事项，法律法案，领导人人选行政区划变动，外交祖国统一和群众生活等重大问题。政治协商的主要形式包括全国委员会的全体会议、常务委员会会议、主席会议、常务委员专题座谈会，等等。民主监督的主要内容是国家宪法与法律法规的实施，中央与国家领导机关制定的方针政策的贯彻实施，国家工作人员的履职、廉政等情况。民主监督的主要形式有政协全国委员会的全体委员会议、常务委员会或者主席会议向中共中央国务院提出议案，各专门委员会提出的建议或者报告委员视察提案、举报，或者以其他的形式提出批评和建议，参加中共中央国务院有关部门组织的调查检查活动。

地方各级人民政协的各种活动参政议政的主要内容是，在人民群众关心、党政部门重视、政协有条件的领域进行调查和研究，积极主动地向党政机关提出建设性意见；通过多种形式广开言路，广开才路，充分发挥委员的专长和作用，为改革开放和社会主义现代化建设献计献策。

中国人民政治协商会议全国委员会，简称全国政协。每届任期 5 年，每年举行一次全体会议。各省、自治区、直辖市，自治州，设区的市、县、自治县，不设区的市和市辖区，均设立人民政协组织。地方委员会及其常务委员会的组成产生办法、职责、主要工作机构的设置与全国委员会相似。

（三）爱国统一战线

恩格斯在 1840 年 10 月 17 日发表了《唯物论和虔诚主义》一文，其中写到，在同宗教的黑暗势力进行斗争的任何情况下，我们都应该结成统一战线。①1892年3月8日，恩格斯在致德国社会民主党领导人倍倍尔的信中指出，无产阶级政党在领导工人运动中要善于运用革命策略。"如果射击开始得过早，就是说，在那些老党还没有真正相互闹得不可开交以前就开始，那就会使他们彼此和解，并结成统一战线来反对我们。"②列宁在十月革命胜利之后，于1919年、1922年都使用过统一战线的概念，揭露社会革命党孟什维克所结成的反革命联盟。同时，列宁也强调，要巩固无产阶级的政权，就必须重视统一战线的战略和策略，巩固工农联盟，利用各国资产阶级之间以及各个国家内部资产阶级各集团或各派别之间的一切利益纷争，极仔细、极留心、极谨慎、极巧妙地一方面利用敌人之间的一些裂痕。另一方面哪怕是最小的裂痕。要利用一切机会，哪怕是极小的机会，来获得大量的同盟者。尽管这些同盟者是暂时的、动摇的、不稳定的、靠不住的、有条件的。列宁提出并使用了"工人阶级统一战线"的概念，把马克思、恩格斯所提出的"全世界无产者，联合起来！"的口号，发展成"全世界无产者和被压迫民族，联合起来！"的口号。1917年，斯大林也提到了统一战线的概念。斯大林认为，孟什维克和社会民主党人右翼已经出卖了革命统一战线，和反革命结成了联盟。

　　中国共产党人陈独秀在1922年最早使用"联合战线"的概念。他说，中国共产党在劳动运动的工作上应当相互提携，结成一个联合战线，才免得相互冲突，才能够指导劳动界作有力的战斗。在同一时期，毛泽东、蔡和森和恽代英等共产党人也在其他的类似场合使用过"民主联合阵线"或者"联合战线"的概念。中共二大正式将"建立民主的联合战线"写进党的文件。1925年8月，共产党人瞿秋白直接使用了"统一战线"这一概念。他撰文指出，反帝国主义的民族统一战线已经成为事实。由此，民族

---

① 《马克思恩格斯全集》第41卷，人民出版社1982年版，第133页。
② 《马克思恩格斯全集》第38卷，人民出版社1972年版，第294页。

统一战线成为这一时期党的领导人的主要表述概念。1931 年 9 月,《中共中央关于日本帝国主义强占满洲事变的决议》指出,经过这些组织,正确实行反帝运动中的下层统一战线和吸收广大的小资产阶级的阶层,参加斗争。1945 年 4 月,周恩来在党的七大上作《论统一战线》的发言。1935 年 12 月,毛泽东在给张闻天的信中,提出了"反蒋抗日统一战线"。当年 12 月 27 日的瓦窑堡会议上,毛泽东作了《论反对日本主义的策略》的报告,第一次提出了"抗日民族统一战线"的概念。在抗日战争结束以后,毛泽东提出要坚持"各界人民的统一战线"。继而,在反抗国民党反动派的压迫和战争过程中,提出了建立"包括工人、农民、城市小资产阶级、民族资产阶级、开明绅士、其他爱国分子、少数民族和海外华侨在内,极其广泛的全民族的统一阵线"。1947 年 7 月 6 日,周恩来在中华全国文学艺术工作者代表大会上作政治报告,提出了"人民民主统一战线"的概念。中华人民共和国成立之前,由第一届政协会议通过的《共同纲领》提到了"人民民主统一战线"这一提法。统一战线在"文革"期间受到了破坏,到十一届三中全会之后才逐渐恢复并得以发展。党的十一届六中全会通过的《关于建国以来党的若干历史问题的决议》指出,一定要毫不动摇地团结一切可以团结的力量,巩固和扩大爱国统一战线。2004 年宪法修正案在序言中提出:社会主义的建设事业必须依靠工人、农民和知识分子,团结一切可以团结的力量,在长期的革命和建设过程中,已经结成由中国共产党领导的,由各民主党派和各人民团体参加的,包括全体社会主义劳动者、社会主义事业的建设者、拥护社会主义的爱国者和拥护祖国统一的爱国者的广泛的爱国统一战线,这个统一战线将持续巩固和发展。

由于历史使命、工作性质的差异,统一战线的范围也会有所不同。党的十一届三中全会以后,我国进入了改革开放和社会主义现代化建设的历史时期。统一战线强调爱国主义社会主义建设,所以其范围空前扩大,形成了大陆范围内以社会主义为政治基础的,团结全体劳动者、建设者与爱国者，和大陆范围以外以爱国和拥护祖国统一为政治基础的，团结台湾同胞、香港特别行政区同胞、澳门特别行政区同胞、海外侨胞的广泛联盟。在 21 世纪，随着经济社会文化的发展，爱国统一战线的工作范围表现为各民主党派成员、无党派人士、党外知识分子、少数民族人士、宗教界人士、非公有制经济人士、香港同胞、澳门同胞、台湾同胞、去台湾人员留在大陆的亲属和回大陆定居的台胞出国和归国留学人员、海外侨胞和归侨侨眷原工商业者、起义和投诚的原国民党军政人员等等。

统一战线服务的目标是党的路线和任务。通过争取人心、凝聚力量，为实现党和国家的宏伟目标而团结奋斗。因此，统一战线在工作的过程中不断采取切实措施，在新的基础上巩固工农联盟。以沟通感情、联络友谊、凝聚人心的独特优势，围绕经济建设的工作中心，完成了很多促进发展的工作。把全国各族人民的意志、智慧和力量引导到社会主义现代化建设上来，把社会各阶层、各党派、各团体和各界人士团结引导到全面决胜建设小康社会的奋斗目标上来。

统一战线的基础是加强和改善党的领导。这是巩固和发展最广泛的爱国统一战线的根本保证。在党的领导下，统一战线才有正确的方向、蓬勃的生机和光明的前途。统一战线还要求加强政治协商和民主监督，通过民主来巩固和扩大统一战线，创造团结民主和谐的气氛，使大家的意见、要求、批评和建议能够充分地反映出来。在统一战线发展的过程中，要尊重、维护和照顾同盟者的利益。

在党中央领导下，统一战线高举爱国主义社会主义旗帜，牢牢把握大团结、大联合的主题，增进对中国特色社会主义道路自信、理论自信、制度自信、文化自信，促进政党关系、民族关系、宗教关系、阶层关系、海内外同胞关系和谐，巩固和发展团结、奋进、开拓、活跃的局面，为推动社会主义经济与社会发展、维护社会和谐稳定、促进祖国统一作出了重要的贡献。

(四) 民族区域自治政策

我国的民族区域自治制度是在国家统一领导之下，以少数民族聚居区为基础建立相应的自治地方，设置自治机关行使自治权的治理方法。民族区域自治制度是我国的基本政治制度之一，是建设中国特色社会主义政治的主要内容。

中国是一个统一的多民族国家，在几千年的历史发展过程中，各民族逐步汇合成了中华民族的有机组成部分。从地理上看，中国境内的各民族形成了大杂居小聚居的分布状态，各民族之间形成了密切的经济文化纽带，各民族之间要团结互助，而不能完全分离。从经济社会文化发展上看，我国在人口资源分布和经济状况上存在着不平衡，通过设置民族区域自治制度能够使得各少数民族聚居地区得到更快更好的发展。1840 年鸦片战争以来，中国各民族都饱受帝国主义封建主义的压迫，都进行着反帝反封建的斗争，在这个斗争的过程中，各民族形成了密切的联系，彼此之间具有较强的政治认同，休戚与共，难以隔离。因而，在 1949 年及以后的一段时间，中国迅速形成了一个多民族的统一的社会主义国家。中国共产党的民族区域自治有着深厚的历史传统。

民族问题一直是中国共产党所关注的重要问题，随着中国共产党日益成熟，对中国国情认识逐渐深化，提出了符合我们国情的民族区域自治观点，由此来解决中国的民族问题。1941 年 5 月 1 日，陕甘宁边区政府颁布了陕甘宁边区纲领。其中就规定了民族平等的原则，并且主张建立蒙回民族自治区，使得蒙回民族与汉族在经济政治文化上享有平等的权利。1945 年 10 月 23 日，中央在关于内蒙工作的方针中也提出对内蒙的治理方式是实行民族区域自治。1947 年 5 月，我国成立了第一个省级的民族自治区，即内蒙古自治区。在中华人民共和国成立之前召开的政治协商会议就包括了多个少数民族的代表。1950 年，邓小平同志关于西南少数民族问题进行过深刻的阐述。他说，少数民族要经过一个长时间，通过事实，才能解除历史上大汉族主义造成的他们同汉族的隔阂。我们要做长期的工作，达到消除这种隔阂的目的。要使他们相信，在政治上，中国境内各民族是真正平等的；在经济上，他们的生活会得到改善；在文化上，也会得到提高。如果我们不在这三个方面取得成效，这种历史的隔阂、历史的裂痕就不可能消除。我们中华人民共和国是一个多民族的国家，只有在消除民族隔阂的基础上，经过各族人民的共同努力，才能真正形成中华民族美好的大家庭。我们是有条件消除民族隔阂的。历史上的反动统治实行的是大民族主义的政策，只能加深民族隔阂，而今天我们政协共同纲领所规定的民族政策，一定能够消除这种隔阂，实现各民族的大团结。[1]

解放后，我国又建立了西藏自治区、宁夏回族自治区、广西壮族自治区和新疆维吾尔自治区。实行民族区域自治的民族达到了 44 个。1949 年中国人民政治协商会议《共同纲领》中对民族自治区域制度予以明确的规定：各少数民族聚居的地区实行民族区域自治，按照民族聚居的人口多少和区域大小分别建立各种民族自治机关，以后我国的每一次宪法制定和修正，都明确地将民族区域自治制度载入其中。

民族自治地区主要分为区、州、县三个级别。自治区相当于省级行政单位，自治州则相当于地级市的行政单位，自治县相当于县级行政单位。民族自治地方的行政地位级别原则上和自治地方的地域人口直接挂钩。各地区的人民代表大会、人民政府均根据宪法、法律由民族自治地方的自治条例或者单行条例建立并运行。

自治地方的自治机关实行人民代表大会制。民族自治地方的人民政府对本级人民代表大会和上一级行政机关负责并报告工作。在本级人民代表大会闭会期间，对本级人民代表大会常务委员会负责并报告工作。各民族自治地方的人民政府均为国务院统一领导下的国家行政机关，服从国务院的管理。民族自治地方自治机关实行自治区主席、自治州州长、自治县县

---

[1]《邓小平文选》第一卷，人民出版社 1994 年版，第 162 页。

长负责制，他们分别主持本级人民政府的工作。

民族自治地方自治机关具有鲜明的民族特色，主要体现在以下三个方面：第一，自治区的主席、自治州的州长、自治县的县长由实行民族区域自治的少数民族公民担任。民族自治地方的人民代表大会常委会，应当由实行区域自治的民族的公民担任主任或者副主任。第二，民族自治地方的人民代表大会之中，除了实行区域自治的民族的代表以外，其他在本行政区内居住的民族，特别是其他少数民族，也应当有适当名额的代表。而且针对人数较少的民族，在代表名额和比例分配上，将依法予以照顾。第三，民族自治地方的人民政府在组成人员和政府所属的工作机构之中，要尽量配备少数民族的干部。对于符合条件的少数民族干部要优先配备。实行民族区域自治的民族人口占本地区总人口50%以上的，干部构成应当于本民族人口的比例大体对应。少于50%的，一般应高于本民族人口的比例。

民族自治地方的自治机关享有相对非自治地方更广的立法权限。主要体现为以下几个方面：第一，民族立法权。民族自治地方的人民代表大会有权依照当地的政治经济文化特点制定自治条例和单行条例。自治条例规定有关本地方实行民族区域自治的一些基本问题，而单行条例则规定与本地实行民族区域自治的某一方面事项具体相关的问题。无论是自治条例还是单行条例，均可对国家法律政策做出一定的变通。自治地方的自治条例和单行条例需要报上级人民代表大会常务委员会批准之后方能生效。第二，变通执行权。上级国家机关作出的决议、决定、命令和指标，如果与本民族自治地方的实际情况不尽适合，自治机关可以在上级国家机关批准的前提下变通或者停止执行。第三，财政经济自主权。民族自治地方的自治机关拥有程度较大的财政经济自主权，并且可以享受国家专门的照顾和优待。凡是依照国家规定属于民族自治地方的财政收入，都应当由民族自治地方的自治机关自主安排使用。民族自治地方的财政收入和财政支出的项目由国务院按照优待民族自治地方的原则予以规定。民族自治地方的财政预算支出，按照国家的规定设立机动资金，预备费在预算中所占比例高于一般地区。第四，文化、语言、文字自主权。民族自治地方的自治机关享有一定程度的文化自主权。民族自治地方的自治机关在执行公务的时候，依照本民族自治地方自治条例的规定，使用当地通用的一种或者是几种语言文字。同时使用几种通用的语言文字，执行公务时可以以实行区域自治的民族的语言文字为主。第五，组织公安部队的权利，民族自治地方的自治机关，按照国家的军事制度和当地的实际需要经国务院批准，可以组织本地方维护社会治安的公安部队。第六，少数民族干部具有任用上的优先权。

实践证明，实行民族区域自治既符合历史的发展，又符合中国的现实情况，具有较为明显的优越性。首先，民族区域自治制度有利于维护国家的统一和安定。民族区域自治的前提是国家领土完整和统一，在认可国家、各民族统一、领土完整的基础之上，各民族在涉及本民族风俗习惯、文化传统的范围之内实施自治，能够维护社会的稳定和团结，避免少数民族的情感受到伤害，同时又能够保证对于国家的整体认知，促进民族团结。经验表明，民族区域自治制度增强了中华民族的凝聚力，使各族人民尤其是少数民族，将对本民族的热爱和对祖国的热爱有机结合起来，更加自觉地担负起保卫边疆、维护祖国统一的重要使命。第二，民族区域自治制度有利于保障少数人民当家作主的权利。第三，民族区域自治制度对于实现平等、团结、互助、和谐的民族关系具有很明显的支持意义。第四，民族区域自治制度能够调动起各地区各民族的积极性、主动性，共同为建设社会主义现代化强国而付出努力。

（五）基层群众自治制度

基层群众自治制度是中国人民当家作主政治制度中的一个重要组成部分，是在党的十七大被纳入中国基本政治制度之中的。从内涵上看，它是指依照宪法和法律，由居民村民选举成居民委员会或村民委员会，实行自我管理、自我教育、自我服务、自我监督的一种制度。

这种制度的根基是中华人民共和国成立之后形成的由群众自己组织起来的防护队、防盗队，以及居民组等等。1950年上半年，天津市、武汉市形成了居民委员会、居民小组织等组织机构。1953年，在毛泽东同志和彭真同志的鼓励之下，各城市陆续建立了居民委员会。1954年，第一届全国人民代表大会常务委员会第四次会议制定并颁布了《城市居民委员会组织条例》。在这一条例的带动之下，1956年底全国各城市的居民委员会都建立并且巩固起来。1958年以后，在"大跃进"的思潮影响下，很多街道办事处和城市居民委员会称为人民公社，责任和任务也发生了变化。在"文化大革命"中，居民委员会的组织建设遭到了较大的破坏。直到党的十一届三中全会以后，居民委员会制度才得以恢复和发展。1980年1月，全国人大常委会重新公布了《居民委员会组织条例》、《人民调解委员会暂行通则》和《治安保卫委员会暂行工作条例》。1982年，现行宪法在总结我国居民委员会实行群众自治经验的基础之上规定了居民委员会的性质、任务和作用。1989年，全国人大常委会通过了《城市居民委员会组织法》，标志着我国城市居民委员会的组织建设进入到全面发展时期。

比起城市的居民自治进程，农村的基层自治发展得比较慢。在十一届三中全会以后，广西壮族自治区罗城县、宜山县的一些村民在进行联产承包责任制的过程中自发组织起来，创立了村民委员会，使得农村日常生活中的一些问题得以迅速解决。全国各地纷纷效仿广西的做法，建立起了类似的组织。1982年宪法把村民委员会和居民委员会一起加以表述，对村民委员会的性质任务和组织原则有了具体的规定。宪法颁布以后，全国展开了由"生产大会"改建"村民委员会"的活动。1987年11月24日，全国人大常委会通过了《村民委员会组织法（试行）》。1998年11月4日，全国人大常委会正式通过了《村民委员会组织法》。这使得我国农村基层群众组织呈现出强大的生命力。"枫桥经验"是基层社会秩序运行过程中充分体现人民当家作主的良好例证。无论在 20 世纪 60 年代提出"枫桥经验"，还是 21 世纪重提"枫桥经验"，都意味着对于基层人民当家作主的充分信任，也意味着我们期待着在基层能够呈现出自足的、自为的、自觉的良好秩序。

　　经过数十年的发展，我国基层群众自治制度体系已经基本确立，组织载体日益健全，内容也不断丰富，形式逐渐多样，对于社会主义民主政治建设起到了越来越重要的作用。我国的基层群众自治制度有以下几个方面的优点：第一，能够与人民群众切身的利益直接挂钩，反映人民群众的诉求。因为居民委员会和村民委员会直接设在基层，人民群众能看得见、摸得着，这些机构对民间的情况也了解得具体深入，便于人民直接参与选举、决策、管理、监督。所以人民群众有积极性，治理过程显示出了民主的真实性。第二，我国的基层群众自治始终处于党和政府的主导之下，坚持着正确的政治方向，保证稳定有序的发展。也就是说，我国的基层群众自治组织并不是从草根建立起来，完全独立的绝对自治，更不是像在西方某些国家出现的那样反对政府、抵制国家的组织，而是能够坚持党的领导，有计划、有步骤地落实党的方针政策。这样就能够使中央和各省、自治区、直辖市制定的政策贯彻到中国治理的神经末梢。第三，基层群众自治体系始终保持与经济社会发展的程度和水平相适应，通过自治促进经济社会发展，在经济社会发展的过程中，自治的意识、制度、程序、组织、行动方式也逐渐进化。这主要体现在在工作部署上适应和促进，以及在实践推进上适应和促进两个方面。在农村，农村的村民自治制度适应着农村经济体制改革而产生和发展，对于化解农村之中存在的社会矛盾、解决农业农村和农民问题、提高政府的服务水平、提升农民的素质具有重要作用。城市的社区居民自治制度则适应着城市基层社会管理和城市居民生活的需要，解决城市社会发展中的矛盾和问题。第四，我国的基层群众自治循序渐进，逐步发展，符合社会客观要求。基层群众自治不是按照某些抽象的原则或者既有的规划设计和实施的，而是在实践中按照需要逐渐发展、摸着石头过河的渐进方式，有利于基层群众自治的与时俱进，既能够保证关注人民群众切身利益的问题，也能够确保人民群众当家作主，在人民的思想意识和民主能力逐渐提升的过程中提升着基层群众自治的制度体系。

由此，我国的基层群众自治是发挥群众主体性与党的主导性有机结合的民主自治体系，它适应了社会经济发展的需要，同时为社会经济发展提供服务，对培养人民的民主意识、维护人民群众的切身利益具有重要的作用。

人民当家作主的制度和实践在我国已经取得了积极正面的社会效果，需要在坚持完善中改进升级。正如习近平总书记提出的：我们要坚持国家一切权力属于人民，既保证人民依法实行民主选举，也保证人民依法实行民主决策，民主管理、民主监督，切实防止出现选举时漫天许诺、选举后无人过问的现象。我们要坚持和完善中国共产党领导的多党合作和政治协商制度，加强社会各种力量的合作协调，切实防止出现党争纷沓、相互倾轧的现象。我们要坚持和完善民族区域自治制度，巩固平等、团结、互助、和谐的社会主义民族关系，促进各民族和睦相处、和衷共济、和谐发展，切实防止出现民族隔阂、民族冲突的现象。我们要坚持和完善基层群众自治制度，发展基层民主，保障人民依法直接行使民主权利，切实防止出现人民形式上有权、实际上无权的现象。我们要坚持和完善民主集中制的制度和原则，促使各类国家机关提高能力和效率、增进协调和配合，形成治国理政的强大合力，切实防止出现相互掣肘、内耗严重的现象。[①]

五、人民当家作主为社会进步和国家发展奠定基础

正如习近平总书记指出的：中国特色社会主义民主是个新事物，也是

[①] 《习近平谈治国理政》第二卷，外文出版社 2017 年版，第 290 页。

个好事物。当然，这并不是说，中国政治制度就完美无缺了，就不需要完善和发展了。制度自信不是自视清高、自我满足，更不是裹足不前、固步自封，而是要把坚定制度自信和不断改革创新统一起来，在坚持根本政治制度、基本政治制度的基础上，不断推进制度体系完善和发展。我们一直认为，我们的民主法治建设同扩大人民民主和经济社会发展的要求还不完全适应，社会主义民主政治的体制、机制、程序、规范以及具体运行上还存在不完善的地方，在保障人民民主权利、发挥人民创造精神方面也还存在一些不足，必须继续加以完善。在全面深化改革进程中，我们要积极稳妥推进政治体制改革，以保证人民当家作主为根本，以增强党和国家活力、调动人民积极性为目标，不断建设社会主义政治文明。①

　　尽管人民代表大会制度已经有了近 70 年的发展历程，尽管人民代表大会在中国的人民民主建设过程中起到了非常重要的作用。然而，必须看到，比起西方那些拥有长久民主历史的国家而言，我们的人民代表大会制度时间仍然很短，很多代表对于人民代表大会的职责和功能还不完全了解。所以，人民代表大会还存在着一系列的问题。例如，在人民代表大会和政治协商会议之间的关系上，还没有特别明确的职责分工。在建设法治国家为国家发展献计献策的职能上，人民代表大会和政治协商会议的分工也还有待于进一步明晰。人民代表大会的代表在履职方面，也还没有形成良好的自我定位。有些代表提出的议案质量较低，对于社会发展国际民生的意义比较小。这充分证明，人民代表大会制度、人民民主的观念和意识还有待于进一步的建设和完善。

　　习近平总书记说，实现民主的形式是丰富多样的，不能拘泥于刻板的模式，更不能说只有一种放之四海而皆准的评判标准。人民是否享有民主权利，要看人民是否在选举时有投票的权利，也要看人民在日常政治生活中是否有持续参与的权利；要看人民有没有进行民主选举的权利，也要看

---

① 《习近平谈治国理政》第二卷，外文出版社 2017 年版，第 289 页。

人民有没有进行民主决策、民主管理、民主监督的权利。社会主义民主不仅需要完整的制度程序，而且需要完整的参与实践。[①] 社会主义民主更高级、更成熟、更彻底、更深入，这只是一种理论上的模型。现实建设中的社会主义在长期的探索阶段中不断摸索。苏联的社会主义建设，由于政治、经济、社会、文化的一系列问题没有得到妥善解决，最后归于失败。中国的社会主义建设历经 70 年的发展，得到了初步的成功。然而，中国的社会主义仍然处于初级阶段。这也就意味着中国的民主建设也还处于初级阶段。在这种状况下，中国的民主有这样那样的问题并不令人奇怪。发展社会主义民主政治，关键是要增加和扩大我们的优势和特点，而不是要削弱和缩小我们的优势和特点。中国政府和中国共产党人以实事求是的理论勇气和百折不挠的实践精神，锐意发展、积极变革、响应现实、描绘宏图，在民主建设领域不断地进行制度探索和实践推进。

实践是检验真理的唯一标准。中国的人民当家作主制度好不好，相关的实践是不是可行成功，既不能根据某些抽象的学术原则和理论观念来判断，也不能有某些组织、某些学者，或者某些国家按照自己的偏好或者意志来决定，而只能由中国改革开放、现代化建设的实践予以评价。在中国共产党第十二次全国代表大会开幕式上，邓小平同志掷地有声地指出，我们的现代化建设，必须从中国的实际出发。无论是革命还是建设，都要注意学习和借鉴外国经验。但是，照抄照搬别国经验、别国模式，从来不能得到成功。这方面我们有过不少教训。把马克思主义的普遍真理同我国的具体实际结合起来，走自己的道路，建设有中国特色的社会主义，这就是我们总结长期历史经验得出的基本结论。[②] 习近平总书记强调："照抄照搬他国的政治制度行不通，会水土不服，会画虎不成反类犬，甚至会把国家前途命运葬送掉。只有扎根本国土壤、汲取充沛养分的制度，才最可

①《习近平谈治国理政》第二卷，外文出版社 2017 年版，第 292 页。
②《邓小平文选》第三卷，人民出版社 1993 年版，第 2—3 页。

靠、也最管用。"[1]中华人民共和国70多年的历史表明，尽管有一些挫折和困顿，中国的人民民主制度总体上是成功的，我们的建设和治理取得了举世瞩目的成果，成为世界上的伟大强国之一，就是这种成功的良好证明。习近平总书记经常引用的一句中国俗语说，鞋松鞋紧脚知道。中国的民主制度到底适合与否，人民群众是最好的感知者，迄今为止民众对中国的民主建设是认可的，是支持的。他们积极参与小康社会全面建成的伟大实践，积极投身于将中国建设成富强民主文明和谐美丽的伟大社会主义国家的进程，就说明了中国的民主制度是被民众所支持和高度认可的。也正是在人民的支持和认可之下，人民民主制度才能够不断地总结经验，发展迈进。我们也有充分的信心，人民当家作主的制度在中国还会进一步演进成熟，为中国人民的幸福、为中华民族的伟大复兴提供重要的制度保障。

---

① 《习近平关于社会主义政治建设论述摘编》，中央文献出版社 2017 年版，第 11 页。

第五讲　治国理政倚重器

——中国特色社会主义法治体系是全面依法治国总抓手

蔡立东*

　　"法者，治之端也。"法治是人类制度文明的高阶成就。中国共产党高度重视法治建设，把依法治国确定为党领导人民治理国家的基本方略。党的十五大正式提出"依法治国，建设社会主义法治国家"①。党的十八大以来，以党中央高举中国特色社会主义法治旗帜，旗帜鲜明反对人治，坚定不移厉行法治。习近平总书记深刻指出："从'社会主义法制'到'社会主义法治'；从'有法可依、有法必依、执法必严、违法必究'到'科学立法、严格执法、公正司法、全民守法'，我们党越来越深刻认识到，治国理政须臾离不开法治。"②2018年，第五次修改宪法时，将原序言中的"健全社会主义法制"修改为"健全社会主义法治"，开启了坚持和完善中国特色社会主义法治体系的崭新征程。

　　2014年10月，中国共产党第十八届中央委员会第四次全体会议以中央全会的形式专题研究部署全面推进依法治国。全会通过的《中共中央关

---

*　作者系吉林大学副校长，教授。

① 江泽民：《高举邓小平理论伟大旗帜　把建设有中国特色社会主义事业全面推向二十一世纪——在中国共产党第十五次全国代表大会上的报告》，人民出版社1997年版，第33页。

② 习近平：《加强党对全面依法治国的领导》，《求是》2019年第4期。

于全面推进依法治国若干重大问题的决定》提出，全面推进依法治国，总目标是建设中国特色社会主义法治体系，建设社会主义法治国家。在中国共产党领导下，坚持中国特色社会主义制度，贯彻中国特色社会主义法治理论，形成完备的法律规范体系、高效的法治实施体系、严密的法治监督体系、有力的法治保障体系，形成完善的党内法规体系，坚持依法治国、依法执政、依法行政共同推进，坚持法治国家、法治政府、法治社会一体建设，实现科学立法、严格执法、公正司法、全民守法，促进国家治理体系和治理能力现代化。实现这个总目标，必须坚持中国共产党的领导，坚持人民主体地位，坚持法律面前人人平等，坚持依法治国和以德治国相结合，坚持从中国实际出发。2020 年 11 月，习近平总书记在中央全面依法治国工作会议上发表重要讲话，强调建设中国特色社会主义法治体系是全面依法治国战略的枢纽。他深刻指出，要"坚持建设中国特色社会主义法治体系。中国特色社会主义法治体系是推进全面依法治国的总抓手"[1]。中国共产党抓住建设中国特色社会主义法治体系这个核心，在全面推进依法治国、加快建设社会主义法治国家的道路上不断实践探索，总结、提炼、发展、完善了一系列理论和实践成果，不断促进国家治理体系和治理能力现代化，成就了中国之治的制度优势。

一、坚持正确的政治方向是总航向

（一）坚持中国共产党的领导

"党和法的关系是一个根本问题"[2]。党的领导是中国特色社会主义最

---

[1]　习近平：《坚定不移走中国特色社会主义法治道路　为全面建设社会主义现代化国家提供有力法治保障》，《求是》2021 年第 5 期。

[2]　《习近平关于全面依法治国论述摘编》，中央文献出版社 2015 年版，第 33 页。

本质的特征，也是中国特色社会主义法治最根本的保证。习近平总书记指出："党的领导是中国特色社会主义法治之魂，是我们的法治同西方资本主义国家的法治最大的区别。"①"把坚持党的领导、人民当家作主、依法治国有机统一起来是我国社会主义法治建设的一条基本经验。……社会主义法治必须坚持党的领导，党的领导必须依靠社会主义法治。"② 由中国共产党领导立法、保证执法、支持司法、带头守法，确保了中国特色社会主义法治体系的有效性和稳定性，"集中力量办大事"，"一张蓝图绘到底"。

第一，在立法过程中，坚持中国共产党的领导，由党领导人民制定宪法和法律，党的主张通过立法程序上升为国家意志，确保由党所代表的中国先进生产力的发展要求、中国先进文化的前进方向、中国最广大人民的根本利益，以及中国特色社会主义国家性质得以充分、完整、有效地表达。只有在立法环节坚持党的领导，维护宪法的崇高地位，不断提高立法质量，才能满足中国现代化进程的发展要求、满足中国先进文化发展诉求、满足中国最广大人民利益的发展需求。习近平总书记指出："人民群众对立法的期盼，已经不是有没有，而是好不好、管用不管用、能不能解决实际问题；不是什么法都能治国，不是什么法都能治好国；越是强调法治，越是要提高立法质量。这些话是有道理的。我们要完善立法规划，突出立法重点，坚持立改废并举，提高立法科学化、民主化水平，提高法律的针对性、及时性、系统性。要完善立法工作机制和程序，扩大公众有序参与，充分听取各方面意见，使法律准确反映经济社会发展要求，更好协调利益关系，发挥立法的引领和推动作用。"③

第二，在执法中，坚持中国共产党的领导，由执政党总揽全局、协调各方关系，将各执法机关整合在"全面依法治国"的总的框架内，建立依

---

① 《习近平关于全面依法治国论述摘编》，中央文献出版社 2015 年版，第 35 页。

② 习近平：《关于〈中共中央关于全面推进依法治国若干重大问题的决定〉的说明》，《求是》2014 年第 21 期。

③ 《习近平关于全面依法治国论述摘编》，中央文献出版社 2015 年版，第 43—44 页。

法行政体制和法治政府，保证中国特色社会主义法治体系的统筹兼顾、一体推进。在建设中国特色社会主义的伟大实践征程中，必须坚持中国共产党的领导，由中国共产党担任这个统筹协调各方的领导核心，依据宪法法律治国理政，以党的领导力、组织力和执行力推动各方践行全面依法治国，推进国家治理体系和治理能力现代化建设。由中国共产党领导推进政府职能权限的法定化，在法治的轨道上设定权力、规范权力、制约权力、监督权力，才能保障国家的稳步发展、人民的幸福生活、民族的伟大复兴。

第三，在司法中，坚持中国共产党的领导，将司法权这一落实社会主义公平观、正义观的"中央事权"牢牢掌握在人民的手中。司法权具有权利救济、定分止争、制约公权的功能，优化改善司法权，维系中国特色社会主义法治体系生命的要旨，即在于"健全公安机关、检察机关、审判机关、司法行政机关各司其职，侦查权、检察权、审判权、执行权相互配合、相互制约的体制机制"①。法律生命鲜活地延续于每一件司法案件的侦查、检察、审判、执行，"努力让人民群众在每一个司法案件中感受到公平正义"②。以建设公正、高效、权威的社会主义司法制度为目标，保障司法权独立运行、公正行使并代表人民的利益为导向，推动新一轮的司法体制改革。司法体制的坚持和完善，既不能固守旧的司法模式，也不能照搬西方司法理论，需要根据中国发展的实际情况，通过新一轮的司法体制改革来完成，由中国共产党统筹和推进，支持各司法部门加快推进司法改革，建设法治中国。

第四，在守法中，坚持中国共产党的领导，共产党员带头守法，带头坚持在宪法法律范围内活动，将维护国家法制统一、尊严、权威作为衡量一个共产党员是否尽职尽责的标准，发挥中国共产党的先锋引领作用，塑

① 《中共中央关于全面推进依法治国若干重大问题的决定》，《人民日报》2014 年 10 月 29 日。
② 《中共中央关于全面推进依法治国若干重大问题的决定》，《人民日报》2014 年 10 月 29 日。

造全社会知法、懂法、守法、用法的良好风尚，为"法治中国"建设营造良好的文化氛围。"奉法者强则国强，奉法者弱则国弱。"① 中国特色社会主义法治体系的建设和维护呼唤全体公民在党的带领下维护宪法尊严，遵守法律法规，在法的边界内安排生产生活。而中国共产党及其党员更应该以身作则，成为知法、懂法、守法、用法的代表和表率，使法律为人民所掌握、所遵守、所运用，引领全社会迈向法治中国的康庄大道。

（二）坚持人民主体地位

"人民是依法治国的主体和力量源泉，人民代表大会制度是保证人民当家作主的根本政治制度。"② 习近平总书记在党的十九大报告中指出："中国特色社会主义进入新时代，我国社会主要矛盾已经转化为人民日益增长的美好生活需要和不平衡不充分的发展之间的矛盾。"③ 中国特色社会主义进入新时代，推进全面依法治国，必须坚持人民的主体地位，以解决人民对法治中国、法治社会的美好实际需要与当代中国法治建设发展的不平衡不充分的矛盾为中心，践行以人民为中心、人民当家作主的政治使命，加强人民代表大会制度的制度保障，不断坚持和完善中国特色社会主义法治体系。

第一，坚持以人民为中心、人民当家作主是坚持和完善中国特色社会主义法治体系的政治使命。"人民立场是中国共产党的根本政治立场，是马克思主义政党区别于其他政党的显著标志。"④ 习近平总书记强调："全面依法治国最广泛、最深厚的基础是人民，必须坚持为了人民、依靠人民。"⑤ 以人民为中心、人民当家作主是社会主义民主政治的本质要求，

---

① 《韩非子·有度》。

② 《中共中央关于全面推进依法治国若干重大问题的决定》，《人民日报》2014 年 10 月 29 日。

③ 《习近平谈治国理政》第三卷，外文出版社 2020 年版，第 9 页。

④ 习近平：《在庆祝中国共产党成立 95 周年大会上的讲话》，《人民日报》2016 年 7 月 2 日。

⑤ 《习近平在中央全面依法治国工作会议上强调　坚定不移走中国特色社会主义法治道路　为全面建设社会主义现代化国家提供有力法治保障》，《人民日报》2020 年 11 月 18 日。

中国共产党领导下的中国特色社会主义法治体系建设，应当坚持"为了人民、依靠人民、造福人民、保护人民"①，将人民视作中国特色社会主义法治体系建设的主体、源泉和最终目标。

"人民权益要靠法律保障，法律权威要靠人民维护。"②坚持和完善中国特色社会主义法治体系，其根本目的即是依法保障人民权益。习近平总书记指出，"要把体现人民利益、反映人民愿望、维护人民权益、增进人民福祉落实到依法治国全过程"③，"努力使每一项立法都符合宪法精神、反映人民意愿、得到人民拥护"④。加大关系群众切身利益的重点领域执法力度，引导全体人民做社会主义法治的忠实崇尚者、自觉遵守者、坚定捍卫者，不断增强人民群众获得感、幸福感、安全感，用法治保障人民安居乐业。

第二，坚持人民代表大会制度是坚持和完善中国特色社会主义法治体系的制度保障。"中国特色社会主义法治体系，本质上是中国特色社会主义制度的法律表现形式。"⑤中国特色社会主义制度保证了中国特色社会主义法治体系的自我完善、自我发展，是中国特色社会主义法治体系的根本制度基础，也是全面推进依法治国的根本制度保障，习近平总书记指出："我国社会主义制度保证了人民当家作主的主体地位，也保证了人民在全面推进依法治国中的主体地位。这是我们的制度优势，也是中国特色社会主义法治区别于资本主义法治的根本所在。"⑥

人民代表大会制度作为我国的根本政治制度，是人民当家作主的根本途径和最高表现形式，是坚持和完善中国特色社会主义法治体系的制度性

---

① 《习近平谈治国理政》第三卷，外文出版社 2020 年版，第 284 页。

② 《中共中央关于全面推进依法治国若干重大问题的决定》，《人民日报》2014 年 10 月 29 日。

③ 《习近平谈治国理政》第三卷，外文出版社 2020 年版，第 284 页。

④ 习近平：《在庆祝全国人民代表大会成立 60 周年大会上的讲话》，人民出版社 2014 年版，第 10 页。

⑤ 《习近平关于全面依法治国论述摘编》，中央文献出版社 2015 年版，第 35 页。

⑥ 习近平：《加快建设社会主义法治国家》，《求是》2015 年第 1 期。

保障。"依照人民代表大会及其常委会制定的法律法规来展开和推进国家各项事业和各项工作，保证人民平等参与、平等发展权利，维护社会公平正义，尊重和保障人权，实现国家各项工作法治化。"① 人民代表大会制度保障了人民依法享有广泛的权利和自由，是全国各族人民作为中国特色社会主义建设者管理国家事务、管理经济文化事业、管理社会事务的根本保障，也是党领导人民保障自身根本权益、维护社会公平正义、促进共同富裕的落脚点和着力点，"是坚持党的领导、人民当家作主、依法治国有机统一的根本制度安排"②。只有坚持人民代表大会制度，才能制度性地保证中国特色社会主义法治体系能够最大限度地代表、保障人民的利益。

（三）坚持法律面前人人平等

平等是法律的基本属性，"公正是法治的生命线"③。早在古希腊时期，亚里士多德就曾提出"法律应具有平等的品质"，人类历史上，平等、正义一直是法律坚守和遵循的基本价值。作为人类法治文明的最新成就，中国特色社会主义法治体系必须坚持法律面前人人平等，任何组织和个人都不能以任何借口任何形式破坏法律的权威，切实保证人民合法权益作为中国特色社会主义法治体系的突出优势。

第一，公平和正义是中国特色社会主义法治体系的核心价值。公平正义的法律价值在立法层面主要体现为权利平等、机会平等、规则平等，在法律实施层面集中体现为法律面前人人平等，其最终目标是努力让人民群众在每一项法律制度、每一个执法决定、每一宗司法案件中都感受到公平

① 习近平：《在庆祝全国人民代表大会成立 60 周年大会上的讲话》，人民出版社 2014 年版，第 8 页。

② 习近平：《在庆祝全国人民代表大会成立 60 周年大会上的讲话》，人民出版社 2014 年版，第 6 页。

③ 习近平：《关于〈中共中央关于全面推进依法治国若干重大问题的决定〉的说明》，《求是》2014 年第 21 期。

正义。① 党的十九届四中全会明确将"切实保障社会公平正义和人民权利"作为中国特色社会主义国家制度和国家治理体系的显著优势，并把"健全社会公平正义法治保障制度"作为坚持和发展中国特色社会主义法治体系的根本任务。

习近平总书记指出："全面依法治国，必须紧紧围绕保障和促进社会公平正义来进行。公平正义是我们党追求的一个非常崇高的价值，全心全意为人民服务的宗旨决定了我们必须追求公平正义，保护人民权益、伸张正义。"②"加快完善体现权利公平、机会公平、规则公平的法律制度，保障公民人身权、财产权、基本政治权利等各项权利不受侵犯，保障公民经济、文化、社会等各方面权利得到落实"③。"要形成有效的社会治理、良好的社会秩序，促进社会公平正义，让人民群众安居乐业，获得感、幸福感、安全感更加充实、更有保障、更可持续。"④

第二，维护宪法尊严是法律面前人人平等的前提和保障。宪法是国家各种制度和法律法规的总依据，《中华人民共和国宪法》第三十三条第二款规定："中华人民共和国公民在法律面前一律平等。"公民都必须在宪法所规定的范围、方式、程序行使权力或权利、履行职责或义务，都不得有超越宪法法律的特权。只有每位公民都自觉尊重宪法权威、维护宪法尊严，才能确保每位公民不受"以言代法、以权压法、徇私枉法"的侵害，维护公民的自由。

宪法必须随着党领导人民建设中国特色社会主义实践的发展而不断完善发展。应当不断加强宪法实施和监督，把国家各项事业和各项工作全面纳入依法治国、依宪治国的轨道，把宪法的实施提高到新的水平。要完善宪法监督制度，积极稳妥推进合宪性审查工作，加强备案审查制度和能力

---

① 张文显：《习近平法治思想的理论体系》，《法制与社会发展》2021 年第 1 期。

② 《习近平谈治国理政》第二卷，外文出版社 2017 年版，第 129 页。

③ 《中共中央关于全面推进依法治国若干重大问题的决定》，《人民日报》2014 年 10 月 29 日。

④ 《习近平关于总体国家安全观论述摘编》，中央文献出版社 2018 年版，第 153 页。

建设。习近平总书记指出："我国现行宪法是在党的领导下，在深刻总结我国社会主义革命、建设、改革实践经验基础上制定和不断完善的，实现了党的主张和人民意志的高度统一，具有强大生命力，为改革开放和社会主义现代化建设提供了根本法治保障。党领导人民制定和完善宪法，就是要发挥宪法在治国理政中的重要作用。"①

（四）坚持依法治国和以德治国相结合

法律是成文的道德，道德是内心的法律。法安天下，德润人心。法律有效实施有赖于道德涵养，道德践行也离不开法律保障。党的十九届四中全会审议通过的《中共中央关于坚持和完善中国特色社会主义制度、推进国家治理体系和治理能力现代化若干重大问题的决定》指出："坚持依法治国和以德治国相结合，完善弘扬社会主义核心价值观的法律政策体系，把社会主义核心价值观要求融入法治建设和社会治理，体现到国民教育、精神文明创建、文化产品创作生产全过程。"法律与道德作为调整公民行为的两种主要方式，在中国特色社会主义法治体系中彼此支撑和渗透，德法共治、共振交融。

一方面，"道德是法律的基础，只有那些合乎道德、具有深厚道德基础的法律才能为更多人所自觉遵行"②。任何时代、任何社会的法治建设都会将本社会的"公序良俗"作为其自觉或不自觉的前提。新中国成立以来，在立法、执法、司法乃至守法活动中，无不时刻蕴含展现着承载中华民族传统和社会主义理想的道德性。坚持和完善中国特色社会主义法治体系，必须要重视符合当代中国社会生产实际情况的社会主义道德对法治中

---

① 《习近平在第五个国家宪法日之际作出重要指示强调　弘扬宪法精神　树立宪法权威　使全体人民都成为社会主义法治的忠实崇尚者自觉遵守者坚定捍卫者》，《人民日报》2018 年 12 月 5 日。

② 《习近平谈治国理政》第二卷，外文出版社 2017 年版，第 117 页。

国的支撑作用，大力弘扬社会主义核心价值观，弘扬中华传统美德，培育社会公德、职业道德、家庭美德、个人品德，以道德滋养法治精神。另一方面，"法律是道德的保障，可以通过强制性规范人们行为、惩罚违法行为来引领道德风尚"①。法律是具有强制性的规范，坚持和完善中国特色社会主义法治体系作为一种实践活动，本身就意味着对不适应生产力发展、不适应生产关系的上层建筑的调整和改造。作为"上层建筑"的旧道德则会伴随着这种强制性而改造和修正，随着法治建设的不断深入，新的法治文化也会逐渐嵌入现代社会，内化于公民行为，成为新的道德世界的一部分，时代性地改造一个社会的道德标准。

中国特色社会主义法治体系作为当代中国社会结构的一种"转译"方式，其并不是外在于公民的精神世界的，两者彼此改造、互为前提、持续生产的动态关系。习近平总书记强调："发挥好道德的教化作用，必须以道德滋养法治精神、强化道德对法治文化的支撑作用。再多再好的法律，必须转化为人们内心自觉才能真正为人们所遵行。'不知耻者，无所不为。'没有道德滋养，法治文化就缺乏源头活水，法律实施就缺乏坚实社会基础。在推进依法治国过程中，必须大力弘扬社会主义核心价值观，弘扬中华传统美德，培育社会公德、职业道德、家庭美德、个人品德，提高全民族思想道德水平，为依法治国创造良好人文环境。"②"要注意把一些基本道德规范转化为法律规范，使法律法规更多体现道德理念和人文关怀，通过法律的强制力来强化道德作用、确保道德底线，推动全社会道德素质提升。"③德治与法治，都是实现国家治理体系和治理能力现代化的重要方式，必须坚持一手抓法治、一手抓德治，法德共治、德法互补，两者辩证共生、相辅相成、相得益彰。

---

① 《习近平谈治国理政》第二卷，外文出版社 2017 年版，第 117 页。

② 习近平：《加快建设社会主义法治国家》，《求是》2015 年第 1 期。

③ 习近平：《加快建设社会主义法治国家》，《求是》2015 年第 1 期。

（五）坚持从中国实际出发

习近平总书记指出："方向决定道路，道路决定命运。我们自己的路，就是中国特色社会主义道路。这条道路，是中国共产党带领中国人民历经千辛万苦、付出巨大代价开辟出来的，是被实践证明了的符合中国国情、适合时代发展要求的正确道路。"[①] 坚持从实际出发，就是坚持中国特色社会主义的道路，体现在全面依法治国的过程中，即是实事求是、一切从实际出发，坚持和完善具有中国特色的社会主义法治体系。

从目标上，坚持和完善中国特色社会主义法治体系解决了国家治理体系和治理能力现代化进程中的矛盾问题。"改革要于法有据"，中国特色社会主义法治体系建设与国家治理体系和治理能力现代化建设目标一致、相辅相成。建设社会主义法治国家和中国特色社会主义法治体系，坚持全面依法治国，既标志着国家治理体系的现代化，也规定了提升国家治理能力的实践路径，为实现国家治理现代化提供了保障和驱动。

从过程上，坚持和完善中国特色社会主义法治体系强调从实际出发，重视总结基层实践经验，与时俱进地调整优化。"实践是法律的基础，法律要随着实践发展而发展。"[②] 作为中国特色社会主义伟大事业的法治表达，中国特色社会主义法治体系建设要根植于中国的发展实际，传承中华优秀传统法律文化，要从我国革命、建设、改革的实践中探索适合自己的法治道路，同时借鉴国外法治有益成果。

从结果上，坚持和完善中国特色社会主义法治体系有力促进了中国特色社会主义建设事业发展。首先，中国特色社会主义法治体系营造了经济社会发展的法治环境。"改革和法治如鸟之两翼、车之两轮"[③]，经济社会活

---

① 习近平：《在庆祝中华人民共和国成立 65 周年招待会上的讲话》，《人民日报》2014 年 10 月 1 日。

② 《习近平关于全面依法治国论述摘编》，中央文献出版社 2015 年版，第 43 页。

③ 《习近平谈治国理政》第二卷，外文出版社 2017 年版，第 39 页。

动在法治的轨道上稳定运行，以法治建设引导、鼓励经济社会发展，以法治建设营造经济社会发展的法制环境，有力促进了中国特色社会主义建设事业的快速发展。其次，中国特色社会主义法治体系保障了经济社会发展的公平正义，确保了中国特色社会主义建设事业的发展质量。法治为经济社会发展同样起到规范、保障的作用，法治保障了经济社会活动的分配公平、程序正义，也保护个人的权利和集体的权利不受侵害，有利于发展成果的分享和保存，以法治保障经济社会发展的公平正义，确保了中国特色社会主义建设事业的发展质量。

习近平总书记指出："中国特色社会主义法治道路，是社会主义法治建设成就和经验的集中体现，是建设社会主义法治国家的唯一正确道路。"[①] 坚持和完善中国特色社会主义法治体系既不同于传统中国几千年来中华法系的全盘继承和延续，也不同于世界法治文明中大陆法系或英美法系在中国的简单移植和复制。中华民族在近代以降的救亡图存的斗争中、在改革开放的奋斗中、在新时代伟大征程的道路中，汲取中华法律文化精华，借鉴国外法治有益经验，总结和运用党领导人民实行法治的成功经验，从我国基本国情出发，生发出符合中国实际、具有中国特色、体现社会发展规律的社会主义法治道路。中国特色社会主义法治体系具有强大的理论生命力和现实感染力，是全面推进依法治国的根本遵循和路径轨道。

二、 全面强化"五大体系"是总抓手

习近平总书记在中共十八届四中全会第二次全体会议上的讲话中强调指出，"必须加快形成完备的法律规范体系、高效的法治实施体系、严

[①]　习近平:《关于〈中共中央关于全面推进依法治国若干重大问题的决定〉的说明》,《求是》2014 年第 21 期。

密的法治监督体系、有力的法治保障体系，形成完善的党内法规体系"①。"五大体系"是中国特色社会主义法治体系的核心内容，也是建设中国特色社会主义法治体系的中心任务。建设中国特色社会主义法治体系必须以"五大体系"为龙头和抓手，精准施策、绵绵发力。

（一）加快形成完备的法律规范体系

"立善法于天下，则天下治；立善法于一国，则一国治。"②完备的法律规范体系是建设中国特色社会主义法治体系的基本前提和制度基础。2011年3月10日，时任全国人大常委会委员长吴邦国在第十一届全国人大第四次会议上宣布："中国特色社会主义法律体系已经形成"③。这构成了我国依法治国、建设社会主义法治国家历史进程中的重要里程碑，至此我国已形成了承载中国特色社会主义制度优势的，以宪法为统帅，以宪法相关法、民法商法等多个基本法律为主干，以法律、行政法规、地方性法规与自治条例、单行条例等为分支的层次分明的法律体系。但"实践发展永无止境，立法工作也永无止境，完善中国特色社会主义法律体系任务依然很重"④。"治国无其法则乱，守法而不变则衰。"随着中国特色社会主义实践的不断深化，法律规范体系仍须与时俱进，不断完善，才能真正切实管用。

中国特色社会主义法律体系形成之后，加快形成完备的法律规范体系，应紧紧围绕"以良法促善治"这个目标，"抓住提高立法质量这个关键"，以把社会主义核心价值观融入法律法规为目标，优化立法职权配置，

---

① 《习近平谈治国理政》第二卷，外文出版社 2017 年版，第 119 页。

② 《习近平谈治国理政》第二卷，外文出版社 2017 年版，第 119 页。

③ 《十七大以来重要文献选编》（下），中央文献出版社 2013 年版，第 262 页。

④ 习近平：《关于〈中共中央关于全面推进依法治国若干重大问题的决定〉的说明》，《求是》2014 年第 21 期。

确保各级人民代表大会及其常委会在党的领导下主导立法工作，明确立法权力边界，完备有效防止部门利益和地方保护主义法律化的立法体制机制和工作程序。推进科学立法、民主立法、依法立法。科学立法的要义在于尊重和体现客观规律；民主立法的宗旨在于以人民为中心，一切为了人民、一切依靠人民；依法立法的核心在于维护国家法制统一，立法先行，立改废释并举，使社会主义法治成为良法善治。在具体工作中，着眼于补齐现有法律体系的短板，优先加强重点领域、新兴领域、涉外领域立法，及时将破解社会发展进程中热点难点问题的宝贵经验上升为法律规范。针对全面深化改革、贯彻新发展理念、构建新发展格局的难点堵点，抓紧制定、及时修改推动经济发展、完善社会治理、保障人民生活、维护国家安全的法律；因应新技术革命带来的治理赤字，推动制定新兴领域治理规则和数字治理规则；直面国际贸易环境的巨变，加快我国法域外适用的法律体系建设。

（二）加快形成高效的法治实施体系

"天下之事，不难于立法，而难于法之必行。"[1] 法律的生命在于实施。只有高效的法治实施体系，才能将"纸面上的法"转化为"行动中的法"，赋予建设中国特色社会主义法律规范体系生命力。在中国特色社会主义法律体系形成之后，法治工作的重点是保证法律实施。习近平总书记高度重视法律实施，指出："如果有了法律而不实施、束之高阁，或者实施不力、做表面文章，那制定再多法律也无济于事。全面推进依法治国的重点应该是保证法律严格实施，做到'法立，有犯而必施；令出，唯行而不返'。"[2]

党的十八大发展了"有法可依、有法必依、执法必严、违法必

---

① （明）张居正：《请稽查章奏随事考成以修实政疏》。
② 习近平：《关于〈中共中央关于全面推进依法治国若干重大问题的决定〉的说明》，《求是》2014年第21期。

究""十六字"方针，提出了"科学立法、严格执法、公正司法、全民守法"的法治建设"新十六字"方针。基于此，加快形成高效的法治实施体系，应紧紧围绕三个重点持久发力。

一是加强宪法全面实施。习近平总书记指出："宪法是国家的根本法，是治国安邦的总章程""新形势下，我们党要履行好执政兴国的重大职责，必须依据党章从严治党、依据宪法治国理政"。① 保障宪法的全面实施就是从根本上保障中国共产党的执政地位，确保全面依法治国沿着中国特色社会主义法治道路正确前行。党的十八大以来，在习近平法治思想的指引下，现行宪法第五次修改时健全了宪法实施机制，加强了对法规、司法解释的合宪性审查，完善了宪法法律解释程序，设立了国家宪法日、宪法宣誓制度等，为宪法的高水平实施完善了诸多制度机制。② 二是创新法律实施体系。国家机关的主要职责就是推动法律实施，法律实施的关键是国家机关履职尽责。习近平总书记指出："各级国家行政机关、审判机关、检察机关是法律实施的重要主体，必须担负法律实施的法定职责，坚决纠正有法不依、执法不严、违法不究现象，坚决整治以权谋私、以权压法、徇私枉法问题，严禁侵犯群众合法权益。"③ 三是强化人权保障。从"为人民服务"到"以人民为中心"，中国共产党的执政理念实现了转型升级。具体到法律实施环节，这一富有时代精神的执政理念就是要切实把体现人民利益、反映人民愿望、维护人民权益、增进人民福祉落实到全面依法治国各领域全过程。全民守法有赖于法律赢得人民群众发自内心的拥护和自觉自愿的支持，法律实施必须以人为本，尊重人民主体地位、促进人的全面发展、坚持法律面前人人平等、维护和促进公平正义、确保改革成果惠及

---

① 习近平：《在首都各界纪念现行宪法公布施行 30 周年大会上的讲话》，人民出版社 2012 年版，第 5、11 页。

② 张文显：《习近平法治思想的理论体系》，《法制与社会发展》2021 年第 1 期。

③ 习近平：《在庆祝全国人民代表大会成立 60 周年大会上的讲话》，人民出版社 2014 年版，第 10 页。

民众、公平分享。

（三）加快形成严密的法治监督体系

严密的法治监督体系是中国特色社会主义法治体系永远践行初心使命和永葆生命活力的根本保障。习近平总书记基于对人类政治文明史的洞察，揭示了权力运行规律，指出："纵观人类政治文明史，权力是一把双刃剑，在法治轨道上行使可以造福人民，在法律之外行使则必然祸害国家和人民。"① 基于此，他强调："没有监督的权力必然导致腐败，这是一条铁律。"② 因此，必须通过"依法设定权力、规范权力、制约权力、监督权力"③，坚持用制度管权、管事、管人，形成靠制度管权、管事、管人的长效机制，加强对权力的制约和监督，"把权力关进制度的笼子里"④。

习近平总书记强调"有权必有责，用权受监督，失职要问责，违法要追究"，因此应当围绕全面依法治国过程中权力的运转，建设严密的法治监督体系，形成对法治实施过程中的立法、执法、司法、守法等环节的全过程，保证行政权、监察权、审判权、检察权得到依法正确行使，⑤ 推动法治监督体系向纵深发展、加快形成严密的法治监督体系，应紧紧围绕"依法制约权力、依法监督权力"精准施策。依法制约权力，就是要通过精细的制度设计，合理分解权力，科学配置权力，不同性质的权力由不同部门、单位、个人行使，形成科学的权力结构和运行机制。在宏观层面，按照结构合理、配置科学、程序严密、制约有效的原则，逐步建立健全决策权、执行权、监督权既相互制约又相互协调的权力结构和运行机制，确保国家机关按照

---

① 《习近平关于全面依法治国论述摘编》，中央文献出版社 2015 年版，第 37—38 页。

② 《十八大以来重要文献选编》（上），中央文献出版社 2014 年版，第 342 页。

③ 《习近平关于全面依法治国论述摘编》，中央文献出版社 2015 年版，第 128 页。

④ 《习近平关于全面依法治国论述摘编》，中央文献出版社 2015 年版，第 127—128 页。

⑤ 张文显：《统筹推进中国特色社会主义法治体系建设》，《人民日报》2017 年 8 月 14 日。

法定权限和程序行使权力，最大限度减少权力出轨、官员寻租的机会。[①] 特别是完善立法、执法、司法权力运行的制约机制，发挥三项权力运行制约机制的内部监督和内生约束能效。依法监督权力，一是要建立健全监督体系。紧紧围绕加强党内监督、人大监督、司法监督、审计监督、民主监督、行政监督、社会监督、舆论监督等监督机制持久发力，强化自上而下的组织监督，改进自下而上的民主监督，发挥同级相互监督作用，加强对党员领导干部的日常管理监督，"构建党统一指挥、全面覆盖、权威高效的监督体系，把党内监督同国家机关监督、民主监督、司法监督、群众监督、舆论监督贯通起来，增强监督合力"[②]。二是要健全人民直接监督机制。根据《宪法》，我国公民有监督一切国家机关及其工作人员的公务活动的权利。作为参政权的一项内容的监督权，是一种直接的政治监督权，主要包括五项权力，即批评权、建议权、申诉权、控告权、检举权。直接监督机制是人民国家权力主体地位的重要体现，是国家权力监督体系中的一种最具活力的监督。建立高效的法治监督体系，必须切实保证人民直接监督的权利，畅通人民监督的渠道，丰富人民监督的形式。三是要强化公开。阳光是最好的防腐剂，党和国家各项行为的依据、程序和结果，坚持以公开为常态、不公开为例外的原则。以公开促公平、公正，以透明保廉洁。推进决策公开、执行公开、管理公开、服务公开、结果公开，提高权力运行的透明度，让权力在看得见的状态下运行，为有效监督提供现实的基础。

（四）加快形成有力的法治保障体系

"徒善不足以为政，徒法不能以自行。"法治保障体系既是法治体系的重要组成部分，又是支撑法治大厦的地基，有力的法治保障体系为建设中

---

① 张文显：《习近平法治思想的理论体系》，《法制与社会发展》2021 年第 1 期。

② 《习近平关于"不忘初心、牢记使命"论述摘编》，党建读物出版社、中央文献出版社 2009 年版，第 168 页。

国特色社会主义法治体系提供了重要支撑和不竭动力。法治保障体系缺失孱弱，全面依法治国就难以实现。

形成有力的法治保障体系，须紧紧围绕强化组织保障、科技保障、文化支撑全面铺开。一是要以改进法治教育和优化法律职业队伍为依托，强化组织保障。《中共中央关于全面推进依法治国若干重大问题的决定》指出："全面推进依法治国，必须大力提高法治工作队伍思想政治素质、业务工作能力、职业道德水准，着力建设一支忠于党、忠于国家、忠于人民、忠于法律的社会主义法治工作队伍，为加快建设社会主义法治国家提供强有力的组织和人才保障。"在法治教育方面，要把立德树人摆在首位，创新法治人才培养机制，培养造就熟悉和坚持中国特色社会主义法治体系的法治人才及后备力量。特别是统筹国内法治和涉外法治，注重培养通晓国际法律规则、敢于开展对外法律斗争、善于处理涉外法律事务的涉外法治人才队伍。在法律职业队伍建设方面，首先要按革命化、正规化、专业化、职业化的标准建设好法治专门队伍，捍卫和维护法律职业的严肃性和神圣性，加强思想淬炼、政治历练、实践锻炼、专业训练。通过科学合理确定法官、检察官员额并切实提供财政物质保障，稳定司法队伍；深化律师制度改革，通过保障律师依法行使执业权利，教育引导律师坚持正确政治方向，依法依规诚信执业，认真履行社会责任，发挥律师队伍作为依法治国重要力量的积极作用。二是要抓住领导干部这个"关键少数"。"各级领导干部作为具体行使党的执政权和国家立法权、行政权、司法权的人，在很大程度上决定着全面依法治国的方向、道路、进度。党领导立法、保证执法、支持司法、带头守法，主要是通过各级领导干部的具体行动和工作来体现、来实现。"[①] 领导干部首先带头学习、全面精准把握习近平法治思想，自觉尊崇法治、敬畏法律，运用法治思维和法治方式治国理政，以自己的实际行动营造办事依法、遇事找法、解决问题用法、化解矛盾靠法

---

① 《习近平关于全面依法治国论述摘编》，中央文献出版社 2015 年版，第 120 页。

的法治生态，引领全社会形成尊法、学法、用法、守法的法治风尚。三是要强化科技保障。提升运用大数据、人工智能、云计算等高科技手段水平，着力构建智慧法治运行体系，为加快形成有力的法治保障体系提供科技支撑和数据支持。四是要强化文化支撑。以深入学习宣传贯彻习近平法治思想和习近平总书记关于文化自信的重要论述为核心，把建设社会主义法治文化作为建设中国特色社会主义法治体系、建设社会主义法治国家的战略性、基础性工作和建设社会主义文化强国的重要内容，切实提高全民族法治素养和道德素质，着力建设面向现代化、面向世界、面向未来的，民族的科学的大众的社会主义法治文化，为全面依法治国提供坚强思想保证和强大精神动力。

（五）加快形成完善的党内法规体系

党内法规是中国特色社会主义法治体系的重要组成部分，党内法规体系建设与中国特色社会主义法律体系建设，两者相辅相成、相得益彰。加强党内法规制度建设，不断完善党内法规体系，既是全面从严治党、依规治党的必然要求，也是全面推进依法治国的应有之义。完善的党内法规体系为建设中国特色社会主义法治体系提供更严标准，是中国特色社会主义法治体系建设的政治保障。

完善党内法规体系，加强和改善党的领导，健全党领导全面依法治国的重要制度基础和工作机制，为建设中国特色社会主义法治体系提供与法律体系相一致、具有切实可操作性的科学规范的党内法规体系。一是要加强党内法规与国家法律的协调和衔接，在全面依法治国进程中，实现管党治党和治国理政的有机统一。如《中国共产党纪律处分条例》与《中华人民共和国公职人员政务处分法》在纪律处分及执行等方面要实现有效衔接。通过完善党内法规体系，实现"党的政策和国家法律互联互动"，切实提高了党的执政能力，引领全面依法治国建设走向深入。二是要加快完善党内法规内部体系。一是要健全基础主干党内法规。加强党内法规制定工作，着眼于基本框架的完善，进一步健全基础主干党内法规。二是要重视基础主干党内法规的配套法规。明确配套党内法规制定工作的总体要求和具体安排，根据具体情况及时开展相关配套党内法规的制定或修改工作。2019 年 4 月，中共中央完成党内法规和规范性文件第二次集中清理工作，对纳入清理范围的中央党内法规和规范性文件，废止 54 件，宣布失效 56 件，修改 8 件。目前现行有效党内法规约 4100 部。三是要健全党内法规工作配套机制。党内法规制度建设是一项系统工程，在完善党内法规体系的过程中，要完备规划计划、起草审核、解释评估、备案清理、理论研究、贯彻执行等整个工作链条，同时要坚持法制统一原则，确保各项法规之间的协调统一。

三、 统筹兼顾、一体推进是总方略

"统筹兼顾"是中国共产党领导民主革命和社会主义建设的优良传统和重要历史经验，也是建设中国特色社会主义现代化进程中必须长期坚持的总方略。1956 年，毛泽东同志在《论十大关系》一文中就已提出社会主义建设的方针就是"统筹兼顾，各得其所"①。1957 年在《关于正确处理人民内部矛盾的问题》一文中，他进一步指出："我们的方针是统筹兼顾、适当安排。"②2007 年，胡锦涛同志在党的十七大报告中指出："科学发展观……根本方法是统筹兼顾。"③

长久以来，中国共产党适应中国实际，建设中国特色社会主义进程中，总结提炼出了统筹把握各种关系、兼顾各方利益，调动一切有利于事

---

① 《毛泽东文集》第七卷，人民出版社 1999 年版，第 186 页。
② 《毛泽东文集》第七卷，人民出版社 1999 年版，第 228 页。
③ 《胡锦涛文选》第二卷，人民出版社 2016 年版，第 623 页。

业发展的积极因素，整体推进建设事业发展的科学有效工作方法。具体落实在实现全面依法治国的过程中，即把握好依法治国、依法执政、依法行政之间的关系，把握好法治国家、法治政府、法治社会之间的关系，把握好立法、执法、司法、守法之间的关系，把握好国内法治、涉外法治之间的关系，以统筹兼顾、一体推进的总方略，坚持和完善中国特色社会主义法治体系。

（一）坚持依法治国、依法执政、依法行政共同推进，坚持法治国家、法治政府、法治社会一体建设

"法治中国"概念的提出和建设法治中国战略布局的形成，旨在解决法治建设中"各自为政"的问题，增强法治建设的系统性、协同性。[①] 依法治国、依法执政、依法行政是一个有机整体，关键在于党要坚持依法执政、各级政府要坚持依法行政。法治国家、法治政府、法治社会三者各有侧重、相辅相成，法治国家是法治建设的目标，法治政府是建设法治国家的主体，法治社会是构筑法治国家的基础。共同推进、一体建设，就是要善于运用制度和法律治理国家，提高党科学执政、民主执政、依法执政水平。

"党依法执政是关键，要增强依法执政意识，善于运用制度和法律治理国家，以法治的理念、法治的体制、法治的程序开展工作，改进党的领导方式和执政方式，推进依法执政制度化、规范化、程序化，提高党科学执政、民主执政、依法执政水平。政府依法行政是重点，要规范行政决策程序，加快转变政府职能，坚持法定职责必须为、法无授权不可为，健全依法决策机制，完善执法程序，严格执法责任，用法治给行政权力定规矩、划界限，做到严格规范公正文明执法。依法执政和依法行政这两

[①] 张文显：《习近平法治思想的基本精神和核心要义》，《东方法学》2021 年第 1 期。

个方面构筑了全面依法治国的支点，确保全面依法治国有方向、有力量、有效能。"[1]"我们要增强依法执政意识，坚持以法治的理念、法治的体制、法治的程序开展工作，改进党的领导方式和执政方式，推进依法执政制度化、规范化、程序化。执法是行政机关履行政府职能、管理经济社会事务的主要方式，各级政府必须依法全面履行职能，坚持法定职责必须为、法无授权不可为，健全依法决策机制，完善执法程序，严格执法责任，做到严格规范公正文明执法。"[2]

（二）统筹兼顾立法、执法、司法、守法各关键环节，整体推进全面依法治国进程

立法、执法、司法、守法是法治建设的四个关键环节，贯穿法治建设的始终。全面推进依法治国的"新十六字"方针中，"科学立法、严格执法、公正司法、全民守法四个环节是相互依存的，科学立法是全面依法治国的前提，严格执法是全面依法治国的关键，公正司法是全面依法治国的重点，全民守法是全面依法治国的基础"[3]。新中国成立以来，我国法治建设取得伟大成就，但同党和国家事业发展要求相比，同人民群众期待相比，同推进国家治理体系和治理能力现代化目标相比，法治建设还存在许多不适应、不符合的问题，主要表现为：有的法律法规未能全面反映客观规律和人民意愿，针对性、可操作性不强，立法工作中部门化倾向、争权诿责现象较为突出；有法不依、执法不严、违法不究现象比较严重，执法体制权责脱节、多头执法、选择性执法现象仍然存在，执法司法不规范、不严格、不透明、不文明现象较为突出，群众对执法司法不公和腐败问题反映强烈；部分社会成员尊法信法守法用法、依法维权意识不强，一些国

---

① 张文显：《习近平法治思想的基本精神和核心要义》，《东方法学》2021 年第 1 期。

② 习近平：《加快建设社会主义法治国家》，《求是》2015 年第 1 期。

③ 张文显：《习近平法治思想的基本精神和核心要义》，《东方法学》2021 年第 1 期。

家工作人员特别是领导干部依法办事观念不强、能力不足，知法犯法、以言代法、以权压法、徇私枉法现象依然存在。这些问题，违背社会主义法治原则，损害人民群众利益，妨碍党和国家事业发展，必须下大气力加以解决。[①] 这些问题存在于立法、执法、司法、守法等各环节，处理好立法、执法、司法、守法等环节的矛盾和衔接问题，是坚持和完善中国特色社会主义法治体系、全面推进依法治国的关键。

习近平总书记突出强调："解决好立法、执法、司法、守法等领域的突出矛盾和问题，必须坚定不移推进法治领域改革。要紧紧抓住全面依法治国的关键环节，完善立法体制，提高立法质量。要推进严格执法，理顺执法体制，完善行政执法程序，全面落实行政执法责任制。要支持司法机关依法独立行使职权，健全司法权力分工负责、相互配合、相互制约的制度安排。要加大全民普法力度，培育全社会办事依法、遇事找法、解决问题用法、化解矛盾靠法的法治环境。"[②] 坚持和完善中国特色社会主义法治体系，全面推进依法治国，应当在这四个环节采取重点举措，不断优化管理方式和工作方法，通过提高立法、执法、司法、守法水平，完善国家治理体系，提升国家治理能力。

在科学立法方面，应当不断完善立法机制和程序，提高立法的科学化、民主化水平，广泛听取人民的意见和建议，切实提高立法质量；坚持立改废并举，与时俱进地调整法律内容，增强法律法规的及时性、系统性、针对性、可操作性，准确反映时代、社会的发展需求；协同立法与执法、司法，确保重大改革于法有据，改革和法治同步推进，以立法引领国家治理，实现国家的善法良治。

在严格执法方面，应当衔接完善规范行政决策和执法程序，明确权力的边界，落实行政执法的责任制，重点解决执法不规范、不严格、不透

---

① 参见《中共中央关于全面推进依法治国若干重大问题的决定》，《人民日报》2014 年 10 月 29 日。

② 习近平：《加强党对全面依法治国的领导》，《求是》2019 年第 4 期。

明、不文明以及不作为、乱作为等突出问题；加快构建规范高效的制约监督体系，加强权力运行、监管的制度建设，把权力关进制度的笼子里，让权力在阳光下运行，让执法者不敢腐、不能腐、不想腐。

在公正司法方面，应当以公平正义为第一标准，加强司法制约监督，健全社会公平正义法治保障制度，确保司法公信力，努力让人民群众在每一个司法案件中都能感受到公平正义；推进新一轮司法体制改革，加快建设公正高效权威的社会主义司法制度，确保司法机关依法独立公正行使审判权检察权，健全司法权力的运行机制，完善人权司法保障制度。

在全民守法方面，应当坚持中国共产党的引领作用，带头维护宪法尊严，以宪法和法律为行为准则，在宪法法律的框架内实现国家治理；加大全民普法教育，加强青少年法治教育，不断提升全体公民法治意识和法治素养，建设社会主义法治文化，在全社会形成尊法学法守法用法护法的良好氛围。

（三）统筹国内法治与涉外法治，一体推进全球治理变革，构建人类命运共同体

当前中国处于近代以来最好的发展时期，世界处于百年未有之大变局，两者同步交织、相互激荡。随着对外开放的不断深入，我国与世界各国联系互动越来越密切，涉外事务领域不断拓宽。只有坚持统筹推进国内法治和涉外法治，加快涉外法治工作战略布局，才能维护国家主权、安全、发展利益，推动全球治理变革，推进国家治理体系和治理能力现代化。

随着越来越多的我国企业和公民走出国门，保证企业合规经营、维护企业和公民的安全与利益问题越来越突出，运用法治手段有效维护海外中国机构、企业、公民的合法权益的需求越来越现实。涉外法治工作

的要务首先"要提高国际法在全球治理中的地位和作用，确保国际规则有效遵守和实施，坚持民主、平等、正义，建设国际法治"①。在遵循国与国之间平等原则的基础上，采取双边或多边的协议和措施，解决国与国之间的事务。其次，以遵守国际法准则为基准，保障主权国家的海外机构、企业、公民有序参与国际交往、维护自身合法权益。习近平总书记指出："我国已经进入了实现中华民族伟大复兴的关键阶段。中国与世界的关系在发生深刻变化，我国同国际社会的互联互动也已变得空前紧密，我国对世界的依靠、对国际事务的参与在不断加深，世界对我国的依靠、对我国的影响也在不断加深。我们观察和规划改革发展，必须统筹考虑和综合运用国际国内两个市场、国际国内两种资源、国际国内两类规则。"②

与此同时，在日益复杂的国际环境中，我们还需要更好运用法治方式应对单边主义、保护主义，促进全球治理体系变革。"在国际社会中，法律应该是共同的准绳，没有只适用他人、不适用自己的法律，也没有只适用自己、不适用他人的法律。适用法律不能有双重标准。我们应该共同维护国际法和国际秩序的权威性和严肃性，各国都应该依法行使权利，反对歪曲国际法，反对以'法治'之名行侵害他国正当权益、破坏和平稳定之实。"③与此相应，特别要加快推进我国法域外适用的法律体系建设，运用法律武器坚决反击一些国家的所谓"长臂管辖"行径。在尊重和遵守国际法准则的基础上，构建科学可行的我国法域外适用体制机制，提升我国法在解决涉外法律纠纷中的重要作用，为涉外法律斗争提供规范基础，夯实道义基础，进一步提升话语权、增强主动性。

---

① 习近平：《携手构建合作共赢、公平合理的气候变化治理机制———在气候变化巴黎大会开幕式上的讲话》，《人民日报》2015 年 12 月 1 日。

② 《习近平谈治国理政》第二卷，外文出版社 2017 年版，第 442—443 页。

③ 习近平：《弘扬和平共处五项原则　建设合作共赢美好世界———在和平共处五项原则发表60 周年纪念大会上的讲话》，《人民日报》2014 年 6 月 29 日。

四、 促进国家治理体系和治理能力现代化是总目标

　　"国家治理体系和治理能力是一个国家制度和制度执行能力的集中体现。国家治理体系是在党领导下管理国家的制度体系，包括经济、政治、文化、社会、生态文明和党的建设等各领域体制机制、法律法规安排，也就是一整套紧密相连、相互协调的国家制度；国家治理能力则是运用国家制度管理社会各方面事务的能力，包括改革发展稳定、内政外交国防、治党治国治军等各个方面。国家治理体系和治理能力是一个有机整体，相辅相成，有了好的国家治理体系才能提高治理能力，提高国家治理能力才能充分发挥国家治理体系的效能。"①"法令行则国治，法令弛则国乱。"②"全面推进依法治国是关系我们党执政兴国、关系人民幸福安康、关系党和国家长治久安的重大战略问题，是完善和发展中国特色社会主义制度、推进国家治理体系和治理能力现代化的重要方面。"③ 以建设中国特色社会主义法治体系为枢纽，是"实现党、国家、社会各项事务治理制度化、规范化、程序化，不断提高运用中国特色社会主义制度有效治理国家的能力"④ 的不二选择。

（一）中国特色社会主义法治体系是促进国家治理体系和治理能力现代化的总抓手

　　习近平总书记指出："坚持在法治轨道上推进国家治理体系和治理能

---

① 《习近平关于全面建成小康社会论述摘编》，中央文献出版社 2016 年版，第 78 页。

② 《潜夫论·述赦》。

③ 习近平：《关于〈中共中央关于全面推进依法治国若干重大问题的决定〉的说明》，《求是》2014 年第 21 期。

④ 《习近平谈治国理政》第一卷，外文出版社 2018 年版，第 104 页。

力现代化。法治是国家治理体系和治理能力的重要依托。只有全面依法治国才能有效保障国家治理体系的系统性、规范性、协调性，才能最大限度凝聚社会共识。"① 对于实现国家治理体系和治理能力现代化，建设中国特色社会主义法治体系是实践中总揽全局、协调各方的总抓手。

首先，中国特色社会主义法治体系是国家治理体系的总纲。建设中国特色社会主义法治体系涉及"立法、执法、司法、守法、法治监督、法治保障、法学教育等各环节；涉及依法治国、依法执政、依法行政共同推进，法治国家、法治政府、法治社会一体建设，国家法治、地方法治、社会法治、国际法治统筹发展等各方面；涉及依法治国与依规治党、依法治国与以德治国等各关系"②，是完善国家治理体系的"牛鼻子"。只有在建设中国特色社会主义法治体系的过程中，才能确保全面依法治国的精准、科学、高效，最终实现国家治理体系和治理能力现代化。

其次，中国特色社会主义法治体系为提升国家治理能力提供了制度保障。建设中国特色社会主义法治体系，确立中国特色社会主义的法律规范体系、法治实施体系、法治监督体系、法治保障体系和党内法规体系，形成了对国家治理能力的全面制度保障。国家治理重在治权，习近平总书记强调将"把权力关进制度的笼子里"，这推动严格规范公正文明执法，规范执法自由裁量权，通过法律规范确立清晰明确的权力运用范畴和科学有效的权力运行体系，实现权力之间监督、制约和平衡；同样也培育透明公开的制度设计和弘法明德的法治文化，营造良好的法治环境、树立良好的法治理念，确保"权力在阳光下运行"，健全促进社会公平正义的法治保障制度，推进法治国家、法治政府、法治社会的一体建设。

再次，中国特色社会主义法治体系为促进国家治理体系和治理能力现代化提供了内在驱动。当今世界正经历百年未有之大变局，我国也处于社

---

① 习近平：《坚定不移走中国特色社会主义法治道路 为全面建设社会主义现代化国家提供有力法治保障》，《求是》2021 年第 5 期。

② 张文显：《在新的历史起点上推进中国特色法学体系构建》，《中国社会科学》2019 年第 10 期。

会结构深刻变动、利益格局深刻调整、思想观念深刻变化的关键时期，建设中国特色社会主义法治体系，发挥法治的驱动和引领作用，共同推进依法治国、依法执政、依法行政，实现法治统筹社会力量、平衡社会利益、调节社会关系、规范社会行为的效能，就能把中国特色社会主义法治体系的制度优势转化为国家治理效能的提升，以坚定的道路自信、理论自信、制度自信和文化自信推动国家治理现代化。

（二）建设中国特色社会主义法治体系以促进国家治理体系和治理能力现代化为总目标

"实践证明，通过宪法法律确认和巩固国家根本制度、基本制度、重要制度，并运用国家强制力保证实施，保障了国家治理体系的系统性、规范性、协调性、稳定性。"[1] 在党的十九届四中全会通过的《中共中央关于坚持和完善中国特色社会主义制度、推进国家治理体系和治理能力现代化若干重大问题的决定》中，建设中国特色社会主义法治体系的精神贯彻始终，除明确了涉外经贸、社会主义核心价值观、国家安全、绿色生产和消费、生态保护、特别行政区等具体领域的法律制度需进一步完善和设立外，仍有 29 处提及完善相关政策体系和 222 处提及制度建设，[2] 习近平总书记指出："新时代改革开放具有许多新的内涵和特点，其中很重要的一点就是制度建设分量更重，改革更多面对的是深层次体制机制问题，对改革顶层设计的要求更高，对改革的系统性、整体性、协同性要求更强，相应地建章立制、构建体系的任务更重。新时代谋划全面深化改革，必须以坚持和完善中国特色社会主义制度、推进国家治理体系和治理能力现代化为主轴，深刻把握我国发展要求和时代潮流，把制度建设和治理能力建设

---

[1]　习近平：《论坚持全面依法治国》，中央文献出版社 2020 年版，第 272 页。

[2]　张文显：《以法治思维和法治方式反对腐败》，《中国纪检监察报》2019 年 11 月 25 日。

摆到更加突出的位置，继续深化各领域各方面体制机制改革，推动各方面制度更加成熟更加定型，推进国家治理体系和治理能力现代化。"①

党的十九届四中全会提出了坚持和完善中国特色社会主义制度、推进国家治理体系和治理能力现代化的总体目标，并设置了"三步走"的时间表和路线图："坚持和完善中国特色社会主义制度、推进国家治理体系和治理能力现代化的总体目标是，到我们党成立一百年时，在各方面制度更加成熟更加定型上取得明显成效；到二〇三五年，各方面制度更加完善，基本实现国家治理体系和治理能力现代化；到新中国成立一百年时，全面实现国家治理体系和治理能力现代化，使中国特色社会主义制度更加巩固、优越性充分展现。"建设社会主义现代化国家、实现中华民族伟大复兴，是我们党和人民勠力同心、艰苦奋斗的宏伟目标，而这一宏伟目标的实现必须依靠我国国家治理体系和治理能力现代化的不断成熟、发展。

"我国社会主义法治凝聚着我们党治国理政的理论成果和实践经验，是制度之治最基本最稳定最可靠的保障。"②"法治兴则国家兴，法治衰则国家乱。什么时候重视法治、法治昌明，什么时候就国泰民安；什么时候忽视法治、法治松弛，什么时候就国乱民怨。"③坚持和完善中国特色社会主义法治体系的总目标就是国家治理体系和治理能力现代化。中华民族和人类文明的历史告诉我们，一个国家和民族兴亡存续的关键在于能否采用法治，或运用法治的理念和方式实现政权巩固和社会治理。

习近平总书记指出："建设中国特色社会主义法治体系、建设社会主义法治国家是实现国家治理体系和治理能力现代化的必然要求，也是全面深化改革的必然要求，有利于在法治轨道上推进国家治理体系和治理能力现代化，有利于在全面深化改革总体框架内全面推进依法治国各项工作，

---

① 习近平：《关于〈中共中央关于坚持和完善中国特色社会主义制度　推进国家治理体系和治理能力现代化若干重大问题的决定〉的说明》，《人民日报》2019 年 11 月 6 日。

② 习近平：《论坚持全面依法治国》，中央文献出版社 2020 年版，第 272—273 页。

③ 《习近平关于全面依法治国论述摘编》，中央文献出版社 2015 年版，第 8 页。

有利于在法治轨道上不断深化改革。"①坚持和完善中国特色社会主义法治体系目标直指国家治理体系和治理能力现代化，将彻底实现中华民族"从封建制到民主制、从人治到法治的革命性转型，完成新民主主义革命和社会主义革命应当完成而没有彻底完成的历史任务，彻底改变政治思维定势和国家治理模式，开辟社会主义国家的法治化道路，实现国家各项工作的法治化"②。面对"百年未有之大变局"和中华民族伟大复兴的战略全局，建设中国特色社会主义法治体系将成为我党解决前进道路中重大挑战和矛盾、抵御重大风险和危机的"推进器"和"压舱石"。

建设中国特色社会主义法治体系，坚持和完善完备的法律规范体系、高效的法治实施体系、严密的法治监督体系、有力的法治保障体系、完善的党内法规体系，破除国家治理体系不利于依法执政、依法治国、依法行政、依法治军、依法办事的体制机制弊端，是国家促进国家治理体系和治理能力现代化的重要着力点。党的十八届三中全会出台了20多项重大法治改革举措，党的十八届四中全会出台了180多项重大法治改革举措，包括法治领导体制改革、宪法实施体制改革、立法体制改革、行政执法体制改革、司法体制和政法改革、法学教育体制改革、诉讼制度改革等，并先后废止了劳动教养、收容教育制度，依法纠正一批历史上的重大错案。其中，许多改革举措都是制度性重构，是涉及利益关系和权力格局调整的"硬骨头"，是躲不开绕不过的"深水区"，是多年来想都不敢想、想了也不敢做、做了也未做成的"老难题"③。

①　《习近平关于全面依法治国论述摘编》，中央文献出版社2015年版，第25—26页。

②　张文显：《习近平法治思想的基本精神和核心要义》，《东方法学》2021年第1期。

③　张文显：《习近平法治思想的基本精神和核心要义》，《东方法学》2021年第1期。

第六讲　天下为公行大道

——"以人民为中心"优化中国特色社会主义行政体制

张贤明*

党的十九届四中全会指出，坚持和完善中国特色社会主义行政体制，构建职责明确、依法行政的政府治理体系。新时代中国特色社会主义行政体制的深化改革，是顺应时代发展规律以及世界范围公共行政改革潮流的重要举措。政府治理是国家治理的关键环节，坚持和完善中国特色社会主义行政体制，就是坚持政府治理现代化，通过优化政府治理体系来提升政府治理能力，进而推进国家治理体系和治理能力现代化。在国家治理现代化的系统工程中，治理体系处于基础性位置。换言之，能不能实现治理现代化的总体目标，关键在于能不能构建一套结构完整、运行流畅、配合有效的治理体系。作为国家大政方针的执行机关，政府组织建设与行动的价值定位、基本目标与运作模式，深刻地影响着国家治理的有效性，决定了是否能够将国家的发展战略与政策转化为实际的治理效能，是否能够将改革发展成果惠及全民，是否能够保证国家的长治久安与社会的和谐稳定。在完善国家行政体制、优化政府职责体系、优化政府组织结构以及健全发挥中央和地方两个积极性体制机制的要求下，坚持和完善中国特色社会主

---

* 作者系吉林大学行政学院院长，教授。

义体制要坚持以习近平新时代中国特色社会主义思想为指导，深入理解政治社会发展目标与行政体制改革基本规律的内在联系，准确把握坚持和完善中国特色社会主义行政体制的目标原则与重大意义，充分运用系统思维与科学方法将行政体制深化改革的目标任务落到实处。

一、完善国家行政体制的基本遵循

国家行政体制既是国家整体制度的基本组成部分，自身也是由不同部分组成的有机整体，它与其他国家制度的关系及其内部纵横结构，受国家政治文化传统、时代发展阶段和现实社会条件的影响与制约。中国疆域辽阔，人口众多，发展依旧较不平衡，地区之间、民族之间的差异性也比较大，因而我国行政体制面对的治理对象复杂程度高，国家治理也面临规模大、难度大、成本高的问题。正如习近平总书记指出："中国有 13 亿人口，治理不易，光是把情况了解清楚就不易。我常说，了解中国是要花一番功夫的，只看一两个地方是不够的。中国有 960 万平方公里, 56 个民族，13 亿人口，了解中国要切忌'盲人摸象'。"① 中国是单一制国家，中国特色社会主义行政体制的基本特征是自上而下联系紧密的层级制，从中央到地方的诸层级与多部门负责不同区域与不同领域的公共事务，遵循着全局与局部、整体与部分的辩证逻辑而运作。

改革开放以来，中国特色社会主义行政体制也在不断地调适自身，持续不断地追求更有效地为人民服务、对人民负责。"政府改革是一个持续不断的过程，而且几乎可以肯定的是，只要政府存在，这一过程就永远不会停止"②。在此意义上，行政体制改革并非易事，同所有改革一样，行政

---

① 《习近平谈治国理政》第一卷，外文出版社 2018 年版，第 409 页。
② ［美］B. 盖伊·彼得斯：《政府未来的治理模式》，吴爱明等译，中国人民大学出版社 2011 年版，第 1 页。

体制改革也有其历史性与系统性，国家行政体制的发展与变革必须要紧扣时代步伐，结合经济社会发展现实与目标，妥善处理政府不同层级与不同机构之间的关系。政府治理现代化的核心，是通过体制机制的调整来提升政府效能与服务品质。对于中国这个超大规模的国家而言，政府治理也需要更加丰富的智慧与科学的技术。完善国家行政体制，就是要履行按照党和国家决策部署推动经济社会发展、管理社会事务、服务人民群众的国家行政管理职能，从宏观维度优化国家行政体制整体的系统性与各部分之间的配合度，着力提升行政体制的行政管理能力。

第一，完善国家行政体制，要保证行政体制改革的总体方向和具体举措与经济基础、时代需求和社会需要相适应，保证行政体制在体系与结构方面规模适度、设置灵活。

行政体制改革本质上是上层建筑适应经济基础的必然要求和基本表现。行政体制改革的步伐体现了经济社会发展的历程，回应了发展的新特征与新要求。在不断完善机构职能的同时，行政体制改革也要着力保持适度规模。政府规模与一个国家的行政管理效率、经济增长和社会稳定密切相关，如何把政府规模控制在适度的范围，始终是各国行政改革追求的目标。重新确定政府职能，建立一个精干高效的政府机构和行政管理体制，是我国体制改革的主要内容之一。[①] 中国特色社会主义行政体制改革的目标不是片面地追求政府的"大""小"问题，而是在控制规模的基础上寻求治理效能的最大化与行政效率的最大化，实现政府规模与公共服务效率之间的平衡。所以，中国特色社会主义行政体制改革必然不是追求大而全的"全能型政府"和"保姆型政府"，也不是追求西方行政改革所宣扬的"最小国家"和"守夜人政府"，而是通过规模控制与职能优化来提高政府效率和执行力。这意味着，政府规模并不能直接体现政府能力，政府所追求的不是"虚胖"，而是精悍健康的"体质"。

---

① 张雅林：《适度政府规模与我国行政机构改革选择》，《经济社会体制比较》2001 年第 3 期。

改革开放以来，国务院已经进行了 8 次机构改革，从 20 世纪 80 年代初的上百个工作部门减少到 26 个，理顺了数十项长期存在的部门职责交叉、关系不顺等事项，并且根据公共事务的新问题、新领域，整合建立的新机构、新部门，补充完善了机构职能。有鉴于此，在完善国家行政体制的总体方案与整体思路基础上，首先要树立动态性思维，认清行政体制改革与经济社会发展之间的相关关系，根据经济社会发展涌现出的新问题动态地调整机构设置，优化机构职能，提高行政体制动态解决经济社会新问题的能力，强化行政体制对社会发展的适应性和回应性。其次要坚持灵活性思维，在一定程度上打破职责同构带来的行政体制僵化，破解条块矛盾、理顺行政体系内部关系。"职责同构"虽然通过纵向治理体系职能与机构的高度统一保证了行政体制自上而下的整体性，有利于政策传递、组织内部控制与统筹地方管理，但高度统一的体制并不能完全适应现代社会经济、政治、社会、文化、生态文明等多领域问题的复杂性。职责同构是政府职能转变不到位、条块矛盾突出等一系列重要问题难以解决的主要体制性原因。只有在一定程度上打破职责同构，合理调整政府纵向间职责配置，才有可能使政府职能转变、行政体制改革和理顺条块关系等工作同步推进。[1] 在一定程度上打破职责同构，是为了赋予行政体制以灵活性，使行政体制能够根据区域发展的现实情况与特征灵活地调整机构设置方案，优化职责设置，从而减少不必要的机构以节省行政成本，提高行政效率。

第二，完善国家行政体制，要坚持依法行政，将其作为服务型政府建设的基本支撑，进一步建立健全执法责任制、完善执法矫正机制，全面提升行政执法活动的法治化水平。

党的十九届四中全会明确指出，建设人民满意的服务型政府。一个达到人民满意的政府，必然是满足人民需要、尊重人民主体地位、保障人民基本权利的责任政府。我国大约有 80％的法律、90％的地方性法规和几

---

① 朱光磊、张志红：《"职责同构"批判》，《北京大学学报（哲学社会科学版）》2005 年第 1 期。

乎所有的行政法规，都是由行政机关来执行。所以，在建设服务型政府这一复杂而艰巨的系统工程中，政府的行政执法具有非常关键的作用，原因就在于政府的行政权和行政执法权是国家权力中最活跃、最实在、最广泛，也是与社会公众关系最密切的一种权力。[①] 一方面，行政执法是政府的一面镜子，行政执法是不是遵守了法律，有没有伤害公众利益，是影响政府形象与公信力的重要指标。另一方面，推进法治政府建设重在对行政权力的规范与制约，依法行政的真实性关键依靠行政执法体制的改革。

依法行政要求行政执法有法可依、有法必依，牢固树立法比权大的意识，防止有法不依、执法不严、以权压法、以权代法等行为。现代法治政府的基本要求是，行政机关的所有权力都来源于法律，都由法律明确规定。法律没有赋予行政机关的权力，行政机关就不得行使。"公共组织与私人之间的最基本的差别在于法治，公共组织的存在是为了执行法律，它们存在的每一种因素——它们的结构、职员、预算和目的——都是法律权威的产品"[②]。在公共事务不断复杂化的进程中，要不断地通过建立健全相关的法律法规来为行政执法提供法律依据。在执法过程中要严格执法，每一项执法行为都要具备相应的法律依据，尤其是在行使影响行政相对人人身和财产利益的权力时，更要明确其执法的范围。[③] 在当下的行政执法实践中，"官本位""特权主义""官僚主义"等思想仍然存在于执法队伍当中，在行政执法中漠视公众权利，或者采取大棒式的执法策略，不讲文明、漠视程序，以权力强制执行而不是通过文明理性、协商沟通等方式取得执法效果。如此，不仅损害了人民群众的基本权利与尊严，也抹黑了政府形象，为社会不稳定与官民冲突埋下了祸根。因此，新时代的行政执法要做到"法无授权不能为，法定职责必须为"，严格规范执法行为以及执法权

---

① 郑传坤:《建设服务型政府与行政执法改革》,《行政法学研究》2004 年第 1 期。

② ［美］詹姆斯·W.费斯勒、唐纳德·F.凯特尔:《行政过程的政治——公共行政学新论》(第二版),陈振明等译校,中国人民大学出版社 2002 年版,第 9 页。

③ 马怀德:《法治政府建设的基本要求》,《中国司法》2018 年第 5 期。

限，对任何不文明执法以及执法中的越位与错位问题严肃追责。

依法行政要求行政执法活动严格遵守执法公示制度、执法全过程记录制度、重大执法决定法制审核制度，推进执法过程透明化，责任追究制度化。执法过程的透明化就是充分公开整个执法过程，是建设阳光政治、完善政府监督的关键环节。一方面要将执法的具体权限与责任落实到相应的机构和每一个人员，通过政务公开的方式明确每一个执法主体的执法清单。另一方面要对执法启动、调查、审核、执行等全过程加以记录留痕，使得追责溯源有迹可循。责任追究制度化，就是完善行政执法过程中失责行为的问责机制，通过构建确定责任主体、厘清失责条款、明确问责方式的完整链条，将"违法必究"机制化，通过法治约束来遏制行政执法过程中的违法与失责行为。

依法行政还要求优化行政执法体系，理顺不同执法机构之间的关系，完善行政执法监督，创新行政执法方式，提升行政执法效能。现代国家既是行政国家也是法治国家，一个国家的行政执法水平越高，其行政能力与法治水平就越高，整个社会也就越发和谐稳定。优化行政执法体系，就是将拥有相同或类似职权的行政机构进行相对意义上的集中，整合行政执法机构、执法人员与执法队伍，在一些重点领域深入推进综合执法，避免执法机构设置和分工不明，出现重复执法和执法空白的情况。[①]完善行政执法监督，既要加强社会与公众对执法过程的监督，也要健全行政执法内部监督，实行执法与监督相分离，构建行政执法机关内部专门机构监督、部门层级监督、地方政府监督"三位一体"的行政监督体系，以形成系统化的制度体系和制度优势推进依法行政，以努力达成法治政府建设目标的重要保障。[②]此外，要进一步改进行政执法队伍的工作作风，创新行政执法、推进文明执法。讲道理是现代社会文明的交往方式，在行政执法的过程中

[①]　杨峰：《新时代行政执法的内涵价值与改革路径》，《人民论坛》2020年第15期。

[②]　唐璨：《论行政执法内部监督体系的创新与完善》，《学术研究》2020年第3期。

也要采取协商说服的方式塑造柔性执法方式，促进执法者与社会公众的有效沟通以达成共识，让公众在执法中既能感受到法律的公正，也能感受到执法温度，从而提升对执法行为的自觉接受与主动认同。

第三，完善国家行政体制，要增强行政体制部门之间的协同性，提升行政体制的协同治理水平，实现行政体制各要素之间的"整体功能大于部分之和"。

公共事务的跨域性是现代公共行政面对的基本问题，协同治理是针对这一现象应运而生的治理策略，其构建原则与方法、运作模式与效能得到了世界范围内的共识。协同合作已经成为现代管理发展的必然趋势，协同学中"序参量"的概念为现代管理学提供了新的理念视角，可以通过控制系统中的序参量来实现系统的稳定有序变化。在此基础上，协同治理倡导多元治理主体（包括公共部门、企业、社会组织和个人）在资源与利益相互依赖的基础上共同参与某项决策制定，并协同解决某个公共问题。作为公共事务治理的新策略、解决公共问题的新机制，无论是美国、英国等西方国家，还是韩国、日本等亚洲国家，抑或处于民主进程、经济发展相对缓慢的发展中国家，都不同程度地出现了协同治理的踪迹。当下中国环境保护、危机管理等领域也已经开始了协同治理的有益尝试。[①] 协同治理的核心价值在于健全了部门协调配合，防止政出多门、政策效应相互抵消，化不同部门之间的"个体性责任"为"整体性责任"，将不同部门的功能整合为一种整体功能，适应跨部门、跨地域、跨领域等公共问题的复杂性。

机构部门之间的权责分配要根据具体的治理议题整合功能。协同治理旨在提升政府的整体效能，深入探索利益相关者的相互关系，完善部门之间的沟通配合机制，使部门之间在目标统领之下各安其位、各司其职，充分发挥部门优势，确保在部门协同的基础上做出合理有效的解决复杂问题的决策，并有序分工落实，保证各项政策落实满足政策预期。我国政府部

---

① 张贤明、田玉麒：《论协同治理的内涵、价值及发展趋向》，《湖北社会科学》2016 年第 1 期。

门之间的职责分立经常是削弱治理有效性的重要因素，尤其以环境问题这种典型的跨部门治理为例，类似于"环保局不下水、海洋局不上岸"的问题已经成为行政体系运行的梗阻。部门分立、职责分离也成为部门之间推诿扯皮、彼此避责的常见理由。在诸如此类的跨部门、跨区域治理问题上，形成部门之间沟通协作的制度化长效机制，要深刻理解跨部门问题的处理并非不同部门之间职责的机械相加，而是特定问题对不同部门之间权责关系的重新分配，构建政策制定与执行的协同机制。① 总的来看，协同治理可以通过信息共享建立共同理解，这既有助于能动者明确共同目的，又能提供必要的相关知识，其有益结果便是能动者建立信任关系。在这种信任关系中，彼此之间形成一种承诺：对于共同关系与目标的界定；共同的发展结构与责任共担；走向成功的共同职责与义务并且共享资源与收益。②

第四，完善国家行政体制，要不断健全党和国家监督体系，通过问责与容错相衔接的机制保障行政体制的有效运行。

制度的生命力在于执行，执行的有效性依赖于一套完整的监督体系，保障行政体制既能够运行在制度化、规范化的轨道之上，也能够保证制度执行者能够充分履责、担当作为。因此，完整严密的党和国家监督体系是保证行政体系运作的重要力量，健全党和国家监督体系是优化权力制约监督机制的重大举措，保障了决策权、执行权和监督权既相互制约又相互协调。在党和国家监督体系下，要通过强有力的问责制度来推动行政体制的履责能力。作为民主社会的行政机制，问责是一个系统化、多要素的整体流程。简而言之，问责是对任务绩效进行回答的义务，系统地看一项完整的问责制度包含着四个方面：（1）谁来负责；（2）对谁负责；（3）为何负责；（4）如何负责。在这一整套流程中，问责机制发挥效用的核心是明确

---

① 张贤明、张力伟：《政府治理体系优化的逻辑与路径：基于复杂性管理的分析》，《理论探讨》2020 年第 2 期。
② 张贤明、田玉麒：《论协同治理的内涵、价值及发展趋向》，《湖北社会科学》2016 年第 1 期。

负责任的主体。在现实问责机制的运行中，由于党政关系等客观问题，责任主体认定与归责的程度往往存在不合理的要素，我们应该结合问责的系统化流程，考量不同主体对一项错误结果的参与程度，并合理划分法律问责、纪律问责与行政问责的界限，保证问责的合理性与信度。既不能让该负责的人逃避制裁，也不能让接受制裁的人受到不公的评判。另外，传统公共行政的责任模式主要关注政府做了什么，且官僚体系的追责可以从可见的政治过程中寻找，但现代治理是不同主体共同参与的过程，由此导致了问责的复杂化。如何评估与问责其他主体的失责行为构成了问责机制的"多手问题"。对于局外人来说，要弄清某主体对机构行为或政策执行作出了什么样的贡献，以及在多大程度上可以对其负责，往往特别困难。由此，为了保证问责的精准性，需要保证决策过程的透明以及加强对决策过程的监督，在尽可能降低决策失误的同时把握不同主体对政策的参与程度；另外，在问责中，要让责任主体作出充分的回答与解释，说明其和决策失误之间的关系，以作为惩戒方式与强度的依据。

容错在某种意义上是问责的补充，是在调动问责的惩戒作用的同时发挥容错对担当作为的激励作用，进而实现容错与问责的衔接与优化。现代社会是复杂的社会，各类问题与风险的偶发性与非线性关系导致各项行动往往面临着无法预期或者潜在的挫折与风险，各类行为过程都可能在实践的过程中掺杂偶发因素，在"蝴蝶效应"的影响下偏离最初的目标。尤其对处于深水区的改革而言，既然不能脱离"摸着石头过河"的思路，那么改革中就难免遇到不确定性的风险。鉴于这一问题，基于"结果导向"的问责方式忽略了政策执行的复杂性，将一些由于偶然性、非故意等缘由造成的错误纳入到了问责范围当中，使责任主体在执行的不确定性与问责风险的确定性中采取了消极的"避责"行为。这些形式各样、表现各异的避责行为严重阻碍了干部干事创业的积极性，限制了治理效能的发挥。我们也应该看到，由于容错机制是一项新事物，因此不可避免地缺乏事由、过程等方面的制度化、明确化认定，而不同地方的实际情况不同，结合各地情况落实容错免责难免会造成较大的政策弹性，并不利于政策的统一推广。为此，容错机制的构建可以尝试从如下几个方面调整：其一，中央层面出台相对明确的容错标准，协调容错政策文本与法律法规之间的关系，给地方执行以统一参照；其二，容错过程可以借鉴审判流程的工作方法，既要认真听取责任主体的解释与申辩，也要对责任主体的行为进行充分的商榷与审议，鼓励公众参与，积极听取社会与公众的意见，难以裁决的问题可报请上级问责机关；其三，建立各地容错案例的数据库，实现容错的信息共享。通过公开容错免责的案例，提升公众对容错机制的了解与支持，为地方容错免责的实践提供参照。

二、调适组织结构推进政府治理体系现代化

政府组织结构是行政体制的硬件，具体指政府组织内部各部门和层级的排列组合方式。如同化学物质一般，不同元素之间的组合会生成不同性质与样态的化合物，那么行政体制内部各部门与各层级的组合也会表现为不同的权力关系与组织功能。组织既是静态的也是动态的，静态的组织意味着组织的结构、关系与功能具有相对稳定性；动态的组织意味着组织也并非一成不变的，组织总是要和外部的环境进行互动，总是要从外部环境中补充能量，不断针对外部环境进行自我调适与自我革新。一个成功的组织是能够发挥稳定功能与有序变革的"行为体"。

无论何种国家，现代社会的政府组织基本遵从了现代官僚制的基本原则。德国社会学家韦伯指出："官僚制组织的发展有一个决定性的原因——它在技术层面上始终优越于任何其他形式的组织。高度发达的官僚机器和其他组织相比，犹如一套机械装置和非机械化产生方式的关系。精确、迅速、明晰、档案知识、连续性、酌处权、统一性、严格的隶属关系、减少摩擦、降低物力人力成本，在严谨的——尤其是独断形式的——

官僚制行政中都可以达到最佳状态。"① 在官僚理性化、标准化原则的基础上，现代官僚制融合了民主制度的若干原则，尤其在"新公共管理"与"新公共服务"的行政改革浪潮中，官僚制又拓展出了不同类型、不同结构的具体形态。在"共性"与"个性"的相互交织中，行政组织始终在贯彻民主精神、提升公共服务效能的道路上前行。中国特色社会主义行政体制立足于社会主义初级阶段的基本国情，坚持党的领导和"以人民为中心"的深度融合，为实现第二个百年奋斗目标，在时代导向、问题导向、目标导向中不断探索破解社会基本矛盾、回应人民需要的工作思路与工作方法。

然而，行政组织并没有向理想型演进。受制于组织的路径依赖以及组织自身的弊病，等级官僚制逐渐出现了僵化、封闭、远离公众、权力滥用等问题，沟通梗阻、不负责任、组织碎片化成为现代官僚制普遍的积弊。久而久之，一个"被封锁的官僚组织"就会催生出一个"被封锁的社会"。官僚制本身是一个中性词，但因其存在弊病逐渐成了一个贬义词，并衍生出"官僚主义""官僚作风"等概念。这些弊病虽然客观地存在于各种类型的行政组织中，但也激发了行政组织轰轰烈烈的自我变革，公务员制度改革、政府机构重塑、绩效评估优化、行政人员道德素质建设等议题成为世界范围内公共行政改革的重点。优化政府组织结构是一项系统工程，在社会问题复杂化、公共需求多样化的客观现实下，行政组织应继续在这种复杂性下实现自我优化，并借助现代科学技术强化组织运作效能，以构建一个沟通顺畅、分工专业、服务高效的现代政府组织。

第一，优化组织结构，处理好组织内部集权与分权之间的关系，既要始终发展领导层级的集中权威，又要以公众需求为导向，统一对上负责和对下负责。

集权与分权的矛盾是任何组织都会遇到的棘手问题。组织中的集权有

---

① ［德］马克斯·韦伯：《经济与社会》第 2 卷上册，阎克文译，上海人民出版社 2010 年版，第 1112—1113 页。

利于组织控制，在压力的传导下，下级可以更迅速地完成组织目标。然而，过分集权的弊端在于组织的专断与僵化，甚至会引导下级采取"为达目标不择手段"的行动。民主时代的公共行政讲求组织内部的分权赋能，然而分权可能带来的问题是组织内部成员的各行其是，削弱组织自上而下政策传递的连贯性与组织目标执行的有效性。如何平衡集权与分权，是组织面对的共同问题。行政组织的特殊性在于其面对的是社会公众，提供的是公共服务。如果集权与分权的关系难以协调，那么不仅会削弱组织绩效，公众的利益将受到损害。无论是何种类型的组织，集权往往是组织稳定的首要因素，因为只有集权才能够从刚性的角度保证组织内部关系的协调与行动的一致性，任何分权都要在集权之下展开。从这个角度看，集权所体现的是组织集中统一的权威。然而在行政组织中，集中统一的权威往往会将组织成员引入到"责任陷阱"当中，即组织成员的注意力可能过于关注领导层的命令或者指示，所以其服务公众的绩效就会受到一定程度的影响。在一些情况之下，一些行政人员为了迎合上级，甚至置公众利益于不顾，进而造成了社会矛盾。

2006 年时任浙江省委书记习近平同志在《坚持对上负责与对下负责的一致性》中指出，"所谓对上负责，就是对上级领导机关负责；所谓对下负责，就是对人民群众负责"，而"我们的一切权力来自人民，我们的一切工作都是为了人民，对上负责、对下负责最终都是要体现对人民负责"。[①] 这表明，只有真正实现对上负责和对下负责的一致性，才能从根本上落实"以人民为中心"、对人民负责的责任理念。值得注意的是，在中国国家治理体系的实际运作过程中，地方政府或下级政府的治理活动往往更关注和重视中央政府或上级政府的考核评价、奖惩激励，对于人民群众的切身感受与利益诉求往往不能充分关注和有效回应，没有真正做到对上负责和对下负责的一致，在一定程度上降低了人民群众对于改革开放成

---

① 习近平:《之江新语》，浙江人民出版社 2007 年版，第 230 页。

果的获得感、幸福感和安全感，也影响了"以人民为中心"的原则在实际政治生活中的贯彻落实。在国家治理现代化的时代背景下，需要着眼于对上负责与对下负责的一致性要求，弥补责任网络对于负责不足的缺失，通过改革原有的责任结构与激励体系，切实保障责任指向的人民本位。在这个意义上，集权就是要保证组织成员对于上级权威的服从，以保证组织的稳定性以及政策执行的连贯性；分权就是赋予组织成员以能力，使其更好地服务好社会公众、回应社会需求。党的十九大提出要"赋予省级及以下政府更多自主权"，这表明在保证中央权威和顶层设计的同时，也要充分尊重地方治理所面临的实际情况，鼓励地方政府及时关注与有效回应人民群众的切身感受和利益诉求，不断增强人民群众的获得感、幸福感和安全感，有效提升中国特色社会主义国家制度的认同度，为制度优势转化为治理效能奠定坚实的基础。

第二，优化组织结构，推进机构、职能、权限、程序、责任法定化，同时保持政府职能的适度弹性与政府机构的适度规模，尤其突出地方政府职能的专业性与区域性，拓展政府的基层治理能力。

优化组织结构、提升治理水平，不能仅仅依靠摸着石头过河，还要在探索总结经验的基础上将改革的成果制度化、规范化，以实现制度的稳定性与可预期性。推进机构、职能、权限、程序、责任法定化是深化党和国家机构改革的重要举措，也是推进政府治理体系与治理能力现代化的制度保障。在法治政府的精神指导下，全面履行好机构部门的"三定"，即明确部门职责、科学安排设置内设机构、合理确定人员编制。在机构设置中根据部门职责与能力有所取舍，并通过权责清单制度保障"三定"的制度化。使机构能够在获取履行职责的相应资源与能力的同时节约行政成本，防止机构内部由于分工不合理、人员安排不妥当造成"有人没活干""有活没人干"的人力资源浪费。

在优化政府组织结构过程中，既要树立法治思维、坚持法治统领，又要通过法定程序确保改革推进的有序性。当然，法治化不代表僵化固化，优化政府组织结构也要保持政府职能的适度弹性与政府机构的适度规模。首先，政府机构设置与规模并不是整齐划一、一刀切式的，而是要根据地方治理的具体情况与实际规模来衡量计算其治理成本，保证机构设置所塑造的组织能力与治理规模相适应。所以，无论是机构设置还是机构规模，要坚持宜大则大、宜小则小的原则，以行政效率最大化、能力配置最优化为核心目标。其次，对于地方治理中出现的新问题与新任务，一方面，要在不违反法律与国家大政方针的前提下因地制宜、因时制宜地调整机构设置、优化职能配置，使政府机构既能够有效执行党中央的方针政策和国家法律法规，也能够根据本地区的经济社会发展现实与公共服务具体需求弹性设置新机构、配置新职能，弹性控制政府规模。另一方面，要完善机构之间制度化的协同合作机制。行政学家塔洛克指出："通过一个组织起来的等级制，去实现需要各方面高度协调的一个或一组任务，是不可能的。"① 长久以来，政府机构之间惯常性地通过"领导小组"等议事协调机构来连接不同主体，保证机构部门之间的沟通。然而，议事协调机构虽然有利于整合组织、促进协调，但这种非常设机构越多，就说明常设机构的能力越有限。因此，我们既要保留一定的议事协调机构，推进重大政策与方针的落实，又要尝试性地构建机构之间以及部门之间网络状的"矩阵结构"。借助现代信息技术手段搭建机构之间、部门之间的沟通协调平台。"这样的形态结构是对既有官僚组织结构的修补和优化，是对解决组织内部'法约尔桥'问题的有益尝试，相比改变刚性组织结构所面对的阻力和成本都要小得多"②。最后，着重强化基层政府组织建设，优化基层治理的权责体系，提升基层治理能力。"郡县治，天下安"，国家是否长治久安、社会是否和谐稳定，关键看基层。从现实来看，我国的基层治理创新虽然

---

① ［美］戈登·塔洛克：《官僚体制的政治》，柏克、郑景胜译，商务印书馆2010年版，第223—224页。

② 兰旭凌：《风险治理视域下地方政府组织结构变革与运行机制创新》，《行政论坛》2018年第2期。

总结了大量的改革经验，但是仍然存在基层组织能力不强的短板，导致很多问题难以在基层得到解决。当问题沿着行政体系向上传导时，会存在扩散甚至恶化的风险，由此增加了整个行政体系的负担。所以，要在一定程度上将行政资源向基层倾斜，构建符合基层公共事务的行政体制，以更好地服务群众，将矛盾与问题解决在行政体系的末梢，从而达到治理社会问题之"本"的效果。

第三，优化政府组织结构，要在严格编制管理的基础上变革政府人事结构，完善组织内部的激励机制，提升行政人员的专业素质。

制度的有效性或者优势不是自生自发的，制度必须要依靠一个个活生生的人来执行。制度的理性、感情或者行动方式，本质上是人的理性、情感与行为的映射。现代公共行政发展历程表明，政府的人事制度与人事管理也置于强劲的变革洪流中。行政组织是否有效率、是否有创新精神、是否具有责任性，都和行政组织成员紧密相关。为了适应外部环境的挑战以及节约行政成本，行政组织的人事结构改革势在必行。首先，人事改革要秉持"控制总量、盘活存量、做优增量、提升质量"的原则，在严格编制管理的基础上提升行政人员能力，以行政人员能力的提升带动组织能力的提升。其次，完善公务人员与行政组织编外人员的招考制度，提升招考人员背景和岗位的匹配度，选贤任能，充分调动招考人员的职业潜能与专业素质。强化编外人员的能力素质培养，严格遵照法律对编外人员进行市场化管理。再次，完善绩效考核与晋升制度，坚持选人用人的公平公正，使奖酬与工作贡献和工作强度相契合。完善绩效考核指标，对行政人员的绩效进行客观的量化与评价，防止主观评价对绩效评估公平性与科学性的影响。最后，加强组织学习，提升行政人员的理论素养与业务水平。行政人员专业素质的提升既要通过理论学习来解放思想、武装头脑，也要坚持"干中学"，在工作中不断发现问题、总结问题、解决问题，完善工作经验，使得工作人员在日后的工作中更加得心应手。

人事行政的研究指出，政府所要雇用的并不是绝顶聪明的人，而是能够胜任工作的人。组织成员的行为不仅可以通过完善制度来加以规导，还要通过组织成员个人意识的培养来激励人的主动作为，积极负责。对于行政人员来说，关键在于培养其"行政伦理"。"行政伦理"是公职人员所应具备的职业道德、思想观念与工作态度，包含自觉遵守法律、诚实、谦逊、主动奉献等精神。作为公职人员，行政伦理是强化个人修养、提升职业道德、夯实理想信念的"精神之钙"。保证责任在行政伦理和行政规章之间的互动是现代政府充分履行行政责任的前提。毫无疑问，刚性的制度规范与制度要求是明确责任、保障问责的关键。传统公共行政原则持有"伦理中立"的价值色彩，即公职人员的职责就是履行上级要求以及贯彻部门指示。但是在高度多元化、不确定性的社会中，制度不可能触及公共事务管理与公共服务的方方面面，制度的"模糊"与"留白"赋予了制度执行主体自由裁量的空间。此外，制度执行主体也往往会形成行动的"路径依赖"，成为制度之下机械的执行者，忽视了其本身也是制度的变革者与塑造者。"公共行政的行动理论"将这种现象称为"责任的物化"。责任的物化既让制度执行者变得盲从，也使制度趋于僵化，消弭了制度在"柔性治理"与"灵活治理"等权变情境中的"弹性"。由此，将行政中的责任置于伦理之上，是将伦理作为制度规范的补充，以"责任伦理"规范责任行动，实现治理中"刚性"与"柔性"的结合，进而保障治理效能。为了保障行政伦理对治理效能的推动作用，需要注意如下几个问题：首先，在加强公职人员的伦理教育时尤其强化公职人员"以人民为中心"的责任观念，让公职人员进一步意识到自己不仅仅是行政组织中的执行者，更是为人民服务的主体，是政府的窗口与镜子，自身的一言一行都关乎政府形象，因为社会公众对于政府的评价往往体现在对公职人员的评价之中。其次，要在不损害组织及其合理目标的基础上赋予公职人员一定的自由裁量权，以更好地激发其为人民服务的责任。尤其对于制度规定的模糊与空白之处，应允许公职人员做出合理的道德判断，积极履责。最后，对于公职人员有关改善制度建设、改变工作方法与提高工作效率等方面的建议要予以充分的倾听与回应，对公职人员在为人民服务中出现的打破常规等工作方法要予以一定程度的理解与容错。

第四，优化组织结构，探索行政组织的扁平化管理改革，通过融合不同类型组织的优势，构建沟通顺畅、分工明确、执行有效、令行禁止的高效率组织体系。

自上而下的金字塔结构是科层制组织的基本结构形式，这种层级式结构有利于权力集中、上行下效，保证行政行为的模式化与规范化。工业社会中，科层制组织具有明显的效率优势，但是这种组织更加适合职能简单的管理模式。然而，金字塔式的科层制组织也具有天然的弊端，纵向层级叠加与横向职能分工使得组织内部的协调成本极大，自上而下的组织控制容易失调，致使政策传递变形走样。与此同时，这种组织模式缺乏相应的灵活性，对于环境变化的反应迟缓，使组织陷入僵化的陷阱。尤其对于复杂的现代社会而言，科层制已经难以适应公共需求的多元性与多变性。因此，扁平化管理逐渐地走进理论与实践的视野，成为行政组织改革的一个基本目标。

扁平化管理以效率为核心。组织学理论指出，组织层级越多，组织运行的成本就越高，包括决策成本、沟通成本、监督成本等等。组织规模是影响治理成本的直接要素。组织规模越大，其内部成员关系就越复杂，因此决策中的协调成本就会越大。从现实的行政实践来看，组织层级一定程度上削弱了组织内部的沟通，自上而下的信息传递与自下而上的信息反馈在层级中不断失真或者被无视，在上下级信息不对等的现实中，任务执行的有效性也会大打折扣。关于组织沟通的研究表明，等级链条的延长会使信息分布变得越发弥散，造成决策者与执行者都难以获得真实的信息。如果组织需要的信息分布在不同的层级中，那么，纵然每个层级都很理性，整个组织的实际产出仍然低效。所以，实行扁平化管理，适当减少组织层级，有利于简化行政过程，节约治理成本。通过缩小组织层级，组织之间沟通的程序就会得到简化。

然而，科层制并不能完全退出行政舞台。从世界范围看，科层制和扁平化是同时存在的发展趋势，对于发展中国家和转轨国家而言，科层制的发展成熟仍是一个从传统社会向现代社会过渡的基本要求；即使在发达国家，科层制也没有完全丧失其生命力。[①] 从组织控制、任务分配、行政流程制度化、职责法定化等方面看，科层制仍然发挥着不可替代的作用。一旦科层制的规范结构解体，行政人员坚守职责也就会变得困难起来。因此，行政组织结构优化需要整合科层制与扁平化的优点，对于探索扁平化管理改革，我们需要明确科层制内在的弊端以及扁平化管理对于这些弊端的修复。在此意义上，行政组织结构优化需要延续科层制的规范结构以及稳定的权力关系，也需要利用扁平化管理来弥补科层制内部的沟通梗阻与繁文缛节，构建一个沟通顺畅、分工明确、执行有效、令行禁止的高效率组织体系。

三、优化职责体系推进政府治理能力现代化

责任是民主社会的核心价值，责任政府建设是现代公共行政变革与发展的目标之一。改革开放以来，各个领域的政治转型提供了不同层面、不同领域的经验，对推动社会经济发展，保障人民权利起到了积极的作用。这些不同层次、不同领域、不同内容的改革实质指向了一个问题，即让政府变得更加负责。在治理现代化的推进过程中，责任处于关键性地位，政府能否对人民负责任是区分传统政府与现代政府的标志。2011 年，国务院《政府工作报告》明确提出建立"责任政府"，责任政府与法治政府、服务政府、廉洁政府共同成为政府改革的协同推进的目标。责任政府构建与运作的基本链条是，政府要按照时代发展的客观要求与社会公众的合理

---

① 敬乂嘉:《政府扁平化：通向后科层制的改革与挑战》,《中国行政管理》2010 年第 10 期。

期望制定相应的治理目标，并按部就班地将这些治理目标转化为实际的治理效能，政府工作的方式、方法、绩效要接受内外两方面的监督与问责。

中国特色社会主义行政体制的优越性在于责任政府的内在价值是"责任本位"，这与传统的"权力本位"思路大相径庭。权力本位是以权力作为审视政府职能、分析政府运作效率的起点。"有权必有责"是权力本位的逻辑起点，这意味着虽然责任为权力划定的边界，体现出权力限制的作用，但本质上仍然表现出责任是权力的附庸。"责任本位"的逻辑起点是"有责才有权"，这意味着责任优先于权力，责任不是权力的衍生物，而是政府权力与调配资源能力的基准。以责任本位推进责任政府建设，发展中国特色社会主义民主政治的基本要求，是深入贯彻"以人民为中心"的具体举措，也是对世界范围内公共行政改革浪潮的回应。立足于国际视野，现实政府运作的案例指出，即使明确规定了政府的责任，在许多民主国家，政府责任也存在着"失能"的情况，政府能力不仅没有完全地发挥出来，甚至有些时候政府还成为损害公众利益的罪魁。为了深刻展现出中国特色社会主义的制度优势，并将制度优势转化为治理效能，就需要将责任本位和推进政府治理现代化相融合，优化政府职责体系、提升政府履责能力，以责任为核心对政府的权责关系、运作过程进行重构，保障政府职能能够涵盖社会发展与公众需求的方方面面，保障政府运行能够真实不虚地输出治理效能，保障政府行为能够置于社会与公众的监督之下。

第一，优化政府职责体系，要明确政府责任的复合性，在此基础上使政府根据社会发展事实以及公共问题的多元性与复杂性设计自身的职责与功能，统筹规划与合理配置不同层级与不同部门的责任量，使政府职责与面向对象及自身功能相适应。

政府责任是一个复合型概念。传统社会中，占据主导地位的是道德责任或者伦理责任，但是道德责任落实的有效性往往诉诸个人的主动性，关涉人的思想与情感。因此，以道德责任来塑造与维持社会政治秩序是不稳定的。所以在现代社会中，我们不仅要承认并继续发扬道德责任的重要性，同时也要通过完善法律来确定社会中的"法律责任"，以及在"委托—代理"关系中明确政治责任。因此，现代政府的责任是政治责任、法律责任与道德责任的多面融合。具体来说，政治责任框定了政府的行动范围，确定了政府的基本属性与根本宗旨。对于中国特色社会主义行政体制而言，政府既存在"整体性"政治责任，也拥有"个体性"政治责任。所谓整体性的政治责任，就是政府必须要坚持党的全面领导、紧紧契合以人民为中心的根本责任向度。个体性政治责任指的是政府根据自身的角色所承担的具体职责，例如安全、教育、生态保护等等。法律责任是政府依法行政的具体体现，是全面依法治国战略对政府治理现代化提出的核心要求，"法治是治国理政的基本方式，要更加注重发挥法治在国家治理和社会管理中的重要作用"。法律责任有力保证了政府治理在法治轨道上运行。道德责任要求政府公职人员要通过良好道德修养与道德境界完善自我，以"精神之钙"筑牢信仰之基，自觉提升履职尽责的素质和能力。

政府改革的过程也是政府职责不断分化、不断复杂化的过程。系统论和控制论的相关原理指出，作为系统的组织若想保持自身的稳定，就要时刻同外在的环境相适应。换言之，组织的稳定性取决于解决外在环境中涌现出的新问题的能力。有鉴于此，行政体制的维系与发展，也要不断地提升回应外部环境的能力。改革开放初期，政府职能更多集中在经济领域。随着社会的不断发展与利益的不断分化，政府职能也随之细化，政府职能的专业性也在不断增强。中国特色社会主义进入新时代，政府责任也分化为经济调节、市场监管、社会管理、公共服务、生态环境保护等职能。我国的行政体制是自上而下的金字塔结构，不同层级与不同部门的行政机构各有分工。在分配具体责任时，科学评价与统筹考虑不同层级不同部门的角色，既要使不同层级、不同功能的政府部门与经济、政治、文化、社会、生态文明建设相契合，也要根据不同部门在国家治理中的特定角色与实际能力赋予具体责任。质言之，确定责任的环节中，纵向上要坚持宏观层面中央把握、中观层面地方落实、微观层面基层执行的原则，理顺中央与地方的权责关系；横向上要厘清不同部门的具体功能。在纵向的责任分配中，要尤其注意基层政府的权责分配。基层政府虽然位于行政体系的末端，看似"位卑权小"，但却直面社会与公众。因此，基层政府的职责与能力深刻地影响了行政执法与公共服务的效度，也决定了政府在人民群众心目中的口碑与形象。《中共中央关于深化党和国家机构改革的决定》指出，推动治理重心下移，尽可能把资源、服务、管理放到基层，使基层有人有权有物，保证基层事情基层办、基层权力给基层、基层事情有人办。因此，在分配基层权责的过程中，要充分考虑基层工作的难度，在授予基层以责任的同时要予以基层顺利履行责任的资源。

结合行政体制内部各要素之间的协同关系，不同部门之间的合作可以将模糊的权责关系转化为明确的职责分工，从而保障行政体制不断适应复杂问题的调适性能力。由于高度复杂性和不确定性的社会不断会产生新问题，行政体制中的不同机构的权责关系调整会因为新问题的产生而滞后，进而造成主体之间权责边界的空白抑或模糊。动态性与调适性是组织能力的组成部分，一个组织的可持续性就在于其能够针对变化环境采取弹性的应对策略，通过组织内部的沟通与合作来塑造新的功能。在行政体制内部协同关系之下，主体之间通过有效的信息共享与沟通可以达成解决新复杂问题的方案，进而实现权责关系的动态调适。沟通过程通过主体之间的信息分享、利益交换与补偿、成本风险评估等流程，实现主体之间对外部问题的共识，进而将模糊的权责关系转化为明确的职责分工，构造纵向上下联动、横向跨域协同的结构。

第二，优化政府职责体系，要处理好政府与市场、政府与社会、政府与公众的关系，加强政府与其他治理主体的合作，深入推进放权让利，形成国家治理多元主体合作共治的"善治"局面。

行政体制改革不仅要处理好体系内部的权责关系，还要协调好政府与市场、社会与公众等其他治理主体的关系。国家治理是在党和国家领导下，多元主体协同参与公共事务的治理模式。国家治理正是对现代社会分工与合作之特征的回应，核心在于通过分工实现不同主体功能的最大化，并由多元主体相互合作的方式整合治理能力，提高治理效率。不同于家庭、社群等小规模、小范围的共同体，中国国家治理具有大规模、高成本、高难度的特征。面对着充满复杂性的国家治理问题，凭借政府这一单一主体往往难以做到"类类有统筹、件件有专责"。事事靠政府、时时靠政府的结果要么是政府在复杂治理中独木难支——不仅阻碍了治理效能的发挥，也使得政府这一治理体系趋于瘫痪；要么将政府重新推回"全能型政府"形态——这又与民主政治理念格格不入。这意味着，治理没有"一抓就灵"的单一抓手，需要多部门、多层级、多主体开展全域、系统、联动治理。全面盘活治理效能就要使国家治理中的不同主体根据自身的角色参与到市场治理、社会治理、基层治理等不同层面，政府将可以由市场、社会来办的事情交付给市场与社会。如此，既能够提高市场主体与社会主体的政治效能感，也通过分工的形式减小了治理成本。

实现多元主体的合作共治，就要明确政府的行动边界，确定政府在国家治理中的权责并主动放权让利，将自己不能解决或者解决不好的问题转交给市场与社会，明确不同主体在国家治理中的角色与功能，加强公众对国家治理诸领域全过程的监督。处理好政府与市场的关系，就是要尊重市场规律，既要保证对市场活动的调节，又要营造良好的营商环境，为市场主体的公平竞争与有序发展创造良好的氛围。与此同时，要引入市场力量参与公共服务提供，既坚持公共服务的公共性导向，也整合公共服务市场导向的积极要素，明确政府主导公共服务供给和市场主导公共服务供给的边界，实现政府与市场供给的最优配置。公共服务供给中引入市场力量有助于提高公共服务供给的质量和效率，一方面有利于调动市场主体的积极性，刺激生产消费；另一方面，可以利用价格与竞争等机制激发市场活力，促进市场生产出满足更多需求的多元化、个性化公共服务产品。处理好政府与社会的关系，就是要调动社会组织参与到社会治理等领域中来，充分发挥社会组织的公益性、专业性、服务性，使社会组织成为强化基层治理能力的助推器。我国政府与社会组织合作的历程表明，社会组织已成为参与社会治理的重要主体，国家治理现代化的目标之一就是构建制度化的政府与社会组织合作机制，进而塑造强国家与强社会并存的形态。将社会组织嵌入到基层公共服务供给的短板领域，是社会组织与政府协同履行服务公众的责任，一方面，在减轻政府负担的同时强化城市的精细化治理；另一方面，帮助政府在基层服务人民，帮助政府将人民群众的问题解决在基层，为国家治理强基固本。处理好政府与公众的关系，就是要夯实基层自治制度，为人民群众的自我管理、自我服务创造更便利的制度环境。与此同时，要构建低成本的利益表达机制和渠道，调动公众政治参与和政治监督的积极性。

第三，优化政府职责体系，要推进政府权责清单，明确政府的"可为"与"不可为"、"能为"与"不能为"，将以责确权、权责一致置于政府职责关系的核心。

权责之间的不相匹配直接影响了国家治理能力的发挥，"权大责小""权小责大"仍然存在于当下的行政体系当中，如何科学地匹配行政机构权责，是政府治理现代化的核心问题之一。随着行政体制改革的深入以及地方创新型行政实践的推进，政府的权力清单与责任清单制度被逐步推进行政体制改革的前台，对划定政府权责，解决权责不对等、权责边界不清晰等问题提出了解决方案。权责清单制度起源于地方政府创新。2014年，浙江等地开始向社会公开了省级政府权力清单和责任清单。2015年3月，党中央与国务院联合印发了《关于推行地方各级政府工作部门权力清单制度的指导意见》，要求"将地方各级政府工作部门行使的各项行政职权及其依据、行使主体、运行流程、对应的责任等，以清单形式明确列示出来，向社会公布，接受社会监督。通过建立权力清单和相应责任清单制度，进一步明确地方各级政府工作部门职责权限，大力推动简政放权，加快形成边界清晰、分工合理、权责一致、运转高效、依法保障的政府职能体系和科学有效的权力监督、制约、协调机制，全面推进依法行政"。现代公共行政的基本原则就是行政权力与责任之间的平衡，权责清单制度的建立是推进政府治理现代化的有益尝试，也是我国建设责任政府、法治政府的重要思路。

权责清单明确了政府"可为"与"不可为"、"能为"与"不能为"的界限，彰显了以责任本位构建政府的原则与路径。首先，权责清单制度明晰了政府的职权内容，为行政权力的合法性审查与行政责任法定化提供了参照，是通过责任政府建设带动法治政府建设的有效手段。其次，权责清单制度推动了透明政府与阳光政府的建设，通过公开政府权责，使社会公众能够清楚地了解行政过程，帮助公众理解政府的行动范围，有利于社会公众对政府"越位""错位""缺位"的监督，消除政府的寻租空间。最后，机构部门之间的权责清单有利于推进行政改革。通过权责清单，可以发现部门之间的权责交叠、模糊与空白，进而通过"合并同类项"整合权责，理顺机构之间的关系。完善权责清单，构建责任政府，还需要明确政府的权责授予模式。责任本位强调有责才有权。因此，权责的授予应遵循着"以责确权""权责一致"的路径。所谓以责确权，指的是根据政府的责任来赋予其履行责任相应的资源。法国思想家伏尔泰指出，"但凡掌握权力的人都想成为专制者，强烈的支配欲是无法治愈的疾病"。正如前文指出，以责确权是规避政府滥用权力的策略，唯有以责确权才能真正地实现权力的规范、明晰与有限。以责确权可以使权力的行使者清楚地认识到责任是其行动的动力，权力只是保障其行动的工具。在以责确权的基础上，通过"权责一致"来保障权责授予的合理性。"权责一致"是现代组织设计的核心原则之一。公共行政理论表明了权责一致的三个原则：其一，权力的有效运用在于权力必须符合权力主体可获得的行政技能与行政资源；其二，权力的运用要严格地遵从其统治的内容；其三，权力旨在保障公众合法的权利，任何侵害公众权利的行为都是滥用。如果有责无权或责重权轻，责任的效用也就无从谈起了，那么任何制度优势都无法通过治理效能体现出来；如果有权无责或者权重责轻，那么权力滥用就会再次抬头，危害公众利益。

第四，优化政府职责体系，要以服务为根本导向，运用新技术、新方法创新行政方式、优化政务流程，提升政府履责能力与服务能力，真正将为人民服务转化为人民群众的满意度和获得感。

效率是组织运作追求的目标之一，彰显组织的执行力与生命力。行政体制运作的效率关乎公共服务的质量以及行政成本，同时也影响民众对政府公共服务提供的满意度。中国特色社会主义行政体制的改革历程就是一个不断简化行政流程、创新行政方式，以提升行政效率的过程。在科学技术不断进步的背景下，科学技术手段也融入了政务流程再造中。从这个角度看，国家治理不仅仅是一种结构、一种能力，而更多是一种契合于现代社会基本特征的技术。通过引入现代信息技术，以弥补人类的物理局限与智力局限。换言之，提升行政效率是结构优化与技术应用的结合。在地方的政府创新中，各地形成了不同特色与不同形态的政务模式，极大地简化了公众办理事务的手续，既节省了公众的时间，又节约了行政成本。例如，浙江省的"最多跑一次"所提出的"一窗受理、集成服务、一次办结"。随着社会诉求的复杂化，牵扯多个管理部门的事情越来越多，因此浙江又提出了社会治理"最多跑一地"的治理模式，即在一个办公地点实现矛盾纠纷的"一次性办结"。群众利益无小事，创新行政方式要想民众之所需，急民众之所急，通过搭建平台的方式整合行政资源、缩短行政事务办理的物理距离，保证在最优的时间、最优的地点，以最优化的方式提供服务。

从激活行政效能的角度看，行政过程是解决问题的动态过程，考验行政体系的技术与能力。随着社会复杂性的不断提高，信息技术和人类生产生活已经成为相互交织、不可分割的整体，传统的行政模式已然不能适应多元的社会需要以及复杂的社会状况。信息技术对行政体制产生的冲击引发了持久而深刻的数字政府变革。数字政府视角下的行政体制改革表明，我们需要深入分析信息时代对国家治理能力的赋能与限制，构建一种人与技术相结合、科技与制度相结合的新型政府模式与权责关系。大数据、

"互联网+"以及人工智能等手段的运用极大地提升了行政效率、使治理过程更具精准度，力求"让数据多跑路，让群众少跑腿"。智慧城市、智能政务、智慧政府等新概念与新方法层出不穷，社交媒体等成为提升政府回应性的网络工具。总的来看，行政体系要善于运用科学技术发展成果，提升国家治理现代化水平，推动科学技术手段与行政体系深度融合，提升政务流程的技术化、便捷化水平。加强政府与企业、高校、科研院所的合作，建立健全科学技术手段辅助决策和社会治理的机制，推进政府治理和社会治理模式创新，实现政府决策科学化、社会治理精准化、公共服务高效化。

四、发挥中地积极性推进国家纵向治理现代化

中央与地方关系是现代国家最为基本的政治关系。国家的统一与分裂、和谐与动荡、繁荣与凋敝，都与中央与地方关系息息相关。尤其对于大国来说，中央与地方关系在国家治理体系中发挥着枢纽性的作用。中央与地方关系就好比自上而下的中枢神经，影响着国家的各项机能。历史地看，从春秋战国时期的分封制到秦汉大一统延续下的郡县制，都是中央与地方关系的调整与对政治统治模式的适应。受制于传统时代闭塞的信息环境与落后的交通条件，中央对地方的控制不能像信息时代这样便利。因此，古代的中央与地方关系的维系具有相当的脆弱性。这种脆弱性结构的特征是，中央对地方必须要保持常态化的严格管控，就好比一直绷紧的神经一样，任何管控的松动都可能引起整个控制结构的崩溃。因此，如何有效地控制地方，是中国古代政治面对的核心问题之一。

新中国成立之后，中央与地方的关系也几经调整。在政治博弈之下，这一庞大的行政体系徘徊在集权与分权的张力之中。由于对收权与放权的调整存在偏误，使得我们在新中国成立初期的国家建设中走了一些弯

路，造成了一定的损失。改革开放之后，中央与地方关系的调整重新归于正常化的轨道，"改革是中国的第二次革命"，在这场革命中，中央与地方关系在宪法制度的框架范围内采取边际性调整方式，逐步加以转换、定型与制度化。这一过程具有温和的、连续的、长期的、边际性的、宪政性的特点。① 随着中国特色社会主义建设的不断深入，中央与地方关系维度下的行政体制也做出了卓有成效的创新，形成了中央与地方各有活力的发展形态，彻底转变了传统行政结构的脆弱性。

充分发挥中央和地方两个积极性是处理中央与地方关系的核心原则。毛泽东同志在《论十大关系》中指出："中央和地方的关系也是一个矛盾。解决这个矛盾，目前要注意的是，应当在巩固中央统一领导的前提下，扩大一点地方的权力，给地方更多的独立性，让地方办更多的事情。这对我们建设强大的社会主义国家比较有利。我们的国家这样大，人口这样多，情况这样复杂，有中央和地方两个积极性，比只有一个积极性好得多。"② 十九届四中全会指出，"健全充分发挥中央和地方两个积极性体制机制。理顺中央和地方权责关系，加强中央宏观事务管理，维护国家法制统一、政令统一、市场统一"，"赋予地方更多自主权。支持地方创造性开展工作"。中国是脱胎于中央集权制的超大型国家，不同于美国联邦制的政治传统，如果没有一个统一的权威，那么地方分离主义就会抬头，国家的政治秩序与和谐稳定就会遭到破坏。但是对中国这样的超大型国家来说，自然环境复杂、人口与民族异质性程度高、地区发展较不平衡，因此也不能用自上而下"一刀切"的政策来统合不同地区的发展。"以类行杂，以一行万；始则终，终则始，若环之无端也，舍是而天下以衰矣。"传统政治思想告诉我们，国家治理既要有统一的思想，也要有分类的策略，唯有"统"与"分"之间的平衡，才能实现有效的治理。

---

① 辛向阳：《百年博弈——中国中央与地方关系100年》，山东人民出版社2000年版，第245页。
② 《毛泽东文集》第七卷，人民出版社1999年版，第31页。

第一，充分发挥中央和地方两个积极性，首先要明确"全国一盘棋"的基本方针，保证中央统一权威，强化党的领导与集中力量办大事的制度优势。

单一制和联邦制是两种基本的国家结构形式和权力组织原则。从国际角度看，世界上超过一亿人口或者领土面积广博的国家，绝大部分实行联邦制，例如美国、加拿大、俄罗斯、墨西哥等等。中国无论人口规模还是领土面积无疑居于大国之列，但采用单一制作为国家结构形式和权力组织原则并取得巨大成功，其重要原因就在于中国共产党的领导。作为党领导的单一制国家，在集权与分权的关系中，集权具有政治优先性。所谓集权，并不是传统意义上的权力专断或者控制，而是要保证党总揽全局、协调各方的权威，坚决服从党中央统一指挥、统一协调、统一调度，做到令行禁止。"党政军民学，东西南北中，党是领导一切的"[1]，只有党的集中统一领导，中国特色社会主义制度才能坚守其发展方向，才能够整合不同资源投入到全面深化改革的伟大战略中，才能够把各种目标统一到中华民族伟大复兴的中国梦上来。所以，中央与地方的积极性必须要坚持"全国一盘棋"，正如邓小平同志曾指出："积极性是有充分发挥余地的，但要服从全国一盘棋。"[2] 在国家治理这盘棋中，车马炮各有所能，但只有在统一调度和精巧的安排下，才能够取得最终的胜利。

服从"全国一盘棋"深刻体现了党的领导和集中力量办大事的制度优势。集中力量办大事是具有鲜明中国特色的政治话语与治理方法，也是我国改革开放以来不断强调并不断深化的制度优势。集中力量办大事体现了集中资源的跨域治理能力，体现了强大的社会动员能力与资源整合能力。集中力量办大事可以迅速地激发出治理效能，实现特定的治理目标。在改革开放 40 多年的进程中，集中力量办大事解决了我国经济政治等多领域

---

[1] 《习近平谈治国理政》第三卷，外文出版社 2020 年版，第 16 页。
[2] 《邓小平文集（一九四九——一九七四年）》下卷，人民出版社 2014 年版，第 20 页。

的诸多复杂难题，使我国成功地越过了一个又一个危机与难关，实现了举世瞩目的跨越式发展，破解了绝大多数发展中国家难以突破的劣势困境，夯实了"中国之治"的优势基础。[①] 在我国这个超大型国家中，国家治理既有其"共性问题"，也有其"个性问题"，在内外风险与日俱增的客观环境下，一些偶发的重大问题也成了国家治理的挑战。那么集中力量办大事所解决的就是国家经济社会发展中所面对的重大问题与紧迫问题，例如国家重大战略工程的建设、重要民生项目的推进、重大科学技术攻关以及重大风险治理等等。在党的集中统一领导下，党坚持"以人民为中心"，将国家、民族与人民的整体利益置于首位，抱着对历史和人民高度负责的态度制定各种政策、采取各种措施。通过有效的社会动员和资源整合，提升办大事、办难事、办急事的能力，有效地克服个人利益、地区利益、短期利益等偏狭利益之间的冲突，以及消弭了各自为政、各行其是的分散局面及其带来的内耗。尤其在全面深化改革的过程中，国家治理面对着内外复杂环境的双重挑战，内生性风险与外源性风险也潜伏在改革道路之上，改革过程中也会涌现出不同的利益。因此，在复杂局面下更应该坚持"全国一盘棋"，保证党的领导和集中力量办大事的制度优势，统一意志，集中资源，不断地克服改革中的挑战和困难。

第二，充分发挥中央和地方两个积极性，要着力破解"政策统一性"和"执行灵活性"之间的矛盾，既要赋权于地方，又要打破地方寻租空间，防止地方保护主义抬头。

从政策角度看，中国国家治理是自上而下的政策传递与交付地方执行的过程。然而面对着极其复杂的治理环境以及多元性的区域特征，指导全局的宏观政策不可避免地采取"一刀切"的方式。受制于组织层级，中央无法考虑所有地区的所有差异，也难以评估其政策的合理性以及不同层级政府执行的难度。因此，政策统一性的一个难以避免的后果是，其政策在

不同地区、部门执行过程中与当地实际条件状况不能完全相符，从而带有微观层次上的不合理性。[①] 为了保证政策能够有效地适应地方的实际状况，地方需要结合自身的环境、资源与社会需要来灵活执行。但是在某些情境下，政策统一性和执行灵活性会造成如下两方面的矛盾：首先，在权力关系严格、上下联系紧密的行政体制中，地方政府为了保证组织目标的上下一致，采取严格执行上级政策的行动。然而，组织能力是有限的，当组织能力与组织目标不一致的情况下，地方为了营造一个完成目标的结果，可能会采取一些越轨行为来搪塞上级，例如基层政府间的"共谋"，或者形式主义等等。其次，地方在个体利益的驱动下，往往采取的并不是灵活执行，而是"歪曲政策"。在"天高皇帝远"的心态下，地方政府借助信息优势来创造自身的寻租空间，从而引发了一系列的腐败行为。

为了破解政策统一性与执行灵活性的矛盾，关键在于从法理上赋予地方政府灵活执行政策的权力，尤其要鼓励地方政府结合自身实际条件与资源的创新行为。一方面，明确中央宏观管理与地方微观执行之间的关系，避免在宏观系统中采取"微观管理"的指挥手段。根据中央与地方的职责分工，中央要切实履行好顶层设计与宏观调控的职能，探寻国家治理总系统中的"相同问题"来整体布局、落实安排。地方则在国家治理"相同问题"的基础上结合地方的实际情况精准落实。一旦将本应属于地方的事权收归于上，那么上强下弱的组织结构必然"头脑发达而四肢平滑"，使政策难以稳健落位；若将各项权力过度下放地方，地方出于自身的逐利性也会阳奉阴违，形成不利于国家治理的"行为联邦制"。简而言之，中央与地方的科学权责关系应落点于"中央宏观指导协调、地方微观有效实施"，只有合理地区分中央与地方的关系类型，才能科学地界定中央与地方的权力关系。另一方面，保证中央令行禁止的前提下充分尊重地方职责的区域

[①]　周雪光：《基层政府间的"共谋现象"——一个政府行为的制度逻辑》，《开放时代》2009年第12期。

性、动态性与灵活性。保证中央令行禁止，就是要从宏观的视域保证国家治理超大系统之间配合的稳定性。"令行禁止"旨在保障子系统能够以国家治理的核心要求为中轴进行互动，克服部门利益、地方主义对国家治理整体布局的妨碍。保证地方职责的区域性、动态性与灵活性则由大国治理各地方复杂性的不同表现形式所决定。治理是一项技术，考验着治理主体的信息感知能力与资源调动能力。正如成语"对症下药"，只有对病灶的形成机理进行明确区分，才有治愈的可能。对于治理而言，只有明确外部的实际治理问题，才能使治理发挥出实际效能。地方与基层直面社会与公众，对于地方的实际情况以及公众的实际需要保有充分的信息。有鉴于此，保证地方职责的区域性，就是根据不同区域所表现出的不同情况调整地方机构的设置与职责，在一定程度上打破职责同构的局限；保证地方职责的动态性，就是要使地方机构能够根据社会的变化适时调整其职能；保证地方职责的灵活性，就是要使地方可以根据地方的实际情况灵活解读中央的统一性政策，从而使中央指令与地方所具有实际资源、能力以及需要相一致。为了打破地方的寻租空间，要进一步通过政治巡视、政治督查以及群众路线等方式对地方的政策执行进行监督，着重监督地方的政策执行是不是树立"以人民为中心"的理念，充分运用地方资源履行回应公众、服务社会的职责。

第三，充分发挥中央和地方两个积极性，要完善财税体制，优化资源配置，保证地方在拥有"想干事"的动力基础上还拥有"能干事"的资源，全面盘活各地方创新与可持续发展的活力，实现各具特色又相对平衡的区域间发展模式。

财政关系既是中央与地方关系的缩影，也深刻地影响着中央与地方实质性的权力关系。中央与地方的财政关系不仅关乎经济活力与效率，也关乎中央与地方实际分权的程度。从 20 世纪 80 年代的财政包干制到 1994 年开启的分税制改革，中央与地方的财政关系调整对中国地方的经济增长起到了明显的刺激和推动作用。为了调整财政包干制所带来的"诸侯经济"

的潜在影响，提升中央宏观调控经济的能力。分税制改革意味着中央与地方关系的全方位调整，增强了中央财政调节经济发展和收入分配的能力，规范了中央和地方的关系，走出了中央和地方就财政收入的再分配不断讨价还价的困境。① 在完善分税制的基础上，要明确规定中央与地方各自的专有事权以及支出职责，并明确中央和地方的共有事权和支出职责，并通过法治化的方式进行保障。从而为中央和地方的财力提供双重保障。中央政府的专有事权主要涵盖全国性的公共事务与大政方针，地方政府的专有事权主要是与本区域经济社会发展相关的公共事务与方针政策。对于跨区域的公共问题，其事权要在中央的统一协调与安排下由地方之间协商确定。中央与地方的财权根据其事权进行分配，保证事权与财权之间的平衡与对应。规范与完善中央的转移支付制度，中央对落后地区、欠发达地区要加以财政支持，妥善推进东西部帮扶制度。

除了优化财政资源配置外，要积极鼓励地方政府的创新性举措，为地方政府创新营造良好的政策环境。地方政府创新是地方政府面向现代化的积极行动，代表着地方的活力。从全国的地方政府创新案例中看，一些地方政府为了提高行政效率、增进政府回应所进行的一系列创造性改革，不仅提高了地方的治理效能、得到了广大人民群众的支持和拥护，也在不断地推进与调整中形成普遍性的经验，在顶层设计的协调下加以推广，进而推动了全国性的治理改革。总的来看，中国的改革就是指林林总总的地方改革中不断推进的，这些地方创新实际上都在指向一个问题，即政府治理的有效性与责任性问题。② 没有了地方创新，改革也就会失去生机与活力，实践证明，这些各具特色、各有千秋的地方政府创新为深化改革探索了很多可行并有效的路径，这不仅有利于激发治理效能，更有利于社会和谐与国家长治久安。

---

① 周飞舟、谭明智：《当代中国的中央地方关系》，中国社会科学出版社 2014 年版，第 68 页。
② 阎小骏：《中国何以稳定：来自田野的观察与思考》，中国社会科学出版社 2017 年版，第 270 页。

第七讲　经世济民谋富强

——社会主义基本经济制度是党和人民的伟大创造

宋冬林[*]

党的十九届四中全会审议通过的《中共中央关于坚持和完善中国特色社会主义制度、推进国家治理体系和治理能力现代化若干重大问题的决定》（以下简称《决定》）明确指出："公有制为主体、多种所有制经济共同发展，按劳分配为主体、多种分配方式并存，社会主义市场经济体制等社会主义基本经济制度，既体现了社会主义制度优越性，又同我国社会主义初级阶段社会生产力发展水平相适应，是党和人民的伟大创造。"相较于十九届四中全会之前对基本经济制度的表述，《决定》在坚持公有制为主体、多种所有制经济共同发展作为基本经济制度的同时，将按劳分配为主体、多种分配方式并存的分配制度和社会主义市场经济体制上升为社会主义基本经济制度。

从历史逻辑看，社会主义基本经济制度新概括是我们党在系统总结新中国成立 70 多年来社会主义经济建设经验，特别是改革开放 40 多年来实践创新的基础上，对社会主义基本经济制度科学内涵的进一步丰富、发展和深化，标志着中国特色社会主义基本经济制度迈入更加成熟、更加定型

---

* 作者系吉林财经大学原校长，教授。

的崭新阶段。从理论逻辑看，社会主义基本经济制度是习近平新时代中国特色社会主义经济思想的重要组成部分，也是中国特色社会主义政治经济学的重大理论创新，不仅规定了我国基本经济制度的社会主义属性，而且从基本制度层面规范了经济体制改革要长期坚持的社会主义市场经济改革方向。从实践逻辑看，社会主义基本经济制度作为新时代中国经济改革发展的根本遵循，对于构建现代化经济体系和促进经济高质量发展具有重要指导意义，对于推进国家治理体系和治理能力现代化具有系统性深远影响。因此，为更好地坚持和完善社会主义基本经济制度，就有必要在对新中国成立以来社会主义基本经济制度发展历程进行梳理的基础上，运用马克思主义政治经济学基本原理对社会主义基本经济制度的内在逻辑进行理论解构，然后结合新时代背景下的发展条件与发展要求，深刻把握社会主义基本经济制度的实践指向。

一、社会主义基本经济制度演进的历史逻辑

（一）改革开放前：社会主义基本经济制度的初步探索阶段

从新中国成立到社会主义改造基本完成，中国以新民主主义经济纲领作为国家经济生活的基本原则。新中国成立初期，在农村，国家依据1950 年正式颁布的《中华人民共和国土地改革法》，有计划有组织地开展土地改革，通过没收封建地主阶级的土地分给广大农民，实现农村土地制度从封建土地所有制向农民土地所有制的转变；在城市，国家通过没收官僚资本归为国家所有和保护民族资本，在短期内建立起以国营经济为主体、民族资本主义工商业为重要组成的国民经济体系。这不仅使党和政府能够快速掌握国家的经济命脉以巩固新成立的国家政权，而且也为新中国从新民主主义社会向社会主义社会过渡奠定了基础。从构成上看，新民主

主义社会主要包括社会主义国营经济、半社会主义性质合作经济、个体经济、私人资本主义经济以及国家资本主义经济等五种经济成分。从生产资料所有制上看，新民主主义社会主要包括公有制、私有制以及国家资本与私人资本合作的"混合所有制"三种所有制形式，且公有制占主体地位，其中，公有制包括国营经济和国家资本主义经济中的国营成分，私有制包括个体经济、私人资本主义经济以及国家资本主义经济中的私人资本成分。对于合作经济，无论是农业生产合作社还是手工业生产合作社，虽然在生产和分配上具有半社会主义性质，但在完成社会主义改造之前都是建立在私有制的基础上，本质上依然属于私有制经济范畴。例如，根据1953 年中共中央颁布的《关于发展农业生产合作社的决议》，初级农业生产合作社在坚持农民土地所有制的基础上，农民以土地入股并拥有退社自由，实行统一生产经营并对最终劳动产品进行统一分配。

随着过渡时期总路线的确立，对农业、手工业和资本主义工商业的社会主义改造很快在全国范围内有序展开。其中，农业的社会主义改造采取农业合作化的方式，沿着互助组、初级农业合作社、高级农业合作社的基本路线进行。农业社会主义改造的核心任务就是对包括土地在内的主要农业生产资料所有制进行改造，并通过具有社会主义性质的高级农业合作社将农民组织起来，最终引导农民走向社会主义集体化农业的发展道路。截至 1956 年底，全国 96.3%的农户加入农业合作社，其中 87.8%的农户加入高级农业合作社[①]，标志着对农业的社会主义改造基本完成。手工业的社会主义改造以手工业工人、手工业独立劳动者和家族手工业者作为改造对象，采取生产合作社的方式将手工业者组织起来，旨在将手工业的小私有制逐步改变为半私有制，再从半私有制发展到公有制。与之相对应，生产合作社的组织形式从社员自愿参与、自由退出的手工业生产小组发展到具有半社会主义性质的手工业供销合作社，最后发展到以集体所有制为基

---

① 刘正山：《当代中国土地制度史》（上），东北财经大学出版社 2015 年版，第 147 页。

础的具有社会主义性质的手工业生产合作社。截至 1956 年底，参加手工业合作组织的人数已经占到全国手工业从业人数的 92%[①]，标志着对手工业的社会主义改造基本完成。资本主义工商业的社会主义改造主要根据"利用、限制、改造"的政策，采取和平赎买的方式实现资本主义工商业的公私合营，利用国家资本主义的过渡形式，将民族资本主义私有制企业逐步改造成社会主义公有制企业。截至 1956 年底，实行公私合营的工业企业已占原有资本主义工业总户数的 99%[②]，标志着对资本主义工商业的社会主义改造基本完成。社会主义三大改造的基本完成标志着社会主义公有制的基本确立，构筑起社会主义经济制度的公有制基础，推动中国从新民主主义社会迈入社会主义建设阶段。

随着社会主义公有制的确立，按劳分配制度也逐步确立起来。就农村而言，在三大改造完成之前，由于依然实行农民土地所有制，且农民拥有退社自由，初级农业生产合作社实行按劳分配和按土地分配相结合的分配方式；而在三大改造完成之后，建立在土地和主要生产资料集体所有制基础上的高级农业生产合作社和人民公社则实行单一的按劳分配制度，并在实践中将男女老少根据体力差异划分为不同类型的劳力，根据农活轻重规定每种劳力一天劳动的工分，然后在年终根据集体生产剩余计算出工分值，最后每个劳动者根据个人积累的全年工分总额获得相应的劳动报酬。工分制作为按劳分配的一种具体形式，虽然在集体经济的早期发展中起到过积极作用，但由于分配上的平均主义难以准确反映出个体劳动者在劳动数量和质量上的差别，在实行后期却严重地挫伤社员的劳动积极性。就城市而言，新中国成立初期，供给制和工资制并存，其中，供给制主要适用于刚进城的各级党政军工作人员，而工资制主要适用于各类新民主主义经济成分的职员。1952 年，政务院发出《关于颁发各级人民政府供给制人员津贴

---

① 薄一波：《若干重大决策与事件的回顾》（上），中共党史出版社 2008 年版，第 317 页。

② 刘国光主编：《中国十个五年计划研究报告》，人民出版社 2006 年版，第 90 页。

标准及工资制工作人员工资标准的通知》，将工资自上而下分为 29 个级别，党政机关人员根据自己的级别获取相对应的工资并以实物进行折算；1955 年，在国内经济持续向好的背景下，国家开始实行货币工资制，同时将党政干部分为 30 个行政级，将企业工人分为 8 个技术等级，专业人员也依据具体种类设定相应等级系列；1956 年，国务院发布《关于工资改革的决定》，对国家机关和企事业单位工资制度进一步改革，确定 24 级的干部工资标准和 8 级企业工资制，自此奠定延续到 20 世纪 80 年代末的劳动工资制度基础。

根据过渡时期总路线"一化三改"的战略部署，在进行社会主义改造的同时，国家通过制定实施第一个五年计划来开启和推动社会主义工业化建设。在经济基础方面，出于迅速增强国家工业基础与国防力量的考虑，国家在"一五"计划时期确立优先发展重工业的战略目标，以苏联援建的 156 个项目为核心，集中力量重点发展钢铁、煤炭、电力、石油化工、有色金属、机器制造、车辆制造等重化工业。然而，面对当时内部工业基础薄弱和外部西方国家经济封锁的双重困境，国家借鉴苏联工业化发展经验，采取指令性计划对资源配置、生产结构以及产品消费等进行综合平衡，以便最大限度地集中有限的资金和建设力量来保证"一五"计划目标的顺利实现。到 1957 年，"一五"计划超额完成规定的任务，其中，全国工业总产值超计划 15.3%，使得 1953—1957 年全国工业总产值年平均增速达到 18%，超过"一五"计划规定的 14.7%，也超过同期的苏联和美国；全国钢产量达到 535 万吨，比 1952 年增长近 2 倍；全国原煤产量达到 1.31 亿吨，比 1952 年增长 98.5%。[①]"一五"计划的完成不仅为我国社会主义工业化奠定初步基础，也构建起计划经济体制的基本框架。之后，国家通过相继实施"二五"计划、"三五"计划等多个五年计划，使计划经济体制得到不断巩固和完善。与此同时，1954 年颁布的第一部《中华人民共和国宪法》第十五条规定："国家用经济计划指导国民经济的发展和改造，

---

① 刘国光主编：《中国十个五年计划研究报告》，人民出版社 2006 年版，第 106 页。

使生产力不断提高，以改进人民的物质生活和文化生活，巩固国家的独立和安全。"这表明，计划经济体制不仅在实际经济运行中开始基本形成，而且在法律上已经成为国家法定的经济体制。至此，生产资料公有制及与之相对应的按劳分配制度，同"一五"计划时期确立的计划经济体制，共同构成改革开放前的社会主义基本经济制度。

实际上，新中国在全面建设社会主义时期对社会主义基本经济制度的构建很大程度上是对"苏联模式"的模仿。马克思、恩格斯在其著作中并没有制定建设社会主义的具体方案，只是设定未来社会主义社会的一些基本经济原则。而 20 世纪 50 年代，苏联科学院经济研究所编的《政治经济学教科书》，在对苏联的社会主义经济建设经验进行总结的基础上，将社会主义经济模式概括为：社会主义经济 = 公有制 + 计划经济 + 按劳分配。因此，在新中国成立初期缺乏社会主义建设经验的情况下，新中国能够参照的只有苏联社会主义经济模式。

（二）改革开放后：社会主义基本经济制度发展完善阶段

"文化大革命"结束后，面对处于崩溃边缘的国民经济，党的十一届三中全会作出"把全党工作的着重点和全国人民的注意力转移到社会主义现代化建设上来"的决定，由此开启中国改革开放的历史进程。然而，改革开放初期，由于高度集中的计划经济体制难以为继且缺乏新的可供借鉴的社会主义建设模式，"什么是社会主义"以及"如何建设社会主义"就成为亟须解决的理论问题和实践问题。邓小平指出："现在我们搞经济改革，仍然要坚持社会主义道路，坚持共产主义的远大理想，年轻一代尤其要懂得这一点。但问题是什么是社会主义，如何建设社会主义。我们的经验教训有许多条，最重要的一条，就是要搞清楚这个问题。"[1]"社会主义

---

① 《邓小平文选》第三卷，人民出版社 1993 年版，第 116 页。

要消灭贫穷。贫穷不是社会主义，更不是共产主义。"①"搞社会主义，中心任务是发展社会生产力。"②

那么，该如何发展社会主义社会生产力呢？总的来说，就是"把马克思主义的普遍真理同我国的具体实际结合起来，走自己的道路，建设有中国特色的社会主义"③。具体而言，一是对内改革，二是对外开放。其中，对内改革的核心任务就是在坚持社会主义制度的前提下，通过改革生产关系和上层建筑中不适应生产力发展要求的部分，不断解放和发展社会生产力。在缺乏改革经验且只能"摸着石头过河"的情况下，中国选择先农村、后城市的改革策略。之所以选择先进行农村改革，主要是因为"中国有百分之八十的人口在农村。中国社会是不是安定，中国经济能不能发展，首先要看农村能不能发展，农民生活是不是好起来"④。将城市改革放在农村改革之后，主要是考虑到城市改革更复杂且风险更大，在借鉴农村改革成功经验的基础上进行城市改革，能够最大限度地降低改革的整体风险。实践中，农村家庭联产承包责任制改革在坚持农村土地集体所有制的前提下，将土地承包给广大农户经营，能够有效地破除人民公社体制的束缚，极大地激发农民的生产积极性，有力地促进农村生产力的解放和发展。之后，在农村经济体制改革取得成功的基础上，1984年通过《中共中央关于经济体制改革的决定》，正式开启城市改革并将增强企业活力作为整个经济体制改革的中心环节。对于对外开放，则旨在通过吸收外国资金、先进技术及管理经验，使其成为我国发展社会主义社会生产力的有益补充。

在明确发展道路和发展策略的同时，基于对新中国成立以来经济建设经验教训的反思和总结，党和国家开始意识到价值规律和商品经济在社会主义现代化建设中的积极作用。党的十一届三中全会指出，"应该坚决实

---

① 《邓小平文选》第三卷，人民出版社1993年版，第63—64页。
② 《邓小平文选》第三卷，人民出版社1993年版，第130页。
③ 《邓小平文选》第三卷，人民出版社1993年版，第3页。
④ 《邓小平文选》第三卷，人民出版社1993年版，第77—78页。

行按经济规律办事，重视价值规律的作用"①。然而，价值规律作为商品生产和交换的基本经济规律，其作用的充分发挥离不开价格机制、供求机制和竞争机制的有效运行，这就势必要求对传统计划经济体制进行相应的改革。

从生产资料所有制的角度看，改革开放后，单一的社会主义公有制开始被打破，个体经济、私营经济、外资经济等多种所有制经济形式的合法地位逐步得到承认。党的十一届六中全会明确指出，"国营经济和集体经济是我国基本的经济形式，一定范围的劳动者个体经济是公有制经济的必要补充"②。党的十二大确定"坚持国营经济的主导地位和发展多种经济形式"的基本原则，指出"在农村和城市，都要鼓励劳动者个体经济在国家规定的范围内和工商行政管理下适当发展，作为公有制经济的必要的、有益的补充"③。党的十三大则确立"在公有制为主体的前提下继续发展多种所有制经济"的基本方针，指出"对于城乡合作经济、个体经济和私营经济，都要继续鼓励它们发展"。"中外合资企业、合作经营企业和外商独资企业，也是我国社会主义经济必要的和有益的补充。"④党的十四大进一步指出："在所有制结构上，以公有制包括全民所有制和集体所有制经济为主体，个体经济、私营经济、外资经济为补充，多种经济成分长期共同发展，不同经济成分还可以自愿实行多种形式的联合经营。"⑤党的十五大更是明确指出："公有制为主体、多种所有制经济共同发展，是我国社会主

---

① 《十一届三中全会以来历次党代会、中央全会报告　公报　决议　决定》（上），中国方正出版社 2008 年版，第 15 页。

② 《十一届三中全会以来历次党代会、中央全会报告　公报　决议　决定》（上），中国方正出版社 2008 年版，第 122 页。

③ 《十一届三中全会以来历次党代会、中央全会报告　公报　决议　决定》（上），中国方正出版社 2008 年版，第 140 页。

④ 《十一届三中全会以来历次党代会、中央全会报告　公报　决议　决定》（上），中国方正出版社 2008 年版，第 298 页

⑤ 《十一届三中全会以来历次党代会、中央全会报告　公报　决议　决定》（下），中国方正出版社 2008 年版，第 445 页。

义初级阶段的一项基本经济制度。"① 至此，非公有制经济形式的重要性首次上升到基本经济制度的层面，标志着社会主义基本经济制度取得重大理论发展。在此基础上，党的十六大、十七大、十八大、十九大始终强调，要坚持和完善公有制为主体、多种所有制经济共同发展的基本经济制度，毫不动摇地巩固和发展公有制经济，毫不动摇地鼓励、支持、引导非公有制经济发展。其中，党的十六大侧重深化国有资产管理体制改革，党的十七大侧重健全现代市场体系，党的十八大侧重全面深化经济体制改革，党的十九大侧重坚持新发展理念，而党的十九届四中全会则从推动经济高质量发展的层面对坚持"两个毫不动摇"进一步提出新要求。

从分配制度的角度看，随着多种所有制经济形式的发展和生产资料所有制结构的变化，传统计划经济体制下单一的按劳分配制度逐步转变为按劳分配为主体、多种分配方式并存的分配制度。党的十一届六中全会指出，"必须实行适合于各种经济成分的具体管理制度和分配制度"②。在农村，随着家庭联产承包责任制的确立，包干制取代工分计酬制，农户"缴够国家的，留足集体的，剩下都是自己的"。在城市，国务院在 1978 年发布《关于实行奖励和计件工资制度的通知》，开始有条件、有计划地恢复国有企业奖金奖励制度和计件工资制度。之后，国务院在 1979 年颁布《关于扩大国营工业企业经营管理自主权的若干规定》，使国有企业拥有更多生产经营自主权。此时，为进一步激发职工的生产积极性以实现企业的增产增收，国有企业开始实行奖金同企业利润留成相挂钩的分配制度。不久，由于利润留成分配政策下的工资侵蚀利润现象日益突出，随着企业多种形式经济责任制的普遍确立，党的十二届三中全会指出，企业职工的工资和奖金要同企业的经济效益直接挂钩。与此同时，国家机关和事业单位

---

① 《十一届三中全会以来历次党代会、中央全会报告　公报　决议　决定》（下），中国方正出版社 2008 年版，第 605 页。

② 《十一届三中全会以来历次党代会、中央全会报告　公报　决议　决定》（上），中国方正出版社 2008 年版，第 122 页。

职员的工资也开始同本人的职责和劳绩密切联系起来。总的来说，改革开放初期分配制度改革的重点在于打破平均主义和贯彻马克思主义的物质利益原则，不断激发劳动者生产的积极性、主动性和创造性。基于此，党的十三大提出："在以按劳分配为主体的前提下实行多种分配方式，在共同富裕的目标下鼓励一部分人通过诚实劳动和合法经营先富起来。"① 之后，在收入差距呈现不断扩大趋势的背景下，党的十四大又提出："以按劳分配为主体，其他分配方式为补充，兼顾效率与公平。""既鼓励先进，促进效率，合理拉开收入差距，又防止两极分化，逐步实现共同富裕。"②

随着社会主义经济实践的不断丰富，党的十五大进一步提出，"坚持按劳分配为主体、多种分配方式并存的制度"，"把按劳分配和按生产要素分配结合起来，坚持效率优先、兼顾公平"，"允许和鼓励资本、技术等生产要素参与收益分配"。③ 至此，社会主义初级阶段的基本分配制度得以确立，并在国家后来的历次党代会中得到坚持和完善。党的十六大增加管理生产要素，"确立劳动、资本、技术和管理等生产要素按贡献参与分配的原则"，并强调"初次分配注重效率"，"再分配注重公平"。④ 党的十七大强调："健全劳动、资本、技术、管理等生产要素按贡献参与分配的制度，初次分配和再分配都要处理好效率和公平的关系，再分配更加注重公平。"⑤ 党的十八大则从"实现发展成果由人民共享"的高度提出"两个同步"和"两个比重"，要求"努力实现居民收入增长和经济发展同步、劳

---

① 《十一届三中全会以来历次党代会、中央全会报告　公报　决议　决定》（上），中国方正出版社 2008 年版，第 287 页。

② 《十一届三中全会以来历次党代会、中央全会报告　公报　决议　决定》（下），中国方正出版社 2008 年版，第 445 页。

③ 《十一届三中全会以来历次党代会、中央全会报告　公报　决议　决定》（下），中国方正出版社 2008 年版，第 608 页。

④ 《十一届三中全会以来历次党代会、中央全会报告　公报　决议　决定》（下），中国方正出版社 2008 年版，第 752 页。

⑤ 《十一届三中全会以来历次党代会、中央全会报告　公报　决议　决定》（下），中国方正出版社 2008 年版，第 926 页。

动报酬增长和劳动生产率提高同步，提高居民收入在国民收入分配中的比重，提高劳动报酬在初次分配中的比重"①。党的十八届三中全会将知识生产要素单列出来，要求"健全资本、知识、技术、管理等由要素市场决定的报酬机制"②。而党的十九届四中全会不仅首次将数据生产要素写入中央文件，要求"健全劳动、资本、土地、知识、技术、管理、数据等生产要素由市场评价贡献、按贡献决定报酬的机制"③，而且将按劳分配为主体、多种分配方式并存的分配制度上升为社会主义基本经济制度。

从经济运行方式的角度看，价值规律是商品经济的基本规律，它的作用要通过市场机制来实现。然而，在实践中，改革开放前高度集中的计划经济体制长期排斥市场、限制商品经济的发展，在思想上，"左"的意识形态将市场经济等同于资本主义，认为社会主义不能搞市场经济。这种情况下，在党的十一届三中全会提出"重视价值规律的作用"之后，"计划和市场"的关系问题就成为当时推动经济体制改革必须要回答的核心问题。对此，陈云在1979年3月撰写的《计划与市场问题》提纲中明确指出："整个社会主义时期必须有两种经济：一是计划经济部分；二是市场调节部分。"④ 同时强调，前者是基本的主要的；后者是从属的次要的，但又是必要的。邓小平更是明确指出："说市场经济只存在于资本主义社会，只有资本主义的市场经济，这肯定是不正确的。"⑤"社会主义和市场经济之间不存在根本矛盾。问题是用什么方法才能更有力地发展社会生产力。"⑥"计划多一点还是市场多一点，不是社会主义与资本主义的本质

---

① 胡锦涛：《坚定不移沿着中国特色社会主义道路前进　为全面建成小康社会而奋斗——在中国共产党第十八次全国代表大会上的报告》，《人民日报》2012年11月18日。
② 《中共中央关于全面深化改革若干重大问题的决定》，《人民日报》2013年11月16日。
③ 《中共中央关于坚持和完善中国特色社会主义制度　推进国家治理体系和治理能力现代化若干重大问题的决定》，人民出版社2019年版，第19—20页。
④ 《陈云文选》第三卷，人民出版社1995年版，第245页。
⑤ 《邓小平文选》第二卷，人民出版社1994年版，第236页。
⑥ 《邓小平文选》第三卷，人民出版社1993年版，第148页。

区别。计划经济不等于社会主义，资本主义也有计划；市场经济不等于资本主义，社会主义也有市场。计划和市场都是经济手段。"①

随着思想观念束缚的逐渐破除，党的十一届六中全会指出，"必须在公有制基础上实行计划经济，同时发挥市场调节的辅助作用。要大力发展社会主义的商品生产和商品交换"②。党的十二大确立"计划经济为主、市场调节为辅"的原则，指出"国家通过经济计划的综合平衡和市场调节的辅助作用，保证国民经济按比例地协调发展"③。党的十二届三中全会则指出，我国社会主义经济"是在公有制基础上的有计划的商品经济"，并强调"商品经济的充分发展是实现社会经济高度发达不可逾越的阶段"。④ 党的十三大进一步指出："社会主义有计划商品经济的体制，应该是计划与市场内在统一的体制。"⑤ 党的十四大明确提出，"我国经济体制改革的目标是建立社会主义市场经济体制"，"要使市场在社会主义国家宏观调控下对资源配置起基础性作用"。⑥ 至此，我国的经济体制实现从计划经济体制向社会主义市场经济体制的转变，这个过程的前半段坚持以计划经济为主，旨在通过发挥价值规律的积极作用来弥补计划经济体制的不足；后半段则深刻认识到社会主义初级阶段商品经济充分发展的必要性和不可逾越性，不再固守计划经济体制，而是明确提出建立社会主义市场经济体制的改革目标。之后，党的十四届三中全会通过《中共中央关于建立社会主义

① 《邓小平文选》第三卷，人民出版社 1993 年版，第 373 页。
② 《十一届三中全会以来历次党代会、中央全会报告 公报 决议 决定》（上），中国方正出版社 2008 年版，第 122 页。
③ 《十一届三中全会以来历次党代会、中央全会报告 公报 决议 决定》（上），中国方正出版社 2008 年版，第 122 页。
④ 《十一届三中全会以来历次党代会、中央全会报告 公报 决议 决定》（上），中国方正出版社 2008 年版，第 221 页。
⑤ 《十一届三中全会以来历次党代会、中央全会报告 公报 决议 决定》（上），中国方正出版社 2008 年版，第 295 页。
⑥ 《十一届三中全会以来历次党代会、中央全会报告 公报 决议 决定》（下），中国方正出版社 2008 年版，第 445 页。

市场经济体制若干问题的决定》，搭建起社会主义市场经济体制的基本框架。党的十五大提出，要坚持社会主义市场经济的改革方向，建设具有中国特色社会主义的经济。党的十六大指出，社会主义市场经济体制已经初步建立，并强调接下来改革的主要任务是完善社会主义市场经济体制。党的十七大进一步指出，"要深化对社会主义市场经济规律的认识，从制度上更好发挥市场在资源配置中的基础性作用"①。党的十八大强调，要加快完善社会主义市场经济体制，要在更大程度更广范围发挥市场在资源配置中的基础性作用。党的十八届三中全会则指出："经济体制改革是全面深化改革的重点，核心问题是处理好政府和市场的关系，使市场在资源配置中起决定性作用，更好发挥政府作用。"②党的十九大继续强调，要加快完善社会主义市场经济体制，同时指出经济体制改革要以完善产权制度和要素市场化配置为重点。党的十九届四中全会则将社会主义经济体制上升到社会主义基本经济制度的高度。

二、社会主义基本经济制度的理论逻辑

（一）社会主义基本经济制度体现出生产力与生产关系相互作用的矛盾运动规律

经济制度是一定社会在特定历史发展阶段中占统治地位的生产关系的总和。基本经济制度则是经济制度中具有长期性和稳定性的部分，是经济制度的基本框架和基本关系，决定着经济制度的根本属性和基本特征，也规范着社会经济的发展方向和发展方式。每个社会都有属于自己的基本经

---

① 《十一届三中全会以来历次党代会、中央全会报告 公报 决议 决定》（下），中国方正出版社 2008 年版，第 917 页。

② 《习近平关于社会主义经济建设论述摘编》，中央文献出版社 2017 年版，第 58—59 页。

济制度，且基本经济制度的性质由占统治地位生产关系的性质所决定，并反映出社会性质的特殊性，如社会主义社会对应着社会主义基本经济制度，资本主义社会对应着资本主义基本经济制度。从经济规律的一般性而言，根据马克思主义政治经济学的基本原理，生产力决定生产关系，一定的生产关系总要与一定的生产力发展阶段相适应。社会生产关系作为人们在生产、分配、交换、消费等社会再生产过程中形成的关系总体，是建立在生产资料所有制的基础之上，其性质也是由生产资料所有制的性质所决定，而生产资料所有制的性质则是由所有制主体所决定。正如马克思在《〈政治经济学批判〉导言》中指出的："在一切社会形式中都有一种一定的生产决定其他一切生产的地位和影响，因而它的关系也决定其他一切关系的地位和影响。这是一种普照的光，它掩盖了一切其他色彩，改变着它们的特点。这是一种特殊的以太，它决定着它里面显露出来的一切存在的比重。"①具体到社会主义社会而言，在社会所有制结构中占据主体地位的生产资料公有制，就是社会主义生产关系的"普照之光"和"以太"，不仅规定了占统治地位生产关系的社会主义性质，而且也进一步规定了基本经济制度的社会主义性质。因此可以说，社会主义基本经济制度内在地包含着以公有制为主体的生产资料所有制，体现出生产力与生产关系的统一。

经济体制作为生产关系的具体实现形式，反映出一定生产力发展阶段的资源配置机制和经济运行方式。根据内容决定形式的基本原理，经济制度是经济体制的基础，对经济体制具有决定性和根本性的影响，规定着经济体制的根本性质、主要特征和发展方向。从映射关系看，同种经济制度可以采用不同的经济体制，不同的经济制度也可以采用同种经济体制。也就是说，一种经济体制作为一种资源配置方式，具有经济运行规律的一般性，体现出人类社会文明的一般性，与特定的经济制度之间并不存在必然

---

① 《马克思恩格斯选集》第 2 卷，人民出版社 1995 年版，第 24 页。

的依附关系。正如邓小平1979年11月会见外宾时指出的："市场经济不能说只是资本主义的。市场经济，在封建社会时期就有了萌芽。社会主义也可以搞市场经济。"①但是，经济体制不能脱离一定的生产关系而独自运行，总是要通过与特定经济制度相结合的方式来服务某种经济制度。而且，由于经济体制的制度属性取决于其结合的特定经济制度，经济体制的性质也取决于其结合经济制度所反映的生产关系性质。具体而言，社会主义市场经济体制本质上是市场经济与社会主义的结合，其中，市场经济体现出经济体制的一般性，社会主义则体现出经济制度的特殊性。相较于资本主义市场经济体制，虽然在体制层面，社会主义市场经济体制也采用市场经济，但在制度层面，社会主义市场经济体制以社会主义生产关系为基础，服务于公有制为主的生产资料所有制和按劳分配为主的分配制度，内在地包含于社会主义基本经济制度。需要指出的是，一个国家在制度选择和制度发展的过程中总是要受到自身文化属性的影响，同一种制度在不同文化中通常有着基于文化差异的不同实现方式和实践路径，正如同样是社会主义国家，中国的社会主义制度就与古巴的社会主义制度存在较大差异，这进一步表明，中国特色社会主义制度的"特"一方面体现在区别于资本主义的社会主义属性，另一方面则体现在中国社会主义制度自身独特的历史文化属性。因此，社会主义基本经济制度不仅反映出经济体制规律一般性与社会主义性质特殊性的统一，而且反映出人类社会文明一般性与中国历史文化特殊性的统一。

（二）社会主义基本经济制度体现出经济基础与上层建筑相互作用的矛盾运动规律

社会主义基本经济制度作为中国特色社会主义制度的重要支柱，不仅

---

① 《邓小平文选》第二卷，人民出版社1994年版，第236页。

奠定了国家治理体系和治理能力现代化的经济基础，而且反映出经济基础与上层建筑的统一。从国家治理现代化的角度看，中国特色社会主义制度是我国的根本制度，也是国家治理体系和治理能力现代化的制度遵循。党的十九届四中全会指出："中国特色社会主义制度是党和人民在长期实践探索中形成的科学制度体系，我国国家治理一切工作和活动都依照中国特色社会主义制度展开，我国国家治理体系和治理能力是中国特色社会主义制度及其执行能力的集中体现。"[1] 具体而言，国家治理体系和治理能力现代化包括制度体系和制度执行两个层面。其中，国家治理体系是在党的领导下治国理政的一整套紧密相连、相互协调的制度体系，涵盖经济、政治、社会、文化、生态文明和党的建设等多个领域。从形成看，国家治理体系的构建是一个不断适应经济基础发展的过程，也是一个深受中国历史文化属性影响的过程，正如习近平总书记指出："一个国家选择什么样的治理体系，是由这个国家的历史传承、文化传统、经济社会发展水平决定的，是由这个国家的人民决定的。我国今天的国家治理体系，是在我国历史传承、文化传统、经济社会发展的基础上长期发展、渐进改进、内生性演化的结果。"[2] 从实践看，国家治理体系现代化的关键则是要在坚持和巩固基本制度的基础上，不断建立和完善各个领域内的重要制度，最终形成以根本制度为指引、以基本制度为原则、以重要制度为突破的现代化国家制度体系。国家治理能力则是指系统运用国家制度体系来治理经济社会发展各项事务的能力，包括改革发展稳定、内政外交国防、治党治国治军等多个方面。国家治理体系和国家治理能力分别对应着制度体系和制度执行，两者相辅相成，共同构成一个有机整体，高效完备的国家治理体系是国家治理能力提升和跃迁的基础，高水平的国家治理能力则是充分发挥出国家治理体系效能的保障。因此，在新时代背景下，中国国家治理体系和

---

[1] 《中共中央关于坚持和完善中国特色社会主义制度　推进国家治理体系和治理能力现代化若干重大问题的决定》，人民出版社 2019 年版，第 1—2 页。

[2] 《习近平关于全面深化改革论述摘编》，中央文献出版社 2014 年版，第 21 页。

治理能力现代化的核心就是要在坚持和完善中国特色社会主义制度的基础上，通过充分发挥出中国特色社会主义制度的显著优势，有序完成全面深化改革的各项工作任务，最终推动实现"两个一百年"奋斗目标和中华民族伟大复兴的中国梦。

从经济基础与上层建筑矛盾运动的角度看，社会主义基本经济制度对国家治理体系和治理能力现代化有着重要影响。首先，从传导机制看，经济基础决定上层建筑，在全面深化改革的过程中，经济体制改革直接带来社会生产关系的调整和经济基础的变化，进而牵引和带动其他领域的体制机制改革，具有牵一发而动全身的作用。正如马克思曾在《〈政治经济学批判〉序言》中所指出的："人们在自己生活的社会生产中发生一定的、必然的、不以他们的意志为转移的关系，即同他们的物质生产力的一定发展阶段相适合的生产关系。这些生产关系的总和构成社会的经济结构，即有法律的和政治的上层建筑竖立其上并有一定的社会意识形式与之相适应的现实基础。物质生活的生产方式制约着整个社会生活、政治生活和精神生活的过程。"① 其次，从方法论看，社会主义基本经济制度新概况突破原有单一基本经济制度，实现基本经济制度体系化转型，在推动中国特色社会主义制度更加成熟更加定型和优化国家治理体系建设的同时，也对国家治理体系和治理能力现代化提出系统化的实践要求。最后，从具体内容看，公有制为主体、多种所有制经济共同发展规定着国家治理体系和治理能力现代化建设要始终沿着社会主义方向前进，并将解放和发展生产力作为根本判断标准；按劳分配为主体、多种分配方式并存规定着国家治理体系和治理能力现代化建设要始终坚持发展为了人民、发展依靠人民、发展成果由人民共享；社会主义市场经济体制则规定着国家治理体系和治理能力现代化建设要始终坚持社会主义市场经济的改革方向，通过使市场在资源配置中起决定性作用和更好发挥政府作用，实现市场和政府优势的有机结合。

---

① 《马克思恩格斯选集》第 2 卷，人民出版社 1995 年版，第 32 页。

（三）社会主义基本经济制度的三项内容构成一个完整的有机统一体

在内部关系上，社会主义基本经济制度中的所有制、分配制度和社会主义市场经济体制相互联系、相互支持和相互促进，形成一个统一于社会主义再生产过程的制度体系。社会主义再生产本质上是社会主义性质的社会扩大再生产，其社会主义性质主要体现在生产环节和分配环节。从生产环节看，物质资料的生产是人类社会赖以存在和发展的基础，物质资料的生产过程就是劳动者与生产资料相结合进行劳动生产的过程，而生产资料所有制决定着生产过程中劳动者与生产资料的结合方式，也决定着生产过程中劳动者之间的关系，进而决定着社会生产关系的性质。从分配环节看，生产决定分配，不仅体现在生产的劳动产品决定着分配对象，而且体现在生产资料所有制形式决定着分配方式。正如马克思在《〈政治经济学批判〉导言》中指出的："分配的结构完全决定于生产的结构。分配本身是生产的产物，不仅就对象说是如此，而且就形式说也是如此。就对象说，能分配的只是生产的成果，就形式说，参与生产的一定方式决定分配的特殊形式，决定参与分配的形式。"[①] 在生产资料公有制的条件下，生产资料由联合的劳动者共同所有、占有、支配和使用，劳动者和生产资料实现一种直接结合，这不仅决定着劳动者之间在生产过程中是一种平等、互助和合作的关系，是一种没有剥削和压迫的关系，也决定着劳动产品在进行各项必要的社会扣除后，将按照劳动者提供的劳动数量和劳动质量进行分配，即按劳分配。在生产资料私有制的条件下，生产资料由私人占有，劳动者拥有自己的劳动力，生产资料私有者拥有劳动资料和劳动对象，劳动者和生产资料以间接方式结合起来进行劳动生产，并按照各自在生产过程中的贡献对劳动产品进行分配。但由于缺乏必要的生产资料而只能依靠出卖自己的劳动力过活，劳动者特别是无产者通常在生产和分配过程中受

---

① 《马克思恩格斯选集》第 2 卷，人民出版社 1995 年版，第 13 页。

到资本家的压迫和剥削，进而影响按贡献分配的实现程度。需要注意的是，在生产资料私有制的条件下，虽然按贡献分配的实现程度会受到不同程度的影响，但按贡献分配原则客观存在。因此，当生产过程从劳动者和生产资料相结合的分析范式转变为生产要素相结合的分析范式时，生产资料私有制形式对应的分配方式就遵循劳动、资本、土地、知识、技术、管理、数据等生产要素按贡献参与分配的原则。

基于社会主义再生产的内在逻辑，一方面，生产资料所有制形式决定分配方式，公有制为主体、多种所有制经济共同发展构成按劳分配为主体、多种分配方式并存的基础，而按劳分配为主体、多种分配方式并存则是公有制为主体、多种所有制经济共同发展的经济实现形式，两者共同构成社会主义基本经济制度的根本经济特征。首先，以公有制为主体和以按劳分配为主体是保证基本经济制度社会主义性质的客观要求；其次，公有制的主体地位是保证按劳分配主体地位的基础和前提；最后，多种所有制经济共同发展内在地要求建立与之相适应的多种分配方式，而且，多种所有制经济中的非公有制经济形式本质上是建立在生产资料私有制的基础上并对应着按要素分配。另一方面，由于社会主义再生产的顺利进行离不开经济运行机制的保障，公有制为主体、多种所有制经济共同发展构成社会主义市场经济体制的基础，而社会主义市场经济体制则是实现公有制为主体、多种所有制经济共同发展和按劳分配为主体、多种分配方式并存的保障机制。一是社会主义市场经济体制虽然实现了生产资料公有制与市场经济的有机结合，打破了公有制只能与计划经济相结合、私有制只能与市场经济相结合的双重思想束缚，但市场经济体制的社会主义性质要通过公有制的主体地位来保证；二是公有制为主体、多种所有制经济共同发展体现在生产环节，就是不断解放和发展生产力，而社会主义市场经济体制通过使市场在资源配置中起决定性作用和更好发挥政府作用，能够有效地实现资源的优化配置；三是在商品经济条件下，分配的货币实现离不开劳动产品价值的实现，而劳动产品价值的实现要通过市场完成"惊险的跳跃"，同时，分配的公平和效率也离不开对生产过程中劳动质量和各类生产要素贡献度的客观评价，而社会主义市场经济体制通过价格机制和竞争机制能够有效地评价出生产要素的稀缺度和贡献份额。

（四）社会主义基本经济制度的发展和完善是一个开放的动态的历史演进过程

新中国成立初期，就一穷二白的发展基础而言，"苏联模式"对于新中国在较短时间内建立起独立完整的工业体系发挥过积极的促进作用，对于新中国探索社会主义经济建设道路也提供过有益借鉴。然而，"苏联模式"在长期的运行中也逐渐暴露出计划经济体制自身所存在的一系列问题，如在生产环节，国家对企业统得过多过死，权力过于集中，国有企业普遍缺乏活力，造成严重的物质匮乏；在分配环节，过于强调平均主义分配，忽略物质利益原则的激励作用，极大压抑广大劳动者的生产积极性。改革开放初期，随着党的十一届三中全会将工作重心从"以阶级斗争为纲"转移到经济建设上来，国家开始认识到对高度集中的计划经济体制进行改革的必要性和紧迫性，试图在坚持计划经济体制主体地位的前提下，通过在一定范围内发挥价值规律、商品经济和市场的积极作用来消除计划经济体制自身难以克服的弊端。然而，不断深入的改革实践却表明，如果仅仅在局部领域引入市场机制且只将市场经济作为计划经济的辅助部分，而不是从更深层次对计划经济体制进行改革，就无法真正打破经济发展僵局。与此同时，党和国家也逐渐认识到"社会主义生产关系的发展并不存在一套固定的模式，我们的任务是要根据我国生产力发展的要求，在每一个阶段上创造出与之相适应和便于继续前进的生产关系的具体形式"[1]。但囿于市

---

[1] 《十一届三中全会以来历次党代会、中央全会报告　公报　决议　决定》（上），中国方正出版社 2008 年版，第 122 页。

场经济就是资本主义的思想束缚，早期经济体制改革在模式选择上，还局限在如何实现计划经济体制框架内计划机制与市场机制的统一，并未达到经济体制整体关系转变的高度。之后，随着1992年邓小平南方谈话清晰地解决了市场经济姓"资"姓"社"的思想问题，党的十四大明确地将建立社会主义市场经济体制作为经济体制改革的目标。这不仅标志着中国的经济体制从传统计划经济体制向社会主义市场经济体制的转变，更意味着改革开放后中国经济体制改革的核心问题，从计划和市场的关系问题转变为政府和市场的关系问题。

从社会主义基本经济制度的所有制层面看，由于传统计划经济体制向社会主义市场经济体制的转变没有动摇社会主义生产关系的统治地位，基本经济制度的性质依然是社会主义。但由于社会主义生产关系的统治地位在两种经济体制中表现为不同的生产资料所有制结构，基本经济制度的所有制内容则相应发生变化。具体而言，相较于计划经济体制强调公有制占绝对统治地位，社会主义市场经济则强调公有制占相对统治地位。这种变化虽然不会改变生产关系的社会主义性质，但会深刻地影响所有制结构，结果就是社会主义基本经济制度的所有制内容从计划经济体制时期的单一生产资料公有制，调整为社会主义市场经济体制时期的公有制为主体、多种所有制经济共同发展。从社会主义基本经济制度的整体构成看，党的十五大对社会主义基本经济制度的规定仅包括调整后的生产资料所有制，而党的十九届四中全会则将公有制为主体、多种所有制经济共同发展的生产资料所有制，按劳分配为主体、多种分配方式并存的基本分配制度，社会主义市场经济体制共同作为社会主义基本经济制度，实现社会主义基本经济制度构成从单一制度向制度体系的转变。与党的十五大相关表述相比，社会主义基本经济制度新概况一方面表明基本分配制度和社会主义市场经济体制自身经过改革开放40多年来的不断发展，已经达到基本经济制度的制度属性要求；另一方面也体现出国家将要从基本经济制度的高度进一步坚持和完善基本分配制度和社会主义市场经济体制的重视态度和坚定决心。而且，从马克思主义理论实践性和开放发展性的角度看，社会主义基本经济制度内容的发展完善与中国社会经济的发展历史进程和改革开放的实践历程相一致，本质上反映出生产关系顺应生产力革命性要求不断进行调整的动态变化过程，正如习近平总书记在纪念马克思诞辰 200 周年大会上的讲话中所指出的："马克思一再告诫人们，马克思主义理论不是教条，而是行动指南，必须随着实践的变化而发展。"① 因此，基于社会主义基本经济制度演变反映出的生产关系开放性，社会主义市场经济应当打破封闭式循环体系，并在积极适应外部环境变化并融入世界经济体系的基础上，建立起与世界市场紧密联系的高水平的开放型经济体系。

三、社会主义基本经济制度的显著优势

（一）社会主义基本经济制度的所有制优势

进入新时代，我国社会主要矛盾已经从人民日益增长的物质文化需要同落后的社会生产之间的矛盾，转化为人民日益增长的美好生活需要和不平衡不充分的发展之间的矛盾。虽然社会主要矛盾发生变化，但矛盾的主要方面仍然是发展社会生产力。而且在新时代，我国仍处于并将长期处于社会主义初级阶段的基本国情没有变，我国仍是世界上最大发展中国家的国际地位也没有变。这就决定发展仍是解决我国一切问题的基础和关键。正因如此，习近平总书记强调指出："我们必须坚持以经济建设为中心，坚持以人民为中心的发展思想，聚精会神抓好发展这个党执政兴国的第一要务，实现更高质量、更有效率、更加公平、更可持续的发展。"② 生产力

---

① 习近平：《在纪念马克思诞辰 200 周年大会上的讲话》，《人民日报》2018 年 5 月 5 日。
② 《习近平关于社会主义经济建设论述摘编》，中央文献出版社 2017 年版，第 11 页、

是社会发展的最终决定力量，生产力的发展决定着生产关系的变化趋势，从而推动着经济基础和上层建筑的矛盾运动，最终决定着社会的历史发展进程。邓小平指出："社会主义阶段的最根本任务就是发展生产力，社会主义的优越性归根到底要体现在它的生产力比资本主义发展得更快一些、更高一些，并且在发展生产力的基础上不断改善人民的物质文化生活。"①这进一步阐明，解放和发展社会生产力不仅是社会主义的本质要求，更是社会主义优越性的重要体现。

生产关系反作用于生产力。社会主义基本经济制度的所有制优势主要体现在，能够通过建立起适应社会主义初级阶段生产力性质的生产关系来不断促进社会生产力向前发展。理论上，社会主义初级阶段是我国在生产力水平不高、商品经济不发达条件下建设社会主义必然要经历的特定阶段，其最大的实际就是生产力水平低且具有多层次、不均衡的特点。从总体看，公有制为主体、多种所有制经济共同发展的基本经济制度，将公有制经济和非公有制经济都作为社会主义市场经济的重要组成部分，在坚持公有制主体地位和国有经济主导地位的基础上，鼓励、支持和引导包括个体经济、私营经济、外资经济等多种形式的非公有制经济的发展，建立起多种所有制经济之间的合作竞争关系，能够有效地激发出各类市场主体的经济活力和创造力，充分地发挥出各种所有制经济的比较优势，进而极大地解放和发展社会生产力。从结构看，公有制的主体地位为实现共同富裕奠定所有制基础，规定着社会主义市场经济体制的社会主义制度属性，使其在推动社会全面发展的同时也能够有效克服贫富两极分化，充分体现出社会主义基本经济制度的优越性。而且国有经济能够在能源化工、网络通信、交通设施等方面为民营经济的发展提供基础性设施，进而为民营经济发展提供巨大支撑作用并促进民营经济发展更加健康。具体到实践中，改革开放以来，中国的经济发展取得令人瞩目的成绩。在经济总量方面，

---

① 《邓小平文选》第三卷，人民出版社 1993 年版，第 63 页。

1979—2018 年，我国国内生产总值年均增长 9.4%，远高于世界同期年均 2.9% 的增速。① 中国自 2010 年首次超过日本之后一直稳居世界第二大经济体。在公有制经济方面，1978—2018 年，全国国有企业营业收入、利润总额分别实现年均增长 11.9% 和 10.3%，2018 年全国国有企业资产总额、所有者权益分别达到 1978 年的 247.1 倍和 130 倍。② 在非公有制经济方面，民营经济经过改革开放 40 多年的发展，从小到大、从弱到强，已经成为推动我国经济发展不可或缺的力量。截至 2017 年底，民营经济贡献了 50% 以上的税收，60% 以上的国内生产总值，70% 以上的技术创新成果，80% 以上的城镇劳动就业，90% 以上的企业数量。③ 同时，外资经济也成为中国经济的重要组成部分。1983—2018 年，我国实际使用外商直接投资年均增长 15.4%，且自 2017 年开始，我国已连续三年成为全球第二大外资流入国。④

（二）社会主义基本经济制度的分配制度优势

按劳分配为主体、多种分配方式并存的显著优势就是，能够在最大限度调动各方面生产积极性的同时，有效防止两极分化并逐步达到共同富裕，最终实现效率与公平的统一。就按劳分配而言，按劳分配对应着公有制经济，主要存在于国有经济、集体经济以及混合所有制经济中的国有成分和集体成分。按劳分配采取多劳多得、少劳少得的分配原则，按照劳动贡献的多少来进行劳动产品的分配，既能够建立起平等的劳动关系，又能够在承认劳动差别的基础上，鼓励劳动者通过提高劳动技能和劳动强度来

---

① 《坚持和完善社会主义基本经济制度（深入学习贯彻党的十九届四中全会精神）》，《人民日报》2019 年 11 月 22 日。

② 马建堂：《社会主义基本经济制度是党和人民的伟大创造》，《经济日报》2020 年 1 月 2 日。

③ 习近平：《在民营企业座谈会上的讲话》，《人民日报》2018 年 11 月 2 日。

④ 国家统计局贸经司：《对外经贸开启新征程　全面开放构建新格局——新中国成立 70 周年经济社会发展成就系列报告之二十二》，2019 年 8 月。

提高劳动效率。在公有制条件下，没有压迫意味着劳动者在生产过程中是一种平等合作关系，没有剥削意味着凝结在商品中人类无差别的劳动所创造的价值全部由劳动者共享，而不是一部分以剩余价值的形式被资本家无偿占有，即全部劳动产品在进行各项社会必要扣除后，按照劳动者的劳动贡献分配给劳动者。由于生产资料包含的物化劳动在生产过程中只是转移自身的价值而不创造新的价值，劳动产品的价值增值来源于劳动者在生产过程中脑力和体力的消耗，即活劳动创造价值。这就决定劳动者在劳动过程中的劳动贡献差异来源于活劳动而不是物化劳动，而劳动者在劳动技能、劳动时间以及劳动强度等方面的差异都会影响其劳动贡献。因此，在按劳分配的原则下，劳动者为获得更多收入，就会自觉地通过提高劳动技能、增强劳动强度等方式来提高自己的劳动贡献率，进而推动整体社会生产力的不断发展，这是按劳分配的效率性。同时，由于劳动者的智力和体力差异在整体上处于一个相对较小的范围，基于劳动者生物属性和生理特征差异的劳动贡献差异所形成的劳动报酬收入差距就会保持在一个合理的范围。而且，虽然个别劳动者因懒惰、厌恶劳动等主观原因而陷入贫困，但具备劳动能力却缺乏劳动意愿导致的收入差距拉大并不影响按劳分配的机会公平和过程公平，这是按劳分配的公平性。

就按要素分配而言，按要素分配对应着生产资料私有制，主要存在于各种非公有制经济形式。从生产要素的角度看，生产过程就是一个将各类生产要素结合起来并转化为产品和服务的过程，而按要素分配则是指将产出物按各类生产要素在生产过程中的贡献比例分配给要素所有者。一般而言，生产要素主要包括人的要素、物的要素及其结合要素，其中，人的要素和物的要素是最基本的要素，结合要素则随着生产条件和结合方式的变化而变化。具体而言，除劳动、资本、土地等传统生产要素外，知识、技术、管理、数据等现代生产要素也逐渐独立出来并在生产过程中发挥越来越重要的作用。相较于按劳分配，按要素分配的效率优势主要体现在以下两个方面，一是由于私有制基础上的生产要素有着明确的权利主体，遵循利益最大化原则的理性生产要素所有者，会积极利用价格机制和竞争机制将生产要素投入最能反映其稀缺性的生产过程，从而提高生产要素的配置效率；二是由于新独立出来的生产要素通常有着更高的价格，为获得潜在生产要素的所有权和抢占先机，人们会积极进行技术创新和应用创新来发现培育新生产要素，进而有利于促进生产要素种类的增加和加快新生产要素的应用推广。然而，按要素分配的私有制属性使其有着扩大贫富差距的内在趋势。首先，由于财富增长具有明显的马太效应，生产要素最初占有的不公平会在市场机制的作用下导致收入差距不断拉大；其次，由于生产要素的稀缺性和可得性的差异会导致各种生产要素在生产过程中具有不同的可替代性，高度不可替代的关键生产要素通常会获得远高于普通生产要素的收入。因此可以说，社会主义基本经济制度的分配制度优势就体现为效率和公平的统一，其中，坚持按劳分配的主体地位有利于在巩固发展公有制经济的基础上实现共同富裕，而多种分配方式并存则有利于让一切创造社会财富的源泉充分涌流。具体而言，从可支配收入看，全国居民人均可支配收入在 1978 年仅为 171 元，而在 2018 年达到 28228 元。从贫困人口看，按照 2010 年标准，我国农村贫困人口从 1978 年末的 7.7 亿人减至 2018 年末的 1660 万人，农村贫困发生率也从 1978 年末的 97.5% 减至 2018 年末的 1.7%，中国的减贫对全球减贫贡献超过 70%。[①]

（三）社会主义基本经济制度的经济体制优势

社会主义市场经济体制的显著优势就在于，能够同时发挥市场经济的长处和社会主义制度的优越性，实现市场作用和政府作用在资源配置过程中的有机统一。一是社会主义市场经济体制是中国特色社会主义道路探索

[①] 国家统计局：《沧桑巨变七十载 民族复兴铸辉煌——新中国成立 70 周年经济社会发展成就系列报告之一》，2019 年 7 月。

过程中的重大理论创新。传统的西方经济学理论认为，计划经济有违市场自由竞争的原则且只能建立在生产资料公有制的基础上，资本主义社会只能搞市场经济而不能搞计划经济。传统的马克思主义经济学理论则认为，市场经济和商品经济是以生产资料私有制为基础，违背社会主义对公有制的要求，社会主义社会只能搞计划经济而不能搞市场经济，正如恩格斯在《反杜林论》中所指出的："一旦社会占有了生产资料，商品生产就将被消除，而产品对生产者的统治也将随之消除。社会生产内部的无政府状态将为有计划的自觉的组织所代替。"① 受此影响，在很长一段时间内，大家在思想观念上都将社会主义与市场经济对立起来，将资本主义与计划经济对立起来。然而，计划经济和市场经济在本质上都是进行资源配置的经济手段，其性质在根本上取决于该经济手段所结合的经济制度的性质。市场经济与资本主义相结合构成资本主义市场经济，市场经济与社会主义相结合则形成社会主义市场经济体制。因此，社会主义市场经济体制这一伟大创举在思想和理论上同时突破了社会主义只能与计划经济体制相结合、资本主义只能与市场经济体制相结合的双重束缚。

二是社会主义市场经济体制构建起一种具有中国特色的政府和市场关系。以"苏联模式"为代表的传统高度集中的计划经济体制依靠指令性计划而排斥市场机制，以自由竞争资本主义模式为代表的市场经济体制强调自由放任的市场原教旨主义而反对国家对社会经济活动进行干预。虽然计划经济体制和市场经济体制对市场和政府的作用有着不同的态度和定位，但两种经济体制的实践结果均表明，社会经济持续健康高效的运行离不开政府和市场的双重作用。此时，核心的问题就是，政府和市场在经济运行中各自应当发挥什么作用，以及市场和政府应当保持一种什么关系才能实现两者的优势互补。从中国改革开放的发展实践看，对政府和市场作用的认识通常是一个不断深化的过程，对政府和市场关系的定位也是一个不断

---

① 《马克思恩格斯选集》第 3 卷，人民出版社 2012 年版，第 671 页。

摸索的过程。党的十四大提出社会主义市场经济体制建设目标之前，中国社会主义经济体制改革的核心问题是计划和市场的关系问题，而党的十四大之后，政府和市场的关系问题就成为社会主义市场经济体制改革的核心问题。而且，随着对市场作用认识的不断加深，国家对政府和市场关系定位，经历从"国家调节市场，市场引导企业"到"使市场在社会主义国家宏观调控下对资源配置起基础性作用"的转变，并最终确定为"使市场在资源配置中起决定性作用和更好发挥政府作用"。

三是社会主义市场经济体制能够在实现政府和市场优势互补、协同发力的基础上推动经济社会持续健康发展。就资本主义市场经济而言，无论是美国的自由市场经济模式，还是德国的社会市场经济模式，抑或瑞典的福利市场经济模式，虽不同程度上运用政府调节来弥补市场机制的不足，但生产资料私有制的所有制属性决定其难以真正克服自身存在的两极分化、经济危机等深层次矛盾。社会主义市场经济体制坚持使市场在资源配置中起决定性作用和更好发挥政府作用，既能充分运用好"看得见的手"来提升资源配置效率，又能充分运用好"看不见的手"来弥补市场失灵，进而能够在实现有效市场和有为政府有机结合的基础上，更好地解放和发展社会生产力。其中，在市场机制方面，习近平总书记强调："经济发展就是要提高资源尤其是稀缺资源的配置效率，以尽可能少的资源投入生产尽可能多的产品、获得尽可能大的效益。理论和实践都证明，市场配置资源是最有效率的形式。市场决定资源配置是市场经济的一般规律，市场经济本质上就是市场决定资源配置的经济。"[1] 具体到中国改革开放后市场主体的发展实践，全国企业数量在 2017 年增加到 1809.8 万个，比 1996 年的 262.8 万个增长了 5.9 倍，年均增长率达到 9.6%，其中，全国私营企业在 2017 年增加到 1436.9 万个，比 1996 年的 44.3 万个增长了 31.4 倍，年

---

[1] 《习近平关于社会主义经济建设论述摘编》，中央文献出版社 2017 年版，第 52 页。

均增长率更是达到 18.0%。① 在政府作用方面，社会主义市场经济制度不仅能够更好地发挥出政府调节市场失灵的作用，通过具有预见性和前瞻性的有度宏观调控来克服市场盲目性、自发性和滞后性，而且能够更好地发挥出社会主义集中力量办大事的独特政治优势和制度优势，通过举国体制来更有效地应对各种重大突发事件对社会经济的巨大冲击。

(四) 发挥社会主义基本经济制度显著优势的关键在于坚持党的领导

中国共产党领导是中国特色社会主义最本质的特征，是中国特色社会主义制度的最大优势。社会主义基本经济制度作为中国特色社会主义制度的重要组成部分，党的领导不仅是社会主义基本经济制度的显著优势，更是有效推动社会主义基本经济制度的制度优势转化为治理效能的根本保证。

从制度建设的角度看，首先，中国共产党代表着中国先进生产力的发展要求，实事求是、与时俱进，能够自觉地通过制度改革和创新推动生产关系同生产力、上层建筑同经济基础相适应，进而推动社会生产力的不断解放和发展。社会主义基本经济制度不断发展和完善的过程就是一种集中体现。改革开放后，党和国家在将工作重心转移到经济建设上来的同时，也认识到高度集中的计划经济体制对社会生产力的严重束缚，便以农村家庭联产承包责任制改革为开端，逐渐破除计划经济与商品经济相对立、社会主义与市场经济相对立的思想束缚，并最终建立起包括公有制为主体、多种所有制经济共同发展，按劳分配为主体、多种分配方式并存以及社会主义市场经济体制在内的社会主义基本经济制度。其次，中国共产党代表着中国最广大人民的根本利益，始终坚持全心全意为人民服务的宗旨，牢

---

① 国家统计局:《单位数量快速增长　市场活力不断激发——新中国成立 70 周年经济社会发展成就系列报告之二十一》，2019 年 8 月。

记为中国人民谋幸福、为中华民族谋复兴的初心和使命。基于以人民为中心的发展思想，社会主义基本经济制度在建设的过程中，一方面通过充分发挥市场在资源配置中的决定性作用和更好发挥政府作用，不断加快现代化经济体系建设，推动实现经济高质量发展，从而为人民日益增长的美好生活需要奠定物质基础。另一方面通过坚持公有制的主体地位、按劳分配的主体地位以及市场经济体制的社会主义制度属性，防止贫富两极分化和确保发展成果由人民共享。因此，正是由于党的统一领导，社会主义基本经济制度才得以更加成熟、更加定型，并形成既能有效解放和发展社会生产力又能促进实现共同富裕的显著制度优势。

从制度执行的角度看，制度的生命力在于执行，制度自身显著优势的发挥也在于执行。党的核心领导地位和组织优势是社会主义基本经济制度显著优势能够充分发挥的根本保障。就党的核心领导地位而言，习近平总书记指出："党政军民学，东西南北中，党是领导一切的，是最高的政治领导力量。"[1] 党是中国特色社会主义事业的领导核心，党的领导是做好党和国家各项工作的根本保证。党的核心领导地位不是自封的，而是历史和人民的选择，是由党的性质和宗旨所决定，是在党领导中国人民取得新民主主义革命胜利的进程中确立，并在社会主义现代化建设和实现中华民族伟大复兴的历史进程中不断巩固。坚持党的核心领导，才能保证国家政治稳定，才能确保社会主义基本经济制度始终沿着社会主义的正确方向前进，而不是走向封闭僵化的老路和改旗易帜的邪路。就党的组织优势而言，习近平总书记指出："我们党是按照马克思主义建党原则建立起来的，形成了包括党的中央组织、地方组织、基层组织在内的严密组织体系。这是世界上任何其他政党都不具有的强大优势。"[2] 党独特的组织优势展现出的强大组织动员力、行动力和战斗力，在保障充分发挥社会主义制度集中

---

[1] 《习近平新时代中国特色社会主义思想学习纲要》，学习出版社、人民出版社2019年版，第68页。

[2] 习近平：《在全国组织工作会议上的讲话》，人民出版社2018年版，第12页。

力量办大事显著优势的同时，能够有效保证各项重大经济体制改革举措落实落地，推动经济体制改革不断走深走实，进而能够最大限度地将社会主义基本经济制度的显著优势转化为国家经济治理效能。

四、坚持和完善社会主义基本经济制度的实践逻辑

（一）以人民为中心、以"两个毫不动摇"为关键点，坚持和完善公有制为主体、多种所有制经济共同发展

毫不动摇巩固和发展公有制经济，不断夯实社会主义经济制度的基础。公有制经济的主体地位和充分发展奠定着党执政兴国的经济基础，是全体人民实现共同富裕的物质保障。首先，在公有制实现形式方面，党的十五大强调指出，"公有制实现形式可以而且应当多样化。一切反映社会化生产规律的经营方式和组织形式都可以大胆利用"[①]。公有制的实现形式本质上只是以公有制为基础的生产资料组织形式，反映的是生产资料的使用经营权，而不是生产资料的所有权。特别是，在数字经济蓬勃发展成为大势所趋的时代背景下，基于数字平台的协同式、分布式的资源配置方式更加关注的是资源的组织使用而不是资源的所有关系。因此，公有制经济的发展应当在深入开展重点领域混合所有制改革试点基础上，积极发展多种形式的混合所有制经济，进而实现各种所有制的优势互补并促使社会主义基本经济制度的优越性更加显著。其次，在国有经济方面，国有经济对国民经济的主导作用是公有制经济主体地位的核心体现，而国有经济的主导作用则主要体现在对国民经济的控制力和影响力上，并进一步体现为

---

① 《十一届三中全会以来历次党代会、中央全会报告 公报 决议 决定》（下），中国方正出版社 2008 年版，第 606 页。

要在关系国民经济命脉的重要行业和关键领域中占据支配地位。因此，在推进国有经济布局优化和结构调整的过程中，第一，将国有资本更多地投向关系国家安全、国民经济命脉的重要行业和关键领域，服务国家战略目标，不断增强国有经济竞争力、创新力、控制力、影响力、抗风险能力；第二，对于充分竞争领域内的国有经济，要积极优化国有资本配置方式，不断提高国有资本收益；第三，对于自然垄断行业，在不影响国有经济对关键环节和关键业务控制力的情况下，要有序推进竞争性环节和竞争性业务市场化，构建起适度竞争新机制，不断提高自然垄断行业基础设施供给质量。再次，在国有企业方面，深化国有企业改革应当紧紧抓住混合所有制改革这一突破口，加快完善国有企业法人治理结构和市场化经营机制，健全经理层任期制和契约化管理，激发国有企业发展活力和内在动力，培育具有全球竞争力的世界一流企业。而且，混合所有制改革在客观上也推动着国有资产管理体制从以管企业为主向以管资本为主转变，这就要求应当积极探索实施更加灵活有效的国有资产管理制度。最后，在集体经济方面，重点发展农村集体经济，既要在推进落实农村集体经营性建设用地入市改革的基础上，不断深化农村集体产权制度改革以破除农村集体经济发展的体制机制障碍，又要在坚持统分结合的双层经营体制的基础上不断完善农村基本经营制度，加快构建现代农业产业体系、生产体系和经营体系。

毫不动摇鼓励、支持、引导非公有制经济发展，不断激发非公有制经济的活力和创造力。改革开放以来，随着社会主义市场经济的不断发展和完善，非公有制经济在稳定增长、促进创新、增加就业、改善民生等方面发挥着日益突出的重要作用，非公有制经济在国民经济中的地位也不断提高。党的十八届三中全会指出："公有制经济和非公有制经济都是社会主义市场经济的重要组成部分，都是我国经济社会发展的重要基础。"[1] 党的

---

① 《中共中央关于全面深化改革若干重大问题的决定》，《人民日报》2013 年 11 月 16 日。

十九大进一步将"两个毫不动摇"提高到中国特色社会主义基本方略的高度。这表明，毫不动摇鼓励、支持、引导非公有制经济发展既是适应社会主义初级阶段生产力发展水平的客观要求，也是坚持和完善社会主义基本经济制度的题中应有之义。因此，要积极营造支持非公有制经济高质量发展的制度环境，推动其走向更加广阔的舞台。首先，健全支持民营企业、外商投资企业发展的法治环境。第一，在坚持科学立法、严格执法、公正司法的基础上，实现各种所有制经济权利平等、机会平等、规则平等；第二，在推动健全产权保护制度的基础上，坚持平等、全面、依法保护企业家合法权益，让企业家能够更加专心地创业、更加放心地投资、更加安心地经营。其次，营造各种所有制主体依法平等使用资源要素、公开公平公正参与竞争、同等受到法律保护的市场环境。第一，破除制约市场竞争的各类障碍和隐性壁垒，让各类所有制企业在要素获取、准入许可、经营运行、政府采购和招投标等方面得到平等对待；第二，向社会资本释放更大发展空间，完善支持非公有制经济进入电力、油气等领域的实施细则和具体办法，大幅放宽服务业领域市场准入；第三，健全支持中小企业发展制度，增加面向中小企业的金融服务供给，健全清理和防止拖欠民营企业中小企业账款的长效机制，着力解决民营企业的债务问题和融资问题。最后，构建亲清政商关系的政策体系，重点通过建立规范化、机制化的政企沟通渠道，推动领导干部既要坦荡真诚地关心民营企业的发展和民营企业家的成长，又要在同民营企业家打交道的过程中守住底线、把好分寸，进而更好地促进非公有制经济健康发展和非公有制经济人士健康成长。

（二）以共同富裕为目标、以效率和公平有机统一为出发点，坚持和完善按劳分配为主体、多种分配方式并存

初次分配处理好效率和公平的关系，关键在于坚持按劳分配为主体和完善市场主导的收入分配实现机制。初次分配是指国民收入在物质资料

生产环节按照生产要素贡献比例进行的分配，主要通过市场机制完成。首先，坚持按劳分配为主体，就是要坚持多劳多得的基本原则，着重保护劳动所得，完善最低工资和工资支付保障制度，健全企业机关事业单位工资决定和正常增长机制，完善企业工资集体协商制度，增加劳动者特别是一线劳动者劳动报酬，提高劳动报酬在初次分配中的比重，在经济增长的同时实现居民收入同步增长，在劳动生产率提高的同时实现劳动报酬同步提高。其次，坚持多种分配方式并存，就是要健全劳动、资本、土地、知识、技术、管理、数据等生产要素按贡献参与分配的机制，其中，通过深化户籍制度改革、畅通劳动力和人才社会性流动渠道、完善技术技能评价制度等举措，引导劳动力要素合理畅通有序流动；通过完善股票市场基础制度、加快发展债券市场、增加有效金融服务供给、主动有序扩大金融业对外开放等举措，推进资本要素市场化配置；通过建立健全城乡统一的建设用地市场、鼓励盘活存量建设用地、完善土地管理体制等举措，推进土地要素市场化配置；通过健全职务科技成果产权制度、完善科技创新资源配置方式、培育发展技术转移机构和技术经理人、促进技术要素与资本要素融合发展等举措，加快发展知识和技术要素市场；通过推进政府数据开放共享、提升社会数据资源价值、加强数据资源整合和安全保护等举措，加快培育数据要素市场。最后，健全由市场评价贡献、按贡献决定报酬的收入分配机制，利用市场机制实现按劳分配和按要素分配是提高分配效率和保障过程机会公平的关键所在。这就要求，既要在完善要素价格市场决定机制和加强要素价格监督管理的基础上，健全要素价格市场化形成机制；又要通过健全要素市场化交易平台、完善要素交易规则和服务、提升要素交易监管水平、增强要素应急配置能力等举措，健全要素市场运行机制。

再分配处理好效率和公平的关系，关键在于更加注重公平和完善政府主导的收入再分配调节机制。再分配是指在初次分配的基础上，在全社会范围内对部分国民收入进行重新分配，主要依靠政府调节机制来完成。首先，在再分配调节机制方面：第一，税收是调节收入差距的基本手段，在完善税收制度设计的基础上，不断强化税收对收入调节的作用，重点要从制度设计和征收模式等环节不断完善直接税制度并逐步提高其在税制结构中的比重；第二，社会保障是一种重要的国民收入再分配形式，要在完善养老保险制度、医疗保险制度、失业保险制度等社会保险的同时，统筹完善社会救助、社会福利、优抚安置等制度，进而建立起覆盖全民的社会保障体系，充分发挥出社会保障的兜底功能；第三，转移支付是一种具有负税收性质的再分配形式，要通过强化一般性转移支付调节功能和规范专项转移支付项目，更好地发挥出转移支付减缓收入财产差距和保障社会公平的重要作用；第四，建立在自愿性基础上的第三次分配是国民收入再分配的有益补充，特别是在全社会公益慈善意识日益增强的背景下，要积极构建规范高效的慈善事业管理制度和运行机制，引导慈善等社会公益事业健康有序发展。其次，在收入分配格局方面，构建以中产阶层为主体的"中间大、两头小"的橄榄型收入分配格局，是促进社会公平正义和建设社会主义和谐社会的客观要求，也是我国收入分配制度改革的目标和方向。实践中，橄榄型收入分配格局的形成离不开政府对收入分配特别是再分配的有效调节。第一，在完善收入分配调控体制机制和政策体系的基础上，合理调节城乡、区域、不同群体间的分配关系。其中，理顺城乡分配关系的关键是要切实增加农民收入，既要在全面完成脱贫任务的同时，加强对不稳定脱贫户、边缘户的动态监测预警机制，为巩固脱贫成果、防止返贫提供制度保障，又要在加快补上农村基础设施和公共服务短板的同时，通过加强现代农业设施建设、发展富民乡村产业、稳定农民工就业等举措，促进农民持续增收。理顺区域分配关系则重点要通过完善多元化区域生态补偿、推进粮食主产区利益补偿、健全资源输入输出地间利益补偿等举措，不断深化跨区域利益补偿机制，同时要落实均衡性转移支付规模稳定增长机制，加大对贫困地区基本公共服务财政投入倾斜支持力度，逐步缩小区域间基本公共服务差距。理顺不同群体间分配关系的核心则重点要增加低收入者收入，扩大中等收入群体和调节过高收入。第二，良好的分配秩序能够有效地正向激励劳动者通过自身的艰苦奋斗去创造美好生活，进而有助于在全社会形成勤劳致富的社会风气。因此，为进一步规范收入分配秩序，就要保护合法收入，取缔非法收入，清理规范隐性收入，确立收入获取的公平竞争原则和要素贡献原则。

（三）以改革开放为动力，以建设高标准市场体系为着力点，坚持政府与市场作用的有机结合，加快完善社会主义市场经济体制

夯实市场经济基础性制度，实现市场机制有效。首先，重点从明晰产权归属和加强产权保护两个方面入手，全面完善现代产权制度。第一，在产权归属方面，要加快完善以管资本为主的经营性国有资产产权管理制度，健全自然资源资产产权制度，落实农村第二轮土地承包到期后再延长30年的政策，完善农村承包地的"三权分置"制度，深化农村集体产权制度改革。第二，在产权保护方面，要全面依法平等保护民营经济产权，加快建立知识产权侵权惩罚性赔偿制度，加强企业商业秘密保护，完善新领域新业态知识产权保护制度。其次，公平竞争制度是市场机制高效运转的核心保障，新时代背景下完善公平竞争制度的关键就是，要全面实施市场准入负面清单制度和全面落实公平竞争审查制度。第一，在市场准入负面清单制度方面，既要在加快建立市场准入评估制度的基础上，推行"全国一张清单"管理模式，建立市场准入负面清单动态调整机制和第三方评估机制，又要在加快建立市场准入负面清单信息公开机制的基础上，不断提升准入政策透明度和负面清单使用便捷性。第二，在公平竞争审查制度方面，既要在完善竞争政策框架的基础上，修订完善公平竞争审查实施细则，又要在统筹做好增量审查和存量清理的同时，建立违反公平竞争问题的举报绿色通道和加大执法力度。

加快要素市场化配置，实现微观主体有活力。深化要素市场化配置改

革是提高要素配置效率和激发市场活力的关键举措。首先，要积极打破劳动、土地、资本等要素市场分割局面，建立健全统一开放的要素市场，特别是要加快培育发展数据要素市场，不断发挥社会数据资源价值。其次，要积极推进城镇建设用地价格形成机制改革、深化利率市场化改革、完善人民币汇率市场化形成机制和积极发展科技成果、专利等资产评估服务，不断健全各种全要素价格的市场决定机制。再次，要通过健全要素市场化交易平台、完善要素交易规则和服务、提升要素交易监管水平、增强要素应急配置能力等举措，不断健全要素市场运行机制。特别是，应当充分发挥数字化平台在发现市场需求和打破市场分割等方面的优势，通过实现更有效的要素市场供需匹配来不断提高要素市场的整体运行效率。最后，要利用大数据和人工智能等数字技术全面推进重要产品信息化追溯体系建设，加快构建优势互补、协作配套的现代服务市场体系，深化流通体制改革，强化消费者权益保护，不断推进商品和服务市场提质增效。

完善国家经济治理机制，实现宏观调控有度。首先，要构建有效协调的宏观调控新机制，重点加快建立满足高质量发展要求的宏观调控目标体系、政策体系、决策协调体系、监督考评体系和保障体系，加快健全投资、消费、产业、区域等政策协同发力的宏观调控制度体系，不断完善国家重大发展战略和中长期经济社会发展规划制度，同时以财政政策、货币政策和就业优先政策为主要手段，科学稳健地把握宏观政策的逆周期调节力度。其次，要完善科技创新体制机制，重点构建社会主义市场经济条件下关键核心技术攻关新型举国体制，健全鼓励支持基础研究、原始创新的体制机制，建立以企业为主体、市场为导向、产学研深度融合的技术创新体系，完善科技人才发现、培养、激励机制，健全符合科研规律的科技管理体制和政策体系。最后，要完善城乡融合发展和区域协调发展的体制机制，一方面要加快实施乡村振兴战略，重点完善农业农村优先发展和保障国家粮食安全的制度体系；另一方面要在完善国家重大区域战略推进实施机制的基础上，推动形成主体功能明显、优势互补、高质量发展的区域经济布局。

建设更高水平开放型经济新体制，优化全面开放体系。开放是当代中国的鲜明标识，以开放促发展更是我国不断取得发展新成就的重要法宝，因此，要实施更大范围、更宽领域、更深层次的全面开放。首先，以"一带一路"建设为重点，加快构建对外开放新格局，既要依托各类开发区发展高水平经贸产业合作园区，推动共建"一带一路"走深走实，同时又要加大西部和沿边地区开放力度，促进东中西互动协同开放，加快形成陆海内外联动、东西双向互济的开放格局。其次，以自由贸易试验区、自由贸易港为重点，加快建设对外开放新高地，既要在深化自由贸易试验区改革的基础上，将改革成果在更大范围内进行复制推广，又要稳步推进自由贸易港建设，不断提高贸易投资自由化、便利化程度。最后，要健全高水平开放政策保障机制，第一，推进贸易高质量发展，既要在降低关税总水平和努力消除非关税贸易壁垒的基础上，更大规模地增加商品和服务进口，又要拓展对外贸易多元化，加快推动加工贸易产业链升级和服务贸易创新发展；第二，完善涉外经贸法律和规则体系，保护外资合法权益，促进内外资企业公平竞争；第三，全面取消外资准入负面清单之外的限制，健全外商投资准入前"国民待遇＋负面清单"管理制度，推动规则、规制、管理、标准等制度型开放。

第八讲　守正创新强自信

——发展社会主义先进文化为中国梦凝聚精神力量

郝　正*　孙　贺

文化问题从来都是个重要问题。毛泽东同志早在《关于陕甘宁边区的文化教育问题》一文中就旗帜鲜明地指出："文化是不可少的，任何社会没有文化就建设不起来。"[①]在革命、建设、改革的各个历史时期，中国共产党都高度重视文化建设，重视文化制度建设。新时代以来，文化制度建设被逐渐提上日程。2014年发布的《深化文化体制改革实施方案》，明确提出"使中国特色社会主义文化制度更加成熟定型"的目标。党的十九届四中全会通过的《中共中央关于坚持和完善中国特色社会主义制度、推进国家治理体系和治理能力现代化若干重大问题的决定》（以下简称《决定》）第七部分内容对文化制度作出规定，强调"坚持和完善繁荣发展社会主义先进文化的制度，巩固全体人民团结奋斗的共同思想基础"[②]。这是中国共产党第一次将文化制度纳入中国特色社会主义制度体系进行系统阐述，明确了文化制度建设的重要举措。与中国特色社会主义制度的发展

---

*　作者郝正系吉林大学原常务副校长，教授。

①　《毛泽东文集》第三卷，人民出版社1996年版，第110页。

②　《中国共产党第十九届中央委员会第四次全体会议文件汇编》，人民出版社2019年版，第42页。

路线图相一致，到 2035 年，社会主义先进文化制度将更加完善，到新中国成立一百年时，社会主义先进文化制度将更加巩固、优越性充分展现。《决定》关于社会主义先进文化制度的顶层设计和系统擘画，必将为社会主义先进文化的繁荣发展和构筑中华民族的文化自信提供源源不断的精神动力。

一、坚持和完善社会主义先进文化制度的理论逻辑

为什么要把繁荣发展社会主义先进文化纳入制度化的轨道，为什么要坚持和完善社会主义先进文化制度，这是一个重大理论问题。回答好这一问题，还是要回到文化本身上来，以及文化在当今时代发挥的独特作用上来认识和把握。

（一）坚持和完善社会主义先进文化制度，是由文化本身的极端重要性决定的

人类历史表明，文运与国运相牵，文脉同国脉相连。文化是一个民族、一个国家的"根"和"魂"，文化兴国运兴，文化强民族强。

早在 1990 年，习近平同志在福州任职期间，就深刻地指出："从整个国家来说，中华民族的传统文化在民族的延续和发展中起到了积极的作用。在几千年的文明发展史中，我们已经树立了强烈的民族自信心，无论是在民族危亡，还是在民族昌盛时期，这种自信心都是我们民族精神中最稳定的成分。正是这种自信心，使中华民族度过了近代史上许多内忧外患的危机，使中华民族在世界上有了令人敬佩的今天。"[1]2003 年，

---

① 习近平：《摆脱贫困》，福建人民出版社 1992 年版，第 17 页。

习近平同志在浙江省文化体制改革和文化大省建设座谈会上的讲话中指出："文化是民族的灵魂，是维系国家统一和民族团结的精神纽带，是民族生命力、创造力和凝聚力的集中体现。文化的力量是民族生存和强大的根本力量。中华民族历史悠久、饱经沧桑，几分几合，几遭侵略，都不能被分裂和消亡，始终保持着强大的生命力，根本的原因就在于我们具有源远流长、博大精深的文化内涵。"①2014年，习近平总书记在纪念孔子诞辰2565周年国际学术研讨会暨国际儒学联合会第五届会员大会开幕会上的讲话中指出："文明特别是思想文化是一个国家、一个民族的灵魂。无论哪一个国家、哪一个民族，如果不珍惜自己的思想文化，丢掉了思想文化这个灵魂，这个国家、这个民族是立不起来的。"并进一步补充道，"优秀传统文化是一个国家、一个民族传承和发展的根本，如果丢掉了，就割断了精神命脉。"②后来，习近平总书记在哲学社会科学工作座谈会上再次指出："历史和现实都表明，一个抛弃了或者背叛了自己历史文化的民族，不仅不可能发展起来，而且很可能上演一场历史悲剧。"③在文艺工作座谈会上，习近平总书记指出："在几千年的历史流变中，中华民族从来不是一帆风顺的，遇到了无数艰难困苦，但我们都挺过来、走过来了，其中一个很重要的原因就是世世代代的中华儿女培育和发展了独具特色、博大精深的中华文化，为中华民族克服困难、生生不息提供了强大精神支撑。"④

习近平总书记关于文化的重要论述还有很多，这里拣选的三个时期的几段重要论述，时间跨度自20世纪90年代始一直延续到今天，集中彰显了文化是民族生存和发展的重要力量这个共同的主题。这些重要论述

---

① 习近平:《干在实处 走在前列——推进浙江新发展的思考与实践》，中共中央党校出版社2006年版，第293页。

② 习近平:《在纪念孔子诞辰2565周年国际学术研讨会暨国际儒学联合会第五届会员大会开幕会上的讲话》，人民出版社2014年版，第9、11页。

③ 习近平:《在哲学社会科学工作座谈会上的讲话》，人民出版社2016年版，第17页。

④ 习近平:《在文艺工作座谈会上的讲话》，人民出版社2015年版，第2页。

首先回答了为什么中华民族能够在几千年的历史长河中生生不息、薪火相传、顽强发展、长盛不衰的文化根因，即"中华民族生生不息绵延发展、饱受挫折又不断浴火重生，都离不开中华文化的有力支撑"①。与此同时，他还回答了为什么近代以来中华民族几近于亡国灭种的地步还能再次修复直至走向复兴的文化密码，即"支撑我们这个古老民族走到今天的，支撑5000多年中华文明延绵至今的，是植根于中华民族血脉深处的文化基因"②。习近平总书记关于文化极端重要性的深刻认识，为坚持和完善繁荣发展社会主义先进文化制度提供了理论基础。

（二）坚持和完善繁荣发展社会主义先进文化制度，是推动中华优秀传统文化创造性转化和创新性发展的现实需要

关于中华优秀传统文化创造性转化和创新性发展的问题，要从两个方面来看。一方面是如何激活中华优秀传统文化的生命力，"使中华民族最基本的文化基因与当代文化相适应、与现代社会相协调，把跨越时空、超越国界、富有永恒魅力、具有当代价值的文化精神弘扬起来"③。习近平总书记指出："中华文明延续着我们国家和民族的精神血脉，既需要薪火相传、代代守护，也需要与时俱进、推陈出新。"④ 中华优秀传统文化要薪火相传，要与时俱进，要推陈出新，这是从本质上道出了"创造性转化和创新性发展"这一时代课题，而长期为中华优秀传统文化滋养的中华民族天然具有推动中华优秀传统文化创造性转化和创新性发展的使命任务。

---

① 习近平：《在中国文联十大、中国作协九大开幕式上的讲话》，人民出版社2016年版，第4页。
② 习近平：《携手建设更加美好的世界——在中国共产党与世界政党高层对话会上的主旨讲话》，《人民日报》2017年12月2日。
③ 习近平：《在哲学社会科学工作座谈会上的讲话》，人民出版社2016年版，第17页。
④ 习近平：《在哲学社会科学工作座谈会上的讲话》，人民出版社2016年版，第17页。

另一方面，"博大精深的中华优秀传统文化是我们在世界文化激荡中站稳脚跟的根基"①，今天党和国家面临的使命任务客观上需要推动中华优秀传统文化创造性转化和创新性发展。就实现中华民族伟大复兴而言，需要文化提供基础性支撑。对此，习近平总书记在山东曲阜孔府和孔子研究院参观考察时就指出，一个国家、一个民族的强盛，总是以文化兴盛为支撑的，中华民族伟大复兴需要以中华文化发展繁荣为条件。对历史文化特别是先人传承下来的道德规范，要坚持古为今用、推陈出新，有鉴别地加以对待，有扬弃地予以继承。此后，习近平总书记在文艺工作座谈会上的讲话中指出："没有中华文化繁荣兴盛，就没有中华民族伟大复兴。一个民族的复兴需要强大的物质力量，也需要强大的精神力量。"②就全面建设社会主义现代化国家而言，必须发挥文化的软实力支撑作用。正如习近平总书记指出的："中国特色社会主义是全面发展、全面进步的伟大事业，没有社会主义文化繁荣发展，就没有社会主义现代化。"③

正是基于对文化独特价值的正确认识，习近平总书记提出了活化中华优秀传统文化的继承并创造的思路。2014年，在十八届中央政治局第十三次集体学习时正式提出中华优秀传统文化创造性转化和创新性发展的时代课题，强调"要处理好继承和创造性发展的关系，重点做好创造性转化和创新性发展"④。关于创造性转化和创新性发展的科学内涵，习近平总书记作出了清晰的界定，指出："创造性转化，就是要按照时代特点和要求，对那些至今仍有借鉴价值的内涵和陈旧的表现形式加以改造，赋予其

---

① 《习近平在中共中央政治局第十三次集体学习时强调　把培育和弘扬社会主义核心价值观作为凝魂聚气强基固本的基础工程》，《人民日报》2014年2月26日。

② 习近平：《在文艺工作座谈会上的讲话》，人民出版社2015年版，第5页。

③ 习近平：《在教育文化卫生体育领域专家代表座谈会上的讲话》，人民出版社2020年版，第4页。

④ 《习近平在中共中央政治局第十三次集体学习时强调　把培育和弘扬社会主义核心价值观作为凝魂聚气强基固本的基础工程》，《人民日报》2014年2月26日。

新的时代内涵和现代表达形式，激活其生命力。创新性发展，就是要按照时代的新进步新进展，对中华优秀传统文化的内涵加以补充、拓展、完善，增强其影响力和感召力。"①推动中华优秀传统文化创造性转化和创新性发展，使之与现实文化相融相通，进而实现以文化人的时代任务，凸显了中华优秀传统文化的时代价值。今天坚持和完善社会主义先进文化制度，其实也是推动中华优秀传统文化创造性转化和创新性发展在制度维度上的具体举措。

（三）坚持和完善社会主义先进文化制度，是坚定文化自信的内在规定

党的十八大以来，以习近平同志为核心的党中央高度重视文化问题，把文化建设摆在更加突出位置，提升到一个新的历史高度来认识和把握。其中一个重要标志是把中华优秀传统文化与革命文化、社会主义先进文化一道纳入中国特色社会主义文化之中，赋予其构成中国特色社会主义重要内容的历史地位。对此，习近平总书记在党的十九大报告上作了明确说明，他指出："中国特色社会主义文化，源自于中华民族五千多年文明历史所孕育的中华优秀传统文化，熔铸于党领导人民在革命、建设、改革中创造的革命文化和社会主义先进文化，植根于中国特色社会主义伟大实践。"②这就意味着中华优秀传统文化作为中华民族最深厚的文化软实力，是中国特色社会主义植根的文化沃土。正是基于这一逻辑，我们才说"中国特色社会主义文化积淀着中华民族最深层的精神追求，代表着中华民族独特的精神标识，是中国人民胜利前行的强大精神力量"③。中国特色

---

① 《习近平总书记系列重要讲话读本》，学习出版社、人民出版社 2014 年版，第 101 页。

② 习近平：《决胜全面建成小康社会　夺取新时代中国特色社会主义伟大胜利——在中国共产党第十九次全国代表大会上的报告》，人民出版社 2017 年版，第 41 页。

③ 《十八大以来重要文献选编》（下），中央文献出版社 2018 年版，第 399 页。

社会主义文化与中国特色社会主义道路、理论、制度一并构成中国特色社会主义的重要内容，与之相匹配，把文化自信和道路自信、理论自信、制度自信并列为中国特色社会主义"四个自信"。

2014 年全国两会期间，习近平总书记在参加贵州代表团审议时指出，"我们要坚持道路自信、理论自信、制度自信，最根本的还有一个文化自信"①。习近平总书记对文化自信看得很重，多次论及文化自信的重大意义和价值。他指出，"坚定中国特色社会主义道路自信、理论自信、制度自信，说到底是要坚定文化自信"②，"其本质是建立在 5000 多年文明传承基础上的文化自信"③，"文化自信，是更基础、更广泛、更深厚的自信，是更基本、更深沉、更持久的力量。坚定文化自信，是事关国运兴衰、事关文化安全、事关民族精神独立性的大问题"④。习近平总书记还从其他具体视域论及文化自信的重要性，比如，提出依靠文化自信坚定理想信念的观点，指出："领导干部要不忘初心、坚守正道，必须坚定文化自信。没有中华优秀传统文化、革命文化、社会主义先进文化的底蕴和滋养，信仰信念就难以深沉而执着。"⑤ 再比如，把文化自信作为中华民族伟大复兴的题中应有之义，习近平总书记指出："没有高度的文化自信，没有文化的繁荣兴盛，就没有中华民族伟大复兴。"⑥

坚持文化自信，必须发展中国特色社会主义文化，即"以马克思主义为指导，坚守中华文化立场，立足当代中国现实，结合当今时代条件，

---

① 《习近平李克强张德江俞正声刘云山王岐山张高丽分别参加全国人大会议一些代表团审议》，《人民日报》2014 年 3 月 8 日。

② 习近平：《在哲学社会科学工作座谈会上的讲话》，人民出版社 2016 年版，第 17 页。

③ 习近平：《建设中国特色中国风格中国气派的考古学　更好认识源远流长博大精深的中华文明》，《求是》2020 年第 23 期。

④ 习近平：《在中国文联十大、中国作协九大开幕式上的讲话》，人民出版社 2016 年版，第 6 页。

⑤ 《习近平关于社会主义文化建设论述摘编》，中央文献出版社 2017 年版，第 17—18 页。

⑥ 习近平：《决胜全面建成小康社会　夺取新时代中国特色社会主义伟大胜利——在中国共产党第十九次全国代表大会上的报告》，人民出版社 2017 年版，第 41 页。

发展面向现代化、面向世界、面向未来的，民族的科学的大众的社会主义文化，推动社会主义精神文明和物质文明协调发展"①。具体到举措上，明确提出建设社会主义文化强国的奋斗目标，"把坚持马克思主义在意识形态领域指导地位的制度确立为中国特色社会主义制度体系的一项根本制度，把坚持社会主义核心价值体系纳入新时代坚持和发展中国特色社会主义的基本方略"②。这其中，"统筹推进'五位一体'总体布局、协调推进'四个全面'战略布局，文化是重要内容；推动高质量发展，文化是重要支点；满足人民日益增长的美好生活需要，文化是重要因素；战胜前进道路上各种风险挑战，文化是重要力量源泉"③。在 2018 年的全国宣传部长会议上，习近平总书记明确把兴文化与举旗帜、聚民心、育新人、兴文化、展形象一并明确为新形势下宣传思想工作的使命任务，并给出了兴文化的科学内涵，即"坚持中国特色社会主义文化发展道路，推动中华优秀传统文化创造性转化、创新性发展，继承革命文化，发展社会主义先进文化，激发全民族文化创新创造活力，建设社会主义文化强国"④。兴文化的提出，再次强调了文化自信的重要性。综合来看，党的十八大以来，党中央关于文化发展的一系列重大举措，汇集到一点突出指向的是文化自信的当代建构，这其中，当然包括坚持和完善社会主义先进文化制度。在一定意义上看，坚持和完善社会主义先进文化制度本身是坚定文化自信的内在规定。

① 习近平：《决胜全面建成小康社会　夺取新时代中国特色社会主义伟大胜利——在中国共产党第十九次全国代表大会上的报告》，人民出版社 2017 年版，第 41 页。

② 习近平：《在教育文化卫生体育领域专家代表座谈会上的讲话》，人民出版社 2020 年版，第 4—5 页。

③ 习近平：《在教育文化卫生体育领域专家代表座谈会上的讲话》，人民出版社 2020 年版，第 5 页。

④ 《习近平谈治国理政》第三卷，外文出版社 2020 年版，第 312 页。

二、坚持和完善社会主义先进文化制度的历史演进

社会主义先进文化制度和任何其他制度一样，不是凭空产生的，而是从历史深处走来，是在接续建构中逐渐形成、发展和完善的，都有其赖以生成的历史演化脉络。中国共产党作为马克思主义政党，一经诞生就高度重视文化在工人运动和革命中的独特作用，重视用制度的办法推动文化发展，重视文化的制度建设。站在新时代的历史方位，繁荣发展社会主义先进文化制度，必须要用历史的望远镜回溯中国共产党建构文化制度的历史演进过程，总结提炼贯穿其中的宝贵经验，为坚持和完善社会主义先进文化制度提供有益启示。

（一）新民主主义革命时期的文化制度建设

中国共产党一经成立就自觉肩负起挽救民族危亡的历史重任。在党领导新民主主义革命运动的整个过程中，宣传文化教育工作一直在党的各项工作中占有重要地位。党成立初期，在领导工人运动过程中，就充分利用新闻报刊等文化阵地宣传马克思主义，宣传中国共产党的革命主张。1922 年，中国社会主义青年团第一次全国代表大会通过了《关于教育运动的决议案》，对青少年的教育工作提出了具体的方案，旨在提高受教育者的文化水平。1923 年，中央执行委员会和教育宣传委员会成立，通过了《对宣传工作之议决案》及《教育宣传问题决议案》等文件，细化了宣传文化工作的不足和改进方法，使党的文化工作开展有章可循。到了土地革命时期，文化的社会动员作用日益凸显。1933 年 4 月，中华苏维埃共和国中央教育人民委员部发布第一号训令《目前的教育任务》，指出苏区当前文化教育的任务是用教育与学习唤醒群众的觉悟，使其积极投入到斗争中和苏区建设中去。1934 年，第二次全国苏维埃代表大会

通过了《中华苏维埃共和国宪法大纲》，其中规定了大众拥有信教自由与宣传自由，对工农劳苦大众拥有的文化方面的权利进行了明确阐释。1936 年末，中共在陕北成立了中国文艺协会，协会的任务就是在党的带领下发展无产阶级文艺，使全国的文艺工作者形成统一战线。此后，文艺的战斗堡垒作用日益凸显。

抗日战争开始后，党不断强化对教育和知识分子的重视程度。1937 年，毛泽东同志在《反对日本进攻的方针、办法和前途》中首次提出要开展国防教育使教育适合抗战的现实需要，为抗战服务。1938 年，毛泽东同志在党的六届六中全会上提出："实行抗战教育政策，使教育为长期战争服务。"① 此后通过的《中共扩大的六届六中全会政治决议案》中明确将实行国防教育政策列为当前紧急任务，抗日根据地开展了系统完善、层次分明、重点突出的抗日文化教育工作，国防教育在党领导的各项文化建设事业中占据十分重要的地位，文化教育事业获得了重大发展。同年，中共中央发布《中国共产党中央委员会为开展国民精神总动员运动告全党同志书》，号召全国人民"对国家尽其至忠，对民族尽其至孝"。1939 年，陕甘宁边区政府在《陕甘宁边区抗战时期施政纲领》中明确提出要提高民众的知识文化水平，弘扬民族精神。同年，提出了以文化的力量动员全国人民参与抗日和建立中华民族的新文艺这样两个目标。与此同时，对于知识分子的培养和重视也成为文化工作重要部分，《大量吸收知识分子的决定》《论政策》《关于党内干部教育问题的决议》中都高度肯定了将知识分子吸收进革命队伍的重要性。

此后，发展新民主主义文化的方案逐渐清晰，毛泽东同志在《新民主主义论》中指出："一定的文化（当作观念形态的文化）是一定社会的政治和经济的反映，又给予伟大影响和作用于一定社会的政治和经济；而经济是基础，政治则是经济的集中的表现。这是我们对于文化和政治、经济

---

① 《中国共产党宣传工作文献选编（1937—1949）》，学习出版社 1996 年版，第 26 页。

的关系及政治和经济的关系的基本观点。"[1]1940 年，边区文协第一次代表大会召开，会议初步阐述了新民主主义文化的建设方针，周恩来在延安高级干部会议上作《抗战中的文化和文化运动》报告，明确强调：党在现阶段所领导的文化运动是"新民主主义革命的文化运动"，中共中央在《关于发展文化运动的指示》中明确强调，党在国统区开展的文化运动，"不但是当前抗战的武器，而且是在思想上、干部上准备未来变化与推动未来变化的武器"[2]。此后，《关于各抗日根据地文化人与文化团体的指示》《陕甘宁边区民众团体组织纲要》《陕甘宁边区民众团体登记办法》等明确提出了发展文化团体等工作的要求。1942 年，中共中央宣传部主持召开延安文艺座谈会，毛泽东同志在文艺座谈会上发表讲话，强调"我们要战胜敌人，首先要依靠手里拿枪的军队。但是仅仅有这种军队是不够的，我们还要有文化的军队，这是团结自己、战胜敌人必不可少的一支军队"[3]。随着解放战争的胜利推进，党的中心工作开始从农村向城市转移，由革命向建设转移，党领导下的文化建设也逐步走向全国化和正规化，文化建设全面推进，为新中国文化事业发展及文化制度的形成奠定了重要基础。

（二）社会主义革命和建设时期的文化制度建设

早在新中国成立时，毛泽东同志就预见性地指出："随着经济建设的高潮的到来，不可避免地将要出现一个文化建设的高潮。"[4] 文化建设的高潮理应包括文化制度在内，而文化制度建设是文化建设高潮到来的助推器。

1949 年，中国人民政治协商会议第一届全体会议通过了《中国人民

---

① 《毛泽东选集》第二卷，人民出版社 1991 年版，第 663—664 页。

② 《周恩来年谱（1898—1949）》（修订本），中央文献出版社 1998 年版，第 477 页。

③ 《毛泽东选集》第三卷，人民出版社 1991 年版，第 847 页。

④ 《毛泽东著作选读》下册，人民出版社 1986 年版，第 692 页。

政治协商会议共同纲领》，规定了文化建设在观念、制度和行为三个方面的具体要求，提出中华人民共和国的文化教育是民族的、科学的、大众的文化教育。1954年，《中华人民共和国宪法》确立了国家层面文化建设的基本规范，这与《中国人民政治协商会议共同纲领》具有内在的一致性。以《中国人民政治协商会议共同纲领》和《中华人民共和国宪法》为指导，一系列具体的文化制度如雨后春笋般建立起来，推动文化领域的各个方面朝着规范化的方向发展。教育方面，1950年政务院颁布的《关于高等学校领导关系的决定》、1951年颁布的《关于改革学制的决定》以及1953年颁布的《关于修订高等学校领导关系的决定》，对学制和初高等教育管理中的具体问题进行了明确规定，推动学校发挥文化传承的载体作用。新闻出版方面，中共中央发布的《关于改新华社为统一集中的国家通讯社的指示》、中宣部发布的《关于目前出版工作的通知》《关于统一和加强国营、地方国营、公私合营报社、杂志社、出版社企业管理的指示》、出版总署颁布的《关于统一新华书店的决定》等文件，规定了通讯社及书店等文化场所的中央与地方分工领导管理的制度，推动新闻出版事业走上制度化发展的轨道。戏曲电影方面，1951年政务院发出《关于戏曲改革工作的指示》，提出要鼓励各种戏曲形式自由竞赛。1953年政务院发布了《关于加强电影制片工作的决定》，提出电影题材要扩大范围，使电影更贴近人民生活。1956年，毛泽东同志在中共中央政治局扩大会议上提出"双百"方针，指出："艺术问题上的百花齐放，学术问题上的百家争鸣，我看应该成为我们的方针。"[1] 由此，"双百"方针成为促进我国艺术发展和科学进步，繁荣社会主义文化的一项基本方针，激发了文艺工作者的创作热情，推动了文化和科学事业的发展。

此后，文化制度经历了一阶段的调适，突出强调以集中统一为原则，1958年，中共中央、国务院作出《关于教育工作的指示》，1961年国家召

---

[1] 《毛泽东文集》第七卷，人民出版社1999年版，第54页。

开了文艺工作座谈会，同年国家科委和中国科学院制定了《关于自然科学研究机构当前工作的十四条意见》，1962 年出台的"文艺八条"和"电影二十三条"等文化政策和方针，从多个领域贯彻加强了党的领导和文化为无产阶级服务的目标，使文化发展有了向好趋势。1966 年 8 月，党的八届十一中全会作出《关于无产阶级文化大革命的决定》，"文化大革命"开始后，文化发展举步维艰，极左思想严重，教条主义和文化虚无主义盛行，强调"以阶级斗争为纲"，为了扭转此时期文化发展的态势，急需正确的思想指引和适应社会发展的文化制度改革。直到"文化大革命"结束，党内秩序重回正轨，恢复高考、发展文化团体及召开全国科学技术大会等一系列重要举措的实施，使文化发展重新焕发活力。

（三）改革开放和社会主义现代化建设时期的文化制度建设

改革开放以后，社会主义现代化建设稳步开展，我国对建立与市场经济相适应的文化制度进行了深入探索。邓小平同志认为："我们要在建设高度物质文明的同时，提高全民族的科学文化水平，发展高尚的丰富多彩的文化生活，建设高度的社会主义精神文明。"[1]1979 年，邓小平同志提出了文化发展的"二为"方向和"双百"方针，明确了文化发展的正确方向，随后国家发布了一系列方针政策，将文化建设上升到国家战略层面。1980年 1 月，中共中央发布《关于认真学习贯彻第四次全国文代会精神的通知》，将提升文化的要求落实到基层。1982 年，《宪法》及《文物法》等法律法规的出台推动了文化建设法制化和制度化。

随着社会主义建设事业的发展，精神文明的战略地位不断凸显。党的十二届六中全会通过《中共中央关于社会主义精神文明建设指导方针的决议》，提出要总结过去文化建设的经验教训，明确规划了精神文明建设的

---

① 《邓小平文选》第二卷，人民出版社 1994 年版，第 208 页。

主要任务。1991年，在庆祝中国共产党成立70周年大会上，江泽民同志首次明确提出了"有中国特色社会主义的文化"的概念，"有中国特色社会主义的文化，必须以马克思列宁主义、毛泽东思想为指导，不能搞指导思想的多元化；必须坚持为人民服务、为社会主义服务的方向和百花齐放、百家争鸣的方针，繁荣和发展社会主义文化……必须继承和发扬民族优秀文化传统而又充分体现社会主义时代精神，立足本国而又充分吸收世界文化优秀成果"[①]。1996年，发布了《中共中央关于加强社会主义精神文明建设若干重要问题的决议》，要求切实提高人民道德素质，发展社会主义文化事业，深入持久开展群众性精神文明创建活动，切实增加精神文明建设的投入，加强和改善党对精神文明建设的领导。1997年，党的十五大报告则进一步概括指出，"建设有中国特色社会主义的文化，就是以马克思主义为指导，以培育有理想、有道德、有文化、有纪律的公民为目标，发展面向现代化、面向世界、面向未来的，民族的科学的大众的社会主义文化"[②]。

文化产业欣欣向荣，文化体制改革不断推进，社会主义文化制度基本形成。1988年，《关于加强文化市场管理工作的通知》发布，"文化市场"的概念第一次正式出现在国家文件中。1992年，《中共中央、国务院关于加快发展第三产业的决定》中明确指出了文化产业的范围，涉及文化娱乐业、文化服务业和文化艺术商品经营业。1998年，国务院机构调整，文化部增设了"文化产业司"，表明文化产业进入政府自觉推动阶段。2000年，党的十五届五中全会提出要在市场经济条件下发展文化产业，首次将文化产业列入国家的发展战略。2002年，党的十六大报告明确区分了"公益性文化事业"与"经营性文化产业"，明确了文化产业的重要地位，即"发展文化产业是市场经济条件下繁荣社会主义文化、满足人民群众精神

---

① 《江泽民文选》第一卷，人民出版社2006年版，第158页。
② 《江泽民文选》第二卷，人民出版社2006年版，第537页。

文化需求的重要途径"，强调要"根据社会主义精神文明建设的特点和规律，适应社会主义市场经济发展的要求，推进文化体制改革。抓紧制定文化体制改革的总体方案"①，江泽民同志指出，只有建设社会主义先进文化"才能为发展经济、发展先进生产力指引正确的方向，提供强大的智力支持"②。

文化体制改革理论持续突破创新。2005 年，中共中央、国务院发布《关于深化文化体制改革的若干意见》，对文化体制改革的指导思想、原则要求、目标任务进行了阐述，要求加强改进文化领域宏观管理的具体思路。2011 年颁布《中华人民共和国国民经济和社会发展第十二个五年规划纲要》，指出要提高全民族文明素质，发展文化事业和文化产业，促进文化的大发展和大繁荣。2009 年，《文化产业振兴规划》出台，作为我国第一部文化产业长期规划，标志着文化发展已上升为国家战略层面。2011 年，党的十七届六中全会通过了《关于深化文化体制改革　推动社会主义文化大发展大繁荣若干重大问题的决定》，深刻阐述了推动文化改革发展的重要性和紧迫性，明确提出了文化改革发展的指导思想、目标任务和重要方针。这一系列方针政策加快了我国推进文化建设制度化、法制化的步伐，文化制度发展开启新的篇章。

（四）新时代中国特色社会主义文化制度建设

2012 年，中共中央办公厅、国务院办公厅印发《国家"十二五"时期文化改革发展规划纲要》，文件从指导思想、方针及目标进行阐述，并从多个方面论述了文化建设的具体措施。同年 11 月，党的十八大胜利召开，会议再次强调"要深化文化体制改革，解放和发展文化生产力"③。党

---

① 《十六大以来重要文献选编》（上），中央文献出版社 2005 年版，第 32 页。
② 《江泽民文选》第三卷，人民出版社 2006 年版，第 400 页。
③ 《十八大以来重要文献选编》（上），中央文献出版社 2014 年版，第 24 页。

的十八大以来，以习近平同志为核心的党中央高度重视文化繁荣与发展，将文化建设纳入"五位一体"总体布局和"四个全面"战略布局，坚持巩固文化建设取得的丰硕成果并持续推进文化制度的建设和完善。党的十八大报告提出，"构建系统完备、科学规范、运行有效的制度体系，使各方面制度更加成熟更加定型"①。2013 年，党的十八届三中全会提出实施"完善文化管理体制、建立健全现代文化市场体系、构建现代公共文化服务体系、提高文化开放水平"四项重点任务②，随后，各级部门开始贯彻落实并采取了一系列举措。2014 年被称作"文化政策"年，我国颁布了一系列政策文件，如《关于深入推进文化金融合作的意见》和《关于支持电影发展若干经济政策的通知》等，修订完善了《文化体制改革中经营性文化事业单位转制为企业的规定》《进一步支持文化企业发展的规定》《关于大力支持小微文化企业发展的实施意见》等一系列推动文化改革发展的重要经济政策，为新一轮文化体制改革提供有力支撑，完善了文化发展的顶层设计，激发其内在动力。2015 年，《关于加快构建现代公共文化服务体系的意见》发布，对现代公共文化服务体系的构建作出系统规划。《公共文化服务保障法》的通过将制度上升为国家法律，搭建起公共文化服务基本法律制度体系的框架。2016 年，文化部出台了《"一带一路"文化发展行动计划（2016—2020 年)》等政策，推动我国文化产业"走出去"。

2016 年，《关于进一步把社会主义核心价值观融入法治建设的指导意见》发布，提出把社会主义核心价值观融入法治国家、法治政府、法治社会建设全过程。2018 年，中共中央印发《社会主义核心价值观融入法治建设立法修法规划》，推动社会主义核心价值观全面融入中国特色社会主义法律体系。另外，《关于实施中华优秀传统文化传承发展工程的意见》《文化产业促进法》《文物保护法》《非物质文化遗产法》《网络安全法》《电

---

① 《十八大以来重要文献选编》（上），中央文献出版社 2014 年版，第 493 页。
② 《中国共产党第十八届中央委员会第三次全体会议公报》，人民出版社 2013 年版，第 13 页。

影产业促进法》《公共图书馆法》《英雄烈士保护法》《国家勋章和国家荣誉称号法》等法律法规，《中国共产党宣传工作条例》《新时代公民道德建设实施纲要》《新时代爱国主义教育实施纲要》等条令条例构成了中国特色文化制度体系的"四梁八柱"。

习近平总书记在党的十九大报告中指出，要坚定文化自信，推动社会主义文化繁荣发展，就是要做好掌握意识形态工作领导权、培育和践行社会主义核心价值观、加强思想道德建设、繁荣发展社会主义文艺、推动文化事业和文化产业发展，给文化制度的完善提供了具体的方向指引，新时期社会主义先进文化制度不断焕发新的活力。党的十九届五中全会将建成文化强国作为 2035 年远景目标之一，深刻表明了党繁荣发展先进中华文化的决心和推进中华民族伟大复兴的信心。

三、坚持和完善社会主义先进文化制度的有效路径

党的十九届四中全会通过的《中共中央关于坚持和完善中国特色社会主义制度、推进国家治理体系和治理能力现代化若干重大问题的决定》着眼于巩固全体人民团结奋斗的共同思想基础，就新时代如何坚持和完善社会主义先进文化制度进行了总体擘画和顶层设计。从坚持马克思主义在意识形态领域指导地位的根本制度，坚持以社会主义核心价值观引领文化建设制度，健全人民文化权益保障制度，完善坚持正确导向的舆论引导工作机制，建立健全把社会效益放在首位、社会效益和经济效益相统一的文化创作生产体制机制等五个方面整体构建了社会主义先进文化的制度体系。构成社会主义先进文化制度的五个方面内容有的日趋稳定，有的尚有进一步改进和完善的空间，这些都需要坚持并进一步完善，最终目标是实现社会主义先进文化制度的成熟定型。

（一）坚持马克思主义在意识形态领域指导地位的根本制度

习近平在 2013 年的全国宣传思想工作会议上指出："经济建设是党的中心工作，意识形态工作是党的一项极端重要的工作。"[①] 意识形态工作之所以极端重要，这是由意识形态自身的地位决定的。习近平总书记强调："我们党以马克思主义为立党之本，以实现共产主义为最高理想，以全心全意为人民服务为根本宗旨。这就是共产党人的本。没有了这些，就是无本之木。我们整个道路、理论、制度的逻辑关系就在这里。"[②] 另外，"意识形态决定文化前进方向和发展道路"[③]，"建设具有强大凝聚力和引领力的社会主义意识形态，是全党特别是宣传思想战线必须担负起的一个战略任务"[④]。正是基于意识形态的阶段重要性，我们把坚持马克思主义在意识形态领域指导地位上升为根本制度。2019 年，党中央印发的《中国共产党宣传工作条例》提出了"高举中国特色社会主义伟大旗帜，巩固马克思主义在意识形态领域的指导地位，巩固全党全国人民团结奋斗的共同思想基础，建设具有强大凝聚力和引领力的社会主义意识形态，建设具有强大生命力和创造力的社会主义精神文明，建设具有强大感召力和影响力的中华文化软实力"[⑤] 的根本任务，这为落实马克思主义在意识形态领域指导地位这一根本制度提供了重要保障。

一是全面贯彻落实习近平新时代中国特色社会主义思想。习近平新时代中国特色社会主义思想是马克思主义中国化的最新理论成果，是全党全

① 《习近平在全国宣传思想工作会议上强调　胸怀大局把握大势着眼大事　努力把宣传思想工作做得更好》，《人民日报》2013 年 8 月 21 日。

② 《习近平关于全面从严治党论述摘编》，中央文献出版社 2016 年版，第 62 页。

③ 习近平：《决胜全面建成小康社会　夺取新时代中国特色社会主义伟大胜利——在中国共产党第十九次全国代表大会上的报告》，人民出版社 2017 年版，第 41 页。

④ 《习近平谈治国理政》第三卷，外文出版社 2020 年版，第 312 页。

⑤ 《全面提升新时代宣传工作的科学化规范化制度化水平——中央宣传部负责人就〈中国共产党宣传工作条例〉答记者问》，《人民日报》2019 年 9 月 1 日。

国人民为实现中华民族伟大复兴而奋斗的行动指南。党的十九大把习近平新时代中国特色社会主义思想确立为党必须长期坚持的指导思想并庄严地写入党章，实现了党的指导思想的与时俱进，这是一个历史性决策和历史性贡献。第十三届全国人民代表大会第一次会议通过的宪法修正案，郑重地把习近平新时代中国特色社会主义思想载入宪法，实现了国家指导思想的与时俱进，反映了全国各族人民共同意志和全社会共同意愿。习近平新时代中国特色社会主义思想，是新时代中国共产党的思想旗帜，是国家政治生活和社会生活的根本指针，是引领中国、影响世界的当代中国马克思主义、21世纪马克思主义。坚持和巩固马克思主义在意识形态领域指导地位，首要的就是用习近平新时代中国特色社会主义思想武装全党、教育人民，进而指导中国特色社会主义的伟大实践。具体到操作层面，要系统学习习近平新时代中国特色社会主义思想，原原本本地学、原汁原味地学，在学懂弄通做实上下功夫。要完善党委（党组）理论学习中心组等各层级学习制度，推进学习型党组织建设。要发挥党员干部的带头作用，积极推进新时代文明实践中心建设，更好引导群众、服务群众，使党的创新理论走进基层、走近群众。要建设和利用好网络学习平台，发挥"学习强国"等平台的引领作用，积极运用"互联网＋"等技术推动理论的宣传普及工作，推动新时代中国特色社会主义思想深入人心。

二是深入实施马克思主义理论研究和建设工程。马克思主义理论研究和建设工程是一项基础工程、系统工程，是坚持和巩固马克思主义在意识形态领域指导地位的重要战略任务。坚持马克思主义在意识形态领域指导地位的根本制度，具体到马克思主义理论研究和建设工程中来，就是把马克思主义全面落实到思想理论建设、哲学社会科学研究、教育教学各方面。要以习近平新时代中国特色社会主义思想研究院、中国特色社会主义理论体系研究中心、马克思主义学等为载体，加强对习近平新时代中国特色社会主义思想的研究阐释，加强中国特色新型智库建设。要加强马克思主义经典著作编译，为学习马克思主义理论提供更为丰富和精准的文本依据。要深化马克思主义理论研究和建设，坚持理论联系实践，及时对重大社会问题作出理论回答，推进马克思主义中国化时代化大众化。要坚持马克思主义在我国哲学社会科学领域的指导地位，立足中国、借鉴国外，挖掘历史、把握当代，关怀人类、面向未来，构建有中国特色、中国风格、中国气派的学科体系、学术体系、话语体系，加快构建中国特色哲学社会科学。要加强马克思主义理论队伍建设，着力筛选一批坚持正确方向、理论功底扎实的学科带头人，注重青年马克思主义理论人才的教育培养，壮大马克思主义理论研究队伍。

三是加强和改进学校思想政治教育。引导青少年树立马克思主义信仰，培养合格的社会主义建设者和接班人，思想政治教育是关键一环。习近平总书记指出："我们办中国特色社会主义教育，就是要理直气壮开好思政课。同时，要挖掘其他课程和教学方式中蕴含的思想政治教育资源，实现全员全程全方位育人。"[1] 要坚持社会主义办学方向，落实立德树人的根本任务，建立"三全育人"体制机制。要构建形成全程育人的有机衔接机制，坚持大中小学一体化推进，将立德树人的要求融入思想道德教育、文化知识教育、社会实践教育各个环节。要构建全方位育人的多维协作机制，使思政教育突破时空的限制，充分利用网络技术手段，聚集各类资源，在关键领域多维度协同发力。要健全思政课程与课程思政同向同行的协同机制，优化思政课程质量。要加强和完善党委统一领导的联动协调机制，发挥基层党组织的先锋模范作用，切实把思想政治工作贯穿教育教学全过程。要充分调动各级各类人员的积极性，"精心培养和组织一支会做思想政治工作的政工队伍，把思想政治工作做在日常、做到个人"[2]。

四是落实意识形态工作责任制。习近平总书记指出，"必须把意识

---

[1]　习近平：《思政课是落实立德树人根本任务的关键课程》，人民出版社 2020 年版，第 23 页。

[2]　《习近平在全国教育大会上强调　坚持中国特色社会主义教育发展道路　培养德智体美劳全面发展的社会主义建设者和接班人》，《人民日报》2018 年 9 月 11 日。

形态工作的领导权、管理权、话语权牢牢掌握在手中，任何时候都不能旁落"①。2020年，中共中央办公厅颁布《党委（党组）意识形态工作责任制实施办法》，对进一步加强意识形态工作，巩固马克思主义在意识形态领域的指导地位，牢牢把握意识形态的主动权和领导权作出明确规定。落实意识形态工作责任制，要坚持党管意识形态、党管宣传、党管媒体，切实落实好意识形态工作的政治责任和领导责任，严格规范意识形态工作的阵地管理，营造良好的空间和氛围。要坚持底线思维，守正创新，保持清醒头脑，"注意区分政治原则问题、思想认识问题、学术观点问题"②，旗帜鲜明坚持真理，立场坚定批驳谬误，抵制各种错误观点和思潮。要调动一切积极因素，支持正确的思想言论，占领主流舆论市场。"要压实压紧各级党委（党组）责任，做到任务落实不马虎、阵地管理不懈怠、责任追究不含糊。"③要加强意识形态工作的队伍建设，完善监督机制，提高意识形态工作领域的治理能力和效力。

（二）坚持以社会主义核心价值观引领文化建设制度

从一般意义上看，"人类社会发展的历史表明，对一个民族、一个国家来说，最持久、最深层的力量是全社会共同认可的核心价值观。核心价值观，承载着一个民族、一个国家的精神追求，体现着一个社会评判是非曲直的价值标准"④，"是一个民族赖以维系的精神纽带，是一个国家共同的思想道德基础。如果没有共同的核心价值观，一个民族、一个国家就会魂无定

---

① 《习近平关于全面深化改革论述摘编》，中央文献出版社2014年版，第86页。

② 习近平：《决胜全面建成小康社会　夺取新时代中国特色社会主义伟大胜利——在中国共产党第十九次全国代表大会上的报告》，人民出版社2017年版，第42页。

③ 《习近平在全国宣传思想工作会议上强调　举旗帜聚民心育新人兴文化展形象　更好完成新形势下宣传思想工作使命任务》，《人民日报》2018年8月23日。

④ 习近平：《青年要自觉践行社会主义核心价值观——在北京大学师生座谈会上的讲话》，《人民日报》2014年5月5日。

所、行无依归"①。所以，各个国家和民族都十分重视核心价值观建设。核心价值观是历史的范畴，每个时代都有每个时代的精神，每个时代都有每个时代的价值观念。"在当代中国，我们的民族、我们的国家应该坚守什么样的核心价值观？这个问题，是一个理论问题，也是一个实践问题。经过反复征求意见，综合各方面认识，我们提出要倡导富强、民主、文明、和谐，倡导自由、平等、公正、法治，倡导爱国、敬业、诚信、友善，积极培育和践行社会主义核心价值观。"②"这个概括，实际上回答了我们要建设什么样的国家、建设什么样的社会、培育什么样的公民的重大问题。"③坚持以社会主义核心价值观引领文化建设制度，就是"要在全社会大力弘扬和践行社会主义核心价值观，使之像空气一样无处不在、无时不有，成为全体人民的共同价值追求，成为我们生而为中国人的独特精神支柱，成为百姓日用而不觉的行为准则"④。进而推动社会主义文化按照正确的轨道向前发展。

一是推动理想信念教育常态化、制度化。习近平总书记指出："一个国家，一个民族，要同心同德迈向前进，必须有共同的理想信念作支撑。"⑤"中国共产党成立一百年来，始终是有崇高理想和坚定信念的党。这个理想信念，就是马克思主义信仰、共产主义远大理想、中国特色社会主义共同理想。理想信念是中国共产党人的精神支柱和政治灵魂，也是保持党的团结统一的思想基础。"⑥中国共产党之所以能够在民族危亡时刻力

---

① 习近平：《在文艺工作座谈会上的讲话》，人民出版社 2015 年版，第 22 页。

② 习近平：《青年要自觉践行社会主义核心价值观——在北京大学师生座谈会上的讲话》，《人民日报》2014 年 5 月 5 日。

③ 习近平：《青年要自觉践行社会主义核心价值观——在北京大学师生座谈会上的讲话》，《人民日报》2014 年 5 月 5 日。

④ 习近平：《在文艺工作座谈会上的讲话》，人民出版社 2015 年版，第 23 页。

⑤ 《习近平在会见第四届全国文明城市、文明村镇、文明单位和未成年人思想道德建设工作先进代表时强调　人民有信仰民族有希望国家有力量　锲而不舍抓好社会主义精神文明建设》，《人民日报》2015 年 3 月 1 日。

⑥ 《习近平在中央党校（国家行政学院）中青年干部培训班开班式上发表重要讲话强调　信念坚定对党忠诚实事求是担当作为　努力成为可堪大用能担重任的栋梁之才》，《人民日报》2021 年 9 月 2 日。

挽狂澜，推动中华民族迎来了从站起来、富起来到强起来的伟大飞跃，靠的就是理想信念。但是也要看到，"形成坚定理想信念，既不是一蹴而就的，也不是一劳永逸的，而是要在斗争实践中不断砥砺、经受考验"①。推动理想信念教育常态化、制度化，就是要通过教育引导、舆论宣传、文化熏陶、实践养成、制度保障等一系列环节，广泛开展理想信念教育，大力弘扬民族精神和时代精神，使理想信念内化为人们的精神追求、外化为人们的自觉行动，虔诚而执着、至信而深厚。

二是坚持依法治国和以德治国相结合，完善弘扬社会主义核心价值观的法律政策体系。弘扬社会主义核心价值观，教育引导是基础，但仅靠教育引导是不够的，还要有制度规范、有政策保障。只有以法律政策承载价值理念和道德要求，核心价值观建设才有可靠支撑。习近平总书记指出："培育和弘扬社会主义核心价值观，不仅要靠思想教育、实践养成，而且要用体制机制来保障。……要发挥政策导向作用，使经济、政治、文化、社会等方方面面政策都有利于社会主义核心价值观的培育。要把社会主义核心价值观的要求转化为具有刚性约束力的法律规定，用法律来推动核心价值观建设。"② 任何一种价值观在全社会的牢固确立，都是一个思想教育与社会孕育相互促进的过程，都是一个内化与外化相辅相成的过程，完善弘扬社会主义核心价值观的法律政策体系，首先要强化法律法规的价值导向，推动核心价值观入法入规。通过法律的硬性规定，把核心价值观的要求体现到经济、政治、文化、社会、生态文明建设等各方面政策制定和实施之中。与此同时，通过发挥法律的评估和纠偏机制，推动形成有效传导社会主流价值的政策体系，实现公共政策和核心价值观建设良性互动。

三是推进中华优秀传统文化传承发展工程。推进中华优秀传统文化传

---

① 习近平：《习近平在中央党校（国家行政学院）中青年干部培训班开班式上发表重要讲话强调　信念坚定对党忠诚实事求是担当作为　努力成为可堪大用能担重任的栋梁之才》，《人民日报》2021年9月2日。

② 《习近平关于全国深化改革论述摘编》，中央文献出版社2014年版，第89—90页。

承发展工程，贵在继承、重在创新。不忘本来才能更好面向未来。要本着客观、科学、礼敬的态度，进一步把中华传统文化这个宝库梳理好、开掘好，有鉴别地加以对待，有扬弃地予以继承，取其精华、去其糟粕，真正把优秀传统文化的精神标识提炼出来、展示出来，把优秀传统文化中具有当代价值、世界意义的文化精髓提炼出来、展示出来，守住中华文化本根，传承中华文化基因。要"深入挖掘中华优秀传统文化蕴含的思想观念、人文精神、道德规范，结合时代要求继承创新，让中华文化展现出永久魅力和时代风采"①，增强中华文化的生命力和影响力，更好滋养社会主义核心价值观，更好以文化人、以文育人。

四是健全志愿服务体系。"志愿服务是社会文明进步的重要标志"②，是"人民有信仰、国家有力量、民族有希望的生动体现"③。健全志愿服务体系，关键是创新工作体制机制，有效调动各种资源和力量，推动志愿服务制度化、社会化、专业化。要坚持走中国特色志愿服务之路，大力弘扬奉献、友爱、互助、进步的志愿精神，不断健全志愿服务体系。要大力扶持志愿服务组织发展，建立健全孵化培育机制，精心培育志愿服务队伍，完善志愿者招募注册机制。要围绕服务国家战略、服务百姓生活，设计一批高质量、专业化的志愿服务项目。要扩大志愿服务站点的覆盖面，以城乡社区、公共场所、窗口单位为重点，推动志愿服务进医院、进车站、进商场、进景区，加快实现博物馆、图书馆、科技馆志愿服务阵地的全覆盖。要加强志愿服务保障机制建设，完善志愿服务记录制度，制定实施志愿者嘉许和回馈办法，推动形成有利于志愿服务事业持续健康发展的良好环境。

---

① 习近平：《决胜全面建成小康社会　夺取新时代中国特色社会主义伟大胜利——在中国共产党第十九次全国代表大会上的报告》，人民出版社 2017 年版，第 42 页。

② 《习近平致信祝贺中国志愿服务联合会第二届会员代表大会召开强调　弘扬奉献友爱互助进步的志愿精神　以实际行动书写新时代的雷锋故事》，《人民日报》2019 年 7 月 25 日。

③ 《习近平致信祝贺中国志愿服务联合会第二届会员代表大会召开强调　弘扬奉献友爱互助进步的志愿精神　以实际行动书写新时代的雷锋故事》，《人民日报》2019 年 7 月 25 日。

五是完善诚信建设长效机制。诚信是衡量一个社会文明程度的重要标尺，也是反映一个国家精神面貌的显著标志。我们党始终重视诚信、倡导诚信、弘扬诚信，明确把诚信作为社会主义核心价值观的重要内容，积极推动诚信成为全社会共同遵守的价值准则。完善诚信建设长效机制，基础在于健全覆盖全社会的征信体系，推动各领域全面建立信用信息记录，进一步健全信用信息管理制度，营造有利于诚信建设的法治环境和政策条件。要坚持把诚信建设作为培育和践行社会主义核心价值观的重要着力点，完善诚信建设长效机制，深入推进政务诚信、商务诚信、社会诚信、司法公信建设，努力在全社会形成诚实守信、重信守诺的良好风尚。要完善守信联合激励和失信联合惩戒机制，加大对公德失范、诚信缺失等行为惩处力度，推动形成不敢失信、不能失信、不愿失信的浓厚氛围，使诚实守信成为全社会的价值追求和自觉行动，努力形成良好的社会风尚和社会秩序。

（三）健全人民文化权益保障制度

2005 年，《中共中央、国务院关于深化文化体制改革的若干意见》指出，要"实现和保障广大人民群众的基本文化权益"，首次提出"基本文化权益"这一概念。2007 年，《中共中央办公厅、国务院办公厅关于加强公共文化服务体系建设的若干意见》中首次对"人民基本文化权益"范畴作出界定，即"保障人民群众看电视、听广播、读书看报、进行公共文化鉴赏、参加大众文化活动等"[①]。党的十九届五中全会明确提出健全人民文化权益保障制度的工作要求，这就把满足人民文化权益上升到制度的轨道，并通过制度予以充分保障。人民文化权益保障制度的出场，有其时代背景和现实要求。随着中国特色社会主义进入新时代，人民生活水平不断

---

① 《十六大以来重要文献选编》（下），中央文献出版社 2008 年版，第 1133 页。

迈上新台阶，人民对实现自身文化权益的要求和对精神文化生活的期待越来越高，我国文化供给的主要矛盾已经由"缺不缺、够不够"问题转变为"好不好、精不精"问题。解决这一问题，就需要我们顺应人民日益增长的美好生活需要，着力健全人民文化权益保障制度，为人民提供更丰富、更有营养的精神食粮，不断增进人民文化福祉，提高人民的文化获得感、幸福感。因此，健全人民文化权益保障制度，充分彰显了中国共产党以人民为中心的立场和情怀。

一是要坚持以人民为中心的工作导向，完善文化产品创作生产传播的引导激励机制，推出更多群众喜爱的文化精品。社会主义文化，本质上是人民大众的文化，是人民共建共享的文化。满足人民精神文化需求，保障人民文化权益，让人民共享文化发展成果，是我国社会主义文化建设的根本出发点和落脚点。只有坚持以人民为中心，文化才能更好服务人民，文化发展才能真正获得活力源泉，人民文化权益也才能得到更切实、更充分的保障。要完善文化产品创作生产传播的引导激励机制，推动广大文化文艺工作者把满足人民精神文化需求、促进人的全面发展作为作品创作的出发点和落脚点，把人民作为作品讴歌、表现的主体，把人民作为作品的最高评判者，在深入生活、扎根人民中进行文化创造，用心用情用功抒写人民、描绘人民、歌唱人民，创作生产传播好无愧于我们这个伟大民族、伟大时代的文化精品。要坚持文化发展为了人民，文化发展依靠人民，文化成果由人民共享，不断满足人民的基本文化需求，丰富人民群众的精神文化生活，增强文化自信，促进中国特色社会主义文化繁荣发展。

二是要完善城乡公共文化服务体系。建设公共文化服务体系，是保障人民文化权益的主要途径。党的十八大以来，我国基本公共文化服务标准化、均等化建设扎实推进，成效显著。2013年，党的十八届三中全会明确促进基本公共文化服务标准化、均等化成为公共文化领域首要任务。2015年，中办、国办印发《关于加快构建现代公共文化服务体系的意见》，明确了我国第一个国家层级的基本公共文化服务指导标准。2017年施行的《中华人民共和国公共文化服务保障法》，将实践中行之有效的基本公共文化服务标准体系建设政策上升为法律。国家发展和改革委员会联合有关部门印发《国家基本公共服务标准（2021年版）》提升了公共文化服务保基本、兜底线、促公平的标准要求，夯实了"十四五"期间基本公共文化服务高质量发展的基础。完善城乡公共文化服务体系，要坚持政府主导、社会参与、重心下移、共建共享，把"硬件"建设和"软件"建设结合起来，把"输血"和"造血"结合起来，促进基本公共文化服务标准化、均等化。要优化城乡文化资源配置，坚持城乡协调联动、资源共享，统筹公共文化服务设施网络建设，引导优质文化资源、文化服务向基层倾斜，加大对农村和贫困地区文化建设的帮扶力度，推动城乡文化一体化发展。要推动基层文化惠民工程扩大覆盖面、增强实效性，建立健全群众评价和反馈机制，促进文化惠民工程与群众文化需求有效对接。要健全支持开展群众性文化活动机制，搭建群众乐于参与、便于参与的文化活动平台，鼓励群众建设各种形式的文化活动阵地，引导群众在文化建设中自我表现、自我教育、自我服务。要鼓励社会力量参与公共文化服务体系建设，积极引入竞争机制，创新公共文化服务方式，推动公共文化服务社会化。

（四）完善坚持正确导向的舆论引导工作机制

新闻舆论工作处在意识形态斗争最前沿，做好党的新闻舆论工作，是治国理政、定国安邦的大事。习近平总书记指出："做好党的新闻舆论工作，事关旗帜和道路，事关贯彻落实党的理论和路线方针政策，事关顺利推进党和国家各项事业，事关全党全国各族人民凝聚力和向心力，事关党和国家前途命运。"[①] 舆论历来是影响和推动社会发展的重要力量。广泛凝聚共识，赢得舆论斗争的主导权，建构中国特色社会主义话语权，讲清楚

---

① 《习近平谈治国理政》第二卷，外文出版社2017年版，第331—332页。

中国故事，塑造中国形象，传播中国价值，离不开正确舆论导向，同样，要提高新闻舆论传播力、引领力、影响力和公信力也需要坚持正确舆论导向。在革命、建设、改革各个历史阶段，我们党都始终高度重视新闻舆论工作。导向是新闻舆论工作的灵魂。舆论导向正确，就能凝聚人心、汇聚力量，推动事业发展；舆论导向错误，就会动摇人心、瓦解斗志，危害党和人民事业。长期以来，我们党始终坚持以正确舆论引导人，不断健全工作体制机制，立体协同的舆论引导格局基本形成。但也应当看到，当前社会舆论生态正在发生深刻变革，分众化、差异化、多样化发展趋势日益明显，对完善坚持正确导向的舆论引导工作机制的要求更加突出，这就需要我们坚持守正创新，既毫不动摇坚持正确导向，又持续改进创新新闻宣传体制，完善坚持正确导向的舆论引导工作机制，不断提高舆论引导能力和水平。

一是坚持和落实党管媒体原则。习近平总书记指出："党性原则是党的新闻舆论工作的根本原则。"[1] 新闻舆论工作坚持党性原则，最根本的是坚持党对新闻舆论工作的领导。党管媒体同党管宣传、党管意识形态等一道，都是坚持党的领导的重要方面。坚持党管媒体、党对新闻舆论工作的领导，体现在方方面面，最重要的是体现在导向上，体现在把导向、抓导向、管导向上。坚持和落实党管媒体原则，要严格落实政治家办报要求，"确保新闻宣传工作的领导权始终掌握在对党忠诚可靠的人手中"[2]。要坚持党管媒体原则不动摇，"党和政府主办的媒体是党和政府的宣传阵地，必须姓党"[3]。确保"党报党刊一定要无条件地宣传党的主张。""要增强党的意识，尽职尽责为党和人民事业服务，坚持什么、反对什么，说什么

① 《把坚持正确政治方向摆在首位——二论学习贯彻习近平总书记新闻舆论工作座谈会重要讲话精神》，《人民日报》2016 年 2 月 22 日。
② 《习近平在视察解放军报社时强调　坚持军报姓党坚持强军为本坚持创新为要　为实现中国梦强军梦提供思想舆论支持》，《人民日报》2015 年 12 月 27 日。
③ 《习近平在党的新闻舆论工作座谈会上强调　坚持正确方向创新方法手段　提高新闻舆论传播力引导力》，《人民日报》2016 年 2 月 20 日。

话，做什么事，都要符合党的要求，真正做到'千磨万击还坚劲，任尔东西南北风'。"① 要看到，"无论时代如何发展、媒体格局如何变化，党管媒体的原则和制度不能变"②。"党性原则不仅要讲，而且要理直气壮讲，不能躲躲闪闪、扭扭捏捏。"③

二是构建网上网下一体、内宣外宣联动的主流舆论格局。随着我国发展日益融入世界，内宣和外宣的界限越来越模糊，构建内宣外宣协同联动机制势在必行、更趋紧迫。具体来说，要在建立健全工作谋划和部署的统筹协调机制上下功夫，从统筹国际国内两个大局的高度，加强内宣和外宣工作统筹谋划，推动内宣外宣任务协调实施，形成和放大整体效应，构建一体化发展格局。要在统筹推进能力建设上下功夫，整合内宣外宣资源，调动各方面力量，提高内外宣整体传播能力。讲好中国故事能力方面，着力提高对外传播能力，创新和加强国际传播能力建设，用外国人听得懂、易接受的话语体系和表述方式，深入阐释中国理念、中国主张、中国方案，增强我国国际话语权。国际舆论斗争方面，针对境外一些势力和人员对我国的攻击抹黑，及时进行回应和反制，有效放大正面声音，坚定维护国家利益和国家形象。

三是建立以内容建设为根本、先进技术为支撑、创新管理为保障的全媒体传播体系。全媒体融合发展是一场深刻的媒体革命，对我们既是挑战和考验，同时也是提升我国媒体竞争力和国际影响力、重塑国际舆论格局的重要契机。构建全媒体传播体系，要遵循新闻传播规律和新兴媒体发展规律，强化互联网思维，坚持传统媒体和新兴媒体优势互补、一体发展，推动传统媒体和新兴媒体在内容、渠道、平台、经营、管理等方面的深度

---

① 《坚持党性和人民性相统一——四论学习贯彻习近平总书记 8·19 重要讲话精神》，《人民日报》2013 年 8 月 27 日。

② 《习近平在党的新闻舆论工作座谈会上强调　坚持正确方向创新方法手段　提高新闻舆论传播力引导力》，《人民日报》2016 年 2 月 20 日。

③ 《习近平在党的新闻舆论工作座谈会上强调　坚持正确方向创新方法手段　提高新闻舆论传播力引导力》，《人民日报》2016 年 2 月 20 日。

融合，通过融合加快形成高质量内容产出机制。要坚持以内容建设为根本。内容是最核心的竞争力，内容建设是生存之基、发展之要，只有抓住了内容，传播才有深度、广度和力度。要坚持以先进技术为支撑。融合发展作为媒体领域的一场自我革命，技术是关键性因素和重要推动力，要以技术创新推动传播手段创新，做大做强主流舆论。要坚持以创新管理为保障。推动媒体融合、建立全媒体体系，是发展与管理相辅相成、相互促进的过程。要一手抓融合，一手抓管理，确保融合发展沿着正确方向推进，进而形成立体多样、融合发展的现代传播体系。

四是改进和创新正面宣传，完善舆论监督制度，健全重大舆情和突发事件舆论引导机制。团结稳定鼓劲、正面宣传为主，是党的新闻舆论工作的基本方针。坚持正面宣传为主，要求我们聚焦中国道路、中国理论、中国制度、中国精神、中国力量，把习近平新时代中国特色社会主义思想阐释好宣传好，把党中央重大决策部署和工作成效阐释好宣传好，把广大人民群众在新时代的新风貌阐释好宣传好，巩固壮大主流思想舆论。发挥好舆论监督作用，必须在完善相关制度、提高监督水平上着力。要强化责任，增强激浊扬清、扶正祛邪的责任感使命感。要坚持原则，做到科学监督、准确监督、依法监督、建设性监督。要突出重点，着重围绕那些党和政府重视、人民群众关心、现阶段有条件解决的突出问题，推动实际工作。要注重效果，使每一篇舆论监督报道都着眼促进问题解决，向积极方面引导。健全重大舆情和突发事件舆论引导机制是近年来舆论引导工作面临的一个难点。要完善舆情分析研判和预警机制，提高总体态势感知能力，及时掌握各种苗头性倾向性问题，准确判断其性质、特点、演变趋势。要完善社会热点引导机制，对人们关心的热点问题，及时深入做好解读阐释，引导人们增强发展信心、形成合理预期。要完善重大舆情协调联动处置机制，压实有关方面信息发布和事件处置主体责任，做到快速反应、有效引导、精准调控。

五是建立健全网络综合治理体系。当前，社会信息化正加速推进，互联网日益成为舆论宣传主阵地、舆论斗争最前沿，加快建立健全网络综合治理体系刻不容缓。要"本着对社会负责、对人民负责的态度，依法加强网络空间治理，加强网络内容建设，做强网上正面宣传，培育积极健康、向上向善的网络文化"[1]。要树立综合治理理念和思维，落实各相关方责任、运用多种手段进行综合治理。要完善协调推进的工作体系，调动各方面积极性，做到守土有责、守土负责，形成党委领导、政府管理、企业履责、社会监督、网民自律等多主体参与，经济、法律、技术等多种手段相结合的综合治网格局。要增强网络治理实效，按照正能量是总要求、管得住是硬道理的要求，统筹内容供给、行业管理、法治保障、技术支撑等各项工作，加强和创新互联网内容建设，落实互联网企业信息管理主体责任，加强技术支撑能力建设，完善网络安全和信息服务等法律法规，加大对各种网络乱象整治力度，不断提升网络综合治理能力。

（五）建立健全把社会效益放在首位、社会效益和经济效益相统一的文化创作生产体制机制

文化产品兼具意识形态属性和商品属性的双重属性，坚持把社会效益放在首位、社会效益和经济效益相统一很好地体现了文化产品的双重属性。从历史上看，早在 2014 年，习近平总书记在文艺工作座谈会上鲜明提出："文艺不能当市场的奴隶，不要沾满了铜臭气。"[2]2015 年，国务院办公厅正式印发了《关于推动国有文化企业把社会效益放在首位、实现社会效益和经济效益相统一的指导意见》，明确了要建立健全把社会效益放在首位、社会效益和经济效益相统一的文化创作生产体制机制。2020

---

① 习近平：《在网络安全和信息化工作座谈会上的讲话》，人民出版社 2016 年版，第 9 页。

② 习近平：《在文艺工作座谈会上的讲话》，人民出版社 2015 年版，第 20 页。

年，在教育文化卫生体育领域专家代表座谈会上，习近平总书记再次强调："衡量文化产业发展质量和水平，最重要的不是看经济效益，而是看能不能提供更多既能满足人民文化需求、又能增强人民精神力量的文化产品。"① 综上所述，坚持把社会效益放在首位、社会效益和经济效益相统一是改革开放以来特别是党的十八大以来文化创作生产体制机制不懈探索的重要理论成果。

一是深化文化体制改革，激活文化管理体制和生产经营机制。习近平在党的十八届三中全会通过的《中共中央关于全面深化改革若干重大问题的决定》明确提出，要"紧紧围绕建设社会主义核心价值体系、社会主义文化强国深化文化体制改革，加快完善文化管理体制和文化生产经营机制，建立健全现代公共文化服务体系、现代文化市场体系，推动社会主义文化大发展大繁荣"。此后，中央全面深化改革领导小组通过了《深化文化体制改革实施方案》，这为构建文化体制机制指明了方向。深化文化体制改革，要做好经营性文化单位体制改革，加快推动其转企改制任务，建立现代企业制度。要做好公益性文化事业单位内部改革，要深入推进国有文艺团体体制改革，完善国有文化资产管理体制和宏观调控体系。实践证明，只有深化文化体制改革，创新体制机制，才能解放和发展文化生产力。

二是健全现代文化产业体系和市场体系，完善以高质量发展为导向的文化经济政策。随着我国经济由高速增长阶段转向高质量发展阶段，文化产业发展也进入了高质量发展阶段，构建现代文化产业体系和市场体系成为必然趋势。要坚持文化产业创作生产以人民为中心的价值理念，使文化消费成为人民自觉自愿的意识。要依托互联网技术，推动文化和科技、旅游、体育等领域的融合，加速产业升级。要充分调动人才、技术等要素在

---

① 习近平:《在教育文化卫生体育领域专家代表座谈会上的讲话》，人民出版社 2020 年版，第 7 页。

文化市场的活力，发挥市场在资源配置中的作用。要以制度改革优化产业发展的大环境，统筹区域协调合作尤为重要，打开产业开放的新格局，在合作和竞争中提高发展质量。

三是完善文化企业履行社会责任制度，健全引导新型文化业态健康发展机制。习近平总书记在企业家座谈会上指出："企业既有经济责任、法律责任，也有社会责任、道德责任。任何企业存在于社会之中，都是社会的企业。社会是企业家施展才华的舞台。只有真诚回报社会、切实履行社会责任的企业家，才能真正得到社会认可，才是符合时代要求的企业家。"①文化企业不能单纯追求利润最大化，要把社会效益第一、社会价值优先的经营理念体现到企业章程和各项规章制度中。要加大对文化企业社会效益突出的产业项目的支持，引导文化产业发展，完善监督管理体制。要完善统筹社会效益和经济效益的综合考核评价体系，使文化企业履行社会责任在制度约束框架下运行，推动实现企业的"双效统一"。

四是完善文化和旅游融合发展体制机制。习近平总书记指出："文化产业和旅游产业密不可分，要坚持以文塑旅、以旅彰文，推动文化和旅游融合发展，让人们在领略自然之美中感悟文化之美、陶冶心灵之美。"②进入新发展阶段，随着人民生活水平不断提升，文化和旅游的需求日益增长，文化和旅游融合的客观条件日益健全。要坚持文化与旅游产业的双向互动，拓展两个领域对外开放的范围，完善"宜融则融、能融尽融、以文促旅、以旅彰文"的体制机制，将传统文化资源转化为旅游发展的不竭动力，使文旅融合走进寻常百姓家。要在尊重文化发展客观规律的基础上，增强创新创造的意识，以开放合作促进融合创新，利用好互联网等技术支撑，实现产品的品牌塑造，增强人民文化获得感。

五是加强文艺创作引导，完善倡导讲品位讲格调讲责任、抵制低俗庸

---

① 习近平：《在企业家座谈会上的讲话》，《人民日报》2020年7月22日。

② 习近平：《在教育文化卫生体育领域专家代表座谈会上的讲话》，人民出版社2020年版，第7—8页。

俗媚俗的工作机制。习近平总书记提出："文艺是铸造灵魂的工程，承担着以文化人、以文育人的职责，应该用独到的思想启迪、润物无声的艺术熏陶启迪人的心灵，传递向善向上的价值观。"[①] 文艺工作者要坚守艺术理想，"做真善美的追求者和传播者，把崇高的价值、美好的情感融入自己的作品，引导人们向高尚的道德聚拢，不让廉价的笑声、无底线的娱乐、无节操的垃圾淹没我们的生活"[②]。要加强对文化产品创作生产的引导，充分发挥文化在引领社会、教育人民、促进发展中的重要功能，努力营造良好的氛围，调动文艺工作者的积极性、主动性、创造性。要加强对艺术事业的宏观管理，推进管理手段创新，建立起国家扶持艺术创作与生产的长效机制。要加大人才队伍建设，重点关注高层次人才和急需紧缺人才，建立健全人才激励机制。要加大政府对文化建设投入力度，综合运用资金支持、文艺评奖、舆论引导等手段，建立国家扶持艺术创作与生产的长效机制。

---

① 习近平：《在中国文联十大、中国作协九大开幕式上的讲话》，人民出版社 2016 年版，第 17 页。

② 习近平：《在中国文联十大、中国作协九大开幕式上的讲话》，人民出版社 2016 年版，第 17 页。

第九讲 一枝一叶总关情

——发展经济的根本目的是更好保障和改善民生

韩喜平[*]

　　"为政之道，以顺民心为本，以厚民生为本。"党的十八大以来，以习近平同志为核心的党中央高度重视民生工作，始终把人民放在心中最高的位置，把人民对美好生活的向往作为奋斗目标。习近平总书记指出："在整个发展过程中，都要注重民生、保障民生、改善民生，让改革发展成果更多更公平惠及广大人民群众，使人民群众在共建共享发展中有更多获得感。"[①]"保障和改善民生没有终点，只有连续不断的新起点"[②]。习近平总书记的民生观，诠释了中国共产党"立党为公、执政为民"的执政理念，体现了中国特色社会主义人民至上的价值底蕴、坚持以人民为中心的发展思想，彰显了民生就是最大的政治的政绩观。做好民生工作是一项系统工程，需要始终坚持全心全意为人民服务的根本宗旨，实现好、维护好、发展好最广大人民群众根本利益。正如习近平总书记所强调的："必须把增进人民福祉、促进人的全面发展作为一切工作的出发点和落脚点，坚守底线、突出重点、完善制度、引导预期，保障和改善民生，不断提高人民群

---

　*　作者系吉林大学党委副书记，教授。
　①　《习近平关于全面建成小康社会论述摘编》，中央文献出版社 2016 年版，第 157 页。
　②　《习近平关于全面建成小康社会论述摘编》，中央文献出版社 2016 年版，第 159 页。

众生活水平。"①由此可见，新时代高质量做好民生工作，需要从制度端发力，建立健全中国特色民生制度体系，充分释放中国特色社会主义制度显著优势，切实提高中国特色民生质量和治理水平。

党的十九届四中全会强调，坚持和完善统筹城乡的民生保障制度，满足人民日益增长的美好生活需要。着力统筹城乡、发力保障制度，是新时代高质量保障和改善民生的具体要求，能切实增进人民福祉、促进人的全面发展，让亿万人民共享发展成果，实现国家富强、民族振兴和人民幸福的有机统一，体现了中国特色国家制度的显著优势和国家治理体系的政治底色。随着中国特色社会主义进入新时代，高质量保障和改善民生，必须解决好城乡不平衡的矛盾，在保障制度上下功夫，着眼人民日益增长的美好生活需要，优化制度供给体系、提高制度供给效率，补齐农村民生短板、提高城镇民生质量，构建统筹城乡的民生保障制度体系。

注重民生建设、增进人民福祉、促进人的全面发展，是党立党为公、执政为民的本质要求。"为了谁、依靠谁和发展成果由谁共享"的问题，是检验一个政党的试金石。习近平总书记指出，共产党就是为人民谋幸福的，人民群众什么方面感觉不幸福、不快乐、不满意，我们就在哪方面下功夫，千方百计为群众排忧解难。他特别强调，"把人民拥护不拥护、赞成不赞成、高兴不高兴、答应不答应作为衡量一切工作得失的根本标准"②。中国共产党自诞生那刻起，就坚信党的根基在人民、党的力量在人民，始终把人民放在最高位置，把全心全意为人民服务作为根本宗旨，把实现好、维护好、发展好最广大人民根本利益作为工作得失的根本标准。中国共产党历来高度重视民生问题，始终站在民心和国运的战略高度上推进民生工作，认为民生问题无小事、解决民生是最大的政治、改善民生是最大的政绩，让人民过上好日子是一切工作的出发点、落脚点和重

---

① 《习近平关于社会主义社会建设论述摘编》，中央文献出版社 2017 年版，第 16 页。

② 《习近平关于社会主义社会建设论述摘编》，中央文献出版社 2017 年版，第 15 页。

心。与此同时，中国共产党从来不将民生工作作为阶段性任务来抓，而是始终将其作为长期任务不放松地抓，即"发展经济的根本目的是更好保障和改善民生"①。这说明，对中国共产党而言，关注民生、重视民生、保障民生、改善民生，只有进行时没有完成时，持续增进人民福祉是中国共产党的神圣职责和终极价值目标。

补齐农村短板、提高城镇质量、实现民生福祉城乡统筹，是中国国家治理体系的政治底色。民生具有全局性和整体性的特质，民生福祉从来不是少数人或特殊群体的特权，全体人民拥有共享民生福祉的权利。中国共产党向来把增进全体人民而不是某个特殊群体的民生福祉作为奋斗的目标，就如同习近平总书记所强调的："'小康'讲的是发展水平，'全面'讲的是发展的平衡性、协调性、可持续性。"② 为此，需要牢牢抓住全面这个核心要求，全国一盘棋，协调发展，不让任何一个领域滞后，不让任何一个人掉队，不让任何一个区域落下，努力缩小差距，实现共同富裕、全面小康。但是囿于城乡二元结构，我国的民生工作并没有呈现出应有的协同性和整体性，城乡间的民生差距较大，农村成为民生福祉的洼地和短板，农民共享发展成果的机会较少。与城镇相比，农村民生覆盖面不全、兜底性不强、保障性不高、发展性不足，农村民生保障的不充分和民生在城乡间的不平衡成为新时代我国社会主要矛盾的突出表现。一方面，收入增长的乏力、非农就业机会的减少，导致农村居民的医疗、教育、居住、养老保障不充分；另一方面，低起点的保障水平、低比例的医保报销、较高程度的老龄化、匮乏的养老服务供给，成为农村民生领域的突出短板，远远落后于城镇的民生保障水平。与此同时，随着经济的发展和社会的进步，现有的城镇民生供给数量和质量没有表现出同步的增加和提高，无法满足城镇居民多层次的和转型升级了的民生需求，制约了城镇居民日益增

---

① 《习近平关于社会主义社会建设论述摘编》，中央文献出版社 2017 年版，第 17 页。
② 《习近平关于全面建成小康社会论述摘编》，中央文献出版社 2016 年版，第 12 页。

长的美好生活需要的实现。由此，补齐农村短板、提高城镇质量、实现民生福祉城乡统筹，是当前和今后一个时期高质量保障和改善民生的方向。

坚持系统推进、着眼统筹城乡、加快构建民生保障制度，是中国特色国家制度的显著优势。新时代高质量保障和改善民生，应当统筹制度改革和制度运行，强化制度的保障力、提高制度的执行力，构建系统完备、运行有效的民生保障制度体系，切实把我国民生保障制度优势更好转化为国家治理效能。一是坚持系统推进，围绕普惠性、基础性、兜底性民生精准制定保障制度，在幼有所育、学有所教、劳有所得、病有所医、老有所养、住有所居、弱有所扶等方面全面发力，增加民生保障制度供给，构建系统的民生保障制度体系，让民生保障制度精准覆盖到民生领域的方方面面，做到不缺位、不错位。二是统筹城乡协调发展，客观识别城乡民生差距，找准农村民生领域存在的短板，对标城镇民生数量和质量，在保障制度上下功夫，着重解决制约农民收入增长、非农就业机会匮乏、医疗保障水平较低、教育质量不高、住房成套率低、养老服务不足等民生短板。当前最重要的任务就是建立解决相对贫困的长效机制。三是厘清美好生活需要的内涵和外延，摸准城镇居民的民生诉求，从制度端发力，切实提高城镇民生质量，增加城镇民生数量，优化城镇民生供给结构，切实满足城镇居民日益增长的美好生活需要。需要强调的是，统筹城乡民生，并不是实现城乡民生的平均化，而是让民生符合农村和城市发展的阶段性特征，但差距又在可接受的范围内。四是在制度执行和提高制度执行力上下功夫。加快构建统筹呈现的民生保障制度体系，制度建设是基础，制度执行是关键，制度执行力是保障。应该强化民生保障制度执行、避免民生保障制度束之高阁、造成制度软化，切实提高民生保障制度执行力、增强民生保障制度执行的驾驭能力、充分释放民生保障制度的显著优势、更好转化为治理效能，确保改革发展成果更多更公平惠及全体人民，以健全的民生保障制度体系、高效的民生保障制度执行效率、高超的民生保障制度执行力满足人民对美好生活的向往。

一、统筹城乡民生保障制度的逻辑阐释

民生连着民心，民心关系国运，民心是最大的政治，民生政治也是现代政治的核心逻辑。[①] 一个国家或政党越是坚持民生导向，越是从根本上改善人民生活，就越能赢得人民拥护。统筹城乡民生保障制度的终极价值指向是民生、有效的支撑载体是制度，体现了中国共产党以民为本、以人为本的执政理念，表征了改善民生是发展的根本目的。为此，高质量统筹城乡民生保障制度，需要阐释民生、制度、统筹城乡蕴含的逻辑，厘清内在联系，以便将统筹城乡民生保障制度落到实处，走出一条具有中国特色的民生发展道路，为世界其他国家做好民生工作贡献中国智慧和提供中国方案。

（一）民生的本质内涵

民生不仅是经济社会发展过程中的实践问题，而且是人类社会发展进程中的理论问题，说到底是人的问题，在本质上表征为人的生存和发展，具体就是人民群众的历史地位、人民群众的现实需要等问题。所以，厘清民生的本质内涵，需要从人、人的全面自由发展入手，离开了人、遮蔽了人的生存和发展，民生问题就无从谈起。

马克思、恩格斯认为："全部人类历史的第一个前提无疑是有生命的个人的存在。"[②] 在这里，马克思、恩格斯所论述的个人既不是从人们所说的、所设想的、所想象的东西出发，也不是从口头说的、思考出来的、设想出来的、想象出来的出发，而是处在现实的、可以通过经验观察到的、

---

① 韩喜平、巩瑞波：《"四个全面"战略布局的民生导向解析》，《南京社会科学》2015 年第 8 期。
② 《马克思恩格斯选集》第 1 卷，人民出版社 2012 年版，第 146 页。

在一定条件下进行的发展过程中的人，即"我们的出发点是从事实际活动的人"①。由此可见，马克思、恩格斯对人的本质的现实性、多样性和历史性、社会性的认识，揭示了人及其活动的社会属性，从而需要从人与人的社会关系中去把握人及其活动的现实性和历史性。也就是说，民生的本质是促进人的全面自由发展，但民生的内容是具体的不是空泛的，必须以解放人和发展人为终极价值指向，这就从实践维度回答了民生的价值目标，始终将人的全面自由发展摆在中心位置，从而民生活动的全部展开始终坚持人的主体逻辑，进而不断推动人类社会发展进步。正如马克思、恩格斯所指出的："一切人类生存的第一个前提，也就是一切历史的第一个前提，这个前提是：人们为了能够'创造历史'，必须能够生活。"②在这个意义上，将人的全面自由发展视为民生的终极价值指向，体现了从"以物为本"到"以人为本"的逻辑转向，彰显了对资本逻辑的抛弃，是对"以物为本、以人为手段"的弊病的矫正，最终要实现社会生产力的发展与人的全面自由发展的统一。③

1.民生的终极价值指向：人的全面自由发展

根据马克思经典作家的文献，人的问题是民生的主体性问题，重视人的发展、关注人的生活、关心人的利益、关爱人的幸福④，都是民生囊括的重要议题。所以，使人作为人成为人，作为个人得以解放、消解异化、恢复自我与其他人及自然和谐相处的能力，从而实现人的全面自由发展，就成为民生的终极价值指向。

将人的全面自由发展视为民生的终极价值指向，是人类在政治实践中自觉地认识自己的体现，既观照了作为社会存在物的个体的人的社会属

---

① 《马克思恩格斯选集》第 1 卷，人民出版社 2012 年版，第 152 页。
② 《马克思恩格斯选集》第 1 卷，人民出版社 2012 年版，第 158 页。
③ 邓磊、田桥：《马克思恩格斯民生思想探微》，《社会主义研究》2014 年第 4 期。
④ 林祖华：《马克思恩格斯的民生思想及其当代启示》，《中国社会科学院研究生院学报》2017 年第 4 期。

性，又体现了作为个体的人的类特征，还反映了作为集合体的人的历史变化形态，即这种价值逻辑表征了人的多重性，从人的发展形态的演进中观照人的全面自由发展。在这个意义上，民生将作为个体的人和作为类的存在的人有机统一起来，体现了人与社会的质的统一性。由此可见，民生的人的全面自由发展逻辑，既能使个人力量得以伸张、让个人获得自由，又能重构人与人的社会关系、让个人间的社会交往得以巩固，即"人的本质不是单个人所固有的抽象物，在其现实性上，它是一切社会关系的总和"①。"只有在共同体中，个人才能获得全面发展其才能的手段，也就是说，只有在共同体中才可能有个人自由。"② 所以，将人的全面自由发展置于民生的出发点和落脚点，既是对个人的解放的实践，又是对共同体形成的实践，最终能将人的发展与社会的进步有机统一起来。

需要强调的是，人作为民生问题的价值主体并不是抽象的，更不是孤立的，而是历史的和现实的，即人民群众是作为民生问题价值主体的人的具体逻辑展开。这是因为，作为从事物质资料生产的人民群众，主要包括劳动群众和为其服务的知识分子，不仅是历史的创造者，也是推动社会变革的决定力量，从而更应该是人类社会发展成果的享有者。在人类社会发展过程中，人民群众是现实的和活生生的，一方面，通过实践活动创造了丰富的物质财富和精神财富，必须首先要解决好人民群众的衣食住行问题，以便确保物质资料的顺利生产，并促进生产力水平的跃升和推动人类社会进步。另一方面，人民群众又是社会革命的主力军，在重大社会变革中发挥关键作用，成为摧毁旧的阶级关系和建立新的阶级关系的决定性力量，从而谁拥有人民群众，谁就能在战争中取得绝对优势地位。再一方面，随着社会形态的不断演进，劳动不再异化为人的谋生的手段，而是成为人的生活的第一需要，从而为了人、一切为了人成为社会发展的基本宗

---

① 《马克思恩格斯选集》第 1 卷，人民出版社 2012 年版，第 139 页。
② 《马克思恩格斯选集》第 1 卷，人民出版社 2012 年版，第 199 页。

旨，个人的全面自由发展的实现必须以人人共享、普遍受益为前提。总而言之，人民作为社会发展的动力源，人民群众作为社会历史的主人，创造了历史、推动了历史的发展[①]，从而必须成为民生的价值主体。

2.民生实践的逻辑起点："现实的人"的需要

民生从来不是抽象的、空洞的，而是具体的、现实的。既然人是民生的价值主体，那么民生实践活动的展开必须以人为中心；而人的存在又是具体的、现实的，则民生实践活动就必须以"现实的人"的需要为逻辑起点，只有这样民生才能成为促进人的全面自由发展的实践活动。正如马克思所揭示的，人的存在在其现实性上是一切社会关系的总和，从而特定的社会关系就成为理解"现实的人"的前提，也就是需要从人与人、人与自然的关系中来理解人的现实性，充分认识到人作为从事物质生产的主体，是自然存在物、社会存在物和意识存在物的有机统一体，进一步"现实的人"的需要就表现为以劳动需要为存在前提的自然需要、社会需要和精神需要的统一体。[②]"现实的人"是需要的主体，而人的现实性又表现为在人类经济社会发展的演进中，人的存在形态是动态的而非静止的，更具体的就是，随着生产力的不断发展，需要呈现出同步性，从而"现实的人"的需要就具备了开放性、演进性、跃升性的特征，进而民生实践就必须以此为前提更好地满足人的需要，并最终促进人的全面自由发展。尽管"现实的人"的需要具有动态演进性，但更要重视其层次性，也就是依据人的存在形态历史性地划分"现实的人"的需要，主要是从人的生存发展所依赖的客观物质条件，以及生存资料、享受资料和发展资料，而将民生实践满足"现实的人"的需要划分为生存需要、享受需要和发展需要三个层次。[③]与此同时，"现实的人"的需要颇具多样性和丰富性，即"在现实世界中，

---

① 林祖华:《马克思恩格斯的民生思想及其当代启示》,《中国社会科学院研究生院学报》2017年第4期。

② 刘明松:《马克思的民生思想及其当代价值》,《马克思主义研究》2019年第8期。

③ 刘明松:《马克思的民生思想及其当代价值》,《马克思主义研究》2019年第8期。

个人有许多需要"①。这主要是因为，人的存在具有多样形态和多重属性，从而"现实的人"的需要就不仅包括物质需要、社会需要，还包括精神文化需要、生态需要②，并且随着人类社会的不断发展进步，人的需要呈现同步演进性，从而越来越多样性、丰富性和与时俱进性。这又进一步印证了人是民生的价值主体，民生实践的逻辑展开必须以人的存在方式的演进、人的需要的层次性和丰富性为前提。

满足"现实的人"的需要，离不开丰裕的物质财富，从而物质财富的生产成为民生得以实践的保障，进而劳动成为满足"现实的人"需要的前提。从这个层面而言，必须对劳动给予充分重视，甚至可以认为怎么重视劳动都不为过，这是因为"任何一个民族，如果停止劳动，不用说一年，就是几个星期，也要灭亡"③。由此，高质量赋予每个人充分的劳动权利，并让劳动成为每个人创造财富和国家积累及分配财富的实践活动，只有这样，满足"现实的人"的需要的物质财富保障基础才会牢固。毋庸置疑的是，生产劳动的实践，需要在一定的社会关系中展开，也就是个人不能以孤立的形态从事物质财富的创造，而是在与其他人形成的社会关系总和中按照分工逻辑、效率导向和公平指向确保劳动的社会性和社会的劳动性。

固然，满足"现实的人"的需要应该以生产劳动为首要前提，但生产劳动性仅仅是前提而不是全部，在诸多客观条件的约束下，每个人的生产劳动并不能满足"现实的人"的全部需要，于是就离不开国家的作用。具体而言，发挥国家的作用，就是让国家按照现代民生逻辑践行政治活动，依据经济社会发展的历史阶段特征，对整个社会的物质财富进行初次分配和再分配，权衡处理好效率与公平的关系，实现个人的全面自由发展和社会整体进步的有机统一。

---

① 《马克思恩格斯全集》第 3 卷，人民出版社 1960 年版，第 326 页。

② 杨静、周钊宇:《马克思恩格斯民生思想及其在当代中国的运用发展》,《马克思主义研究》2019 年第 2 期。

③ 《马克思恩格斯选集》第 4 卷，人民出版社 2012 年版，第 473 页。

上述分析表明，无论是对个人的生存和发展，还是对社会的进步和繁荣而言，民生既是出发点又是落脚点更是保障，因此如何保障和改善民生成为现代政治逻辑的关键议题。一个国家或政党越是重视民生、越是改善民生，其就越能赢得人民群众的拥护，从而就越能充分保障人民群众对美好生活的向往，也就越能夯实执政的根基。

（二）民生保障制度的理论内核

作为一个完整概念的表达，民生保障制度首次由党的十九届四中全会通过的《中共中央关于坚持和完善中国特色社会主义制度、推进国家治理体系和治理能力现代化若干重大问题的决定》提出，就其内容而言，民生保障制度是一个制度体系，而不是某一项具体的制度安排，是一个关系到人民群众生活和切身利益的制度安排体系，不仅包括就业制度、收入分配制度、教育制度，还包括住房制度、社会保障制度等，实际上是围绕"幼有所育、学有所教、劳有所得、病有所医、老有所养、住有所居、弱有所扶"等基本公共服务作出的一系列制度设计。

1.制度体系建设：中国特色民生显著优势的彰显

"凡将立国，制度不可不察也。"一般而言，制度就是在一定历史条件下形成的政治、经济、文化等方面的规范和准则。人类社会发展史表明，任何一种社会，任何一个国家，要保持长治久安、纲维有序，就必须有一套稳定成熟的制度体系。[①] 习近平总书记从国家战略高度重视制度建设。他指出："制度优势是一个国家的最大优势，制度竞争是国家间最根本的竞争。制度稳则国家稳。"[②] 实践充分证明，中国共产党领导人民建立的中

---

① 中共中央宣传部理论局编：《中国制度面对面——理论热点面对面·2020》，学习出版社、人民出版社 2020 年版，第 2 页。

② 习近平：《坚持和完善中国特色社会主义制度　推进国家治理体系和治理能力现代化》，《求是》2020 年第 1 期。

国特色社会主义制度，是中华民族迎来从站起来、富起来到强起来伟大飞跃的根本所在。随着中国特色社会主义进入新时代，保障和改善民生，也应该在制度端发力，构建与人民群众对美好生活向往相匹配的民生保障制度体系。

民生保障制度体系的建立与完善，应当立足中国国情，坚持实践逻辑，以新时代民生改善和发展为主线，将民生保障制度体系建设与民生福祉提升有机统一起来。这表明，民生保障制度体系必须坚持国家主体原则，而不能不顾国情极端地搞国外制度移植；否则，不符合国情的制度体系不但不能改善和发展民生，反而会弱化民生优势，降低人民群众的获得感、幸福感和安全感。就如同"中国特色社会主义制度不是从天上掉下来的，也不是拍脑袋臆想出来的，而是经过从理论到实践的反复探索、历尽千辛万苦形成的"[①] 所呈现出的实践逻辑一样，中国特色民生保障制度应该根植于中国国情、回应人民群众诉求、解决好民生实践碰到的主要矛盾。

从制度品质上看，统筹城乡的民生保障制度需要坚持增进人民福祉、促进人的全面发展的基本立场，从而制度体系应该体现在幼有所育、学有所教、劳有所得、病有所医、老有所养、住有所居、弱有所扶等方面，注重普惠性、基础性和兜底性，不断满足人民群众多层次多样化需求，确保改革成果更多更公平惠及全体人民。具体表现在以下几个方面：一是为人民群众对美好生活的新期待提供制度保障，坚持问题导向，回应人民群众现实的民生需求，紧紧抓住制定和完善能够满足人民群众对美好生活新期待的必备制度，让人民群众不仅有更稳定的工作、更满意的收入、更好的教育，而且还要有更舒适的居住条件、更可靠的社会保障、更高水平的医疗卫生服务、更丰富的精神文化生活和更优美的生态环境。二是为促进社

[①]　中共中央宣传部理论局编：《中国制度面对面——理论热点面对面·2020》，学习出版社、人民出版社2020年版，第7页。

会公平正义提供制度支撑，牢牢把握公平正义这一尺度，能够更好保障人民群众基本民生权益，让改革发展成果惠及每一个人，从而让社会充满生机活力且长期保持稳定。[①] 在这个意义上，公平正义导向的民生保障制度，彰显了保障和改善民生的核心价值，能够助推共同富裕目标的实现。三是为兜牢民生底线夯实制度基础，民生具有多层次性和多维度性，注重、保障和改善民生，既要做好普惠性、基础性、兜底性民生建设，满足老百姓多样化的民生需求，织就密实的民生保障网；[②] 又要兜牢民生底线，充分发挥社会政策托底功能，聚焦困难群体、围绕民生短板，始终牢牢守住保障群众基本生活和基本权益这一民生底线。[③] 四是为培育形成新的经济增长点注入制度动能。习近平总书记强调："抓民生也是抓发展。要在保障基本公共服务有效供给基础上……支持相关服务行业加快发展，培育形成新的经济增长点，使民生改善和经济发展有效对接、相得益彰。"[④] 从这个角度而言，民生的保障和发展双重属性，要求制度呈现相同的品质和特征，由此民生保障制度应该为培育形成民生衍生型的产业形态提供保障和注入动能。

2. 制度执行能力：中国特色民生治理效能的保障

习近平总书记指出："制度的生命力在于执行。……必须强化制度执行力，加强对制度执行的监督。"[⑤] 这意味着，充分彰显中国特色民生保障的显著制度优势，必须在制度执行上下功夫，务必以严格的制度执行和高效的制度监督确保中国特色民生制度优势转化为中国特色民生治理效能。为此，既要增强对制度的敬畏感、按照制度行事、不随意更改制度，又要

---

① 本书编写组编著：《〈中共中央关于坚持和完善中国特色社会主义制度、推进国家治理体系和治理能力现代化若干重大问题的决定〉辅导读本》，人民出版社 2019 年版，第 298 页。

② 《习近平关于全面建成小康社会论述摘编》，中央文献出版社 2016 年版，第 158 页。

③ 本书编写组编著：《〈中共中央关于坚持和完善中国特色社会主义制度、推进国家治理体系和治理能力现代化若干重大问题的决定〉辅导读本》，人民出版社 2019 年版，第 299 页。

④ 《习近平关于全面建成小康社会论述摘编》，中央文献出版社 2016 年版，第 152 页。

⑤ 《习近平谈治国理政》第三卷，外文出版社 2020 年版，第 128 页。

不钻制度空子、不打擦边球、严格遵守制度、接受制度的监管，更要在制度执行上不做选择、不搞变通、不打折扣，确保制度执行和监督贯穿中国特色民生治理全过程和全覆盖，实现中国特色民生保障制度时时生威、处处有效。这是因为，健全的民生保障制度体系，不仅包括制度制定，还包括制度执行和制度监督，更包括制度治理。只有坚持全过程思维、系统的方法论，通过全方位的努力，才能充分展现中国特色民生保障制度的强大生命力和巨大优越性，才能推进民生治理体系和治理能力现代化。在这个层面上可以认为，民生保障制度体系的建立和完善，民生制度的执行力和监督，从民生维度释放了中国特色社会主义的显著制度优势，为树立中国特色社会主义制度自信进行了民生诠释。

无论是从理论逻辑还是从实践逻辑，提高制度执行力都必须充分发挥各级领导干部的主动性和积极性。正如习近平总书记所强调的："各级党委和政府以及各级领导干部要切实强化制度意识，带头维护制度权威，做制度执行的表率……充分发挥制度指引方向、规范行为、提高效率、维护稳定、防范化解风险的重要作用。"[1]为此，应该积极引导广大领导干部运用制度保障和改善民生的能力，严格按照制度高质量做好新时代中国特色民生工作。实践充分证明，领导干部越是强化制度意识、培养制度执行能力，就越能取得显著工作成效和赢得人民群众拥护。与此同时，还要完善制度监督机制，将制度执行和监督统一起来贯穿中国特色民生实践与治理的全过程。总而言之，中国特色民生保障制度体系建设是一个系统工程，需要在制定、执行和监督等各个环节上下功夫，将显著的制度优势转化为治理效能，切实增强中国特色民生保障制度自信，向国外讲好中国特色民生保障制度的故事，不断增强我国民生保障制度和民生治理体系的说服力和感召力。

---

[1] 《习近平谈治国理政》第三卷，外文出版社 2020 年版，第 128 页。

（三）统筹城乡的逻辑解读

统筹城乡民生保障制度，难点和重点是统筹城乡。城乡统筹得好，民生保障制度优势释放得就越充分，就越能提高民生治理体系和治理能力现代化。对于我国而言，统筹城乡既是一个理论命题，也是一个实践课题，更是一个历史问题，颇具多重属性。为此，需要对统筹城乡进行全方位解读。

1.统筹城乡的理论逻辑

城乡关系对于一个国家发展而言颇为重要，城乡关系越和谐，国家发展势头就越强劲、动力就越强大、稳定性就越强。习近平总书记指出："在现代化进程中，如何处理好工农关系、城乡关系，在一定程度上决定着现代化的成败。"[①] 世界各国发展实践充分表明，一个国家如果处理不好城乡关系，不仅农业发展会跟不上，而且农村发展也会跟不上，从而使乡村和乡村经济走向凋敝，工业化和城镇化就会走入困境，严重的还会造成社会动荡。

马克思、恩格斯高度重视城乡关系运动规律，认为城乡经济关系的演进是一个自然的历史过程，在经济社会的不同发展阶段，城乡关系呈现出不同的特征和表现出不同的类型。马克思、恩格斯在批判地吸收了空想社会主义思想家的观点的基础上，创造性地总结了"城乡同一——城乡分离——城乡对立——城乡融合"的城乡运动规律[②]，指出城市和乡村作为一定历史发展阶段的产物，源于分工，分工的出现让城乡关系不再混沌合一；随着社会生产力的进步及分工水平的不断提高，混沌合一的城乡关系开始趋于分离。他们认为："一个民族内部的分工，首先引起工商业

---

① 《习近平谈治国理政》第三卷，外文出版社 2020 年版，第 255 页。

② 姚毓春、梁梦宇：《城乡融合发展的政治经济学逻辑——以新中国 70 年的发展为考察》，《求是学刊》2019 年第 5 期。

劳动同农业劳动的分离，从而也引起城乡的分离和城乡利益的对立。"① 同时，进一步强调："物质劳动和精神劳动的最大的一次分工，就是城市和乡村的分离。"② 此后，城市的发展不再绝对依赖农业发展，且城市的发展速度逐步快于农业、农村发展，城乡二元结构和城乡差距开始产生。随着城乡差距的凸显和城乡二元结构的强化，城乡关系进入了对立阶段，矛盾更加尖锐，城乡发展呈现出显著的不平衡特征。但工业文明的快速发展、人民对优美生态环境的需求和为了实现人的全面发展以及解决好人民群众的根本民生问题，都需要消除城乡对立关系，促使城乡进入融合发展阶段。与此同时，马克思、恩格斯又指出："消灭城乡之间的对立，是共同体的首要条件之一，这个条件又取决于许多物质前提，而且任何人一看就知道，这个条件单靠意志是不能实现的(这些条件还须详加探讨)。"③ 尽管消灭城乡对立是历史发展的必然趋势，但要实现这一目标却要经历一个长期的过程，以及需要具备多方面的条件。根据马克思、恩格斯的分析，最根本的前提是提高社会生产力，高度发达的社会生产力是消灭城乡对立的物质基础。④ 对立的城乡关系消除后，城乡经济关系的最终方向就是实现城乡融合，即进入了"通过城乡的融合，使社会全体成员的才能得到全面发展"⑤ 的时期。由此可见，统筹城乡的最终方向就是实现城乡融合发展，这不仅是新时代党中央对我国城乡关系作出的科学研判，也是重塑我国城乡关系价值的必然要求。

2.统筹城乡的实践逻辑

统筹城乡关系，在实质上就是重塑城市和农村两个生态系统的价值，促使两者和谐共生，而不是以某一个生态系统代替另一个生态系统。在这

---

① 《马克思恩格斯文集》第 1 卷，人民出版社 2009 年版，第 520 页。

② 《马克思恩格斯全集》第 3 卷，人民出版社 1960 年版，第 56—57 页。

③ 《马克思恩格斯文集》第 1 卷，人民出版社 2009 年版，第 557 页。

④ 蒋永穆、鲜荣生、张晓磊:《马克思恩格斯城乡经济关系思想刍论》,《政治经济学评论》2015 年第 4 期。

⑤ 《马克思恩格斯文集》第 1 卷，人民出版社 2009 年版，第 689 页。

个意义上，以一种什么样的理念、具体采取什么政策识别和处理城乡关系，在根本上取决于生产力水平，换句话而言，作为一种生产关系调整的城乡政策应该与其所处的生产力发展水平相适应。新中国成立以来，根据我国当时所处的历史条件和面临的国际环境，在自力更生的国策下，我国实施了重化工业优先战略，农业农村农民成为建立较为完整的工业体系和国民经济体系的主要贡献者。依靠农业农村的强力支持，我国顺利地推进了工业化和城镇化，城镇面貌有了较为明显的改变。在这个过程中，农业生产力水平获得了巨大发展，农业连年丰产，农民获得了充足的非农就业机会，非农收入明显增加，农民连年增收，整个农村呈现出和谐稳定的特征。

但是，与快速推进的工业化和城镇化相比较，我国农业农村发展步伐尚未跟得上，在城乡关系中，"一条腿长、一条腿短"的问题表现得比较突出。正如习近平总书记所指出的："我国发展最大的不平衡是城乡发展不平衡，最大的不充分是农村发展不充分。"[1] 随后党中央立足失衡的城乡关系，采取"工业反哺农业、城市支持农村"的举措调整工农关系和城乡关系，并立足全局和战略高度，在党的十九大上提出旨在把握和处理好工农关系和城乡关系的乡村振兴战略。

就人类社会发展的历史经验来看，城乡关系的客观规律表现在城的比重上升、乡的比重下降。但是，就我国 14 亿人口的基本国情而言，也存在着如下的客观规律，即"不管工业化、城镇化进展到哪一步，农业都要发展，乡村都不会消亡，城乡将长期共生并存"[2]。这意味着，应该以现实中的城乡关系为切入点，结合城乡运动规律，立足当前所处的发展阶段特征，紧紧围绕中国共产党的执政宗旨，以有效的改革措施重构城乡关系，实现城乡融合发展，为现代化的成功夯实基础。所以，马克思提出的城乡

---

① 《习近平谈治国理政》第三卷，外文出版社 2020 年版，第 256 页。
② 《习近平谈治国理政》第三卷，外文出版社 2020 年版，第 257 页。

运动规律以及现实世界里失衡的城乡关系，需要遵循中国共产党的执政宗旨和围绕中国特色社会主义现代化目标，在精准识别城市和乡村两个生态系统价值的前提下，实现城乡融合发展，确保两者相得益彰，避免"一边是繁荣的城市、一边是凋零的农村"。

总而言之，从民生、民生保障制度和统筹城乡三个维度阐释相关制度具有十足的必要性和丰富的理论意义。在现代化进程中，增进人民群众民生福祉是现代政治的逻辑起点，体现了执政党的品质，应该不打折扣地将保障和改善民生作为一切工作的出发点和落脚点。将民生逻辑嵌入到城乡关系的调整过程中，其实就是以人民为中心立场的具体要求。解决我国城乡关系的主要矛盾，需要在制度端上下功夫，通过建立健全制度体系，让城乡关系不再失衡，确保城市和乡村共生并存，并将实实在在的民生获得感、幸福感和安全感内嵌到制度建立、执行和监督全过程，从而释放中国特色民生制度显著优势和切实提高民生治理体系和治理能力现代化。

二、统筹城乡民生保障制度的历史透视

现代化理论认为，法治、民主和社会保障或者民生发展，是现代化进程中颇为重要的"三块"基石。[①] 在中国共产党的领导下，我国经济建设取得了举世瞩目的成就，在一穷二白的基础上建立起较为完善的工业经济体系，经济实现了快速增长，国家财富逐渐增多，国富国强的特征非常凸显。但是，随后我国逐渐将民富民生纳入国家发展目标中，也就是随着国家发展和现代化进程的不断推进，民富民生目标导向使我国进入了民生发展时代，这不仅是国家现代化发展规律的要求，也是中国民生事业路径发

---

① 陈晓律主编：《世界现代化历程·西欧卷》，江苏人民出版社 2010 年版，第 61 页。

展使然，更是解决"发展后问题"的现实要求，民生的特征更为凸显、领域更为宽泛、内涵更为丰富，特别是协调性、全面性、均衡性和制度性的民生发展时代特点更为鲜明。①

　　注重民生发展并不是民生发展时代才出现的课题。新中国成立以来，中国特色社会主义不断取得发展成就的历程就是民生不断改善的过程；起始于农村改革的原动力就是改善民生，也就是在本质上解决农民的生存问题，特别是随着改革的深入推进，民生问题呈现出逐层递进的特征，即前一层面民生问题的基本实现，成为后一层面民生问题解决的基础，正是民生问题螺旋式的逐层解决和改革渐进式的稳步推进的吻合，使得人的全面自由发展日渐得以实现。② 历史实践充分证明，全面推进城乡一体化和城乡统筹改革，能促进城乡均衡发展，从而避免民生的城乡鸿沟。由此可见，统筹城乡民生问题实质上是统筹城乡改革，从而重构城乡关系的一个衍生问题，即统筹城乡民生来源于城乡融合发展的历史进程中。新中国成立初期，为了追赶发达的资本主义国家和突破资本主义世界的封锁，我国采取了重化工业优先发展战略，农业、农村和农民服务于工业、城市和城市居民，这种从属地位让我国在较短的时间内积聚了国家财富，提升了国家发展的自主地位和国际影响力。但是，随之出现的问题就是，城乡差距不断扩大，城乡关系不再和谐，尤其是僵化的制度体系让农民面临着生存和发展困境。改革城乡关系，向农村注入改革动力，提高农民生产积极性，逐渐被提到议事日程上来。在这个意义上，以历史的视角透视统筹城乡民生保障制度，需要紧密结合统筹城乡改革的历史进程。只有这样，才能在历史的长河中纵向考察统筹城乡民生保障制度。

---

① 赵凌云、赵红星:《民生发展时代：中国现代化进程的新阶段》,《天津大学学报（社会科学版）》2010 年第 6 期。

② 王波:《改善民生是中国城乡统筹改革实践的原动力》,《财经科学》2011 年第 7 期。

（一）中国共产党改善农村民生的历史进程

作为发展中大国，我国是典型的城乡二元国家，城乡发展差距较大，农村民生在整个民生工作中是短板。立足我国国情农情民情，着力改善农村民生成为统筹城乡民生的突破口和切入点。尽管经过40多年的改革开放，在诸多制度创新的激励下，农村生产关系得以调整、农村生产力水平获得极大跃升，但是农业、农村和农民问题仍然是我国全面建成小康社会进程中给予高度重视的问题，以至于解决好"三农"问题成为中国共产党治国理政的头等大事和重中之重。

1. 千方百计增加农民收入

统筹城乡民生保障，收入是基础，收入水平的高低是民生福祉高低的衡量标准。自改革开放以来，中国共产党与时俱进地推进农村改革，积极释放改革红利，通过调动农民生产积极性，不断提高农民收入水平，使得农村居民人均可支配收入与城镇居民人均可支配收入的差距呈现缩小趋势。

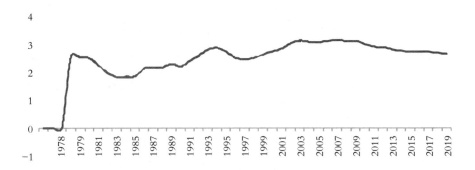

图1　城乡居民人均可支配收入比：1978—2019 年

数据来源：中经网统计数据库。

图1 显示，自1978 年以来，我国城乡居民人均可支配收入比处于高位态势，由1978 年的2.57 增加到2007 年的3.14，达到历史最高状态，2019 年又回落到2.64，但是2010 年以来开始低于3，并表现出逐年下降

的趋势。

这说明，一系列强农惠农富农政策的实施，显著地提高了农民收入水平，农民增收效果明显。因此，在实现城镇居民和农村居民人均可支配收入稳步增长的前提下，合理缩小两者差距，确保农村居民拥有更可观的人均可支配收入，既是提高农村居民民生福祉的物质保障，也是统筹城乡民生的物质支撑。为此，应该坚持农业农村优先发展，紧紧围绕城乡融合发展，精准制定能让农业强起来、农村美起来和农民富起来的政策，不断提高农民获得感幸福感安全感。

与此同时，改革释放出的活力，不仅从宏观层面上带来了国内生产总值的增长，让我国成为世界第二大经济体，也从微观层面上促进了城镇居民和农村居民人均可支配收入的显著增长。统计数据显示，三者的实际增长指数表现出高度的一致性和趋同性。

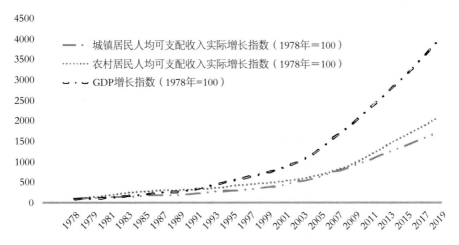

图 2　增长指数之比：1978—2019 年

数据来源：中经网统计数据库。

通过图 2 可以看出，从 1978 年到 1990 年，农村居民人均可支配收入实际增长指数明显高于国内生产总值增长指数和城镇居民人均可支配收入实际增长指数。这说明，以家庭联产承包责任制为突破口的农村制度改革，以生产关系的适应性调整，极大地解放了农村生产力，调动了农民生产积极性，农村发展活力空前高涨。从 1991 年开始，国内生产总值增长指数开始高于城镇居民和农村居民人均可支配收入实际增长指数，并且差距呈现扩大趋势，但农村居民人均可支配收入实际增长指数始终高于城镇居民人均可支配收入实际增长指数。这表明，随着我国城乡关系的逐步优化调整，农村居民收入来源越来越多元化，特别是非农机会增加带来的工资性收入让农村居民收入获得了明显增加。

正是党的工作重心的转移以及强力推动的农村改革，实现了农村居民人均可支配收入的明显提高，顺利实现了由争取温饱到稳定解决温饱、实现总体小康向迈向全面小康的转变。[①] 一个最为突出的表现就是农村居民人均消费性支出的显著增加。

单位：元

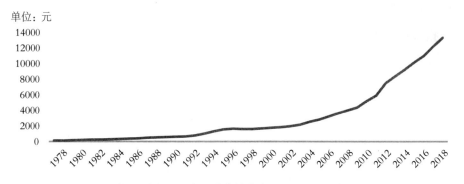

图 3　农村居民人均消费性支出：1978—2018 年

数据来源：中经网统计数据库。

图 3 直观地显示，自 1978 年以来，农村居民人均消费性支出呈现出增加趋势，但总体上增加的速度并不相同。在 2000 年以前，增加速度较为缓慢，从 2000 年开始增加速率明显加快。进一步地分析表明，农村居民人均消费性支出的逐年增加依赖于农村居民人均可支配收入的增加，即收入增加成为消费支出增加的基础和保障。根据图 4 显示，改革开放以来农村居民消费性支出占人均可支配收入的比重高达 70%，且多数年份达到 80% 以上。

---

① 韩俊主编：《新中国 70 年农村发展与制度变迁》，人民出版社 2019 年版，第 36—40 页。

农民收入的增加不仅带来了消费支出的逐年增加，也优化了消费结构，主要表现在农村居民恩格尔系数持续下降，但发展和享受型消费支出比重不断提高。[①] 根据图 5 显示，尽管食品烟酒仍在消费性支出中占据很大比例，但是随着农村居民人均可支配收入的不断增加，用于衣着、交通

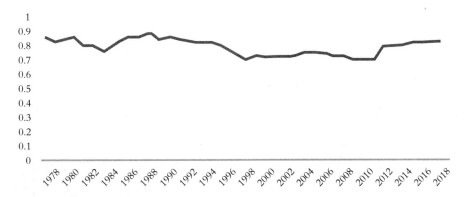

图 4　农村居民消费性支出占人均可支配收入比重：1978—2018 年

数据来源：中经网统计数据库。

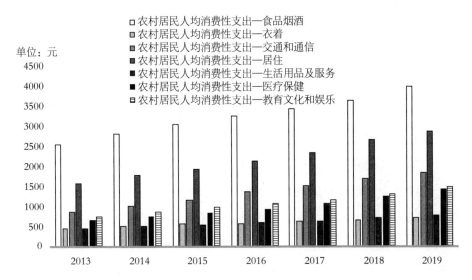

图 5　农村居民人均消费性支出结构：2013—2019 年

数据来源：中经网统计数据库。

---

① 韩俊主编：《新中国 70 年农村发展与制度变迁》，人民出版社 2019 年版，第 45—46 页。

和通信、居住、生活用品及服务、医疗保健、教育文化和娱乐方面的支出也不断增加。这说明，农村居民生活质量获得了显著改善，消费结构不断优化，尤其是农村居民服务性消费支出增长势头迅速，农民生活的现代化水平不断提高。

2. 改善农村民生的历史回溯

中国共产党历来重视民生工作，回顾党的历史不难发现，坚持以人民为中心，为广大人民群众谋利益，始终是中国共产党工作的出发点和落脚点。立足国情农情民情，着眼于城乡二元结构特征，中国共产党特别重视农民群众的民生工作，把让农民群众过上幸福生活作为自己的奋斗目标，并把着力改善农村民生贯穿于每个历史时期。[①]

第一，新中国成立以后，中国共产党将保障和改善民生作为巩固人民民主专政的政治问题，依据当时的主要社会矛盾，以照顾和满足广大人民群众生活需要为目标，将民生改善与国家发展规划统筹考虑，把土地问题作为改善农村民生的切入点和突破口。马克思曾经指出："土地（在经济学上也包括水）最初以食物，现成的生活资料供给人类，它未经人的协助，就作为人类劳动的一般对象而存在。"[②] 由此可见，土地是从事农业生产活动的第一载体，保障和改善农村民生，必须将土地作为首要考虑的问题。尤其是在新中国成立的初期，农民对土地的诉求强烈，要求获得经济地位独立的呼声较高。这使得改变两千年以来的封建土地制度、推翻地主阶级、提高农民对国家的拥护和支持极为重要。这意味着，解决了土地问题，不仅解决了政权稳固问题，也解决了农民生产生活问题，因此重构土地制度成为改善农村民生的首要问题。基于此，建立与新中国适配的农村土地制度被提升到国家层面。1949 年通过的《中国人民政治协商会议共同纲领》明确提出"要有步骤地将封建半封建土地所有制改变为农民土地

---

① 黄克亮、陈锦镇:《新中国成立以来中国共产党改善农村民生的历史进程及经验启示》,《探求》2014 年第 5 期。

② 《马克思恩格斯文集》第 5 卷, 人民出版社 2009 年版, 第 208—209 页。

所有制"，并充分强调了土地制度改革对于解放和发展社会生产力以及推进国家建立社会主义工业体系的必要性。随后，1950年党的七届三中全会又从扭转国家财政经济的层面高度重视土地制度改革，并公布了《中华人民共和国土地改革法》，明确规定"废除地主阶级封建剥削的土地有所制，实行农民的土地所有制"。从而在国家层面开启了有步骤、有秩序的土地改革运动，逐步建立起了"耕者有其田"的农民土地所有制，使得数亿无地少地农民无偿获得了土地和生产资料，成为土地的主人和独立的个体生产者，极大地调动了农民的劳动积极性，农村生产力迅速得到解放，农业生产快速发展，为国民经济的恢复和发展夯实了基础。接下来提出的过渡时期总路线和推进的社会主义改造，都将改善民生纳入国家经济建设的全过程。但后来的人民公社、"大跃进"等政治活动，造成部分农村基层干部的工作积极性受挫，在一定程度上阻碍了农村民生的推进。尤其是阶级斗争的泛化，扭曲了生产关系和生产力的辩证统一关系，割裂了国家利益、集体利益和个人利益的整体性，弱化了物质的基础地位，导致农民的生产生活条件没有得到应有的改善，广大农民仍然处于贫困状态，农业生产活力有待激活，农村发展动力仍需激励。

第二，改革开放以来，以经济建设为中心的方针逐步理顺生产关系和生产力的关系，认为社会主义的本质是解放生产力、发展生产力，消灭剥削、消除两极分化，将最终实现共同富裕作为民生发展目标。这其中重视农村经济发展和改善农民生活占据重要地位。正如邓小平同志指出的："中国社会是不是安定，中国经济能不能发展，首先要看农村能不能发展，农民生活是不是好起来。"[①] 在整个国家制度设计格局中，农村成为制度变迁的突破口和主战场，通过实施家庭联产承包责任制，农村土地双层经营制度得以确立，实现了所有权和承包经营权的"两权分离"，广大农民生产的主动性、积极性和创造性得以充分调动。一方面，农村

---

① 《邓小平文选》第三卷，人民出版社1993年版，第77—78页。

土地制度的改革，克服了农业分配中的平均主义和"吃大锅饭"的弊端，纠正了管理过分集中和经营方式过分单一的缺点；另一方面，有统有分、统分结合的双层经营，在发挥我国集体经济优越性的基础上，又充分调动了农民家庭经营的积极性，保证了农民家庭经营的基础地位。这说明，家庭联产承包责任制的实施，带来了农业生产总值的显著增加，粮食生产总量得到迅速提高，农业生产活动逐步步入良性轨道，农民逐步告别贫困开始迈向温饱和小康。图6显示，改革开放以来，我国粮食产量显著增加，由1949年的11318万吨增加到1990年的44624.3万吨，其中1978年达到30476.5万吨；1978年以来粮食产量始终处于高速增长阶段，大多数年份粮食产量接近40000万吨。同时，农业生产总值获得迅猛增加，从1949年的326亿元增加到1978年的1397亿元，然后到1990年的7662.09亿元，总量增加势头明显。这说明，土地制度改革释放的红利为农业发展注入了活力，农业生产总值的积累和粮食产量的大幅增加，为改善农村民生提供了丰富的物质财富保障，农民生产生活条件获得极大改善。

土地制度改革带来的巨变，还体现在农业生产总值和粮食产量年均增长率上，表1显示，从1978年开始，农业生产总值年均增长势头明显，

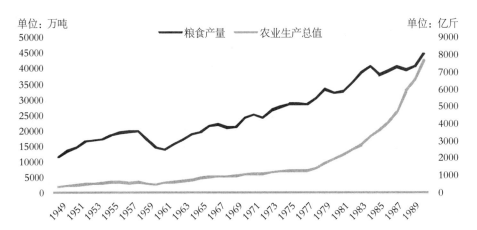

图6　农业生产总值（右轴）、粮食产量（左轴）：1949—1989年

数据来源：中经网统计数据库。

年均增长率在 1988 年达到最高值 125.44；粮食产量始终高位运行，但增长有波动，最高值为 1990 年的 109.49。

表 1 农业生产总值、粮食产量年均增长率：1978—1990 年

年份	农业生产总值年均增长率（%）	粮食产量年均增长率（%）
1978	111.49	107.80
1979	121.52	108.97
1980	113.25	96.52
1981	113.42	101.39
1982	113.88	109.07
1983	110.74	109.25
1984	116.88	105.17
1985	112.61	93.08
1986	110.87	103.27
1987	116.51	103.38
1988	125.44	97.37
1989	111.41	103.42
1990	117.25	109.49

数据来源：中经网统计数据库。

通过改革开放初期到 20 世纪 90 年代的历程可以看出，中国共产党将土地改革作为改善农村民生的关键，并贯穿农村改革开放的全过程。这是因为，土地问题是改善农村民生的突破口，解决好了土地问题，农民就能获得最大的实惠，也能让国家获得巨大的经济、社会和政治利益。在一定意义上，解决好农村民生就能为保障和改善整个国家的民生工作赢得主动性。即农村民生工作在整个国家民生工作体系中具有基础性地位。就如同邓小平同志强调的："农村人口占我国人口的百分之八十，农村不稳定，整个政治局势就不稳定，农民没有摆脱贫困，就是我国没有摆脱贫困。"[①] 所

---

① 《邓小平文选》第三卷，人民出版社 1993 年版，第 237 页。

以，统筹城乡民生的关键是补齐农村民生短板和确保农民福祉显著提高。

第三，党的十四大以来，我国确立了社会主义市场经济体制的改革目标，发挥市场配置资源的作用和释放政府的主导作用，紧紧围绕着世纪之交党和国家所面临的阶段性发展任务，注重宏观、中观和微观三个层面的有机统一，在坚持农业基础地位的前提下，统筹城乡关系，构建了一种富有中国特色的社会主义民生观，显著地提高了农村民生的水平和质量，农民的利益诉求获得最大限度的满足。特别是党的十五届三中全会通过的《中共中央关于农业和农村工作若干重大问题的决定》，明确地将"三农"工作视为全党的首要工作，强调"农业、农村和农民问题是关系我国改革开放和现代化建设全局的重大问题"，为高质量推动农村改革、农业发展和农民增收提供了战略遵循。随后，党的十六届五中全会又与时俱进地提出了建设社会主义新农村的战略决策，作出了我国经济社会发展已经步入以工促农、以城带乡发展阶段的战略研判，将"工业反哺农业、城市支持农村"的方针落到实处，第一次将社会主义新农村建设放到国民经济和社会发展的首要位置上加以看待，从而极大地丰富了农村民生的内涵，不再局限于物质利益，而是扩展到促进农民全面自由发展层面。遵循这个时期"三农"工作的总方针，诸多关乎农民民生福祉的政策和制度相继出台并实施，逐渐构建了一个系统性的、全方位的改善农村民生的制度体系。

一是实施农业补贴政策，公共财政投入向农业倾斜。面对我国工业化进入中期阶段、城镇化加快发展和国家经济实力、财力不断增强的新形势，党中央遵循国际通行原则，出台了多项支持农业的政策，显著地提高了农民收入，推动了城乡一体化。具体表现在，多次修订《中华人民共和国农业法》，对"农业投入与支持保护"作出明确规定，在第三十七条规定："国家建立和完善农业支持保护体系，采取财政投入、税收优惠、金融支持等措施，从资金投入、科研与技术推广、教育培训、农业生产资料供应、市场信息、质量标准、检验检疫、社会化服务以及灾害救助等方面扶持农民和农业生产经营组织发展农业生产，提高农民的收入水平。"与此同时，还专门在第三十三条、第三十五条、第四十六条分别对部分粮食品种的保护价定价水平、粮食风险基金用途和建立完善农业保险制度做了明确规定。统计数据显示，累计财政支农资金分别由"六五"时期和"七五"时期的 660 亿元、1167 亿元增加到"八五"时期和"十五"时期的 2272 亿元、9580 亿元，并呈现出每隔五年增加一倍的态势；在"十一五"时期和"十二五"时期，累计财政支农资金均比上个 5 年增长 1.5 倍。[①] 根据财政部的统计，从 2008 年到 2013 年，中央财政用于"三农"的支出累计高达 5.85 万亿元。

单位：亿元

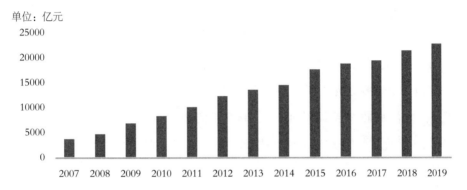

图 7 一般公共预算涉农支出：2007—2019 年

数据来源：中经网统计数据库。

通过图 7 可以看出，我国一般公共预算涉农支出呈现显著的递增趋势，由 2007 年的 3404 亿元增加到 2019 年的 22420 亿元，年均增长116.3%。

二是全面取消农业税，实现公共财政覆盖农村。一直以来，城乡二元化的财政体制，使农村税费成为农民负担加重的主要根源，成为降低农民民生福祉的重要因素。为了从根本上减轻农民负担，切实保障和改善农村民生，2000 年我国启动了两个阶段的农村税费改革试点，第一个阶段是从 2000 年到 2003 年，按照"减轻、规范、稳定"的原则正税清费；第

[①] 韩俊主编：《新中国 70 年农村发展与制度变迁》，人民出版社 2019 年版，第 234 页。

二个阶段是从 2004 年到 2006 年，按照"多予、少取、放活"的方针，减免直至全面取消农业税，进一步理顺农村分配关系，减轻农民负担，重塑城乡关系格局、破除城乡二元结构。一个标志性的成果就是，自 2006 年 1 月 1 日起废止《中华人民共和国农业税条例》，正式终结农业社会遗留下来的赋税制度。这项惠农政策以法律化的形式落地实施，减轻了农民负担。据统计，取消农业税后，全国每年可减轻农民负担 1250 亿元，人均减负达到 140 多元，平均减负率高达 80%。[①] 农民负担状况的根本转变，切实地增加了农民收入，农民的民生水平明显改善。与此同时，确立公共财政覆盖农村理念，实现了从少取、不取到多予的转变。无论是财政投入的规模还是支持方向都呈现增长和优化的特征，支农资金使用效率明显提高。统计数据表明，"十五"期间，中央财政用于"三农"的资金达到 11300 多亿元，平均增幅达到 17%。"十一五"期间，中央财政用于"三农"的投入持续增加，从 2005 年的 2975.32 亿元增加到 2007 年的 4318.32 亿元。[②] 仅 2013 年中央财政"三农"累计支出 4.47 万亿元，年均增长 23.5%。

三是实施全面参保计划，扩大社会保障覆盖范围。结合我国发展的阶段性特征，围绕农民需求的不断升级转变，党中央将农村民生改善逐步转向医疗卫生领域，建立完善新型农村合作医疗、农村养老保险和农村最低生活保障制度，积极以农村上层建筑变革为核心推动农村民生建设。在党的十八大报告中，明确提出要坚持全覆盖、保基本、多层次、可持续的基本方针，以增强公平性、适应流动性、保证可持续性为重点，全面建成覆盖城乡居民的社会保障体系。至此，保障和改善民生、加强社会建设，解决好人民群众最关心最直接最现实的利益问题，让人民群众过上更好生活成为党的重要工作内容。以习近平同志为核心的党中央更是鲜明地提出了

---

① 韩俊主编：《新中国 70 年农村发展与制度变迁》，人民出版社 2019 年版，第 255 页。

② 陈锡文、赵阳、罗丹：《中国农村改革 30 年回顾与展望》，人民出版社 2008 年版，第 255—256 页。

以人民为中心的发展立场，将人民对美好生活的向往，视作党的奋斗目标。习近平总书记更是在多个场合高度强调保障和改善民生工作的重要性，并作出了重要的指示批示，为新时代保障和改善民生提供了根本遵循。党的十九届四中全会明确提出，要完善覆盖全民的社会保障体系，坚持应保尽保原则，健全统筹城乡、可持续的基本养老保险制度、基本医疗保险制度，稳步提高保障水平。国家统计局发布的《中华人民共和国2019 年国民经济和社会发展统计公报》显示，截至 2019 年末，参加城乡居民基本养老保险人数 53266 万人，增加 874 万人。参加基本医疗保险人数 135436 万人，增加 978 万人。其中，参加城乡居民基本医疗保险人数102510 万人。有 3456 万人享受农村最低生活保障，439 万人享受农村特困人员救助供养。

（二）中国共产党改善城市民生的历史进程

从概念范畴上而言，城市民生问题主要是指城市居民的生计和生活问题。[①] 城市民生是我国民生工作的重要组成部分，在不同的历史发展时期，城市民生面临的主要矛盾、聚焦的关键问题不同，从而侧重点和主要任务存有阶段性发展差异。伴随着中国共产党工作重心的转移，城市民生问题逐渐被提上工作日程。就如同毛泽东在中国共产党第七届中央委员会第二次全体会议上强调的："从现在起，开始了由城市到乡村并由城市领导乡村的时期。党的工作重心由乡村移到了城市。"[②] 正是在中国特色社会主义事业不断推进的进程中，城市民生工作的重要性和必要性不断凸显，广度和深度不断加深。与此同时，中国经济社会发展主要矛盾的不断转换为城市民生工作主要任务的切换提供了客观依据，成为做好城市民生工作

---

① 瞿晓琳：《新中国成立初期毛泽东关于城市民生问题的理论与实践》，《中南民族大学学报（人文社会科学版）》2011 年第 1 期。

② 《毛泽东选集》第四卷，人民出版社 1991 年版，第 1427 页。

的衡量尺度。为此，应该坚持历史唯物主义原则，客观审视不同发展时期城市民生工作的特征。

1. 新中国成立初期的城市民生改善

在不同的发展阶段，城市民生工作的必要性和意义不同。新中国成立初期，摆在中国共产党面前的严峻问题就是困苦不堪的城市民生，解决好该问题不仅事关人民政权的巩固和社会秩序的稳定，而且事关社会主义制度的有效运行。随着人民解放战争取得全国性胜利，中国共产党成为执政党后，党的工作重心由农村转移到城市。多年的帝国主义和国民党反动政权的破坏和掠夺，导致新中国成立初期城市生活秩序极为混乱、生产停滞、物价上涨、工人失业、经济凋零，广大城市居民的生活痛苦不堪，为此，解决好城市居民的民生困境，对于巩固政权极为迫切。以毛泽东同志为核心的党的第一代中央领导集体，将城市民生问题上升到战略层面，认为接管城市后应该着力改善人民生活、迅速恢复和发展生产。他认为："只有将城市的生产恢复起来和发展起来了，将消费的城市变成生产的城市了，人民政权才能巩固起来。"① 为了解决这些严峻的问题，中国共产党在遵循历史逻辑的前提下，认识到落后的社会制度和新旧社会转型造成城市民生问题的凸显。基于这个认识，党和政府客观研判、全面诊断，制定了一系列政策措施，逐渐缓解了严峻的城市民生难题。

一是恢复和重建生产生活基础设施，夯实城市民生物质基础。中国共产党在接管城市后，充分重视供水、供电、交通、通信等生产生活设施，尽快修复电灯、电车、邮电、电话等，推动生产生活秩序迅速恢复正常，工厂加快复工，社会秩序快速安定。在这个过程中，充分显示了中国共产党协调处理好生产与生活的辩证统一关系政治智慧，促进了生产与生活的良性循环。

二是保护民族工商业，确保城市生产迅速恢复。在认真剖析历史根

---

① 《毛泽东选集》第四卷，人民出版社1991年版，第1428页。

源的前提下，中国共产党对集中在帝国主义者和官僚资产阶级手里的官僚资本进行了没收，从而掌握了较先进的生产力，为恢复城市生产提供了物质技术基础。在没收的过程中，又充分保护了原有的先进生产力，特别是对工程师、技师和管理人员进行充分利用，以机器的正常转动和人员的正常工作，维护企业正常的生产秩序。同时，积极采取有针对性的政策，保护民族工商业免遭破坏和损失，明确规定进入城市后不得对工厂商店进行破坏，应当充分保护工商业者的经营自由权，确保工厂正常生产、商店正常营业。在保护原有生产力的基础上，中国共产党积极改善劳资关系，引导工人和资本家共同组织生产并进行管理，以和谐的劳资关系不断降低成本、增加生产能力、实现商品顺利流通。此外，还加快进行公营企业和私营企业的合理调整，不断优化国民经济关系，通过提高公营经济在国民经济中的领导地位，为恢复生产秩序、稳定生产提供政治保障。

三是多措并举，切实解决影响城市居民生活的基本问题，主要包括物价问题、失业问题、房荒问题、医疗卫生问题等。具体做法如下：一方面，通过经济手段、行政干预的有机结合，金融和财政政策的协同实施，严厉打击金融投机分子、加强金融管理，有效解决国民党反动统治留下的通货膨胀后遗症，让老百姓过上物价平稳的稳定生活。另一方面，制定一系列的政策和措施，救济、安置失业人员，加快调整工商业结构，增加就业机会、拓宽就业渠道，不断增加城市就业人数，确保城市居民拥有稳定的工作岗位、稳步提高城市生活水平。数据显示，全国解放时，城市失业人口数高达 400 多万人，经过努力，将近一半失业人员在 1952 年获得了新的就业机会，标志性的成就是，全国职工总数在 1952 年达到 1580.4 万人，比 1949 年增加了一倍。[1] 此外，中国共产党还积极修复城市被破坏的公房，将逃亡的敌伪军政官员、地主和资本家的房屋分配给

---

① 郭瑞楚：《恢复时期的中国经济》，生活·读书·新知三联书店 1953 年版，第 105—106 页。

城市职工，还修建一定数量的职工住宅，这些措施明显改善了城市居民住房问题。

2.改革开放以来的城市民生改善

改革作为生产关系的调整，会极大地改变既有的体制机制，实现资源的重新配置，打破既有的利益分配格局，从而带来社会秩序的重构。在一定意义上，改革能够解放、发展社会生产力，推动生产力水平总体跃升。农村改革取得的显著成效，将改革逐渐推向城市。随着城市经济体制的不断深化改革，城市民生工作又出现了新问题、表现出新特征，主要表现为住房紧张、生活物资供应不足和就业危机等。中国共产党站在全面建成小康社会的高度上，紧紧围绕新时期城市工作的大局，聚焦城市民生工作的主要矛盾，制定有针对性的政策，将城市民生工作推向新阶段。马克思指出："当人们还不能使自己的吃喝住穿在质和量方面得到充分保证的时候，人们就根本不能获得解放。"[1]为此，党和政府积极补齐城市居民吃穿住行短板，围绕制约城市居民民生的一系列首要问题展开了富有成效的工作。

一是积极推进房改，切实解决住房难问题。在改革开放初期，主要是通过公房出售、落实私房政策、维修旧房、住房商品化等政策体现出来。特别是针对城市居民收入水平较低的现状，鼓励金融政策支持住房商品化。正如邓小平指出的，"城镇居民个人可以购买房屋，也可以自己盖。不但新房子可以出售，老房子也可以出售，可以一次付款，也可以分期付款，十年、十五年付清。住宅出售之后，房租恐怕要调整，要联系房价调整房租，使人们感到买房合算"[2]。正是通过一系列的房地产改革政策，广大城市居民的住房情况有了明显改善，住房商品化逐渐代替了原有的福利分房。但是，房地产业的快速发展又给城市居民带来了较高的经济负担，过高的房价降低了广大人民群众的获得感幸福感安全感，如何调控好房地

---

① 《马克思恩格斯选集》第1卷，人民出版社2012年版，第154页。

② 《邓小平思想年编（1975—1997）》，中央文献出版社2011年版，第301页。

产市场成为颇具挑战性的课题。

党的十八大以来，以习近平同志为核心的党中央高度重视房地产问题和住房问题，他指出："解决好房地产问题，要坚持'房子是用来住的、不是用来炒的'这个定位。出发点要站准，落脚点要站好，不要搞偏了。"[①] 在主持中共中央政治局集体学习时，习近平总书记又进一步明确指出，住房问题既是民生问题也是发展问题，关系千家万户切身利益，关系人民安居乐业，关系经济社会发展全局，关系社会和谐稳定。以此为根本遵循，围绕城市居民住房需求，我国准确把握住房的居住属性，分类调控，在提供基本住房保障上下功夫，特别是党的十九大报告对让全体人民住有所居从供给、保障、市场三个方面进行了完整的制度表述，逐步建立多主体供给、多渠道保障、购租并举的住房制度，避免房价屡调屡涨，让群众住有所居。

二是拓宽就业渠道，增加就业岗位。就业是保障和改善民生的重要内容，在党和国家工作大局中具有十分重要的地位。[②] 对于广大城市居民而言，就业是收入的主要来源渠道，体面的就业机会和岗位不仅能让家庭经济收入处在较可观的水平，还能对后代的价值观、责任感具有重要的影响，从而就业关系到人的基本尊严的实现。此外，就业还有助于缩小贫富差距、消除贫困，成为关系社会稳定、国家经济发展大局的基石。改革开放以来，党和政府十分重视城市就业工作，通过调整经济结构，大力发展集体经济、个体经营，不断拓宽城市就业渠道，增加就业岗位。与此同时，还重视发展劳动密集型行业，着力增加就业机会，比如，大力发展建筑行业、旅游事业、旅店业和理发业等。据统计，旅店业从业人员由1978 年的 24 万人增加到 1984 年的 56.7 万人，理发业从业人员则由 19.1万人增加到 34.8 万人，其他服务行业从业人员也得到了迅速增加。[③] 同时，

① 《习近平关于社会主义社会建设论述摘编》，中央文献出版社 2017 年版，第 93 页。

② 韩喜平：《民生中国》，吉林大学出版社 2014 年版，第 50 页。

③ 国家统计局编：《中国统计年鉴 1986》，中国统计出版社 1986 年版，第 136 页。

党和政府还加强对劳动者的教育和培训，加快发展中等职业教育体系，根据企业需求培养各类人才，不断提高劳动者的就业能力，切实化解城市就业难题。

党的十八大以来，以习近平同志为核心的党中央高度重视就业工作，将其摆在治国理政的突出位置，实施积极的就业政策，不断提高就业质量，努力让劳动者实现体面劳动、全面发展。他指出："就业是最大的民生工程、民心工程、根基工程，必须抓紧抓实抓好。"[①] 不仅如此，习近平总书记还从社会稳定大局重视就业，他认为："就业是社会稳定的重要保障。一个人没有就业，就无法融入社会，也难以增强对国家和社会的认同。"[②] 遵循习近平总书记的重要指示，我国逐步实施了就业优先战略，就业局面稳定向好。从 2012 年到 2017 年，城镇新增就业每年都超过 1200 万人，城镇调查失业率稳定在 4%左右。同时，经济增长更多地惠及就业，根据 2015 年不变价计算，2016 年第三产业每 100 万元增加值能吸纳 9.1 人就业，比第二产业高 1.6 人。从 2012 年到 2016 年，国内生产总值每增加 1%，平均吸纳非农就业人数达到 172 万人。[③] 党的十九大报告明确提出要坚持就业优先战略和积极就业政策，实现更高质量和更充分就业。为此，在强化全方位公共就业服务的基础上，重点关注高校毕业生等青年群体和农民工的多渠道就业创业，积极破除阻碍劳动力和人才生活性流动的体制机制弊端，畅通劳动者在横向和纵向两个维度的流动通道，加快构建政府、工会、企业共同参与的协商协调机制，努力实现劳资关系的和谐。

三是加快建设更公平可持续的社会保障制度，不断满足人民日益增长的美好生活需要。改革开放以来，随着社会秩序和经济建设的逐步重建和

---

① 《习近平关于社会主义社会建设论述摘编》，中央文献出版社 2017 年版，第 67 页。

② 《习近平关于社会主义社会建设论述摘编》，中央文献出版社 2017 年版，第 68 页。

③ 张车伟：《十八大以来我国就业新特点和就业优先战略新内涵》，《人民日报》2017 年 7 月19 日。

恢复，建立健全社会保障制度逐步开始推进，国家通过重新成立民政部，围绕社会救济、社会福利和有福安置等事务开展工作。为此，党的十二届三中全会通过的《关于经济体制改革的决定》明确指出社会保障的最终目标就是"社会主义社会要保证社会成员物质、文化生活水平的逐步提高，达到共同富裕的目标"。在接下来的工作中，党和国家通过颁布实施一系列重要制度开启社会保障制度改革。比如，发布了《国营企业实行劳动合同制暂行规定》《国营企业职工待业保险暂行规定》，以国有企业劳动体制改革奠定社会保障制度改革基础。党的十四大以后，在我国明确建立社会主义市场经济体制的前提下，多层次的社会保障体系逐步建立，由单位和个人共同负担、实行社会统筹和个人账户相结合的城镇职工养老和保险金开始推进，由此形成了基本的社会保障体系框架。进入新世纪以来，党和政府又坚持效率与公平、统一性与灵活性相结合，把人人享有基本生活保障作为优先目标，立足当前、着眼长远，整体设计、配套推进，加快健全社会保障制度体系，取得了显著成效。比如，截至 2012 年底，城乡居民基本养老保险实现了制度全覆盖，养老保险参保人数达到 7.9 亿人，企业退休人员基本养老金平均每月达到 1721 元；医疗保险参保人数超过 13 亿人等。①

党的十八大以来，习近平总书记更加重视社会保障制度的可持续性和社会托底作用。他指出："要坚持全覆盖、保基本、多层次、可持续方针，加强城乡社会保障体系建设，继续完善养老保险转移接续办法，提高统筹层次。"② 随后，我国在住房保障和供应体系建设、城市养老事业、城镇低保、医疗保险和医疗救助、教育制度等方面进行了富有成效的改革，并出台了系列政策。党的十九届四中全会又进一步强调："必须健全幼有所育、学有所教、劳有所得、病有所医、老有所养、住有所居、弱有所扶等方面

---

① 中共中央文献研究室科研管理部编：《中共中央文献研究室个人课题成果集（2013）》（下），中央文献出版社 2014 年版，第 717 页。

② 《习近平关于社会主义社会建设论述摘编》，中央文献出版社 2017 年版，第 79 页。

国家基本公共服务制度体系，尽力而为，量力而行，注重加强普惠性、基础性、兜底性民生建设，保障群众基本生活。"① 推动我国逐步建立更充分更高质量就业的促进机制、服务全民终身学习的教育体系、覆盖全民的社会保障体系和提高人民健康水平的制度保障，逐渐形成了具有中国特色的社会保障制度体系，有效满足人民日益增长的美好生活需要。

三、统筹城乡民生保障制度的治理实践

习近平总书记指出："创新社会治理，要以最广大人民根本利益为根本坐标，从人民群众最关心最直接最现实的利益问题入手。"② 坚持和完善统筹城乡的民生保障制度，确保人民生活更充实、更有保障、更可持续，需要在治理实践端下功夫，将中国特色社会主义制度显著优势转化为治理效能，切实践行全心全意为人民服务根本宗旨，增强人民群众的获得感、幸福感和安全感，夯实中国共产党长期执政的群众根基，确保党保持强大号召力、向心力和凝聚力。当然，注重治理实践是一项系统工程，需要紧紧围绕统筹城乡这个主旨目标，依托制度建设，全面发力，切实提升统筹城乡民生保障制度的治理效能。

（一）坚持中国共产党领导的政治自觉

统筹城乡民生保障制度、强化治理实践，需要明确最高领导力量。习近平总书记指出："中国共产党领导是中国特色社会主义最本质的特征，是全党全国各族人民共同意志和根本利益的体现，是决胜全面建成小康社

---

① 本书编写组：《〈中共中央关于坚持和完善中国特色社会主义制度、推进国家治理体系和治理能力现代化若干重大问题的决定〉辅导读本》，人民出版社 2019 年版，第 27 页。

② 《习近平关于社会主义社会建设论述摘编》，中央文献出版社 2017 年版，第 129 页。

会、夺取新时代中国特色社会主义伟大胜利的根本保证。"① 随着我国步入新发展阶段，面对诸多新机遇新挑战，必须毫不动摇地坚持党的全面领导，重构城乡民生关系、保障和改善民生，应该毫不犹豫地坚持党的领导，以党的领导确保统筹城乡民生保障制度高效运行。在这个意义上，要不打折扣地坚持党的领导，通过建立健全坚持和加强党的全面领导的组织体系、制度体系和工作机制，切实把党的领导落实到统筹城乡民生保障工作各个环节，以便为保障和改善民生增强政治底色。由此可见，越是坚持党的领导，统筹城乡民生保障制度就越得心应手、就越能在正确的轨道上稳步推进、就越能重塑和谐共生的城乡关系、就越能充分保障和改善广大人民群众民生福祉、就越能将以人民为中心落到实处。正如习近平总书记所强调的："中国特色社会主义最本质的特征是中国共产党领导，中国特色社会主义制度的最大优势是中国共产党领导，党是最高政治领导力量。"②

一是要坚决同以习近平同志为核心的党中央保持高度一致，正确领会贯彻落实党中央精神，扎扎实实执行党中央的决策部署。具体而言，就是在思想上政治上行动上同党中央保持高度一致，确保党中央一锤定音、定于一尊的权威。为此，要以习近平新时代中国特色社会主义思想为根本遵循，系统学习习近平总书记关于保障和改善民生的重要论述，紧密围绕新发展阶段做好民生工作面临的机遇挑战，系统谋划、高位推动，将党的领导贯穿全过程全领域全环节。

二是各级领导干部要提高政治能力。习近平总书记指出："要不断提高各级领导干部特别是高级干部把握方向、把握大势、把握全局的能力，辨别政治是非、保持政治定力、驾驭政治局面、防范政治风险的能力。"③统筹城乡民生保障制度，坚持中国共产党的领导，各级领导干部的政治能

---

① 《习近平谈治国理政》第三卷，外文出版社2020年版，第89页。

② 《习近平谈治国理政》第三卷，外文出版社2020年版，第94页。

③ 《习近平谈治国理政》第三卷，外文出版社2020年版，第97页。

力是关键，各级领导干部要从战略上理解党中央的决策部署，在研判民生工作时候，不仅从经济社会方面分析问题，更要从政治上分析问题、解决问题。只有站稳政治立场，才能看清党中央统筹城乡民生保障制度的本质，从而在具体工作中抓住根本。为此，各级领导干部要不断加强学习，坚持系统学、全面学、用心学，不断优化知识结构，特别是要认真学习习近平总书记的重要讲话和重要指示批示精神，切实肩负起党和人民赋予的政治责任。

（二）坚持以人民为中心的主体自觉

习近平总书记指出："人民群众拥护和支持是我们党最可靠的力量源泉。"[1] 中国共产党把人民对美好生活的向往作为奋斗目标，就是为实现中华民族伟大复兴凝聚起同心共筑中国梦的磅礴力量。历史已经充分证明，中国共产党依靠人民赢得了革命胜利、凝聚了强大力量。在新时代做好统筹城乡民生保障工作，应该牢牢坚持以人民为中心立场，"紧扣民心这个最大的政治，把赢得民心民意、汇集民智民力作为重要着力点"[2]。

一是树立人民主体地位。新发展阶段做好民生工作，应该坚持人民主体地位，认真倾听农民利益诉求，而不能替民做主。为此，要将广大人民群众是否拥护、是否支持、是否满意作为衡量保障和改善民生工作的标准。具体而言要做到，一方面，要从重塑城乡关系的高度，历史性地审视城市居民和农村居民的民生利益诉求，努力做到两个群体的利益交融，缩小民生利益差距，实现民生利益有机统一。另一方面，要建立健全人民群众利益表达机制，通过系统化的制度设计和体制完善，赋予人民群众充分的表达民生利益的自由和权利，或者充分践行人民群众自我组织原则，让

---

[1] 《习近平谈治国理政》第三卷，外文出版社 2020 年版，第 94 页。

[2] 《习近平谈治国理政》第三卷，外文出版社 2020 年版，第 95 页。

人民群众自己做主，依据现代政治原则构建民主表达机制，提高人民群众决策效率。

二是尊重人民首创精神。习近平总书记强调："人民是历史的创造者，人民是真正的英雄。波澜壮阔的中华民族发展史是中国人民书写的！"① 改革开放以来的实践充分证明，广大人民群众是诸多制度的创造者，实践让广大人民群众在事关改革等重大问题上富有发言权。为此，保障和改善民生要充分尊重人民群众首创精神，在制度端发力，调动人民群众积极性和创造性，让人民群众创造出富有成效的制度，高效推进民生工作。

三是历史性地审视广大人民群众的民生需求。统筹城乡民生保障制度，需要坚持历史唯物主义，在历史长河中客观审视广大人民群众的民生需求，并通过顶层设计最大限度满足不断转型升级的民生需求。尤其是要在城市和乡村两个价值体系中，科学研判城市居民和农村居民的民生需求，做到不割裂历史，在发展中分阶段、分步骤满足城乡居民的民生需求，建立健全体制机制、释放制度优势，寻找城乡居民民生利益最大公约数，形成紧密的民生利益共同体，为实现城乡融合发展注入民生动力、夯实民生基础。

（三）坚持经济民生良性循环的实践自觉

习近平总书记指出："抓民生也是抓发展。经济发展是前提，离开经济发展谈改善民生是无源之水、无本之木。同时，民生是做好经济社会发展工作的'指南针'，持续不断改善民生，能有效解决群众后顾之忧，调动人们发展生产的积极性，又能释放居民消费潜力、拉动内需，催生新的经济增长点，为经济发展、转型升级提供强大内生动力。"② 习近平总书记

---

① 《习近平谈治国理政》第三卷，外文出版社 2020 年版，第 139 页。

② 中共中央宣传部编：《习近平总书记系列重要讲话读本（2016 年版）》，学习出版社、人民出版社 2016 年版，第 213 页。

的这段论述，体现了经济社会发展和民生改善的辩证统一关系，没有将两者对立起来，为实践中统筹处理好两者关系提供了遵循。实践充分证明，没有经济社会的高质量发展，民生改善的广度、深度、力度就会弱化；没有民生的保障和改善，经济社会发展就缺乏活力和凝聚力。中国共产党从新中国成立初期、改革开放以来，乃至步入新时代以来围绕民生保障和改善制定出台的政策充分印证，经济社会发展是做好民生保障和改善工作的前提，民生保障和改善是经济社会实现高质量发展的保障。

一是经济社会要坚持高质量发展，为民生改善奠定物质基础。要以习近平新时代中国特色社会主义思想为根本行动指南，聚焦高质量发展、深化供给侧结构性改革和现代经济体系建设，推动经济社会持续健康发展，做大做强做优整个国家物质财富，为满足人民日益增长的美好生活需要奠定坚实的物质基础。为此，应该直面新发展阶段国内市场主导国民经济循环的明显特征，把握住坚持供给侧结构性改革这个战略方向，依靠科技创新催生新发展动能，以深化改革激发新发展活力，实现我国社会生产力总体跃升。

二是保障人民群众的民生权益，为经济发展创造更多有效需求。在一定意义上而言，民生是人民幸福之基、社会和谐之本。人民群众从经济社会发展中是否得到了真正的实惠、生活是否得到了改善、权益是否得到了保障，不仅关系到广大人民群众个人生产力的解放和发展，也关系到整个社会生产力发展水平的整体跃升。这说明，民生改善的程度具有一定的生产性，能够激发人民群众的活力，从而为经济社会发展注入动力；解决的不好就会形成分利性、增加不同经济主体之间的冲突性，从而阻碍经济社会可持续发展。所以，应该从人民群众最关心最直接最现实的利益入手，持续保障和改善民生，全面发力，谋民生之利，以合理的利益分配机制凝聚各方力量，为经济社会发展积聚推动力。

第十讲　众人拾柴火焰高

——打造人人有责、人人尽责的社会治理共同体

田毅鹏[*]

　　将党的十九届四中全会的核心议题"国家治理体系和治理能力现代化"置于新中国成立以来、改革开放后，尤其是党的十八大以来中国共产党人治国理政思想理论发展的进程中加以宏观审视。我们会发现，经过新中国成立后的"前三十年"和改革开放以来的"后四十年"的发展，中国的现代化进程已步入了新的发展阶段，中国共产党人的现代化观也达到了一个全新的高度和发展境界。正如习近平总书记指出的那样，"一个国家的治理体系和治理能力是与这个国家的历史传承和文化传统密切相关的"。因此，在社会治理现代化推进的过程中，我们必须处理好"传统"与"现代"的关系，在继承、创新、开放的总体氛围下，实现社会治理体系和制度的创造性转换。在国家治理体系的整体结构中，社会治理制度是其中最为重要的组成部分。因为作为国家政治体系、经济体系、文化体系、生态体系良性运行的基础，社会治理的制度体系建设至关重要。在一般的情况下，国家的社会治理制度体系深深地植根于一个民族的历史文化血脉之中，具有多重而复杂的历史关联，同时在现实社会运行中也具有稳定秩序，形成

＊　作者系吉林大学哲学社会学院院长，教授。

共识，实现动员，凝聚社会的功能，值得我们加以认真的研究和关注。

一、"共建共治共享"社会治理制度的理论表述

（一）"共建共治共享"社会治理制度构建的社会背景

20 世纪 80 年代以来，伴随着改革开放和社会主义市场经济体制逐步确立的进程，我国的经济结构和社会结构发生了剧烈的变动。与之相同步，社会的城乡结构、阶层结构、就业结构、居住结构、利益结构和需求结构均随之发生深刻而系统的变化。如何建立起与社会主义市场经济相适应的社会治理体系，成为新时期中国社会所面临的重大理论和现实问题。而步入 21 世纪尤其是中国特色社会主义建设进入新时代以来，以习近平同志为核心的党中央统筹推进"五位一体"总体布局、协调推进"四个全面"战略布局，通过一系列重大的改革举措，使得经济社会发展取得重大突破，社会主要矛盾已经转化为人民日益增长的美好生活需要和不平衡不充分的发展之间的矛盾。当下的中国社会也面临着一系列问题和发展短板的挑战，如"发展中不平衡、不协调、不可持续问题依然突出，科技创新能力不强，产业结构不合理，发展方式依然粗放，城乡区域发展差距和居民收入分配差距依然较大，社会矛盾明显增多，教育、就业、社会保障、医疗、住房、生态环境、食品药品安全、安全生产、社会治安、执法司法等关系群众切身利益的问题较多，部分群众生活困难"[1] 等等。在此背景下，我国迫切需求通过社会治理领域的创新和改革来巩固和提升政治、经济、文化、生态领域的改革成果，同时最大限度地满足人民群众日益增长

---

[1] 习近平：《关于〈中共中央关于全面深化改革若干重大问题的决定〉的说明》，《人民日报》2013 年 11 月 16 日。

的物质文化需求。

而从国际背景看，进入新世纪人类社会正面临"百年未有之大变局"。伴随着世界上发达国家进入后工业社会，社会上呈现出一些严重的社会分化和社会个体化危机。近年来出现的反全球化思潮及行动也使得原有的发达国家与发展中国家之间的关系进入空前复杂的发展阶段。而"新冠肺炎疫情全球大流行使这个大变局加速变化，保护主义、单边主义上升，世界经济低迷，全球产业链供应链因非经济因素而面临冲击，国际经济、科技、文化、安全、政治等格局都在发生深刻调整，世界进入动荡变革期"[①]。上述复杂的国际发展局势也要求我国应加强社会治理，使得政治、经济与社会之间的发展趋于平衡，社会运行趋于平稳。

（二）"共建共治共享"社会治理制度的基本内涵

虽然改革开放以来，我党长期以来一直将经济发展作为党的中心工作，但进入 21 世纪伴随着和谐社会构建纲领的提出，社会管理和社会治理逐渐开始成为党和国家最为重要的中心工作。尤其是在党的十八大以来，在国家治理体系构建的问题上，我国迅速地完成了由社会管理向社会治理的转换。党的十八大提出了中国特色社会主义社会管理体系的观点。其核心观点表述为：加快形成党委领导、政府负责、社会协同、公众参与、法治保障的社会管理体制；加快形成政府主导、覆盖城乡、可持续的基本公共服务体系；加快形成政社分开、权责明确、依法自治的现代社会组织体制，加快形成源头治理、动态管理、应急处置相结合的社会管理机制。十八届三中全会则明确提出"创新社会治理体制、改进社会治理方式"，完成从"社会管理"到"社会治理"的转型升级。十八届五中全会则提出"构建全民共建共享的社会治理格局"，打造社会治理人人有责、

---

① 习近平：《在经济社会领域专家座谈会上的讲话》，人民出版社 2020 年版，第 2—3 页。

人人尽责的命运共同体，将社会治理制度体系的构建纳入中国现代化发展的总体战略高度。十九大提出"打造共建共治共享的社会治理格局"。加强社会治理体系建设，推动社会治理重心向基层下移，发挥社会组织作用，实现政府治理和社会调节、居民自治良性互动。到十九届四中全会，更是坚持和完善共建共治共享的社会治理制度，对中国特色的社会治理制度进行了全面系统的概括和总结，强调指出"必须加强和创新社会治理，完善党委领导、政府负责、民主协商、社会协同、公众参与、法治保障、科技支撑的社会治理体系，建设人人有责、人人尽责、人人享有的社会治理共同体"。从总体上看，十九届四中全会在"共建共治共享"的总体原则指导下，围绕着社会治理制度的构建做出了如下关键的重要表述。

1. 以"共建共治共享"为社会治理制度构建的基本原则

社会治理是国家治理的重要方面，新时代中国的社会治理制度建设应以"共建共治共享"为基本原则。而将"共建共治共享"基本原则纳入到具体的社会治理进程中，我们会发现其在社会治理体系构建中原则性的指导作用，主要表现在：（1）共建是社会治理的基础。一般说来，社会治理实践自身所具有的基础性、总体性和复杂性，决定了其启动运行必然是多元主体参与的过程。具体言之，主要是在党委领导、政府负责的前提下，积极动员包括企事业单位、社会组织、人民群众在内的各类社会主体和居民群众参与到社会治理的进程之中，发挥其各自不可替代的作用。只有建立起一种充满活力的多元共建体制，才能使社会治理充满活力，落到实处。在这一意义上，所谓"共建"主要是回答了社会治理谁领导、谁负责、谁参加、依靠谁的问题，是从静态视角探讨社会治理的体制问题。（2）所谓"共治"主要是从动态视角规定了社会治理的运行机制问题。其中核心的思想内涵包括：所谓"共治"并不是各种社会治理主体均等地发挥作用，而是在党委领导、政府负责、社会协同、公众参与的关系格局下展开的。同时在社会治理实践过程中探索民主协商、法治保障、科技支撑等推进路径和实践模式。在这一意义上，所谓"共治"主要是回答了社会治理通过何种路径、何种模式、如何操作的问题。（3）所谓"共享"主要是指社会治理目标的确定，是共产党人社会治理事业人民性的集中体现。众所周知，中国特色社会主义制度建设和奋斗的目标实际上就是"中国共产党领导全体人民共同建设、共同享有的和谐社会"①。而在具体的发展指标上，共产党人也将"人人享有基本生活保障"，"人人享有基本医疗卫生服务"等作为共享发展的主要内容，其目标是不断满足人民日益增长的美好生活需要，使得广大人民拥有发展的获得感。在这一意义上，这里所阐释的"共享"其实质上是与共产党人根本性的事业宗旨和奋斗目标直接联系在一起的，是中国现代化发展"人民性"最为充分的体现。总之，"共建共治共享"这三个维度分别从"治理主体""运行机制""治理目标"确定了社会治理制度构建的基本指导原则，明晰了社会治理实践推进的内在逻辑。

2.提出社会治理体系概念

十九届四中全会提出：必须加强和创新社会治理，完善党委领导、政府负责、民主协商、社会协同、公众参与、法治保障、科技支撑的社会治理体系。深入理解社会治理体系概念，我们应注意以下几个方面：（1）社会治理体系概念是我党长期以来尤其是改革开放以来社会治理实践探索，不断丰富的产物。仅就新世纪以来就有 2004 年十六届四中全会提出的"建立健全党委领导、政府负责、社会协同、公众参与的社会管理格局"。2007 年，党的十七大报告提出的"要健全党委领导、政府负责、社会协同、公众参与的社会管理格局，健全基层社会管理体制"。2012 年党的十八大报告提出的"要加快形成党委领导、政府负责、社会协同、公众参与、法治保障的社会管理体制"。2019 年，党的十九届四中全会又在此前概括的基础上增加了"科技支撑"。（2）就其内涵而言，社会治理体系概念不是单一孤立的项目，而是一个相互关联而又相当复杂的系统工程。

---

① 《十六大以来重要文献选编》（下），中央文献出版社 2008 年版，第 650 页。

早在 2015 年十八届三中全会提出"创新社会治理体制"命题之时，便有学者提出，社会治理具有四个重要特征，表现为：强调"过程"，倡导"调和"，兼顾"多元"，注重"互动"。① 即明确了"参与社会治理的多元主体及其职责，其中党委领导是核心，政府负责是关键，社会协同是纽带，公众参与是基础"②。（3）社会治理体系理论的提出，既从理论上澄清和界定了社会治理演变的内在逻辑，同时也为社会治理制度建设提供了基本原则，还为社会治理制度的改革创新提供了具体的关系互动的操作程序。

3. 提出社会治理共同体概念

社会治理共同体概念是习近平总书记 2019 年 1 月 16 日出席中央政法工作会议发表重要讲话时首次提出的概念，指出："要完善基层群众自治机制，调动城乡群众、企事业单位、社会组织自主自治的积极性，打造人人有责、人人尽责的社会治理共同体。要健全社会心理服务体系和疏导机制、危机干预机制，塑造自尊自信、理性平和、亲善友爱的社会心态。要加快推进立体化、信息化社会治安防控体系建设。"到党的十九届四中全会进一步提出，"建设人人有责、人人尽责、人人享有的社会治理共同体，确保人民安居乐业、社会安定有序，建设更高水平的平安中国"。在人文社会科学研究中，"共同体"（Gemeinschaft）是一个最富有阐释空间的概念，其小可以是一个家庭、家族、群体，中可以是阶级、组织、利益群体，大可以是一个民族、国家甚至天下、世界。同时，共同体也是最容易被误用的概念。"共同体有时是在一般的描述性意义上被使用，指某种人口集合或群体划分；有时又是在特定的规范性意义上被使用，专门用于刻画某种特殊的社会联结方式和交往关系。而且即便同属后者，在不同的语境中使用该术语，思考者所指称的内容及其所表述的目的也各有侧重。"③ 而在十九届四中全会报告中，"社会治理共同体"概念实际上是在"共建

---

① 唐钧：《社会治理的四个特征》，《北京日报》2005 年 3 月 2 日。

② 苏振锋、翟淑君：《新时代社会治理体系的鲜明特征》，《青海日报》2020 年 6 月 22 日。

③ 李义天：《共同体与政治团结》，社会科学文献出版社 2011 年版，"序言"第 1 页。

共治共享"社会治理制度构建原则的直接指导之下，对"社会治理体系"概念的进一步深化和展开。社会治理共同体概念既表征了参与社会治理主体的多元性，即包括城乡群众、企事业单位、社会组织在内的社会治理主体的多元性，也体现了社会治理共同体内部的多元主体都具有治理参与的积极性和主动性。此外，围绕着社会治理的主题，这些社会治理主体具有强烈归属认同感和行动的一致性，由此必然会形成人人有责、人人尽责、人人享有的社会治理共同体。

（三）"共建共治共享"社会治理制度的理论蕴含和实践价值

"共建共治共享"社会治理制度的提出，既是对中国革命历程中社会动员和群众路线传统的继承，也是对新时期中国城乡基层社会治理创新经验的提炼，还是对中国传统社会治理智慧的总结，是共产党人以人民为中心发展观的集中体现，具有重大的理论意义和实践价值。

1. 对中国革命社会动员和群众路线传统的继承

中国共产党从其诞生之日起，便在党章中将"重视群众""发动群众"作为党的纲领而提出。1929 年 9 月，在《中共中央给红军第四军前委的指示信》（"九月来信"）中，首次提出"群众路线"概念。1943 年 6 月，毛泽东同志在《关于领导方法的若干问题》一文中提出"在我党的一切实际工作中，凡属正确的领导，必须是从群众中来，到群众中去"。对党的群众路线进行了更为系统的阐述。1945 年 6 月，党的七大通过的党章在总纲部分，对群众路线内涵的首次表述。① 在社会主义建设时期，共产党人将群众路线纳入到基层社会管理体制及其运行进程中，保证了党的路线、方针、政策得以建立在坚实的群众基础之上。"群众路线贯穿中国共产党的肌体与灵魂，不仅成为其世界观和方法论，而且成为其

---

① 中央党史研究室宣传教育局：《党的历史论稿》，中共党史出版社 2018 年版，第 57 页。

组织路线和工作原则。党领导与执政的合理性与合法性都是由此建构起来的。"① 正是在这一意义上，我们说十九届四中全会集中阐述的"共建共治共享"的社会治理制度，是一个积极调动广大群众共同参与、共同享有的过程，实质上是共产党人群众路线在新时期创造性的继承和发展。

2.对新时期中国城乡基层社会治理创新经验的提炼

近年来，众多充满现代气息的社会治理创新模式和实践都在一定程度上彰显了基层社会治理创新的活力，如上海的"两级政府，三级管理，四级网络"的治理经验、安徽铜陵减少基层行政层级的改革、深圳和成都居站分离的经验、江苏太仓的"政社互动"改革、浙江衢州"只跑一次"的改革、重庆南岸"三事分流"等。众所周知，任何意义上的社会治理模式创新，都离不开对国家—市场—社会这一三角关系的调适和重组，也离不开"共建共治共享"社会治理制度的理论指导。近年来颇为流行的"三社联动"便是其中最为典型的表现。"三社联动"最具创新意义之处在于，在其政策起步之时，便对"政府生产"和"政府供给"两个富有现代意义的概念展开界定，认为在党委领导、政府负责的背景下，引入政府购买社会组织服务的机制，增强了社会组织的活力，提升了社会服务的职业化和专业化的水平，实现了社会治理和服务的重心下移。此外，还特别强调社区的自治、协商和民主参与等重要环节，是"共建共治共享"社会治理制度的具体实践和探索。

3.对中国传统社会治理智慧的总结

与物质技术层面上的现代化不同，社会治理现代化所表现出来的模式和形态往往更加复杂，其具体进程也必定深度地嵌入到其所在国家的本土历史文化传统之中，衍生出极其复杂的多重时空关联。在历史上，越是拥有古老文明的国度，越是如此。在基层社会治理的问题上，中国自古便积淀起一系列颇为成熟的基层自治传统。只要我们稍微投之以历史分析的目

---

① 林尚立、赵宇峰：《中国协商民主的逻辑》，上海人民出版社 2015 年版，第 29 页。

光，便可发现，包括古代中国"皇权不下县"，由地方士绅实施自治的传统，新中国成立初期"街—居体制"的传统，21世纪初以社区建设和居民参与为中心的多元共治和基层自治的传统等。党的十九届四中全会将其概括为共建共治共享的"社会治理共同体"，便直接体现和诠释了这一传统。在社会治理体系构建的问题上，强调"建设人人有责、人人尽责、人人享有的社会治理共同体，确保人民安居乐业、社会安定有序，建设更高水平的平安中国"。这里所使用的"社会治理共同体"的概念，便是最大限度地继承了我国的多元共治传统。这里所界定出来的社会治理概念，主要包括社区居民、社会组织、志愿者、驻区单位等一切居于社区内部的社会力量。在这里，我们之所以能够将上述力量作为一个总体的社会治理共同体内部的成员来看待，主要是因为上述力量理念相同，具有同质性，在多数情况下具有一致性。这实际上是在强调包括政府、社会组织在内的多元社会力量之间相互契合和互补的关系，而不是强调其对抗性和对立性。在历史上，这一传统还体现在民主协商的问题之上，当社会遇到现实问题时，不是以对抗的方式来加以解决，而是通过平等的富有善意的对话，化解矛盾冲突，实现一致性的发展。此外，这一传统还表现为以街居衔接为中心的政社互动。新中国成立以来，我国根据传统的基层自治经验，建立了"街—居体制"。在这一体制之下，街道所主导的基层治理活动充满了柔性特质，因为街道不是一级政府，而是政府派出机构，从而使基层行政的亲民性和变通性都得到了最大限度的彰显。

二、"共建共治共享"社会治理制度的实践证明

如前所述，"共建共治共享"社会治理制度的提出，既是对中国革命社会动员传统的继承，同时也是对当下中国城乡基层党建引领下基层社会治理重创新实践经验的提炼。因此，在从理论视域理解"共建共治共享"

社会治理制度形成的基础之上，我们还应努力从实践维度对"共建共治共享"实践经验展开系统深入的总结提炼。近年来，全国各地在以社会治理制度创新为主题的改革实践过程中，业已创建出一系列具有创新意义的实践经验，值得我们深入研究总结。尤其是在 2020 年初开启的抗击新冠肺炎疫情的人民战争中，"共建共治共享"社会治理制度得到了最为充分的实践证明。以下本文将主要结合新冠肺炎疫情抗击过程中基层社会治理的创新经验展开论述。

（一）城市抗击疫情治理体系构建的背景及原则

在城市面临严重疫情危机的特定背景下，谈城市基层抗击疫情社会治理共同体构建，首先应弄清的问题是抗击疫情体系构建所面临的特殊背景前提，要明确在疫情的直接冲击之下，城市基层社会到底发生了哪些重要的变化？这些变化的性质应如何确定？在上述背景条件下所展开的城市抗击疫情体系构建应依据怎样的原则？其抗疫行动应选择何种模式加以展开？

1. 疫情的发生及社会"脆弱性"的凸显

从灾害社会学的视角审视疫情冲击之下的社会，人们集中关注的问题已不仅仅是疫情本身，而是在疫情灾害面前社会所呈现出的严重的社会脆弱性。迄今为止，社会学研究者的疫情灾害研究基本上是循着"社会脆弱性"的分析框架展开的。美国学者克莱普斯曾断言，"灾害是社会或其较大的次级体系（如地区、社区等）遭受社会性破坏和物质损失的突发性事件"[①]。另一位灾害社会学的著名学者E.佛瑞茨对灾害的定义也颇具启发性，他认为灾害"是个人及社会集团发挥作用的社会脉络遭到根本性破坏，或急剧偏离通常可预见的模式"，他着重强调了灾害的两个重要特

---

① 转引自梁茂春：《灾害社会学》，暨南大学出版社 2012 年版，第 30 页。

性：一是"具有威胁性的实际冲击"；二是"社会基本功能因这一冲击而遭到破坏"。[①] 可见，上述定义更多地强调了灾害对人类社会结构和社会功能所产生的影响。在上述学者看来，灾害所造成的巨大的社会破坏性主要表现为所谓"社会系统的破坏"，由于人和物遭到破坏，社会系统不起作用；由于负担过重，社会系统部分或全部瘫痪；由于构成社会的组织遭到破坏，导致社会系统本身也遭到破坏；等等。[②]

循着上述思路，当我们将观察的目光聚焦于社会的基础单元——社区，便会更加清晰地看到灾害给社会所带来的严重破坏，主要表现在以下三个方面。

（1）社区的封闭性。在评估灾害的社会影响时，我们首先应注意对基于灾害不同类型而产生的人们不同社会行为的考察。如在地震、海啸等灾难中逃生出来的人们为了减低其恐惧，交换资源，以共渡难关，往往会聚在一起，其行为是内聚式的。但在传染性极强的病毒疫情面前，则完全是另一番情景。疫情灾害往往使社会迅速地走向封闭，楼道内各住户之间自然隔离，社区内部人与人之间相互封闭，从而导致社会瞬间走向封闭化。虽然这种封闭性会有一定的保护隔离作用，但也使社区潜在地存在着严重的原子化危机。可见，在疫情危机发生的背景下，整个社会都处于一种非常状态，人们意识到，为了斩断病毒传播的链条，居民之间必须建立起一种有序的隔离机制。由此，社区内部无论是社区居民之间，还是居民与社区组织之间，其互动关系都处于一种非常状态。应该承认，与一般意义上的社会闭锁相比，疫情笼罩下社区的封闭往往具有一定意义上的积极性，是应对疫情的一种必要手段。但就社区封闭的后果而言，其作用机制却非常复杂。一方面，社区居民之间封闭性特征的凸显，使得人们的恐惧感无法得到消解和分担，也导致社区集体行动的能力大大下降。另一方面，在

---

① 转引自［日］大矢根淳：《灾害与社会：灾害社会学导论》，蔡骥译，商务印书馆2017年版，第17页。

② ［日］大矢根淳：《灾害与社会：灾害社会学导论》，蔡骥译，商务印书馆2017年版，第56页。

社区封闭的条件下，作为居民自治组织和行政末梢机构而存在的社区的地位和作用却空前凸显。在这一意义上，社区治理活动的展开便具有了更加特殊的意义。

（2）社区弱势群体面临严重的生存危机。一般说来，社区弱势群体主要是指高龄老人、儿童、残疾人和困难群体等。虽然其弱势的类型及表现存在着一定差异，但这些弱势群体共同的表现在于，其应对社会灾害和冲击的能力普遍低下，在疫情冲击下其本来就较稀薄的社会资本也会发生更为严重的流失，导致其无法与外部世界建立起有效的联系，使得其生活世界具有更强的封闭性，最终导致其生存处于空前危险的状态。

（3）社区恐慌的出现。疫情危机背景下的社区恐慌，其本质及根源是一种社会信任危机，既包括社会成员之间的信任，也包括对政府的信任。有学者曾以非典为例，对社区恐慌加以界定，认为社区恐慌"是个体对自己所处的环境丧失信任之后的应激性反应。人们的恐惧表现在社会生活的各个层面上：对公共场所的不信任，对公共交通工具的不信任，对医院的不信任，对来自疫病感染地区邮件的不信任……人们感到危险似乎无处不在。民众的恐慌，表明其对社会、政府和自己的生存环境丧失了信任，表明如何面对和控制疫情，并不只是一个医学问题，它更是一个社会政治问题，是一个政府如何通过科学的管理运作控制民众的集群行为，进而建立一个社会信任机制的问题"[1]。如果社区在疫情的持续冲击之下，陷入社会恐慌和不信任，必然导致社区危机，同时其灾后重建也注定是步履维艰，"受灾人群的自救意识与复原能力低，几乎完全依靠外来力量的支持，甚至在灾后毫无作为，只能等政府、社会力量的援助"[2]。

正是基于上述认识，本文将疫情冲击之下的社区看作是一种非常态的"脆弱性社会"。与常态意义上的社区不同，处于疫情威胁之下的社区实际

---

[1]　陈远章：《转型期中国突发事件社会风险管理研究》，国家行政学院出版社 2010 年版，第78 页。

[2]　胡轶俊：《中国社区灾害应急管理》，中国社会出版社 2014 年版，第 104 页。

上处于一种非常态的社会情境之下，呈现出一系列反常的变化，其最为突出的特点是其"封闭性"、"风险性"和不同程度的社区恐慌的存在。在此背景下展开的任何意义上的社区治理活动都必然面临严峻的挑战。

2.抗击疫情社会治理共同体的构建原则及经验支持

面对疫情灾害的挑战，任何意义上的抗击疫情行动，都必须从其本土社会的体制和传统出发，才能理顺各种关系，有效地实现社会动员，实现抗击疫情效能的最大化。具体到中国社会的语境之下，我们必须以"共建共治共享"的社会治理理论为指导原则，将社区抗击疫情的体系构建和实践行动置于社会治理的理论框架之下，加以展开和运行。众所周知，党的十八大以来，在国家治理体系构建的问题上，我国迅速地完成了由社会管理向社会治理的转换。党的十八大提出了中国特色社会主义社会管理体系的观点。十八届三中全会则迅速完成从"社会管理"到"社会治理"的转型升级，明确提出"创新社会治理体制、改进社会治理方式"。十九大提出加强社区治理体系建设，推动社会治理重心向基层下移，发挥社会组织作用，实现政府治理和社会调节、居民自治良性互动。到十九届四中全会，更是对治理理论的精髓进行了全面系统的概括："必须加强和创新社会治理，完善党委领导、政府负责、民主协商、社会协同、公众参与、法治保障、科技支撑的社会治理体系，建设人人有责、人人尽责、人人享有的社会治理共同体"。可见，社会治理理论为社区抗击疫情体系构建提供了最为有力的理论支撑。

而从社区抗疫体系构建经验支持的角度加以分析，我们则应注意以下两点：

第一，近年来我国围绕着基层社区治理，各地展开了颇为丰富的治理实践活动，形成了一些值得关注的经验模式，如社区网格化治理、三社联动、民主协商、科技支撑等治理模式和经验。毫无疑问，上述这些社区治理经验对当下正在展开的社区抗击疫情给予了最为直接的支持。其中最值得我们关注的是社区网格化治理模式。在当下正在展开的抗击疫情的阻击战中，社区网格化方法及治理成为仅次于医疗救治的热词，引起社会各界普遍关注。在网格化治理起源的问题上，学界存在着争论。一种观点认为网格化管理起源于北京市东城区城市社会管理的实践；另一种观点则认为网格化是基于上海2003年抗击非典疫情而形成的"网格化治理"的经验概括出来的，认为"社区网格化管理是上海市在多年来成功地进行社区建设与管理工作当中，通过有效实践和深入思考得出的一种城市社区管理新模式。这一管理模式最早起源于上海市在抗击非典所应用的'两级政府、三级管理、四级网络'的城市管理体制。在随后取得抗击非典阶段成果的总结里，有关领导对此管理模式做出了更深的思考。2003年，上海市领导在调研工业企业时，正式提出了'网格化管理'的概念，并在《中共上海市委常委会2004年工作要点》中作为一个重要内容下发"①。近年来，社区网格化治理在全国各地的实践探索中逐步走向完善，形成了比较稳定的模式。概而言之，所谓城市网格化管理是"将城市管理区域按一定的标准划分为若干网格单元，利用现代信息技术和网格单元之间的协调机制，依据'各司其职、优势互补、依法管理、规范运作、快速反应'的原则，按照政府流程再造的要求，将各网格的经济、巡警、环卫、城管人员之间的联系、协作、支持等内容以制度的形式固定下来，形成新的城市管理体系，以提高城市的管理水平和管理效率"②。本文将主要以疫情危机背景下的社区网格化治理为主题展开研究和分析。

第二，迄今的各种社区治理经验和模式，基本上都是在常态意义上的社会背景下展开的，其模式如何通过强力的转换而运用于危机状态下的社区治理，成为值得特别关注的问题。在相当长一段时间里，我国基层社会治理的实践者积累了常态社会背景下的治理经验。但当下我们所面临的是一种变态的、非常时期的危机治理问题，便意味着我们的治理活动将要面临空前严

---

① 龚鹰：《社会管理模式的创新：基于舟山市网格化管理、组团式服务的实践研究》，知识产权出版社2012年版，第118页。

② 魏礼群：《当代中国社会大事典（1978—2015）》第1卷，华文出版社2018年版，第338页。

峻的考验。我们或者迅速地将我们在常态意义上积累的治理经验迅速升级转换，或者固守不变，而使我们的治理活动走向低效甚至失灵、失效。

总之，从反思的角度探讨社区抗击疫情体系构建的基本原则及前提，我们应认真思考的问题在于：由党和政府发动，以社区为重要主阵地的社区抗击疫情阻击战如何展开？如何将社区抗击疫情体系构建纳入到国家社会治理体系和治理能力现代化的整体体系之中？如何将我们积累总结起来的常态意义上的社区治理经验，迅速提升转化到非常时期抗击疫情的社区治理行动之中？

（二）"超级网格"：抗击疫情社会治理共同体的建立

自新冠肺炎病毒疫情发生以来，在国家的动员号召下，中国社会开启了前所未有的抗击疫情战役。透过各地的抗疫实践，我们会发现，虽然各地疫情的严重程度有所不同，但业已形成的一个普遍的共识就是要抓住社区防疫这个社会的基础性层面，采用网格化治理的方法，建构起具有基础性和覆盖性的社区抗击疫情体系，以在社区层面及早发现疫情，切断病毒的传播链，保持社区的秩序和稳定。就目前的情况看，与常态背景下的社区网格化不同，当下的社区抗疫网格已呈现出"社区超级网格"的突出特点。概括起来说，当下社区抗击疫情的网格实际上是一种由基层政府发动，依托于街道—居委会，吸收部分党政系统下沉社区的科层力量而形成的"超级网格"，主要由一张"主网"和多张"辅网"构成。由此，如何通过此"超级网格"，在社会处于非常态的条件下建立起以社区为本的基层防疫体系，则成为问题的关键。

1. 社区超级网格中的"主网"

当下社区抗击新冠肺炎疫情体系的构建，实际上是在疫情突发的背景下开启的。突如其来的疫情使得社区迅速走向封闭化，并产生了一定程度的恐慌。众所周知，长期以来，社区治理事务基本上是在常态意义上展开的。因此，当社区疫情危机汹涌而至的时候，社区工作不可避免地陷入一定程度的紧张和混乱。复杂的形势要求社区网格治理必须迅速改变常态工作方式，完成网格升级，以街道—居委会为主体，依托于党政机关的下沉力量，建构起社区"超级网格"。从各地的社区网格化治理运行情况看，均普遍经历了一个行政力量下沉，网格迅速升级的过程。在这里我们之所以称之为"超级网格"，主要是因为其具有常态意义上社区网格所不具备的一些突出特点。

第一，以社区网格的基础性和覆盖性优势，展开社区疫情排查防控，稳定社区秩序。

就其基础性意义而言，城市网格化管理是按照属地管理的原则，"以街道、社区、网格为区域范围"① 而展开的。无论是超级大城市，还是中小型城市，我们都可以运用网格的方法，将其分组为若干个网格版块实施治理。而社区网格化则是在社区所辖空间范围展开进一步的区隔和划分，并形成网格内事务发现、处置、评估反馈、责任追究等一整套运行机制。可见，作为一种治理方法，社区网格化最大的优势便是其扎实的基础性和超强的覆盖性。在社区抗击疫情体系构建的过程中，社区之所以被赋予抗击疫情主战场的地位，主要是因为其具有这种基础性和覆盖性的优势：(1)通过拉网式的严格排查，在社区内尽早发现疫情，及时报告，虽然此次抗击疫情过程中采用了大数据等技术支撑手段，但仍存在数据与现实间严重的不匹配性，很多真正可靠的数据还必须依靠社区网格员通过上门面对面的核查来加以完成；(2)将发现的病毒感染者、疑似病人送往医疗机构，与健康人群实行隔离和治疗，切断社区内部人群之间病毒传播途径，控制扩散；(3)通过必要的社区封闭措施，阻止病毒传入社区；(4)为社区弱势群体和处于封闭状态的社区居民提供服务。由于疫情形势严峻，在很多情况下，游走于社区邻里之间的社区网格员处于高风险状态，而且其

---

① 王敬波：《城市管理执法办法理解与适用》，中国法制出版社 2017 年版，第 193 页。

本身也往往被社区居民视为"病毒携带者"而时常被拒之门外，其覆盖排查任务完成之难度可想而知。

第二，党政机关科层力量的"绑定性网格下沉"。

常态意义上的社区网格存在着社区自治组织与基层政府间的链接关系，主要是指社区网格空间内，将政府的各个职能部门，包括经济、巡警、环卫、城管人员，以及政府派出机构街道办、社区自治组织、社区志愿者，绑定在同一网格空间范围之内，形成一种工作上的关联和契合的关系。从社会治理的角度看，主要是构建起一个基层社会治理的共同体，它既是一个工作的网络，同时也是社区协商共治的空间。因此，在治理的意义上，各种社会治理的主体，在网格内实现了一种有机的链接和契合。但在一般情况下，这种链接性行动往往是事本主义的，即依据网格所发现事务的性质和影响度而采取针对性的措施，并保持一定程度上的松紧调解度。而在抗击疫情的非常时期，在社区疫情紧急，抗疫工作严重超负荷的情况下，出现了党政部门齐力下沉的治理态势，如很多省市都采取党组织"五级书记抓防控"，省市区（县）街（乡）社区（村）"五级书记"坚守岗位、靠前指挥，层层压实责任。同时来自政府科层条块的行政力量也强力下沉，形成了党政机关条线下沉，政府工作人员、政府派出机构人员与社区居委会协同作战的格局。

第三，服务功能的升级。众所周知，21 世纪初网格化在上海、北京东城区率先启动时，主要是一种依托数字城市技术创建城市管理新模式，强调的是其管理功能。但后来在浙江舟山逐渐开始赋予网格以服务的功能，舟山市在前期试点的基础上，从 2008 年 8 月开始，按照"网格化定位、组团式联系、多元化服务、信息化管理、全方位覆盖、常态化保障"的要求，在全市全面推行了"网格化管理、组团式服务"工作。① 到 2013

---

① 中共舟山市委组织部：《浙江舟山：全面推行"网格化管理、组团式服务"工作》，2013 年 6 月 15 日，见 http://qzlx.people.com.cn/n/2013/0615/c364864–21851061.html。

年，党的十八届三中全会提出，改进社会治理方式，提出了"以网格化管理、社会化服务为方向，健全基层综合服务管理平台，及时反映和协调人民群众各方面各层次利益诉求"。可见，基于社区平台而展开的网格化服务，赋予了网格化以新的内涵。而社区之所以能够承担起网格服务的功能，主要是因为社区熟悉辖区内特殊群体，并与之有较为密切的亲和性关联。正是以网格化的上述改革和调整为基础，在此次疫情危机发生之际，社区能够在第一时间用其有限的力量锁定社区弱势群体。在这里我之所以使用"锁定"一词，主要是强调在常态意义上的社区工作中，社区网格员已通过建档立卡，上门服务等方式，与社区弱势群体建立起相当程度的熟悉关系。因此，在疫情严重时期，在大部分社区居民闭门不出，社区邻里关系互动几乎停止，社会脆弱性空前凸显的情况下，社区工作者将其工作重点放在高龄空巢老人、低保群体、确诊病例家庭等特殊群体的关照和服务上，避免出现社区极端性事件，彰显了社区网格化服务的力量和能力。

2. 社区超级网格体系中的"辅网"

社区超级网格体系中的"辅网"，主要是通过社区与社会组织、驻区单位、物业公司等的关系互动展开的。

（1）与社会组织间的联动。通过与社会组织建立起密切的关联互动，以推进基层社会治理的职业化和专业化，是近年来社区治理发展和提升的一个重要主题。如前所述，从网格化治理发展和成长的阶段看，初期的网格化主要侧重于城市管理。但随着时间的推移，以"浙江舟山"的模式的出现为标志，开始将服务的理念纳入到网格化治理的体系之中。上述变化最为直接的后果便是社会组织逐渐开始在社区网格治理中体现出社会服务专业化的作用，因为社会组织在服务社区特定群体方面具有其独特的领域专业性和特殊能力。因此，在常态意义上的基层社会治理实践中，社会组织依托于"三社联动"政策和模式，扮演了重要角色。社区也意识到社会组织的不可替代性，认为社区要想建构起专业化的社会服务体系，就必须通过内生或外联的方式，建立起社区与社会组织之间的实质性关联。以此为基础，当社区面对疫情挑战的危机状态时，社区抗击疫情体系的构建自然不能没有社会组织的身影。因为与政府组织相比，社会组织更具有灵活性，同时还具有较强的专业性，可以补政府和社区之所不及，其介入抗击疫情工作的特殊视角，赋予了社区网格抗击疫情的行动更具有社会性，可以补政府的短板和不足。社会组织具有职业化、专业化的特点，可以发挥社会工作、心理咨询等专业化的疏导能力来凝聚居民，减轻社区恐慌。

（2）与驻区单位的关联。虽然社区抗击疫情的超级网格似乎已具有真正将"纵向到底，横向到边"原则贯彻到底的超强覆盖力，但我们必须清楚地意识到，面对社会复杂的结构，任何行政、社会意义上的覆盖性的实现，都必须通过其主网与辅网的顺畅而默契的链接才能得到实现。如那些仍然由单位主管或弃管、半弃管的员工居住区，社区网格必须与其所在单位组织建立起密切的联系，方可实现其对辖区的覆盖。

众所周知，1949 年中华人民共和国成立后，建立起基于"国家—单位—个人"的单位社会，这既是一个纵向的社会动员体系，也是社会管理服务体系。其中，单位组织发挥了最重要的中介功能。在计划时期，无论是国家政策的下达，还是一般个人利益的上求，都要以单位组织为中轴加以展开。在这一意义上，我们可以说计划时期的中国是一种典型的单位社会。但从 20 世纪 90 年代开始，伴随着社会主义市场经济体制的建立，单位制逐渐走向消解，形成了所谓的"后单位社会"。所谓后单位社会，实际上就是说虽然单位制开始走向消解，整个社会运行的体制机制已经发生了根本性的变动，但单位组织依然承担着一些其旧有的社会功能。因此，我们在建构社区抗疫超级网格体系的过程中，只有与单位组织建立起密切的协作关系，才能真正实现其覆盖性。主要表现为：第一，由于以党政机关、企事业为主体的单位仍然是高度组织化的实体性组织，其组织内部具有较强的组织性。尤其是在疫情当前的背景下，单位对于其组织内部成员的疫情情况统计，具有不可替代的权威性和准确性。由此，社区的疫情统计必须与驻区单位密切合作。第二，在单位不再办社会的条件下，虽然大部分城市都建立起单位之外的社会服务体系。但仍然存在一些由单位主管或弃管、半弃管的员工居住区，依托于旧有的单位大院形成了带有单位特色的居住体系。因此，社区超级网格覆盖性的实现，必须要借助单位组织的力量，切实承担起其社会责任，才能保证单位社区的平安。第三，驻区单位组织内云集了大量的社会主流人群，可以补充社区抗疫可用力量的不足。在上述意义上，社区防疫网格体系的构建必须与单位之网链接起来，其覆盖性才能得到真正实现。当然，我们在这里强调社区网格化与驻区单位之间的联系，并不是说要重回单位，建立起一个单位的封闭的自控体系，而是要在强化社区与驻区单位相互关联的基础上来使社区网格化治理真正落到实处。

（3）与物业公司的链接。20 世纪 90 年代末，伴随着住房商品化制度的改革，中国城市社会实现了居住格局的重大改变。虽然通过住房制度改革，中国城市市民的居住条件得到了根本性的改善，但物业公司、业主委员会之间的关系一直难以理顺，成为基层社会治理的严重痛点。因物业公司属于市场主体，社区居委会的居间调解往往也很难奏效，导致被称为社区治理"三驾马车"的三者经常面临着行驶方向的不一致而发生混乱。在社区抗击疫情战役持续展开的过程中，作为市场主体，物业公司当然应该为业主的安全健康负责，在小区封闭管理、楼道消杀等方面发挥作用。但在外防输入、内防传染，全盘规划小区抗击疫情方案的问题上，物业公司面临很多力所不能及之处。也有个别物业公司存在管理松懈，算小账，不顾大局，敷衍了事。而在现有体制下，街道和社区对作为市场主体的物业公司影响有限，只能沟通协调，导致工作存在一定的漏点。因此，在社区抗击疫情超级网格构建的过程中，如何发挥物业公司的作用，并将其纳入到抗击疫情的责任体系中来，亦成为一个亟待破解的难题。

三、"共建共治共享"社会治理制度的完善和提升

2020 年发生的世界性的疫情，是对人类社会组织力和回应力的严峻考验。正如习近平总书记所总结的那样：疫情是对我们社会治理体系、治理能力建设的一次大考。通过这次防疫，我们也要举一反三。中国共产党之所以成功，就在于不断地吸取教训，改正自己，完善自己。[①] 因此，通过对此次抗击疫情的经验教训总结，对于我们提升社会治理水平，实现社会治理体系和治理能力现代化具有重要的意义。

（一）城市基层抗击疫情体系构建的局限及其克服

虽然全国范围内抗击新冠肺炎的战役业已取得了阶段性胜利，而以社区超级网格为主要形态的基层抗击疫情体系所释放出来的巨大能量也已得到社会各界的承认，但我们必须承认，在非常状态下建立起来的带有较强应急性的社区抗击疫情的体系，无论是其构成还是动态运行，都存在着较多的局限和缺憾，亟待加以完善和修正。尤其是距"共建共治共享"的目标还存在较为明显的差距。从理论上看，对社区抗击疫情体系的反思实质上涉及我国社会治理体系和治理能力现代化的问题。在严重的疫情冲击之下，处于非常态的社区要想最终战胜疫情，必须在构建疫情抗击体系的同时，自觉地发现自身存在的种种局限，并适时进行调整和修正。

1. 关于政府党政机关力量下沉及其与社区网格嵌合的问题

笔者在分析以社区为代表的城市基层抗击疫情体系构建的问题上，提出了"超级网格"概念，认为与常态时期的社区网格化的治理模式不同，

---

① 《独家视频 | 习近平：防控疫情是一次大考》，2020 年 3 月 31 日，见 http://news.cnr.cn/native/gd/20200331/ t20200331_525037314.shtml。

所谓超级网格主要是指在基层政府主导下，以街道—居委会为主体，依托于政府的下沉力量，建构起来的一种特殊的网格化治理模式。当然，此种模式的顺畅运行必须以政府与社区自治组织关系的转换与调适为前提。主要表现在以下两个方面。

（1）在社区疫情危机发生的时刻，如果政府继续循着"上面千条线，下面一根针"的工作模式，向街居施加工作压力，必然导致基层治理的阻滞。应该说，常态时期在社区减负和政府行政事务社区准入制度的规范下，基层政府与社区自治组织之间已基本上形成了相对规范的工作性互动。但在疫情严重的非常时期，因整个行政科层系统普遍紧急动员和行动，导致各级政府条线部门大量行政事务和疫情统计工作瞬间下沉，按照属地负责的原则下沉到街居层面，使得基层社区网格的压力空前增大，形成了严重的"堵塞"。最为典型的案例是表格统计的下沉，省市上级条线部门向社区下派的表格统计工作过多，几乎是每个上级部门都要，其内容存在着严重的重复，而且表格体例不一。基层社区工作者不得不把大量的工作时间消耗在填表上，经常是加班到深夜，造成不应有的工作混乱。实际上，防疫工作离不开表格统计，但绝不是表格无序地满天飞。实际上在抗击疫情的非常时期，街道和社区工作者已是倾巢出动，处于严重的超负荷运转状态。此外，来自政府纵向下沉的种种督察压力也日益增大，从而导致社区抗击疫情的工作力和自我调节力严重下降。在此种情况下，如何提高工作效率，避免无效、低效劳动，便成为问题的关键。此种现象遭到中央政府和社会各界的一致批评，民政部也提出"完善社区防控工作统筹协调机制，最大限度压减不必要的材料报表"①，使得问题有所缓解。

（2）政府下沉社区人员对社区疫情防控工作的"协动"。在常态社会背景下的社区网格治理体系中，社区网格员实际上是作为政府城市管理的

---

① 《民政部、国家卫生健康委联合印发通知　指导各地深入学习贯彻习近平总书记重要指示精神　进一步做好城乡社区疫情防控工作》，2020 年 2 月 18 日，见 http://www.mca.gov.cn/article/xw/mzyw/202002/20200200024632.shtml。

"协动者"而存在的。而在疫情肆虐，社区危机，社区网格处于阻滞状态的背景下，下沉到社区的政府科层力量，不再是以科层身份进入社区，而是以社区网格化治理"协动者"的身份出现在社区。实际上这不仅仅是一种工作身份和态度问题，而是关系到社区超级网格内部的关系是否能够理顺？党政机关是否能够在社区抗击疫情工作中依靠群众和发动群众。因为即便是在超级网格的模式之下，仍然没有改变基层政府与社区自治组织之间关系的性质。同时，从党的群众工作的角度看，政府公务员下沉到社区超级网格也是抗击疫情战斗中践行党的群众路线的一种有效形式，应该加以肯定。总之，在疫情肆虐、社区危机、整个社会都处于紧急动员的状态下，包括社区在内的整个社会系统也都应处于非常状态，但在超级网格系统中如何处理好科层系统力量下沉及其与社区网格嵌合的问题，成为社区抗击疫情体系构建必须处理好的问题，也是工作中的难题。

2. 关于抗击疫情中的社区动员与居民参与问题

作为抗击疫情的骨干力量，社区工作者被称为最勇敢的"逆行者"，获得了社会各界的广泛赞誉。但在社区抗击疫情体系构建的过程中，也出现了社区工作者压力过大，筋疲力尽，心理情绪不稳等波动现象。这里有抗击疫情工作量和压力巨大的原因，也有社区工作的体制机制和社会工作者的工作性质问题。在这里我们应该强调指出的是，社区网格员既是社区居民服务的承担者，但更应是出色的组织者。如果社区工作者失去了组织者的身份，而仅仅以服务者身份出场，那么凭借社区十余人的力量，其工作的正常展开实际上是不可能的。因此，社区抗击疫情战役还是要加强社区居民的动员和参与。

当然，社区参与度低实际上是现代世界各国城市社区普遍面临的难题，处于疫情危机状态的社区动员和参与更是会遇到超乎寻常的挑战。因为在走向封闭自防的社区，居民的社区参与实际上已被压缩到极其狭小的空间范围之内，发动群众工作的难度陡然增加：一方面，在病毒威胁、社区发生恐慌背景下，居民以家庭为单元的封闭行动使得社区走向封闭化，邻里关系空前疏远，各种社区聚合式的行动几乎不复存在；另一方面，在非常状态下，社区工作者缺少协调资源和独自处置问题的权力，在缺少政府下沉社区人员协助的情况下，亦使其在处置入户排查、封闭小区等事务上难以获得居民的积极回应。而在疫情特别严重，实行封城的城市，以往由市场、社会和家庭自己承担的诸多事务，转由政府协助承担，其过程必然会产生许多矛盾，而这些矛盾消解的任务只能由居于其间的社区工作者来加以承担和完成，其动员群众，调解矛盾任务之困难，可想而知。此外，社区工作者与城市社区主流的体制内人群关联度不强，也对其社区动员产生了不利的影响。在近年来的学术研究中，学界发现了一个值得注意的主流人群"社区缺场"现象。就是说虽然社区具有一定的覆盖性，但是社会主流人群即体制内人群往往把社区作为睡城，很少有社区参与行为和行动。因此，我们可以得出社区范围内的主流人群不在场的结论。这些主流人群主要是体制内人物，多在党政机关和企事业单位工作，其与社区关联度很弱，自然会影响到社区的覆盖性和动员能力。

纵观世界各国城乡抗击疫情灾害过往的历史，我们会发现，在社区危机的状态下努力动员和激活起社区居民自下而上的参与力量，是社区取得抗击疫情胜利的关键。"社区，作为一个集体行动者，它的行动能力表现为社区中的人们进行集体行动的能力。如何通过有效的集体行动维持内部秩序和管理外部扰动，是社区治理核心问题。在目前研究中，社区组织和区社会网络的存量及其运行状况被认为是社区治理机制和治理能力最重要的响因素。"[1]在国际上，很多国家的社会研究者和公共卫生领域的专家也都承认，"动员社会力量参与疾病疫情控制，能有效降低流行病的传播风险。社区居民参与其中是控制区域性疫情的有效方法。通过社会动员可

---

[1] 卢阳旭：《国外灾害社会学中的城市社区应灾能力研究：基于社会脆弱性视角》，载王世伟、李安方主编：《国外社会科学前沿（2015）》第19辑，上海社会科学院出版社2016年版，第312页。

减少社区对防控工作的误解"①。因此，发动居民群众主动参与社区抗击疫情，是社区工作者必须越过的一道坎。

3.关于社会组织参与社区抗疫问题

近年来，伴随着我国由管理向治理的转变，无论是基层政府还是社区都对社会组织在社会治理进程中的重要作用给予了较高的期待，认为社会组织的加入，可以在很大程度上增强基层社会治理的专业性，赋予社区治理以更强的社会性，并形成了常态时期社区与社会组织的合作经验及模式。但在疫情严峻、社区走向封闭性的情况下，社区如何与社会组织之间建立起密切而可操作的协动关系，使之全力参与到社区抗击疫情的进程之来，必然要遇到一系列问题和挑战，主要表现为：（1）社区危机介入经验的不足。多数社会组织从来没有经历过抗击疫情的实践，缺少必要的经验积累，加之常态背景下展开的社区项目过于形式化，社区进入度不深，导致在疫情面前不知从何处下手。正如一位资深的社会组织管理专家所言：社会组织真正有效的进入，靠的是"平时工作中社区、社会组织与居民之间建立的深度信任关系，社会组织的功夫真的是在平时，平时有信任、有邻里之间的爱与关怀，遇到事情的时候它就管用"②。（2）社会组织参与疫情抗击的资源匮乏问题。通常情况下，社会组织介入社区服务，一般都是通过项目引入或政府购买服务等形式，携带一定的资源进入工作现场，带有较强的政府依赖。但在疫情危机、资源断流的背景下，社会组织无法通过一般的渠道获取资源，在失去资源供给的情况下，很难正常发挥作用。（3）参与社会疫情防控社会组织成员的安全责任问题。与一般的危机和灾害不同，社区面临疫情危机时所遇到的突出的问题在于病毒传播的隐秘性和危险性。在缺乏专业防护的条件下，每位抗击疫情活动的参与者，随时都有可能遭遇到病毒的攻击，而陷入危险的境地。在此条件下，参与社区

---

① 卫新：《疫情控制应重视社区作用》，《中国卫生画报》2016 年第 12 期。

② 江维：《抗疫大考当前，成都社会组织如何"答卷"?》，《公益时报》2020 年 2 月 21 日。

抗拒疫情的社会组织成员的安全责任，便成为一个真实而尖锐的问题。因此，很多社区和街道在引入社会组织加入抗击疫情队伍的过程中。都采取了比较保守谨慎的态度。(4) 面对上述挑战和局限的情况下，社会组织普遍采用了线上活动的方式，通过发布各种抗击疫情的工作指南，发挥了其专业化的重要作用。但在缺场的条件下其服务的展开还是遇到真实的难题。因此，如何克服上述局限，亦成为社区与社会组织协动的严峻挑战。

（二）提升社会治理水平的对策

综上所述，我们在构建社区抗击疫情体系的过程中，既要认识到其所面临的诸多局限，同时也要积极地寻找克服问题的对策。

1. 注意加强社区网格内部多主体间的关系调适

要全面深刻地理解概括城市网格化治理的真实含义，所谓社区网格化治理，不是单纯的社区物理空间的区隔划分，也不是在基层治理中增加了一个新的组织层级，而是"对社区原有资源的重新整合，其中包括党组织、政府、市场、社会组织。社区网格化管理的基础是资源共享，但资源权属关系并无变化。社区网格化管理，应该是一个政府、社区等多元参与主体的参与平台，目的是要实现资源共享、互利互惠"①。在近年来社区网格化治理的实践中，业已形成了常态意义上的多主体互动、运行的经验，但如何在危机的状态下使社区网格内各主体间的关系相契合，既发挥政府科层下沉力量的优势，又发挥社区、社会组织、物业公司这些来自社会和市场主体的补充作用，成为网格治理升级的关键。因此，我们应抓住此次抗击新冠肺炎疫情的有利契机，对各地的实践经验做出提炼和概括，以完成对社区网格化治理经验的提升。

2. 通过社区网格化治理实践模式的实践推进，增强社区的韧性和

---

① 宋洪银：《中国特色社区建设：泰安市泰山区经验》，中国社会出版社 2014 年版，第 63 页。

抗逆力

作为一个社会共同体，社区治理的模式虽然各具特色，但其共同之处在于对社区归属感和认同感的强调，因为只有具备上述特质，社区才会形成一种弥足珍贵的韧性和抗逆力。J.S.科尔曼曾对社区抗压韧性有过一个形象的比喻，他认为"（刚出现的）社区很像一个婴儿——不面临一些困难碰到一些挑战，它就不能成长。每次成功地解决一个困难都会使它积累起一些情感和组织经验，而这些积累有助于社区解决更多的问题"[①]。灾害社会学家也强调，"社区，作为一个集体行动者，它的行动能力表现为社区中的人们进行集体行动的能力。如何通过有效的集体行动维持内部秩序和管理外部扰动，是社区治理核心问题"[②]。在此次抗击疫情过程中，虽然几乎所有的社区都在很短的时间内走向封闭化，但我们依然在社区空间内发现了社区居民志愿者行动的身影。在此前，有些小区居民围绕着物业管理问题经常发生锱铢必较式的争端，相持不下，难以形成共识，但在疫情危机到来之际，在居民的微信群中我们似乎可以看到许多带有积极建设意义的观点和议论。由此，我们似乎找到了克服社会"脆弱性"，形成社区居民集体行动能力的方法。

3.根据疫情的变化适时调整推进社区网格化的形态转化

在以往的研究中，很多论者多从静态的角度来看待社区网格化的模式运行，而通过当下社区抗击疫情的网格化治理实践，我们发现了社区网格化不同形态演变的动态轨迹。即与常态意义上的网格化不同，出现了所谓的"超级社区网格"。而如果我们将社区应对疫情分为预备、发展、善后重建等若干阶段，便会发现，社区网格化的治理模式往往也存在着对应性

[①]　卢阳旭：《国外灾害社会学中的城市社区应灾能力研究：基于社会脆弱性视角》，载王世伟，李安方主编：《国外社会科学前沿（2015）》第 19 辑，上海社会科学院出版社 2016 年版，第 308 页。

[②]　［日］大矢根淳：《灾害与社会：灾害社会学导论》，蔡骥译，商务印书馆 2017 年版，第 17 页。

的形态变化。因此，我们应根据疫情发展的阶段性适时完成推进和转换。在疫情袭来之际，我们应迅速地将常态意义上的网格化升级为"超级网格"，而当灾情开始缓解和灾后重建的阶段，也应对网格化治理的形态做出调整。

总之，作为新中国成立以来在我国遭遇的传播速度最快、感染范围最广、防控难度最大的重大突发公共卫生事件[①]，此次新冠肺炎疫情对新世纪以来中国社会治理体系和能力现代化是一次全面的考验。通过对社区抗击疫情体系构建及其存在问题的分析，我们可以更加透彻地理解现代社会治理运行的体制机制及存在的诸多障碍因素。"在传统的灾害认识中，灾害被看作是一种解剖社会、揭示社会本质的机会，但这并不只是指社会的弱点会在灾害的破坏过程中得以暴露。而随着时间的推移，尤其是近年以来，人们越来越明确地认识到，灾害是一种彻底打乱人们的生活、使人们无法在固有的社会时空继续固有的生活体验的社会性现象，而引发灾害的各种原因也潜藏于社会过程自身之中。"[②] 在这一意义上，对抗击新冠肺炎疫情整体过程的总结和反思，也是我们进一步认识中国社会，提升基层社会治理水平的良机。

（三）社会治理现代化目标的实现

在社会治理现代化推进的过程中，我们应认真处理好"传统"与"现代"良性互动关系，因为在现实中如果我们的社会治理方案不具有时代创新性和技术先进性，就会落后于时代发展，也无法引领社会治理前进的方向。同样，如果我们的社会治理方案，没有植根于中国本土社会、历史文化的沃土中，只是简单地移植国外经验，便不会与现代中国社会产生应有

---

① 习近平：《在全国抗击新冠肺炎疫情表彰大会上的讲话》，人民出版社 2020 年版，第 3 页。

② ［日］大矢根淳：《灾害与社会：灾害社会学导论》，蔡骥译，商务印书馆 2017 年版，第 19 页。

的亲和性，从而失去有效性和可操作性。因此，我们要想使社会治理现代化成为现实，并具有较强的有效性和治理效能，就必须努力克服基层社会治理中所面临的诸多困难和瓶颈问题，努力推进社会治理领域传统—现代关系的创造性转换。

1.将时间变量纳入社会治理现代化的实践进程中展开反思批判

社会治理现代化的实践推进不同于一般意义上的土木工程，其展开和推进实质上是一个潜移默化的浸润过程。具体言之，实际上就是将时间变量纳入到社会治理现代化的实践进程中，研究探讨社会治理体制在其本土发生的历史背景，以及发展演进的真实历史进程，以发现和确立社会治理改革创新所依据的最为基本的历史前提和社会基础。为此，我们应将社会治理创新实践与真实的社会生活实践相结合，注意发现和培育基层社会的"社会性"，完善社会基础秩序构建。这里所说的"社会性"，主要包括基层社会中真实的家庭关系、邻里关系、社区互动关系、组织归属和文化道德规范等。只有以真实的社会生活为基础，基于本土社会传统和科技支撑的"传统"与"现代"，才能实现真正意义上的转换和传承。长期以来，一些漂浮于表面的社会治理创新工程存在的最大问题在于，其创新实践没有真正地植根于本土社会，不可能完成富有新意的创造性转换。

2.通过社会治理创新，建立起真实的社会联动机制

社会治理现代化实质上是一种社会创新。作为社会改革创新的核心内容，社会创新的目标在于发现解决社会问题的新途径，并通过改革的方法，改变人们相互之间的关系模式，调整社会变迁的方向。正如加拿大学者司徒·康格所言："社会创新就是创造新的程序、法律或者组织，它改变着人们相互之间发生关系的方式，它解决具体的社会问题，或使迄今为止还达不到的社会秩序或社会进步成为可能。"一般说来，社会是一个充满着复杂联结的"重层结构"，其本身即具有较强的联动性。但在现实中，诸多复杂的利益关联，却常将社会分割成为互不相关的区隔体，阻碍了社会不同部门之间无法正常的联结互动。因此，在社会治理现代化推进的过

程中，应将复杂的社会问题置于国家—市场—社会复杂的互动格局之中，通过政社关系、市场与社会的关系调适和改革，建立起充满活力的社会联动机制。

3.社会治理现代化目标实现的核心标志是共建共治共享社会治理格局的形成

如前所述，早在前工业社会，中国便形成了较为典型的以"公"（王朝或政府）为主，民间力量参与的基层自治传统。到20世纪50年代，在单位体制下，虽然中国社会的运行主要依托"国家—单位—个人"的纵向管理体系展开，国家和单位扮演了主导性的角色。但值得注意的是，即便在计划经济时期，中国依然建立起包括"政府派出机构—街道办事处"和"居民自治组织—居民委员会"在内的基层自治和组织体制，实现了一定程度上的基层自治。改革开放后，随着中国社会剧烈的结构性变迁，总体性的单位社会开始走向消解，并逐渐呈现出社会个体化的态势。这种背景下，如何依托于基层党建，实现中国社会的再组织化；依托于基层社区，积极推进居民参与，实现自我管理、自我教育、自我服务；依托于基层政府和社会组织，实现三社联动，成为基层社会治理的关键。总之，共建共治共享目标的实现，成为社会治理现代化目标实现最为重要的标识，也是社会治理体系和制度更加成熟定型的重要标志。

第十一讲　青山绿水共为邻

——生态文明制度体系核心要义是人与自然"和谐共生"

贺　来*

生态文明是人类文明的崭新形态，对此的充分自觉，体现了人们对自身生存基础的重新理解、对人的生存价值的重新反思和对人类未来命运的重新认识。马克思主义的经典作家在其著述中，曾深入地揭示了资本主义生产方式造成的生态恶果，论证了只有全面超越资本逻辑才能实现人与自然的和谐统一。中国共产党的历届领导集体高度重视生态文明建设，与时俱进地推进马克思主义生态文明理论的中国化，把节约资源和保护环境确立为基本国策，把可持续发展确立为国家战略。尤其是党的十八大以来，以习近平同志为核心的党中央积极应对全球生态环境变化，努力破解经济发展与生态环境保护相统一的世界性难题，在十九届四中全会的《决定》中，更进一步提出了构建和完善中国特色社会主义生态文明制度体系的战略构想，把它视为坚持和完善中国特色社会主义制度、推进国家治理体系和治理能力现代化的重要内容之一，从制度体系建设层面为建设"美丽中国"提供了更为坚实的保障，为人类生态文明建设提供了中国方案，贡献了中国智慧。

---

*　作者系吉林大学哲学社会学院教授。

一、生态文明与人类文明新形态的探索

生态文明是人们在处理人与自然关系问题上的文明形态。在历史上看，人与自然的关系大致经历了三个阶段：依赖阶段、征服阶段和和谐共生阶段。依赖阶段体现了自然对人的绝对优先地位，自然是神秘而令人敬畏和依赖的对象；征服阶段体现了人对自然的绝对优先地位，自然既是人的认识对象同时也是人类利用、操纵、宰割的对象；和谐共生阶段则体现了人认识并体认到自身是自然生态系统的组成部分，把人的发展建立在自然环境的保护基础上，实现人与自然的和谐统一。当前，人类正处在从征服阶段向和谐共生阶段的迈进过程中，人类能成功迈进生态文明社会，取决了理论认知的彻底性、行动意志的坚决性并最终落实为制度体系的有效性。

（一）资本主义生产方式与生态危机的深层根源

习近平总书记指出："人类进入工业文明时代以来，传统工业化迅猛发展，在创造巨大物质财富的同时也加速了对自然资源的攫取，打破了地球生态系统原有的循环和平衡，造成人与自然关系紧张。"[①] 习近平总书记的这段话，科学揭示了生态危机产生的原因。这里的"工业文明"是资产阶级通过工业革命开启的文明；这里的"传统工业化"是资本主义生产方式所推动的工业化。工业文明和传统工业化是一把"双刃剑"，既创造巨大物质财富，也打破生态平衡；既把资产阶级推向了历史的舞台，同时也暴露了资本主义生产方式的内在缺陷。

马克思和恩格斯不仅见证并记录下了资本主义的生态危机，而且指

---

① 《习近平谈治国理政》第三卷，外文出版社 2020 年版，第 360 页。

出生态危机在本质上是社会危机，工人阶级成为这场危机的直接受害者。"伦敦的空气永远不会像乡村地区那样清新""一切能污染空气的东西都聚集在那里"①"花很多钱用来污染泰晤士河"②。无产阶级由于没有生产资料，被迫进入工厂进行生产，他们被资本家视为最为廉价的劳动工具，他们的生活场所与工厂的生产场所紧密相连，甚至合二为一，从而成为空气污染、水质污染和土壤污染最为直接的受害者。"光、空气等等，甚至动物的最简单的爱清洁习性，都不再是人的需要了。肮脏，人的这种堕落、腐化，文明的阴沟（就这个词的本义而言），成了工人的生活要素。完全违反自然的荒芜，日益腐败的自然界，成了他的生活要素"③。恶劣的生态环境导致了大量工人非正常生病死亡，"工人区的垃圾和死水洼对公共卫生造成最恶劣的后果，因为正是这些东西散发出制造疾病的毒气"④。在《英国工人阶级状况》中，恩格斯把生态灾难定性为"谋杀"，"如果社会把成百的无产者置于这样一种境地，使他们不可避免地遭到过早的、非自然的死亡，遭到如同被刀剑或枪弹所杀害一样的横死，如果社会剥夺了成千上万人的必要的生活条件，把他们置于不能生存的境地，如果社会利用法律的铁腕强迫他们处在这种条件之下，直到不可避免的结局——死亡来临为止，如果社会知道，而且十分清楚地知道，这成千上万的人一定会成为这些条件的牺牲品，而社会还让这些条件存在下去，那么，这也是一种谋杀，和个人所进行的谋杀是一样的，只不过是一种隐蔽的、阴险的谋杀"⑤。在《论住宅问题》中，恩格斯认为所有人都将成为生态危机的受害者，资本家可以对工人阶级因生态恶化产生的疾病无动于衷，甚至"幸灾乐祸"，但"不能不受到惩罚；后果总会落到资本家自己头上来，而死

---

① 《马克思恩格斯文集》第1卷，人民出版社2009年版，第410页。
② 《马克思恩格斯文集》第7卷，人民出版社2009年版，第115页。
③ 《马克思恩格斯文集》第1卷，人民出版社2009年版，第225页。
④ 《马克思恩格斯文集》第1卷，人民出版社2009年版，第410页。
⑤ 《马克思恩格斯文集》第1卷，人民出版社2009年版，第408—409页。

神在他们中间也像在工人中间一样逞凶肆虐"。①

马克思和恩格斯同时认为，只要存在着资本主义生产方式，就不可能从根本上消除生态危机。资本主义生产方式具有以下四个方面的显著特征：第一，资本成为主体，人成为客体，不是资本为人服务，而是人为资本服务。在《共产党宣言》中，马克思和恩格斯指出"在资产阶级社会里，资本具有独立性和个性，而活动着的个人却没有独立性和个性"②。第二，资本只有在运动才能增殖，生产的形式重于生产的内容。"作为资本的货币的流通本身就是目的，因为只是在这个不断更新的运动中才有价值的增殖"③。第三，资本为了增殖就要创造需求，就要永无止境地消耗自然资源。"每个人都指望使别人产生某种新的需要，以便迫使他作出新的牺牲""无度和无节制成了货币的真正尺度"④。第四，资本生产的个体计划性与整个市场的无政府状态，必然产生经济危机，并造成自然资源的巨大浪费。

以刺激消费、实现货币增殖为目标的资本主义生产方式，与自然资源的有限性、生态平衡的阈值性之间构成了一对永远无法消除的矛盾，成为生态危机的总根源。有的人错误认为马克思和恩格斯对资本主义的诊断已经过时，发达资本主义国家的生态状况明显好于发展中国家。实际上，发达资本主义在经历了早期的生态之痛后，利用资本和技术优势，牢牢占据全球生产链的顶端，将落后产业和低端产能转移到发展中国家，从而实现对发展中国家自然资源和生态环境的双重剥夺。

（二）生态文明是人类文明新形态构建的重要维度

习近平总书记指出："纵观人类文明发展史。生态兴则文明兴，生态

---

① 《马克思恩格斯文集》第3卷，人民出版社2009年版，第272页。
② 《马克思恩格斯文集》第2卷，人民出版社2009年版，第46页。
③ 《马克思恩格斯文集》第5卷，人民出版社2009年版，第178页。
④ 《马克思恩格斯文集》第1卷，人民出版社2009年版，第224页。

衰则文明衰。……杀鸡取卵、竭泽而渔的发展方式走到了尽头，顺应自然、保护生态的绿色发展昭示着未来。"①"生态文明是人类社会进步的重大成果。……生态文明是工业文明发展到一定阶段的产物，是实现人与自然和谐发展的新要求。"②习近平总书记的这些重要论述阐述了生态环境对人类文明永续发展的重要性以及中国建设生态文明的深远意义，提出了生态文明是构建人类文明新形态重要维度的重要思想。

在马克思主义的视域中，生态文明作为人类文明新形态的重要维度，其核心要义就是在人与自然关系重构的视角下去推进社会关系的系统性变革。如果单纯从人与自然的生态联系上看，原始社会、狩猎采集文明可以说是一种最符合自然发展规律的文明形态，但这种原始文明由于其落后的社会生产力，使人类生活必须高度依赖和完全顺应自然来组织社会关系，由此造成了社会关系的未分化状态以及文明发展本身的不确定性。封建社会、农业文明作为一种新的社会文明形态，提升了人在改造和利用自然中的主体能力，形成了新的更为稳定的社会关系。现代工业文明极大地推动了物质生产力的发展，使人与自然之间物质变换的能力大大增强，逐步确立了现代资本主义体系。资本主义制度下的现代工业文明，造成了人与人、人与自然之间的双重异化，以各种形式的不平衡、非正义实现着对人和自然的剥削和掠夺，这必然意味着资本主义社会可持续发展基础的缺失，它要求被一种更高级的社会文明形态所代替。马克思认为，在共产主义社会，人们既摆脱了自然经济条件下对"人的依赖关系"，又摆脱了商品经济条件下对"物的依赖性"，实现了人的"自由个性"的发展，因而它代表着一种真正克服生态困境的、实现了自然主义与人道主义的内在统一的新型文明形态。

因此，当前中国正在大力推进的生态文明建设，表达了我们对于人类

---

① 《习近平谈治国理政》第三卷，外文出版社 2020 年版，第 374 页。

② 《习近平关于社会主义生态文明建设论述摘编》，中央文献出版社 2017 年版，第 6 页。

文明新形态的自觉理解，体现了人类探索和构建人类文明新形态的内在要求。

第一，它意味着这样的自觉认识：生态文明建设，是整个社会文明的全面协调可持续的发展的重要保障。在推进生态文明建设进入新时代的背景下，我们要实现的现代化是人与自然和谐共生的现代化。要坚持绿水青山就是金山银山的绿色发展理念，处理好经济发展与生态保护的关系，在生态保护的前提下推动经济发展，在经济开发的过程中做好环境保护与生态修复工作，"这就要求我们尽力补上生态文明建设这块短板，切实把生态文明的理念、原则、目标融入经济社会发展各方面，贯彻落实到各级各类规划和各项工作中"[①]，这是中国特色社会主义的新型现代性的题中应有之义。

第二，它意味着这样的自觉追求：生态文明建设，是人类社会文明新型发展道路的重要内容。从党的十八大系统提出的"五位一体"总体布局之下的生态文明建设战略目标，到党的十九大系统阐述的习近平新时代中国特色社会主义思想体系和推进方略之下的"坚持人与自然和谐共生"的社会主义生态文明观，可以看出，建设生态文明，不仅是把生态文明建设贯彻到经济、政治、社会、文化等现代化建设的全过程和各方面，也是通过生态文明理念、原则、制度的构建实现整个社会文明发展阶段的跃迁，更是指向一个全新的社会主义生态文明社会，这意味着对资本主义社会文明反生态性的否定和超越，进而表征着一种全新的、实现了生态原则与社会主义理念相结合的人类文明发展道路。

第三，它意味着这样的自觉担当：生态文明建设，是为人类文明新形态的探索和建构作出中国独特贡献的重要方面。我国的现代化发展道路是在中国特色社会主义的制度框架下进行的，与资本主义的现代化道路有着本质不同，需要统筹考量和科学处理现代化进程中经济发展和环境保护的

---

① 《习近平关于社会主义生态文明建设论述摘编》，中央文献出版社 2017 年版，第 10 页。

关系问题。要实现中国特色社会主义生态文明建设的愿景，实现传统工业文明向生态文明的跃升，很大程度上取决于中国特色社会主义制度体系特别是生态文明制度体系的建立和完善，在生态保护、资源利用、生态修复、生态责任等方面进行整体性的制度性重构，在培育生态文明理念与建立生态文明制度体系之间实现良性互动。因此，建设生态文明，是以习近平同志为核心的党中央对传统工业文明在处理经济发展与生态保护之间的关系时"所面临的两个难题的渐进性但却是根本性的解决"①，为世界解决生态环境危机贡献了中国智慧和中国方案。

（三）人与自然的生命共同体：生态文明的核心价值理念

在党的十九大报告中，习近平总书记指出："人与自然是生命共同体，人类必须尊重自然、顺应自然、保护自然。"②"人与自然的生命共同体"不仅是深刻认识现代社会生态困境本质的重要思想依据，而且还是引导生态文明建设和人类文明新形态的根本的核心价值理念。

对人与自然关系的深刻思考，是马克思主义理论体系中的重要内容。在哲学史上，马克思第一次以人的实践活动为理论出发点，揭示了人的生成与自然的生成之间的内在关联和相互支撑关系。在马克思看来，人与自然是以实践活动为中介而实现对立统一关系。在实践活动过程中，人的生命存在两重性质，即自然性与超自然性实现了否定性的统一。一方面，人是自然存在物，作为自然存在物，人是被动的依赖于自然界的存在；另一方面，人又是自为的存在物。作为自为的存在物，人必须通过自己的实践活动，与自然界在更深层次上结成否定性的统一

---

① 郇庆治：《习近平生态文明思想视域下的生态文明史观》，《马克思主义与现实》2020年第3期。

② 习近平：《决胜全面建成小康社会　夺取新时代中国特色社会主义伟大胜利——在中国共产党第十九次全国代表大会上的报告》，人民出版社2017年版，第50页。

关系。这种否定性的统一关系，所形成的实质正是"人与自然的生命共同体"。

在马克思看来，"人与自然的生命共同体"所代表的人与自然的深层统一关系，与人和人的新型的社会关系的生成是密不可分的，马克思对此说道："为了进行生产，人们相互之间便发生一定的联系和关系；只有在这些社会联系和社会关系的范围内，才会有他们对自然界的影响，才会有生产"①，"人对自然的关系直接就是人对人的关系，正像人对人的关系直接就是人对自然的关系，就是他自己的自然规定"②。因此，要形成"人与自然的生命共同体"，必须改变人与人彼此对立的社会关系，形成人与人本质统一的合理的社会关系，马克思说道："自然界的人的本质只有对社会的人来说才是存在的；因为只有在社会中，自然界对人来说才是人与人联系的纽带，才是他为别人的存在和别人为他的存在，只有在社会中，自然界才是人自己的合乎人性的存在基础，才是人的现实的生活要素。只有在社会中，人的自然存在对他来说才是人的合乎人性的存在，并且自然界对他来说才成为人。因此，社会是人同自然界的完成了的本质的统一，是自然界的真正复活，是人的实现了的自然主义和自然界的实现了的人道主义。"③ 这里的"社会"，马克思所指向的是共产主义社会。"这种共产主义，作为完成了的自然主义，等于人道主义，而作为完成了的人道主义，等于自然主义，它是人和自然之间、人和人之间的矛盾的真正解决"④。可见，马克思始终把人与自然关系放到人类社会发展中去理解，强调只有超越资本主义的生产关系，才能真正理解并解决人与自然之间的矛盾关系，而这一点只有在社会主义社会及其高级阶段的共产主义社会才是可能的。在

---

① 《马克思恩格斯文集》第 1 卷，人民出版社 2009 年版，第 724 页。

② 《马克思恩格斯文集》第 1 卷，人民出版社 2009 年版，第 184 页。

③ 《马克思恩格斯文集》第 1 卷，人民出版社 2009 年版，第 187 页。

④ 《马克思恩格斯文集》第 1 卷，人民出版社 2009 年版，第 185 页。

此意义上，马克思"人与自然生命共同体"的价值理念与其社会主义和共产主义理想是密不可分的。

一些对于现代资本主义工业社会的社会生态困境有着敏锐观察和思考的国外马克思主义学者吸收了马克思主义生态思想的重要资源，从其特殊的视角出发，对于"人与自然的生命共同体"的价值理念给予了富有启示性的探讨。例如福斯特认为，资本主义是"踏轮磨坊式的生产方式"，每个生产者都力图在竞争中获胜，都想依靠资本优势和技术优势占据先机，在消耗大量能源资源的同时污染环境，将自然拆分和资本化，显然是低估了地球生态的成本。在以剥削和浪费为价值导向的社会形态下，任何技术进步都解决不了环境问题，"将创新动力仅仅与资本主义联系在一起，就是错误地将人类、人类文化和全部文明的创造动力都归功于一种特殊的经济形态"①。再如高兹认为，追求生产和利润最大的经济理性与追求环境资源保护的生态理性之间是相互对立的，要指出生态危机，就要进行生态重建。生态重建有两条道路，资本主义道路和社会主义道路，"资本主义的生态重建引起与破坏生活的自然基础同样多的危险"②。由于社会主义发展的根本目标与生态重建的要求相一致，从而使生态重建的要求能得到有效的实施。奥康纳同样认为，"资本主义在生态上是不可持续的"③，只有社会主义才能终止对地球的毁坏与解构。习近平总书记所强调的"人与自然的生命共同体"的价值理念所体现的正是马克思主义的理论精神，它自觉地继承了马克思主义在人与自然关系问题上的基本观点，既坚持了科学社会主义的基本原则，同时又坚持把马克思主义基本原理同中国国情和当代世界发展的新特点和趋

① ［美］约·贝·福斯特：《生态革命——与地球和平相处》，刘仁胜等译，人民出版社 2015年版，第 9 页。

② Andre Gorz, *Critique of Economic Reason*, London and New York: Verso, 1989, p.42.

③ ［美］詹姆斯·奥康纳：《自然的理由：生态学马克思主义研究》，唐正东、臧佩洪译，南京译林出版社 2003 年版，第 378 页。

势结合起来，为我们生态文明建设的具体实践提供了根本性的价值规范基础。

二、生态文明建设：从理念到制度体系的深化跃迁

中华民族自古以来就非常重视人与自然的关系，积淀了丰富的生态智慧；新中国成立后，毛泽东同志就向全党和全国发出了"绿化祖国"、要使祖国"到处都很美丽"的号召；党和国家大力推进水利建设、植树造林和防风固沙工程，1972 年参加了联合国人类环境会议，并在 1973 年颁布了《国务院关于保护和改善环境的若干规定（试行草案)》，提出了"全面规划，合理布局，综合利用，化害为利，依靠群众，大家动手，保护环境，造福人民"的方针。改革开放以来，党和国家更加重视生态文明建设，创新和发展了生态文明理念、探索和构建生态文明制度，党的十八大以来，以习近平同志为核心的党中央更是将生态文明建设提高到了前所未有的新高度，形成了生态文明的新理念，尤其在党的十九届四中全会的《决定》中，明确提出了坚持和完善生态文明制度体系的要求，使中国特色社会主义生态文明建设的理念与实践在一个更高的层面获得了全面的深化和跃迁，推动了生态文明建设达到了一个全新的境界。

（一）改革开放以来生态文明理念的自觉与制度建设的探索

中国特色社会主义生态文明理念，是改革开放后中国共产党领导中国人民进行生态文明建设形成的理论成果，是对马克思主义和毛泽东思想中的生态文明理论的继承和发展。邓小平同志提出了"发展就是硬道理"，认为社会主义初级阶段的根本任务就是解放和发展生产力，"社会主义的优越性归根到底要体现在它的生产力比资本主义发展得更快一些、更高一

些,并且在发展生产力的基础上不断改善人民的物质文化生活""城市搞得再漂亮,没有农村这一稳定的基础是不行的"①。这就为中国特色社会主义生态文明建设奠定了基调,即生态文明建设要以生产力发展为基础,同时也要通过城乡和区域的协调发展来消除生态恶化的根源。江泽民非常重视"可持续发展",认为经济发展必须统筹人口、环境和资源,决不能走资源浪费和先污染后治理的老路,党的十五大报告明确要实施"可持续发展战略";党的十六大报告提出"可持续发展能力不断增强,生态环境得到改善,资源利用效率显著提高,促进人与自然的和谐,推动整个社会走上生产发展、生活富裕、生态良好的文明发展道路"。胡锦涛提出了"和谐社会"和"科学发展观",要求建立人与自然和谐相处的社会,实现全面协调可持续的发展;党的十七大报告中正式提出"建设生态文明",党的十八大报告正式将生态文明纳入社会主义现代化建设总体布局。

党的十八以来,中国特色社会主义生态文明理念进一步发展和完善,形成了习近平生态文明思想,系统回答了为什么要建设生态文明、建设什么样的生态文明、怎么建设生态文明等重大理论和实践问题,集中体现为"八个坚持"②:坚持生态兴则文明兴、坚持人与自然和谐共生、坚持绿水青山就是金山银山、坚持良好生态环境是最普惠的民生福祉、坚持山水林田湖草是生命共同体、坚持用最严格制度最严密法治保护生态环境、坚持建设美丽中国全民行动、坚持共谋全球生态文明建设。习近平生态文明思想丰富和发展了马克思人与自然关系论述的思想内涵、弘扬了中华文明生态智慧的时代价值、拓展了全球生态环境治理的可持续发展理念、深化了中国特色社会主义思想发展和保护关系的实践认知,将生态文明建设融入政治建设、经济建设、文化建设、社会建设的各个方面和全过程,生态文明建设取得显著成效。

---

① 《邓小平文选》第三卷,人民出版社1993年版,第63、65页。

② 全国干部培训教材编审指导委员会组织编写:《推进生态文明建设美丽中国》,人民出版社2019年版,第8页。

理念是指导行动的思想力量，但思想力量要落实为具体的行动和切实的成果，还需要强有力的制度支撑。因此，我们在逐渐深化对生态文明的思想认识的同时，不断探索和开拓生态文明制度建设的理论和实践。习近平总书记指出："保护生态环境必须依靠制度、依靠法治。只有实行最严格的制度、最严密的法治，才能为生态文明建设提供可靠保障。"① 改革开放以来，我国生态文明制度经历了从无到有、从少到多的探索和建构过程。

改革开放初期，我国先后通过了《关于在国民经济调整时期加强环境保护工作的决定》《国务院关于环境保护工作的决定》《中华人民共和国环境保护法》《中华人民共和国海洋保护法》等一系列法律法规，使我国的生态文明建设做到了有法可依，有章可循。随着社会主义市场经济的全面深化，生态文明建设中更加强调制定规划，健全法律法规。1992 年联合国环境与发展大会召开，环境保护已经成为全球关注的焦点问题。党和国家吸收《里约环境与发展宣言》《21 世纪议程》中的生态文明理念，依据党的十四大确立的经济改革目标，率先制定了《中国 21 世纪议程——中国 21 世纪人口、环境与发展白皮书》。先后出台了《固体废物污染环境防治法》《环境噪声污染防治法》《节约能源法》《环境影响评价法》《污染物排放总量控制计划》《中国跨世纪绿色工程规划》《全国生态环境建设规划》《水污染防治法实施细则》《全国生态环境保护纲要》等一系列法律法规、建设规划、制度条例，使我国生态文明建设向纵深发展。

党的十八大以来，提出经济、政治、文化、社会和生态文明建设"五位一体"的总体布局，既是对党的十七大以来可持续发展战略、科学发展观等思想的拓展和深化，也将生态文明建设提高到了中国特色社会主义道路建设的战略新高度。2013 年《关于全面深化改革若干重大问题的决定》

---

① 《习近平关于社会主义生态文明建设论述摘编》，中央文献出版社 2017 年版，第 99 页。

提出"建设生态文明，必须建立系统完整的生态文明制度体系"①；2014 年《关于全面推进依法治国若干重大问题的决定》要求以严格的法律制度为生态环境保护保驾护航；2015 年《关于加快推进生态文明建设的意见》，从法律法规、产权制度、管理制度、监管制度、市场化机制、补偿机制、考核制度和追责制度等十个方面，全面系统地规范和约束自然资源的开发与利用；2017 年党的十九大强调加快生态文明制度体系的建设。在此过程中，我国还将先前的《中华人民共和国环境保护法》（2014 年修订）、《海洋环境保护法》（2013 年、2016 年、2017 年三次修正）、《野生动物保护法和环境影响评价法》（2016 年修订）、《水污染防治法》（2017 年修正）、《大气污染防治法》（2018 年修正）、《森林法》（2019 年修订）等一系列法律法规进行了修订及修正，以适应生态文明制度体系建设的需要。为了将生态文明建设落到实处，党中央、国务院还对行政管理体制进行了相应的调整。2016 年中共中央办公厅、国务院办公厅印发《关于省以下环保机构监测监察执法垂直管理制度改革试点工作的指导意见》，要求试点省份环保部门对全省环保工作进行统一监管，解决跨市矛盾纠纷，建立环保责任清单，指导市县环保工作，支持环保部门依法履职尽责，极大地增强了环保执法的权威性、厘清了环保工作中的盲点。2018 年，为解决环保职能交叉、协调经济发展等问题，国务院启动大部制改革。生态环境部整合环境保护部及国家发展和改革委、国土资源部、水利部等其他部门的环境保护职责，自然资源部收归国土资源部、国家海洋局、国家测绘地理信息局等部门的相关职责。这样使各部门职能统一优化，部门之间权责明晰，增强了工作开展的效率。2019 年《中央生态环境保护督察工作规定》设立专职督察机构开展环境保护督察，以党内法规的形式推动生态文明建设，提升生态文明的高质量发展，客观上完善了生态文明的制度建设。至此，不论从法律法规的制定，还是行政机构的改革，都使生态文明制度建设初

① 《中共中央关于全面深化改革若干重大问题的决定》，《人民日报》2013 年 11 月 16 日。

具体系化，为生态文明的建设提供了可靠的制度保障。

（二）十九届四中全会《决定》与生态文明制度体系建设的新境界

生态文明建设需要制度保障，更需要完善的制度体系。党的十九届四中全会从"生态环境保护制度、资源高效利用制度、生态保护和修复制度、生态环境保护责任制度"四个方面明确了提出要坚持和完善中国特色社会主义生态文明体系，并把它把握为国家治理能力现代化的重要内容，标志着我们对于生态文明制度建设的认识和实践达到了全新的境界。

改革开放以来我国生态文明建设在理论和制度上都取得了显著成就，但反观生态文明建设的现实，也累积了不少具体问题，例如理论与实践的脱节、制度与执行的差距等等。随着改革进入深水区，意味着剩下的都是难啃的硬骨头，任何进一步的改革都需要突破既得利益的藩篱，都需要进行系统规划和顶层设计，都面临"牵一发而动全身"。为此，制度体系的完善变得至关重要。尤其随着中国特色社会主义进入了新时代，我国社会主要矛盾从"人民群众日益增长的物质文化需求与落后社会生产力之间的矛盾"，转变为"人民日益增长的美好生活需要和不平衡不充分的发展之间的矛盾"。生态环境已经是人民群众对美好生活向往的重要组成部分，"广大人民群众热切盼望加快提高生态环境质量"[1]。随着中国成为世界第二大经济体，国际社会对中国经济发展的生态指标要求也越来越高，中国面临着现代化进程中越来越严峻的生态挑战，面对这些挑战，中国既不能走"先污染后治理"的老路，更不能走"向更落后国家和地区转嫁生态危机"的邪路，只有通过建构和完善生态文明制度体系，加强科技创新和经济结构调整，提升经济发展质量和国际竞争力，闯出一条生态文明与经济发展和谐统一的新路。

---

① 《习近平谈治国理政》第三卷，外文出版社 2020 年版，第 359 页。

　　党的十八大以来，以习近平同志为核心的党中央高度重视生态文明建设，全党全国贯彻落实绿色发展新理念的自觉性和主动性显著增强，环境状况得到明显改善，中国逐渐成为全球生态文明建设重要参与者、共享者和引领者。生态文明建设越是深入，制度体系建设的任务就越是紧迫。生态文明建设需要坚持问题导向，但任何"零敲碎打""见子打子"的方式都无力解决整体性、全局性的生态问题。以生态环境监管为例，长期以来存在着四个突出问题，"难以落实对地方政府及其相关部门的监督责任""难以解决地方保护主义对环境监测监察执法的干预""难以适应统筹解决跨区域、跨流域环境问题的新要求""难以规范和加强地方环保机构队伍建设"。[①] 从生态制度到生态制度体系，就是要让制度成为"带电"的高压线，强化制度的执行力。制度体系作为有机整体，能够统筹制度之间的相互匹配和无缝衔接，能够避免制度之间的相互冲突和空白漏洞。习近平总书记指出："要从系统工程和全局角度寻求新的治理之道，不能再是头痛医头、脚痛医脚，各管一摊、相互掣肘，而必须统筹兼顾、整体施策、多措并举，全方位、全地域、全过程开展生态文明建设。"[②]

　　党的十九届四中全会搭建的生态文明制度体系，内容涉及环境保护、资源利用、生态修复和责任落实四大类制度。其中，实行最严格的生态环境保护制度是从"源头"进行控制，是整个制度体系的"前置性"工程；全面建立资源高效利用制度是在"过程"中进行控制，是整个体系的"基础性"工程；健全生态保护和修复制度是从"结果"上进行治理，是整个体系的"补救性"工程；严明生态环境保护责任制度是对"责任主体"的规范与约束，是整个制度体系的"关键性"工程。四大类制度相辅相成，共同构成我国生态文明建设的完整的制度体系。

---

① 全国干部培训教材编审指导委员会组织编写:《推进生态文明建设美丽中国》，人民出版社2019年版，第188页。

② 《习近平谈治国理政》第三卷，外文出版社2020年版，第363页。

1. 实行最严格的生态环境保护制度，保障人与自然和谐共生

生态环境没有替代品，用之不觉，失之方惜。当前我国生态环境保护中存在的突出问题，大多与体制不健全、制度不严格、法治不严密、执行不到位、惩处不得力有关。正如习近平总书记所指出的："只有实行最严格的制度、最严密的法治，才能为生态文明建设提供可靠保障。"必须把制度建设作为推进生态文明建设的重中之重，加快制度创新，增加制度供给，完善制度配套，把生态环境保护纳入制度化、法制化轨道。一是建立健全国土空间规划和用途统筹协调管控制度，统筹划定落实生态保护红线、永久基本农田、城镇开发边界等空间管控边界以及各类海域保护线，完善主体功能区制度。自上而下编制各级国土空间规划，落实国家安全战略、区域协调发展和主体功能区战略，高标准绘制全国国土空间开发保护"一张图"，尽快将主体功能区规划、土地利用规划、城乡规划等空间规划融入国土空间规划，真正实现"多规合一"，从而解决各类规划不衔接、不协调的问题。二是完善绿色生产和消费的法律制度和政策导向，发展绿色金融，推进市场导向的绿色技术创新，更加自觉地推动绿色循环低碳发展。尽快构建包括法律、法规、标准、政策在内的绿色生产和消费制度体系，加快推行源头减量、清洁生产、资源循环、末端治理的生产方式，推动形成资源节约、环境友好、生态安全的工业、农业、服务业体系，有效扩大绿色产品消费，倡导形成绿色生活方式。三是加强农业农村环境污染防治，使生态文明建设成果更多、更广惠及广大农村居民。四是完善生态环境保护法律体系和执法司法制度。这是生态文明制度体系建设的重要内容，也是依法治国、推进生态文明建设走向法制化轨道的必由之路。

2. 全面建立资源高效利用制度，促进经济社会可持续发展

习近平总书记指出："绿水青山就是金山银山。"我们要建设的现代化是人与自然和谐共生的现代化，既要创造更多物质财富和精神财富以满足人民日益增长的美好生活需要，也要提供更多优质生态产品以满足人民日益增长的优美生态环境需要。人类对资源的开发利用既要考虑服务于当代

人过上幸福生活，也要为子孙后代永续发展留下生存根基。合理开发和利用自然资源，必须坚持节约优先、保护优先、自然恢复为主的方针，全面建立资源高效利用制度，形成节约资源和保护环境的空间格局、产业结构、生产方式、生活方式。一是健全自然资源产权制度。党的十八大以来，我国自然资源资产产权制度逐步建立，在促进自然资源节约集约利用和有效保护方面发挥了积极作用。但同时也还存在自然资源资产底数不清、所有者不到位、权责不明晰、权益不落实、监管保护制度不健全等问题，导致产权纠纷多发、资源保护乏力、开发利用粗放、生态退化严重等问题，迫切需要进一步健全自然资源资产产权制度，完善自然资源产权体系。二是健全资源节约集约循环利用政策体系，为自然资源高效利用夯实政策基础。三是普遍实行垃圾分类和资源化利用制度。这项制度关乎百姓生活和切身利益，既需要国家出台相应支持性政策，又需要广大群众的积极配合。四是推进能源革命，构建清洁低碳、安全高效的能源体系。这是保证国家能源安全的重要举措，同时也是保护我们的空气、水体、土壤免遭破坏的必要之举。五是健全海洋资源开发保护制度，保证海洋产业可持续发展。六是建立自然资源统一调查、评价、监测制度。改变传统的"大量生产、大量消耗、大量排放"的生产模式和消费模式，把经济活动、人的行为限制在自然资源和生态环境能够承受的限度内，使资源、生产、消费等要素相匹配相适应，用最少的资源环境代价取得最大的经济社会效益，形成与以往的资源利用方式根本不同的新型生产生活方式。这是我们党既对当代人负责、又对子孙后代负责的体现。

3.健全生态保护和修复制度，筑牢生态安全的制度屏障

山水林田湖草是一个有机整体，构成了人类生存发展重要的物质基础。对于这一有机整体，我们需要从系统工程和全局角度寻求新的治理之道，不能再是头痛医头、脚痛医脚，各管一摊、相互掣肘，而必须统筹兼顾、整体施策、多措并举，全方位、全地域、全过程开展生态文明建设，全面提升自然生态系统稳定性和生态服务功能，筑牢生态安全屏障。一要

构建以国家公园为主体的自然保护地体系。其主要目的在于推动科学设置各类自然保护地，建立自然生态系统保护的新体制新机制新模式，建设健康稳定高效的自然生态系统，为维护国家生态安全和实现经济社会可持续发展筑牢基石，为建设美丽中国奠定生态根基。二要加强长江、黄河等大江大河生态保护和系统治理，让"母亲河"真正发挥涵养水源、蕴化气候、农业灌溉、培育生物多样性的生态功能。三要开展大规模国土绿化行动。这是保护土地、河流、湿地免遭沙化的重要生态安全屏障。

4.严明生态环境保护责任制度，落实生态文明建设的主体责任

生态环境保护能否落到实处，关键在领导干部。要严格落实领导干部生态文明建设责任制，严格考核问责。一是建立生态文明建设目标评价考核制度，严格落实企业主体责任和政府监管责任，把环境保护、自然资源管控、节能减排等约束性指标作为干部考评的一项重要指标。二是开展领导干部自然资源资产离任审计，对那些履行主体责任不力的领导干部绝不姑息。三是落实中央生态环境保护督察制度，及时发现并督促解决各地区存在的大量生态环境问题，这是已被实践证明能够有效促进地方生态环境质量提升的重要制度安排。四是健全生态环境监测和评价制度，完善生态环境公益诉讼制度，落实生态补偿和生态环境损害赔偿制度，实行生态环境损害责任终身追究制。深化生态环境监测评价改革，统一监测和评价技术标准规范，依法明确各方监测事权，建立部门间分工协作、有效配合的工作机制，统筹实施覆盖环境质量、城乡各类污染源、生态状况的生态环境监测评价，加快构建陆海统筹、天地一体、上下协调、信息共享的生态环境监测网络。

《决定》中所提出的生态文明制度体系是一个由方方面面具体制度组成的有机系统，它将以往生态文明各项具体制度分门别类、有机整合、集成增效，搭建起生态文明制度体系建设的总体框架，基本形成了权责明确、多元参与、激励与约束并重、系统完整的生态文明制度体系，实现了我国生态文明制度建设的历史性创新，从而把生态文明建设的理论与实践推进到了一个全新的境界。

三、中国特色社会主义生态文明制度体系建设的实践智慧和世界贡献

从党的十八大报告把生态文明建设纳入"五位一体"总体布局和"四个全面"战略布局，到十八届五中全会确立"创新、协调、绿色、开放、共享"的新发展理念，再到十九届四中全会明确提出建立生态文明制度体系总要求，这充分体现了以习近平同志为核心的党中央对人与自然关系和社会发展规律认识的不断深化。可以说，生态文明制度体系的坚持和完善，凝结着我们党在新时代建设中国特色社会主义过程中的实践智慧，并为当代人类世界应对和解决生态挑战作出了特有的世界性贡献。

（一）生态文明制度体系所蕴含的实践智慧

1. 人与自然和谐共生的辩证思维

我们党在新时代提出建立完善生态文明制度体系所蕴含的自然观和人文观，其核心要义是确认人与自然是"生命共同体"，从而应该"和谐共生"[①]，这是马克思主义辩证法和实践智慧的鲜明体现。

一方面，这一全新的生态文明观蕴含着"系统"思维与"和合"智慧。中国传统文化讲求"天地人和"，缺失天地、自然视角，人类发展将失去赖以依托的场域，与此同时，如何对待自然也直接影响人类彼此之间的生存发展方式。历史上的野蛮掠夺和残酷战乱，表面上看是为了占领土地、占有财富，但究其实质乃是源于人性中的无法则的任性和贪婪，人类在自然面前的傲慢乃是"占有性"生存态度、"对立性"思维方式、"单向度"行动方式所导致的结果，使得人们妄图通过技术革新来改造和征服自

---

① 习近平：《推动我国生态文明建设迈上新台阶》，《求是》2019 年第 3 期。

然，最终指向的却是生灵涂炭，人类自身不断遭到报复甚至面临"流浪地球"般的生存危机，这一工具理性思维及其蕴含的同一性逻辑实质上是一种"充满压制性、排他性和垄断性的专制话语"①，是人类中心主义及其对自然霸权的体现。在此意义上，当我们党提出"人与自然和谐共生""山水林田湖草是生命共同体"等一系列全新自然理念和发展理念时，并进一步从总体目标、基本理念、主要原则、重点任务、制度保障等多个方面对生态文明建设做了系统化构建，这不仅是人类命运共同体理念的进一步深化和细化，而且是以全新的思维方式强化了人与自然休戚与共的价值关切，最终否弃了传统二元对立、非此即彼的传统自然观和发展观。

另一方面，这一全新的生态文明观还彰显了"均衡"思维和"中道"智慧。自然与人在生命共同体内部具有同等重要的价值地位，自然与人处于相伴相生的生命系统之中。由此，我们需要重新定位自身的生产方式、生活方式以及消费方式，同时对我们周遭的自然空间、生存空间和游戏空间作出新的规划，由此也进一步反思确认具有总体性的经济、政治和文化发展方位，因为"生态文明建设不仅影响经济持续健康发展，也关系政治和社会建设，必须放在突出地位，融入经济建设、政治建设、文化建设、社会建设各方面和全过程"②。为此，我们需要通过整体保护、系统修复、综合治理等系列制度来保持生态平衡。

2. 充分尊重自然和社会发展规律的科学精神

我们党提出的构建全新的生态文明制度体系，是在回顾人类历史上发生的诸多重大自然灾难和危机中艰难探索的成果，全方位体现了尊重自然规律和社会发展规律的科学精神。

首先，这一科学精神最为鲜明地体现在对自然的尊重和爱护上。正如习近平总书记所言，"当人类合理利用、友好保护自然时，自然的回报常常

---

① 贺来：《边界意识与人的解放》，上海人民出版社 2007 年版，第 29 页。
② 中共中央、国务院：《生态文明体制改革总体方案》，2015 年 9 月 21 日。

是慷慨的；当人类无序开发、粗暴掠夺自然时，自然的惩罚必然是无情的。人类对大自然的伤害最终会伤及人类自身，这是无法抗拒的规律"，所以应该"像保护眼睛一样保护生态环境，像对待生命一样对待生态环境"，"让自然生态美景永驻人间，还自然以宁静、和谐、美丽"。① 实际上，我们对于自然的尊重和爱护，给予自然以安宁美好，在根本上乃是营造更为和谐清雅的内在自然，而外在和内在自然的契合一致，乃是对抗现代社会种种"异化""物化"的根本路径，冯友兰所言"天地境界"，其蕴含的根本精神正在于对人之本性（自然）所具有的独立尊严的向往和追寻，随之超越功利与私欲意图，这一境界只有从自然人格和人格自然的尽心修习中才能寻得，正如孟子所言，"尽其心者、知其性也。知其性，则知天矣"②。

其次，这一科学精神体现在以科学规范的方法和手段进行生态环境治理上。比如在解决自然资源所有权边界不清晰、空间规划不严格、触碰生态红线、资源利用低效等问题上，均需要综合运用立法、行政、司法、市场和技术等多种手段来科学应对。在不断完善生态文明制度体系中，科学精神还集中体现在通过推动科技创新、科技体制改革来实现资源节约和循环利用、新能源开发和环境治理修复等难题，进而通过技术创新和制度变革实现产业结构调整，淘汰落后产能，等等。

最后，这一科学精神还体现在以习近平同志为核心的党中央对社会主义发展规律的深刻把握。生态文明制度体系是一个涉及自然和社会发展多领域、全方位的结构系统，这一科学体系具体包含"建立健全以生态价值观念为准则的生态文化体系，以产业生态化和生态产业化为主体的生态经济体系，以改善生态环境质量为核心的目标责任体系，以治理体系和治理能力现代化为保障的生态文明制度体系，以生态系统良性循环和环境风险有效防控为重点的生态安全体系"③。为此，需要科学洞察人类文明发展

---

① 习近平：《推动我国生态文明建设迈上新台阶》，《求是》2019 年第 3 期。

② 《孟子·尽心上》。

③ 习近平：《推动我国生态文明建设迈上新台阶》，《求是》2019 年第 3 期。

的根本价值旨趣，深入把握人类自然历史进程以及与此相关的政治、经济和社会发展的事态和趋势，同时需要准确判断我们的生态环境所处的现状与面临的机遇和挑战，从而进行科学决策，最终形成完备的生态文明制度体系。

3. 以人民美好生活为目标的价值导向

我们党提出建立和完善生态文明体系，去除了近代发展观、历史观、自然观和生态观的逐利趋向，确立了以人民美好生活为根本价值导向的全新自然生态观，这是以习近平同志为核心的党中央坚持"以人民为中心"治国理政思路在生态治理方面的鲜明体现。

美好生活的价值导向要求回应人民群众对于美好生态环境、生活空间和自然景观的期待，这是广大人民始终关心并迫切希望各级政府部门解决的重大课题，建立生态文明体系正是回应人民关于美好生活需要而作出的重大政治决策。由此，生态问题不仅仅是一个民生问题、自然环境治理问题或社会发展效益指标问题，而是关乎人民美好生活的总体诉求、关乎我们党治国理政根本价值取向的重大的政治问题。

在此意义上，生态文明制度体系建设不仅为了提供更优美的自然生态景观等生态产品，进而满足人民不断增长的对于生态环境的需要，还在根本上有助于保障和提升每个人的生存发展不可缺失的基本善[①]，进而才能不断追寻每个人所期望的更完满的生活图景。在此意义上，绿水青山不仅是金山银山，而且是每个人须臾不可分离的生命空间、情感寄寓之地，也因此，生态文明制度体系建设的核心价值导向是"让群众望得见山、看得见水、记得住乡愁，让自然生态美景永驻人间，还自然以宁静、和谐、美丽"[②]。

[①]　在《正义论》中，罗尔斯曾把权利、自由、机会、收入、福利和自尊等列入每个人无论追寻何种生活均需要的基本善，其中并未涉及自然生态益品，实际上后者在当代正义论讨论中尤为重要。参见［美］约翰·罗尔斯：《正义论》，何怀宏等译，中国社会科学出版社1999年版，第71页。

[②]　习近平：《推动我国生态文明建设迈上新台阶》，《求是》2019年第3期。

归根到底，十九届四中全会提出建立并完善生态文明制度体系，其中的根本价值取向乃是保障并捍卫广大人民群众应该享有的生态权利。优美的生态环境关乎每个人生存发展的基本需要，因此全面解决生态问题、贯彻绿色发展理念乃是影响深远的政治任务，而无论是生态保护制度、资源利用制度还是保护和修复制度、责任追究制度，均是为践行此价值理念、更好完成该任务而加以展开。唯有在此制度体系的保障下，每个人才能够具有基本生态场域去自由追寻千姿百态的美好生活。

4. 彰显生态建设者和参与者的"责任伦理"意识

建构生态文明制度体系、解决生态环境问题，在根本上所要变革的乃是主体间关系而非人与物的关系问题。换句话说，提升生态文明层次的关键在于变革社会关系。因此，完善生态文明体系的核心路径在于不同生态责任主体是否切实担责、履责。贯穿习近平生态文明思想以及十九届四中全会《决议》始终的，正是"坚持党委领导、政府主导、企业主体、公众参与"的基本方略，其中彰显的是每一个生态建设者和参与者的责任伦理意识。

在党委和政府层面，这一责任伦理意识主要体现在全面加强党在生态文明制度体系建设中的领导地位。从实现中华民族伟大复兴中国梦的战略高度，把生态文明纳入"五位一体"总体布局，把"美丽中国"建设作为新时代中国特色社会主义发展的伟大目标，把坚持"绿色发展"作为推动美丽中国建设的基本原则，进而把"生态文明建设""美丽中国"和"绿色发展"写入党章和宪法，成为党和国家的意志和全民共同行动准则。坚持"党政同责、一岗双责"，明确各级党委和政府对本行政区域的生态环境负总责，亲自部署、亲自协调、亲自督办，各相关部门各自履行生态环境保护职责，同时出台生态环境保护责任清单，划定"生态保护红线、环境质量底线、资源利用上线"三条红线，强化守土有责、守土尽责的观念意识，并且建立了基于生态环境保护成效的考核评价体系，实施最严格的督导和问责制，确保生态文明制度体系建设各项政策措施能够真正落地，确保以敢于担责、勇于战斗的干部队伍带头打赢环境治理攻击战。

在全球环境治理层面，这一责任意识体现在中国这一大国在全球生态危机面前的担当。习近平总书记强调："生态文明建设关乎人类未来，建设绿色家园是人类的共同梦想，保护生态环境、应对气候变化需要世界各国同舟共济、共同努力，任何一国都无法置身事外、独善其身。"① 应对全球变化、参与全球环境治理、维护全球生态安全，我们党和国家始终报以最大的诚意和积极的态度去尽责履责，如率先发布《中国落实 2030 年可持续发展议程国别方案》，实施《中国生物多样性保护战略与行动计划 (2011—2030 年)》《国家应对气候变化规划（2014—2020 年)》，向联合国交存《巴黎协定》批准文书，出台《关于全面加强生态环境保护坚决打好污染防治攻坚战的意见》《关于加快推进生态文明建设的意见》《生态文明体制改革总体方案》等全局性、系统性政策法规，同时积极引入国际先进环保理念、技术设备和管理经验，在"一带一路"建设过程中传播生态文明理念，建立绿色发展国际联盟，就全球生态议题开展国际对话交流。在 2020 年 7 月 31 日习近平总书记主持召开的中共中央政治局会议上，强调"加强疫情防控国际合作，以实际行动推动构建人类卫生健康共同体"，更加彰显我国作为全球生态文明建设的重要参与者、贡献者和引领者的大国形象。

在企业生产层面，责任意识则主要体现为改变传统的产业结构布局和生产模式。企业作为至关重要的生态责任主体，应该自觉改变"大污染、大排放、大消耗"的粗放式生产模式，降低能耗、物耗，不断培育和发展清洁能源产业、节能环保产业等新能源产业，自觉节约和循环利用自然资源。企业责任还具体体现在通过技术研发和革新带动绿色产业的形成壮大，建设绿色金融、绿色电网和生态农业，同时应该自觉划定生产行为、资源利用的边界，为日常生活和休闲旅行留有不受市场或资本主导的纯净

---

① 习近平：《推动我国生态文明建设迈上新台阶》，《求是》2019 年第 3 期。

空间。企业生产行为在严格执行生态环境保护的红线和底线的过程中，也有责任考虑资源利用和环境承载能力的上限，遵循代际正义法则，考虑人与自然未来持续生存发展的需要，比如严格执行长江十年禁渔，有序实施长江、黄河生态保护系列重大工程，等等。

在公众参与层面，每个人均有责任确立生态意识、践行绿色环保理念。作为身处自然空间、接受自然馈赠的地球公民，对于生态危机、重大生态灾难都不应该也不可能只做旁观者而置之度外，生态环境与每个人的生存空间休戚与共，生态问题的产生与每个人的价值观念、生活方式、消费方式、行为方式息息相关。所以中共中央、国务院颁布的《关于加快推进生态文明建设的意见》中特别指出，"生态文明建设关系各行各业、千家万户。要充分发挥人民群众的积极性、主动性、创造性，凝聚民心、集中民智、汇集民力，实现生活方式绿色化"。其中既包括提高全民生态文明意识，还突出强调培育绿色生活方式，并且鼓励公众通过多种方式参与环境问题监督，积极维护涉及自身的生态权益。可以说，建立和完善生态文明制度体系乃是全面提升中华民族人文素养和文明意识的集中体现，也是中华民族伟大复兴进程中我们党带领全国人民绘就的一幅壮丽山水画。

（二）生态文明制度体系的建设为应对全人类生态挑战所作出的世界贡献

经济发展与环境保护的矛盾是人类现代化进程中普遍存在的矛盾，习近平总书记以"两山理论"为基础总结了人类在应对此问题上的普遍路径，即从"用绿水青山去换金山银山"到"既要金山银山，但是也要保住绿水青山"再到"绿水青山本身就是金山银山"的过程。环境治理是全人类面临的共同难题，也是全人类需要作为共同体协同应对方能解决的难题。

中国积极参与全球环境治理，已成为全球生态文明建设的重要参与者和贡献者，党的十八大以来，我国生态文明建设进入了"力度最大、举措最实、推进最快、成效最好"的时期，十九届四中全会更是将生态文明建设推进到制度体系建设的新高度，中国正日益成为全球生态文明建设的引领者，总结坚持和完善生态文明制度体系的意义，凝练我国生态文明建设的宝贵经验，不仅有助于坚定制度自信，也有助于向世界人民证明生态文明建设"中国之制"的实效性和优越性，彰显中国特色社会主义制度的优越性，为全球环境问题的解决贡献中国方案、中国智慧和中国力量，切实践行习近平总书记提出的"人类命运共同体"理念。

1. 生态文明制度体系建设为世界环境治理贡献了中国方案

生态文明制度建设与生态文明建设的实践举措紧密关联，生态文明制度建设是对生态文明建设成功经验的总结的制度化提升，同时生态文明制度的系统化完善则有助于巩固生态文明建设成果，是建立生态文明建设长效机制的制度保障。

新中国成立以来，中国在治理水土流失、发展林业、生态修复等方面进行了多年的实践探索，尤其是党的十八大以来，中国更加自觉地推进生态文明建设，取得了举世瞩目的成绩。同时我们也应认识到，我国生态文明建设进入了压力叠加、负重前行的关键时期，客观上要求将生态文明推进到体系化建设的高度。党的十八大以来，党中央在习近平生态文明思想的指导下，大力推进生态文明制度建设，制度出台频度之高、监管执法力度之严、环境质量改善速度之快前所未有。十九届四中全会明确提出"坚持和完善生态文明制度体系，促进人与自然和谐共生"，对我国生态文明制度体系的建设进行了总体部署，标志着我国生态文明建设已进入了生态文明制度体系建设的新阶段。

可以将我国生态文明制度建设的成功经验概况为如下几个方面。

第一，以深化生态文明体制改革带动生态文明制度建设。生态文明体制是指包括生态文明建设的制度、组织架构以及运行机制在内的规则体系，体现国家对生态文明建设的统筹规划和顶层设计。建立系统完备、科学规范、运行有效的生态文明制度体系，本身就是生态文明体制改革的着力点。通过生态文明体制改革，破解制约生态文明建设的体制障碍，按照生态文明体制改革总体要求，才能建立健全产权清晰、多元参与、激励约束并重、系统完整的生态文明制度体系。以深化生态文明体制改革带动生态文明制度建设，创造性地回答了生态文明制度建设途径的问题。

第二，以"四梁八柱"为制度建设的抓手。习近平总书记强调，要深化生态文明体制改革，尽快建立起生态文明制度的"四梁八柱"，把生态文明建设纳入制度化、法治化轨道。《生态文明体制改革总体方案》中提出了八项制度，为凸显其重要性，称其为"四梁八柱"。这些制度是生态文明制度体系建设的核心，为生态文明制度体系构建框架，规定了生态文明制度体系建设的基本方向。以"四梁八柱"为抓手，能够将制度体系建设落到实处，创造性地回答了生态文明制度体系建设的着力点问题。

第三，以"最严格"为生态文明制度建设的标准。习近平总书记强调："保护生态环境必须依靠制度、依靠法治。只有实行最严格的制度、最严密的法治，才能为生态文明建设提供可靠保障。"[1] 建设"最严格"的制度体系，旨在实现制度制定环节的"最严密"、制度执行环节的"最严厉"以及考核评估环节的"最严肃"。"最严格"的标准贯穿于中国特色生态文明制度建设全过程，创造性地回答了中国特色生态文明制度标准的问题。

我国在生态文明建设和生态文明制度体系化建设方面的丰富经验和有效方法，值得世界上其他国家借鉴，能够为全球环境问题的解决贡献中国经验。

2. 生态文明制度体系建设为世界环境治理贡献了中国智慧

中国特色社会主义进入新时代，我国生态文明制度建设在核心理念、指导思想和战略部署等方面都实现了重大创新，为生态文明制度体系的完

---

[1] 《习近平关于全面建成小康社会论述摘编》，中央文献出版社 2016 年版，第 168—169 页。

善奠定了基础。

理念创新。理念是行动的指南，生态文明制度建设离不开科学理念的指导，新时代生态文明制度建设坚持了"绿水青山就是金山银山"这一现代化建设发展理念。习近平总书记指出，我们追求人与自然的和谐以及经济与社会的和谐，通俗地讲就是既要金山银山，又要绿水青山，绿水青山就是金山银山。深刻揭示出经济发展与环境保护的辩证关系。牢固树立"绿水青山就是金山银山"的理念，就是要在经济发展中保护环境，在环境保护中发展经济，认识到保护环境就是保护生产力，使绿水青山产生巨大生态效益的同时，也带来经济效益和社会效益，打造青山常在、绿水长流、空气常新的美丽中国。

思想创新。习近平总书记以马克思主义关于"人类与自然是相互制约、相互影响和相互作用的关系，并在人类实践的基础上实现具体的、历史的统一"[①]的重要观点为理论依据，并汲取我国传统文化中"天人合一、道法自然"的理念，立足新时代我国生态文明建设现状，创造性提出"人与自然和谐共生"的思想和方略，为我国生态文明建设提供了根本遵循，为建设美丽中国、实现永续发展指明了科学方向。党的十九大报告指出，"人与自然是生命共同体，人类必须尊重自然、顺应自然、保护自然"，唯有如此才能构建人与自然和谐共生的关系，实现人与自然共同发展状态。

战略创新。与国际上单一地进行环境治理的方式不同，中国特色社会主义生态文明建设，不再是把经济社会发展与生态环境保护割裂开来，而是从系统工程和全局角度规划生态文明建设，将生态文明建设纳入国家宏观战略。我们党历来十分重视生态文明建设整体布局，早在20世纪70年代，我们党就把环境保护视为一项基本国策。20世纪90年代，确立了环境保护与经济建设同步走的基本策略。党的十七大提出全面建设小康社会目标，其中就包括生态文明建设。党的十八大以来，我们党通过全面深化

---

① 王雨辰：《建构人与自然的和谐共生关系》，《光明日报》2020年3月2日。

改革，加快推进生态文明顶层设计和制度体系建设，以习近平同志为核心的党中央，在总结人类文明发展规律的基础上，将生态文明建设纳入中国特色社会主义"五位一体"总体布局和"四个全面"战略布局，将生态文明建设提升到关系中国特色社会主义成败的战略高度。中国共产党是第一个把生态文明建设纳入国家战略的执政党。从顶层设计和战略高度规划生态文明建设，体现出我们党治国理政的智慧和保护生态环境的战略创新。树立生态文明理念，使其贯穿于经济、政治、社会、文化和生态文明建设的全过程，在此过程中建立并完善生态文明制度体系，彰显中国特色生态文明制度建设的战略智慧。

党的十八大以来，以"人与自然和谐共生"为指导原则，遵循"绿水青山就是金山银山"发展理念，协同经济、政治、社会、文化建设，我国已初步建立起生态文明制度的"四梁八柱"，生态文明体制中源头严防、过程严管、损害赔偿、后果严惩等基础性制度框架初步建立，充分证明了价值原则和发展理念的科学性，能够为解决全球环境问题提供理念借鉴，贡献中国智慧。

3. 生态文明制度体系建设为世界环境治理贡献了中国力量

党的十九大报告高度强调了生态文明建设的重要地位和意义，将建设生态文明视为中华民族永续发展的千年大计。在总览深刻变革的世界局势，总结我国生态环境治理成果和生态环境现状的前提下，对我国在全球环境治理中的角色和地位作出了判断并指出，我国正日益成为全球生态文明建设的重要参与者、贡献者和引领者。

中国是全球生态文明建设的重要参与者和贡献者。治理污染，保护环境是全人类生存和发展的共同需要，生态文明建设不仅仅是发展中国家的迫切要求，很多发达国家也面临环境治理压力。在此方面，中国积极参与全球环境治理。主动承担责任和义务。以全球环境治理的标志性活动为例，我国率先发布《中国落实 2030 年可持续发展议程国别方案》，习近平总书记出席气候变化巴黎大会并签署《巴黎协定》，以及 G20 杭州峰会中国与其他国家达成共识要积极推动《巴黎协定》尽快生效，积极履行《生物多样性公约》《蒙特利尔议定书》等国际环境公约，展现负责任大国的气度。中国在二氧化碳减排、消耗臭氧层物质淘汰量方面都取得了突出的成效，成为全世界臭氧层保护贡献最高的国家，中国的生态环境积极向好，转变速度举世瞩目。我国是一个拥有 14 亿多人口的发展中大国，中国的生态保护成效不仅能够让本国受益，也能够为世界的环境保护作出主要贡献，中国的生态文明建设成果必定具有世界意义。

中国是全球生态文明建设的倡导者和引领者。当前，全球环境治理存在着机制碎片化、协作不足的问题，这就需要有能够愿意担负引导重任的国家。中国在此方面正在发挥建设性作用。2016 年 G20 杭州峰会上，中国积极倡议并促成了《二十国集团落实 2030 年可持续发展议程行动计划》，强调 G20 的集体行动将围绕"可持续发展领域"展开，标志着 G20 与联合国可持续发展议程实现有力衔接。依托"一带一路"建设，中国与"一带一路"共建国家和地区开展了领域广泛、内容丰富、形式多样的交流与合作，积极促进绿色发展。2019 年召开的第二届"一带一路"国际合作高峰论坛绿色之路分论坛将建设绿色"一带一路"，携手实现 2030 年可持续发展作为主要议程，旨在推动共建国家和地区落实 2030 年可持续发展目标，打造绿色命运共同体。这些都标志着我国在国际环境治理过程中的角色发展重大转变，从过去的跟随者、单纯的参与者，转变为倡议者、推动者和引领者。中国发挥了与其作为世界第二大经济体相匹配的作用，展现了中国在全球生态环境治理方面的大国气度和大国担当。

中国生态文明建设的成功经验引起了世界的关注，2016 年举行的第二届联合国环境大会高级别会议发布了《绿水青山就是金山银山：中国生态文明战略与行动》报告，肯定了中国的生态文明建设是对可持续发展理念的有益探索和具体实践，在世界范围内具有借鉴意义。中国也愿意与其他国家共享发展理念和建设经验，为全球生态文明建设贡献中国方案、中国思路和中国力量。

第十二讲　命运与共同凉热

——百年未有之大变局下的中国方案

刘德斌*

中国共产党迎来百年诞辰。在过去的一百年里，中国共产党从无到有，从小到大，带领中国人民把一个饱受列强凌辱、灾难深重、四分五裂的东方文明古国，重新凝聚在一起，走过了从站起来、富起来到强起来的伟大征程，再度成为举世瞩目的世界大国，屹立于世界东方。在这个过程中，特别是在 1949 年之后，中国共产党领导下的中华人民共和国，在美苏冷战和东西方对抗的年代，在第三世界国家崛起的过程之中，在中美苏战略大三角的环境里，在苏联解体，冷战结束，世界从美国"单极时刻"走向多极化的岁月里，一直奉行独立自主的和平外交政策，赢得了东西方大国和第三世界国家和人民的承认和尊重，为中国新生的社会主义政权的巩固，为世界和平与发展大局的形成，创造了极为有利的国际环境。进入 21 世纪，世界形势变化速度加快，2020 年中美关系和世界形势的发展变化，既验证了习近平总书记关于"百年未有之大变局"的战略判断，也进一步凸显了坚持和完善我国独立自主的和平外交政策，推动构建新型国际关系和人类命运共同体的重要意义。在中美关系面临严峻挑战，中国与

---

*　作者系吉林大学国际关系研究所所长，教授。

世界关系不断发生新变化的形势下，健全党对外交、外事工作领导体制机制，完善全方位外交布局，推进合作共赢的开放体系建设，积极参与全球治理体系改革和建设，既是坚持和完善我国独立自主的和平外交政策的制度保证，也是推动构建人类命运共同体的战略部署，实现"两个一百年"奋斗目标的可靠保证。

一、 从百年耻辱到独立自主：新中国独立自主和平外交政策缘起

当今中国所奉行的独立自主的和平外交政策，有其特有的历史根源：那就是作为一个东方文明古国近代以来在西方列强面前所遭受的凌辱，作为占有世界人口 1/4 的中华民族所遭受的苦难，作为中国共产党领导下的中国人民经过发奋努力所赢得的来之不易的国家统一和民族尊严。在当今世界的大国中，唯有中国曾经是其他大国任意宰割的对象，唯有中国是在与其他大国的抗争中站立起来、富起来和强起来的新兴大国。因此，独立自主的外交政策对于中国人来说就更为珍贵，它是几代中国的仁人志士奔走呼号，几千万中华儿女抛头颅洒热血换来的。也正是因为曾经遭遇过"丧权辱国"的苦难，也正是因为当今独立自主的地位来之不易，中国对那些同样遭遇过西方列强凌辱的民族和国家充满同情，不愿意把自己的意志强加到其他国家头上。虽然这个曾经的"东亚病夫"现在被"刮目相看"，甚至被美国和西方国家的政客和媒体戴上了"主要威胁"的"桂冠"，但也丝毫改变不了近代以来中国与西方和世界的遭遇，当然也改变不了中国共产党人奉行独立自主和平外交政策的决心和动力。

（一）近代中国的沉沦

19 世纪中叶以后，在西方列强瓜分世界的狂潮之中，中国逐步沦为西方列强和日本帝国主义的半殖民地。从 1840 年中英鸦片战争开始，这个古老的东方帝国被强行拖入到西方列强塑造的所谓现代国际体系之中，主权地位丧失，成为列强宰割的对象。这段历史留下的惨痛教训，依然是中国人民奋发向上的精神动力。实际上，作为一个历史悠久的文明古国，中国曾经是西方哲人称赞和羡慕的对象，中华帝国的衰败和坍塌曾经在世界上引起强烈震撼。中国何以沦落至此，原因有许多。第一，工业革命开始之后，欧洲列强的军事武器已经更新换代，而清王朝的军队却依然以农业时代的冷兵器为主。从鸦片战争开始，在西方列强的坚船利炮面前，清王朝的军队虽然规模庞大，但仍然不堪一击，遭受重创。第二,19 世纪的清王朝鼎盛时代已过，政治上愈益昏聩腐朽，沉湎于"天朝上国"的崇高地位，对外部世界的发展变化浑然不知，还在以羁縻之道处理对外关系。而 19 世纪正是欧洲列强大举对外扩张的时代。按照它们的"文明标准"，欧洲以外都是"野蛮的"族群和社会，不配享有与欧洲国家平等的主权地位，而欧洲国家则具备按照欧洲"文明标准"改造世界的"合法性"。实际上,19 世纪也是西方和非西方"大分流"的世纪，权力和财富越来越多地聚拢于欧洲、美国和 19 世纪末崛起的日本之手，整个世界呈现出"中心—外围"的结构性特征，中国和其他东方文明古国一样，在这个世界"现代化转型"的过程中已经不知不觉地被边缘化了。第三，怯于与列强形成对等的外交关系，清王朝先是在外国使团觐见皇帝是否行跪拜礼的问题上与英法等国争执不下，后又拒斥外国使团常住北京，更不愿意向其他国家派出常驻使节，在西方列强步步紧逼的态势面前采取鸵鸟政策，依然想方设法把自己与正在急剧变化的世界隔离开来，拒绝"睁开眼睛看世界"，甚至聘请外国人担当中国首次访问美国和欧洲国家的"代表团团长"，率领中国人去与西方列强接触。第四，在外交体制的建设上拖拖拉拉，先是为了应付列强的"纠缠"而设立了"理藩院"，后来又把外事大权交给先后设立的"南洋通商大臣"和"北洋大臣"两位"地方官员"，在列强的威逼之下不得不设立"外务部"之后，作为直隶总督兼北洋大臣的李鸿章依然在发挥着"外交部长"的作用，外务部的作用被削弱了。换言之，在中华民族在面临生死存亡的危急时刻，外交大权却操控在地方官员手里，甚至操控在李鸿章一个人手里，中央政府的权威被进一步弱化了。

从1840—1842年鸦片战争失败，中国被迫签署中英《南京条约》开始，中国先后与西方列强和刚刚崛起的日本等签署了一系列不平等条约，开始沦为半殖民地国家。其中对中国主权的沦陷发挥了重大作用的还有1856—1860年第二次鸦片战争战败之后与英法签署的《北京条约》；1894—1895年甲午战争失败之后与日本签署的《马关条约》和1900—1901年八国联军侵华后与英、俄、日、法、德、美、意、奥匈、西、荷、比等11国签署的《辛丑条约》，中国一步一步地陷入半殖民地国家的深渊，最后酿成了1911年辛亥革命。鸦片战争以后，中国的领土、领海、司法、关税和贸易等开始遭到严重破坏，实际上已经丧失了独立自主的国家地位。特别是西方列强在华租界逐步建立，独立于中国行政体系和法律权限以外，构成了中国的"国中之国"。同时，以小农业和家庭手工业为主要标志的自然经济开始解体，中国从封建社会逐渐演变成为半封建社会。第二次鸦片战争使外国侵略势力从沿海深入到内地，从东南沿海扩展到东北沿海，中国半殖民地化的程度进一步加深了。外国公使进驻北京，构成对清政府的强大压力；英俄侵吞中国大片领土，进一步破坏了中国的领土完整；清政府在列强的强烈要求之下，被迫成立了总理各国事务衙门，原来由理藩院承担的外交事务由总理各国事务衙门处理，同时还聘请了外国人组成的团队管理中国海关，英国人罗伯特·赫德执掌中国海关竟达半个世纪之久。第二次鸦片战争之后，家庭手工业纷纷破产，农产品加速商品化。同时，由于失去海关保护，民族工业的发展举步维艰，中国沦为外国侵略者的商品销售市场和原料掠夺地。中法战争中国不败而败，不仅充分暴露了清政府的软弱无能，而且进一步刺激了列强侵略中国的野心，加快了中国半殖民地化进程。清政府承认了法国对越南的殖民统治，加剧了中国的边疆危机；允许法国在中国投资修筑铁路，不仅有利于列强对中国的资本输出，而且为列强通过铁路向中国境内渗透，瓜分中国提供了更为便利的条件。甲午战争对中国的打击更大，实际上正是以甲午战争的结局为标志，以中国为核心的延续了几百年的东亚封贡体系解体，东亚秩序从此不复存在，东亚国家包括日本从此陷入欧美列强的牵制和管控之中。

明治维新之后的日本"脱亚入欧"，摇身一变成为"文明国家"，加入到西方列强加害中国的行列中来，在中国与东亚秩序崩溃的过程中发挥了重要的作用。甲午战败，清政府不仅被迫割让了台湾和澎湖列岛，而且还被迫承认朝鲜半岛"完全无缺之独立自主"，实际上承认了日本对朝鲜半岛的控制，十年之后朝鲜半岛沦为日本的殖民地，日本以朝鲜半岛为跳板，加紧向中国东北扩张。中国的二亿三千万两战争和"还辽"赔款，成为日本推进军备和工业化重要的资金来源。中国在甲午战争中的溃败也激发了西方列强瓜分中国的野心，争相在中国划分"势力范围"，企图将中国变成他们的殖民地，民族危机空前加剧。甲午战败在中国人民心中引起强烈愤慨，促进了中国人现代民族意识的觉醒。吴玉章在回忆录中写道："这真是空前未有的亡国条约！它使全中国都为之震动。从前我国还只是被西方大国打败过，现在竟被东方的小国打败了，而且失败得那样惨，条约又定的那样苛（刻），这是多么大的耻辱啊！"[1]1900年的八国联军侵华战争和1901年签订的《辛丑条约》，最终使中国完全成为半殖民地半封建社会，中国社会进一步沉沦。

---

[1] 金冲及：《从辛亥革命到中国共产党的建立》，《党的文献》2011年第4期。

（二）辛亥革命、五四运动与拯救中国的新生力量

殖民地危机的加深也进一步加剧了中国社会固有的矛盾，终于酿成了 1911 年辛亥革命。辛亥革命是 20 世纪中国历史上的第一次巨变。它不仅推翻了清王朝，而且也终结了统治中国几千年的君主专制制度，带来了民族意识的高涨和思想解放。但辛亥革命最后还是以对旧势力的妥协而告结束，以袁世凯为首的北洋政府控制了全国政权。究其原因，首先是辛亥革命没有一个明确的反帝反封建的革命纲领，对帝国主义和封建主义没有足够的认识，单纯地认为推翻清政府就成功了，结果清政府倒台之后革命者就失去了继续前进的共同方向和动力，没有从根本上解决反帝反封建的问题，因此也没能改变中国的半殖民地半封建的社会性质。其次，没有广泛地发动群众，特别是没有中国最广大农民的参加和支持，在强大的帝国主义和封建势力面前妥协退让就必不可免了。再次，同盟会是一个相当松散的组织，成员复杂，当革命取得初步胜利后，内部就四分五裂，无法形成一个把革命推向前进的坚强核心。归根结底，辛亥革命没有能够依靠和发动最大多数群众，没有一个由有共同理想和严格纪律的先进分子组成的坚强有力的政党，因而就没有能够完成革命的预期目标。[①]清帝退位之后，随着接任大总统职位的袁世凯投降卖国，与日本秘密签订 21 条，并且上演一出"称帝"的闹剧，中央政府迅速失信于国人，各地军阀纷纷宣布独立，中国事实上陷入四分五裂的状态。西方列强和日本乘机试图对中国"分而治之"，进一步加剧了中国的分裂。1928 年"东北易帜"，标志着中国再度统一起来，但也只是形式上的，地方大权依然操控在国民党新军阀手里，新军阀背后依然有列强的身影。这种分裂状态为日本占领东北，建立伪满洲国傀儡政权和持续扩大侵华战争，并把整个东亚置于"大东亚共荣圈"的控制之下创造了有利时机。

---

① 金冲及：《从辛亥革命到中国共产党的建立》，《党的文献》2011 年第 4 期。

　　辛亥革命的胜利和失败，为五四运动的兴起，为马克思主义在中国的传播，直到中国共产党的建立，准备了重要的条件。五四运动肇始于北洋政府在巴黎和会外交上的失败，是一场彻底的反帝反封建运动。中国人民反对列强侵略的斗争贯穿于整个近代，经历了从排外到反帝的历史转变，其枢纽是五四运动。鸦片战争之后，出于对列强侵略的感性认识，中国人民采取了单纯排外的斗争方式。经过五四运动的导引，简单的排外升华为科学的反帝，中国近代由此进入新的历史阶段，是中国近代史上一个转折点。① 在思想上，五四运动又大致可以分成两个发展阶段：1919 年五四运动以前的早期新文化运动，西方的资产阶级民主主义思想是引导新文化运动的主流；五四运动发生之后，原先的进步思想界发生分化，马克思主义在先进知识分子里开始逐步成为主流，从而为中国共产党的成立创造了有利条件。回望历史，我们会发现，五四运动对封建主义旧思想、旧文化、旧礼教的批判，为人们接受马克思主义做了重要的思想准备；五四运动还为中国共产党的建立做了思想上和干部上的准备，大量在五四运动中涌现出来的先进分子成为中国共产党的骨干力量。1921 年，中国共产党在上海宣告正式成立，成为拯救近代中国沉沦运动中的一种新生力量！

　　经历了伟大的五四爱国运动，更多的先进分子集聚到马克思主义的旗帜之下。中国共产党自建立之初就与以往中国历史上的政党不同：第一，它以马克思主义的理论和方法来观察和分析中国问题，目标是推翻压在中国人民头上的帝国主义、封建主义和官僚资本主义"三座大山"，建立一种新的政权体系；第二，它从成立开始，就决心深入下层，到占中国人口最大多数的劳苦大众中去做群众工作；第三，有共同理想和严格纪律要求，使它成为领导革命事业的核心力量。正是这样一支年轻的队伍在艰苦的革命斗争中不断发展壮大，并且经过 28 年的艰苦努力，在与国内外反

---

① 李育民：《"五四"与近代反帝理论的产生——从排外到反帝的历史转折》，《人文杂志》2019 年第 7 期。

对势力的斗争中取得了最终的胜利，重新统一了中国，建立起中国历史上的一个全新政权——中华人民共和国，中国人民站起来了！

二、从站起来、富起来到强起来：新中国独立自主和平外交政策演进

近代以来中国的沉沦，特别是 19 世纪末和 20 世纪初中国的遭遇，孕育了中国共产党成立的社会基础，同时展示了中国共产党人奉行独立自主和平外交政策的原因所在：独立自主的和平外交政策首先就是中国共产党人扭转近代以来中国历史颓势的强力之举，也是在冷战骤起形势下维护新生国家主权和安全的战略举措，是美苏两个超级大国支配世界形势下，争取广大第三世界国家理解和支持的基本前提，更是在改革开放的过程中实现和平崛起的根本保证。历史证明，中国共产党人奉行的独立自主的和平外交政策，不仅有力地维护了中国的国家利益，而且也把中国与近代以来世界舞台上的其他大国区别开来，为百年变局形势下世界政治的演进展示了一种新的前景。

从 1949 年到 2012 年，中国对外关系走过了从"站起来"到"富起来"两个阶段；2012 年以来，中国外交正在经历"强起来"的阶段。在"站起来"阶段（1949—1977 年），正值冷战时代，美苏两个超级大国的竞争和对抗遍布全世界，同时亚非殖民地民族解放运动风起云涌，一大批新兴国家获得了独立，"国家要独立，民族要解放，人民要革命"是中国领导人对世界局势的重要判断，也有人把这一段的外交称为"革命外交"。这一阶段，中国在应对苏联和东方国家、美国和西方国家和亚非拉新兴国家的关系中确立了独立自主的外交政策，同时提出和平共处五项原则，在经历了与苏联和美国关系重大变化的同时，对第三世界国家和人民的斗争给予了大力支持，作为一个新兴国家实现了"站起来"的战略目标。在"富起来"阶

段（1978—2012 年），中国改变了前一阶段对国际形势的判断，认为"和平与发展"是时代的主题，在持续改善与西方国家关系的同时不断加大开放的力度，实现了国民经济的跨越式增长，同时继续抵制大国霸权主义，对美国和苏联之间采取等距离外交，并从对西方开放走到全方位开放。这一阶段经历了苏联的解体，中国与美国和西方国家关系也受到冲击，但中国坚持改革开放，经济迅速增长，并崛起为世界 GDP 第二大国，并在坚持独立自主外交政策的基础上，不断开拓出对外关系的新局面。在"强起来"阶段（2012 年至今），面对全球化进程所遭遇的"阻滞"，面对世界所面临的越来越多的全球性问题，美国领导的西方正在失去"领导"世界的意愿和动力，而中国则越来越表现出大国的担当和胸怀，在全球治理中发挥了重要的作用。"新时代中国特色大国外交"继承了"站起来"和"富起来"阶段形成的重要外交理论和思想，推动构建新型国际关系和构建人类命运共同体，体现了独立自主的和平外交政策的新发展。

（一）"站起来"：沉沦的中国开始屹立于世界的东方

从 1949 年建立中华人民共和国到 1978 年改革开放前的"站起来"阶段，中国共产党独立自主的和平外交政策主要在三个方面展开：首先是处理与苏联和社会主义国家的关系；其次是与新兴民族国家的关系；最后是与美国和西方世界的关系。1949 年 9 月 21 日，毛泽东在中国人民政治协商会议第一届全体会议上说："诸位代表先生们，我们有一个共同的感觉，这就是我们的工作将写在人类的历史上，它将表明：占人类总数四分之一的中国人从此站立起来了。中国人从来就是一个伟大的勇敢的勤劳的民族，只是在近代是落伍了。这种落伍，完全是被外国帝国主义和本国反动政府所压迫和剥削的结果。"[①]"站起来"，既是中国近代以来仁人志士的奋

---

① 《毛泽东外交文选》，中央文献出版社、世界知识出版社 1994 年版，第 113 页。

斗目标，也是中国共产党带领人民积 28 年的努力而取得的伟大成果。新中国成立初期，外交工作涉及他国对新生政权的"承认"的问题，即如何建立与世界的外交关系，需要建立在巩固新生的中华人民共和国的基础之上。其中，中国与苏联和社会主义国家之间的关系是最重要的，同时也具有相当的复杂性和挑战性。在冷战的背景之下，为了尽快获得国际承认，粉碎欧美帝国主义的孤立，发展对外关系，新中国实行了"一边倒"的外交方针，坚定地站在以苏联为首的社会主义阵营一边，是一个合乎逻辑的选择。应该说，虽然苏联是第一个承认中华人民共和国的国家，但中苏关系从一开始就波折不断。自 1945 年抗战胜利起，苏联对于中国两党的未来执政走向问题就保持谨慎态度，一方面与国民党签订《雅尔塔协议》，力促国共两党谈判；另一方面在撤出东北时支持中共进驻、提供武器支持。但此时，苏联显示出在对华政策上相对于意识形态领域的认同更倾向于以实现国家利益为目标的外交思维，企图在国共两党对峙博弈中实现在中国东北和外蒙古的利益扩张。甚至在 1949 年 3—4 月间，在解放军准备渡江战役夺取全面胜利前夕，苏联出面调停，以美国出兵干涉为由要求中共审慎。新中国成立之初，毛泽东亲赴苏联访问，向斯大林介绍中国革命的形势和任务，谋求苏联对新中国的支持，并以新的同盟条约取代苏联与国民党政府的同盟条约。但斯大林态度一开始冷淡，经过艰苦的谈判，周恩来同志也从北京赶赴莫斯科加入其中，斯大林才不再强迫中国领导人继承苏联 1946 年与国民党政府签订的《中苏友好同盟条约》，同意两国签署新的同盟条约即《中苏友好同盟互助条约》。虽然中国选择了与"老大哥"苏联结盟，但是中国从一开始就谋求同苏联建立平等的而非附庸的盟友关系，中国在社会主义阵营中始终保持了相对独立的地位，这种地位也得到了苏联的默认。《中苏友好同盟互助条约》的签订，为新中国提供了一个有利的外部环境，也为中苏两国的友好合作和两国关系的全面发展奠定了基础。中苏同盟关系中苏同盟关系在抗美援朝中得到进一步巩固，1950年，中国军队奔赴朝鲜战场抗美援朝，抵御帝国主义的侵略扩张。中国人民英勇奋战，打败了侵略者，捍卫了新中国安全，也震动了全世界，彰显了新中国在亚洲和国际事务中的重要地位。五年后，两国签订了《关于为国民经济发展需要利用原子能的协定》，为中苏同盟增加了新的内容。根据协定，苏联将帮助中国建造用于核试验的重水反应堆和回旋加速器，并接受中国工程技术人员和核物理研究人员赴苏培训和实习。正是后来拥有了核力量，中国才能成为一个具有世界影响力的大国，屹立于世界之林。

20世纪50年代见证了中苏两国关系从友好走向疏远的过程，当苏联的一系列行为对中国的"独立自主"构成挑战之时，同盟关系也就面临着终结。苏联希望中国纳入苏联的经济轨道，遵从苏联进行的经济分工，但是中国坚持走独立自主的经济发展道路。在政治上，苏联推行的国际战略也威胁到中国的国家利益。1958年，中国与苏联在"联合舰队"与"长波电台"问题上的矛盾，成为两国关系的转折点。随后，在第二次台湾海峡危机、核武器、1962年中印边界冲突问题、1962年新疆伊塔事件、援越抗美等一系列问题上，中苏双方冲突不断，关系迅速恶化。面对涉及国家主权安全和内政关键问题时，党和国家领导人毫不退让，坚定地维护了国家利益，践行并巩固了独立自主的外交原则。1969年，中苏两国兵戎相见，关系破裂，中苏同盟名存实亡。按照原驻苏联大使李凤林的解释，中苏关系集两国关系、两党关系、两国及两党领导人高层交织于一体，同时包含了大国关系、社会主义国家间关系、不同文明国家间关系、新型民族国家和欧洲传统大国间的关系，国家利益、意识形态掺杂其间，因而使中苏关系在广度、深度、复杂程度上都要超过其他大国关系。[①] 因此，中苏关系在不到十年的时间里就开始走向破裂有其必然性，归根结底是因为苏联一直以"老子党"自居，对华采取大国主义作风甚至是施压政策，难与中国共产党奉行的独立自主的外交政策融到一起，触犯了中国共产党和中国人民

---

① 参见李凤林：《序：中苏关系的历史与中俄关系的未来》，见沈志华主编：《中苏关系史纲》，新华出版社2007年版，第5—6页，转引自徐思彦：《走向破裂的结盟：中苏同盟研究的新进展》，《清华大学学报》（哲学社会科学版）2008年第5期。

的根本利益，两国在不到二十年的时间里就从"同盟"变成了"敌手"。当然，中苏双方都为这一转变付出了代价，但从长远看，中国独立自主的外交政策得以保持下来，为近代以来饱受凌辱的中国人"站起来"奠定了基础。

中国共产党人的独立自主和平外交政策也在中美关系从对抗到正常化的过程中展开。事实上，冷战格局的发展为中美之间从对抗走向正常化提供了历史背景，而中美关系的演变与冷战背景下中苏关系的变化密切相关。在第二次世界大战期间，虽然中美两国同为反法西斯的盟友。但在抗日战争结束后，国民党政府在美国帝国主义的支持下发动内战，中国人民再一次被迫拿起武器，进行伟大的解放战争。新中国成立后，在独立自主和平外交思想的指导下，中国寻求与美国的和平共处。1954 年 8 月 24 日，毛泽东与英国工党代表团谈话时提出了"和平共处"的问题，不仅社会主义国家之间和平共处，而且社会主义可以和非社会主义的事物和平共处，"中国、苏联、英国和其他各国彼此都靠拢些，观点不要一成不变，情况就可以改善。怎么样？再说一句，这也包括美国在内，希望美国也采取和平共处的政策"[1]。但是，美国却对华采取了"不承认"的政策，对华军事包围、经济封锁和政治孤立，企图"以压促变"。如前文所述，为了打破包围封锁，获得一个和平稳定的外部环境，巩固新政权的独立、主权与安全，新中国选择了"一边倒"的外交道路。中国加入以苏联为首的社会主义阵营，特别是《中苏友好同盟互助条约》的签订实际上标志着冷战的战场从欧洲扩展到亚洲。20 世纪 60 年代，中国面临的安全威胁迅速上升。苏联在中国北部的中苏边境陈兵百万，美国在轰炸北越的同时不断对侵犯中国南部领海领空，使得中国在南北两线同时面临来自美国和苏联的军事压力。1969 年，陈毅、徐向前、聂荣臻和叶剑英四位老帅的研究报告中分析了中国面对的战略形势，"判定中苏矛盾大于中美矛盾"[2]。到了 70 年

---

① 《毛泽东外交文选》，中央文献出版社、世界知识出版社 1994 年版，第 161 页。

② 熊向晖：《我的情报与外交生涯》，中信出版社 2019 年版，第 178 页。

代，冷战格局发生变化，苏美争霸出现了苏攻美守的态势，苏联凭借其迅速膨胀起来的军事实力四处扩张，包括进一步加强对中国的压力和军事部署，此时的资本主义阵营中的美国则深陷越南战争泥潭。中国在中美苏大三角的互动中，在反对苏联对中国的霸权政策的同时，寻求改善与美国的关系。中美大使级谈判恢复、"乒乓外交"、基辛格秘密访华和美国总统尼克松访问中国等事件，都推动了中美之间关系的良性发展。在中美双方的共同努力下，1972年，中美双方领导人发表了《中美联合公报》。1973年，中美决定互设联络处。1979年1月两国正式建交，实现了中美关系正常化。中美关系的缓和与正常化，标志着中美苏战略三角关系超越了冷战的阵营对垒，为中国外交开辟了独立自主的空间。

在中华人民共和国"站起来"阶段，也正是广大发展中国家完成非殖民化进程、实现民族独立的时期，是发展中国家通过亚非会议、不结盟运动、77国集团等方式团结合作，发展成为一支重要国际力量的30年。中国外交战略经历了50年代的"一边倒"战略、60年代的"反帝反修"（"两个拳头打人"）战略、70年代的"一条线"和"一大片"战略三个发展阶段。在此期间，尽管中国的对外战略进行了两次重大的调整，但中国支持发展中国家的政策却始终保持不变。实际上，新中国成立之后，中国就把支持发展中国家争取国家独立和民族解放、建立国际经济和政治新秩序作为自己重要的任务。在这其中，毛泽东同志"中间地带"理论的发展变化和"第三世界"理论的成型，是引领中国发展中国家战略的主线。

实际上，早在夺取全国政权之前，毛泽东就对世界形势的发展变化作了重要判断，并提出了"中间地带"的概念。1946年8月，毛泽东在与美国记者安娜·路易斯·斯特朗的谈话中指出：美苏之间隔着欧、亚、非等许多资本主义国家和殖民地、半殖民地国家构成的中间地带。美国要进攻苏联前要将这些中间地带国家纳入自己的势力范围，否则谈不上进攻苏联。苏联对中国革命的态度，也是毛泽东提出"中间地带"理论的重要原因。内战爆发后，美国完全站在国民党政府一边，苏联却是"冷眼旁观"。

因此，在没有得到苏联对中国革命援助的时候，毛泽东更多强调的是中共长期以来一贯坚持的"独立自主"方针。1947 年 11 月 6 日，毛泽东在修改新华社一篇社论稿时加写的一段话中指出："我们不孤立，全世界一切反对帝国主义的国家与人民都是我们的朋友，我们强调自力更生，我们能够依靠我们自己组成的力量打倒我们的敌人。"中华人民共和国成立以后，中国采取了"一边倒"的外交战略，在美苏两级对峙的世界格局中旗帜鲜明地站在苏联和社会主义阵营一边。但是随着 20 世纪 50 年代末和 60 年代初中苏矛盾的逐渐激化，毛泽东"中间地带"理论又有了新的发展。1962 年 1 月，毛泽东又提出："社会主义阵营算一个方面，美国算另一个方面，除此以外，都算中间地带。"同时，他将中间地带国家划分为四类，即殖民地国家、被剥夺了殖民地但仍有强大垄断资本的国家、真正取得了独立的国家和名义上取得了独立实际上仍是附属国的国家。1963年，毛泽东又将这四类国家划分为"两个中间地带"，一个是亚、非、拉，一个是欧洲。1964 年，他又进一步指出："亚洲、非洲、拉丁美洲是第一中间地带；欧洲、北美、加拿大、大洋洲是第二中间地带，日本也属于第二个中间地带。""中间地带"理论为巩固和发展中国独立自主的外交政策确定了战略目标。这一时期，中国在发展与第一中间地带国家合作的同时，还加强了同第二中间地带国家的联系与合作。中国与英法和西欧其他国家关系的改善，就是在第二中间地带理念的指引下逐步发展起来的。70年代初，毛泽东在"中间地带"理论的基础上明确提出了"第三世界"理论，成为"站起来"阶段中国外交的战略指引。1974 年 2 月，毛泽东与赞比亚总统卡翁达谈话时就"三个世界划分"进行了阐述，"美国、苏联是第一世界。中间派，日本、欧洲、澳大利亚、加拿大，是第二世界。咱们是第三世界"[1]。4 月，邓小平在出席联合国大会第六次特别会议的发言中公开阐明了毛主席提出"三个世界"的理论，并对美苏两个超级大国的

---

[1] 《毛泽东外交文选》，中央文献出版社、世界知识出版社 1994 年版，第 600 页。

霸权主义和强权政治进行了激烈的批判，声明中国是发展中国家，属于第三世界，永远不做超级大国。在演讲的最后，邓小平指出："历史在斗争中发展，世界在动荡中前进。帝国主义、特别是超级大国困难重重，日益衰败没落。国家要独立，民族要解放，人民要革命，这是不可抗拒的历史潮流。我们相信，只要第三世界国家和人民加强团结，并且联合一切可以联合的力量，坚持长期斗争，就一定能够不断地取得新的胜利。"①

从毛泽东的"中间地带"理论到"三个世界"理论形成历时近30年，这一过程与民族解放运动的深入发展、万隆会议的召开、不结盟运动的诞生、77国集团的出现，直至第三世界形成的历史进程是同步的，充分反映了中国对发展中国家国际地位认识的不断深入和提高。"三个世界"理论不仅为中国与发展中国家的团结合作指明了方向，同时也构成了党的第一代中央领导集体国际战略思想的核心组成部分。在"中间地带"理论和"三个世界"理论的指导下，中国对发展中国家的基本外交战略主要体现在这样三个方面：首先是支持发展中国家的民族解放事业和建立国际新秩序的斗争。在20世纪50—70年代，支持正在争取独立的民族解放运动，支持新独立的民族主义国家维护民族独立，是中国对发展中国家国家政策的主要内容。其次是对发展中国家给予无偿经济援助。在20世纪50—70年代，中国对发展中国家给予了大量无偿经济援助，目的是巩固这些国家的政治独立。1963年底至1964年初，周恩来在访问非洲的过程中，正式提出了中国对外援助的八项原则。访问回国后，周恩来指出，这些原则不仅适用于对非洲国家的援助，也适用于我国对亚洲和其他新兴国家的援助。"我们对兄弟国家和新独立国家进行援助，把他们的力量加强了，反过来就是削弱了帝国主义的力量，这对我们也是巨大的支援。"为了指导对第三世界国家的援助，中国对外经济联络部连续召开了五次对外援助工作会议。中国对外援助的数额从50年代至70年代中期一直保持连续增

---

① 《邓小平文集（1949—1974年）》下卷，人民出版社2014年版，第355页。

长，特别是在 20 世纪 70 年代前半期，中国的外援占同时期国家财政支出比例的 5.88％，其中 1973 年高达国家财政支出的 6.92％。1956—1977 年间，中国向 36 个非洲国家提供了超过 24176 亿美元的经济援助，占中国对外援助总额（42176 亿美元）的 58％。中国的对外援助对促进发展中国家的经济发展发挥了重要作用，同时也赢得了中国在发展中国家的政治声誉，为日后中国与发展中国家关系奠定了深厚基础。最后是支持发展中国家的团结合作。中国自身本着"求同存异"精神和"和平共处五项原则"，解决与发展中国家的历史遗留问题，促进发展中国家的团结合作。为打消新兴民族独立国家对中国的疑虑，中国在处理与周边印度、缅甸等发展中国家的历史遗留问题时，提出了"和平共处五项原则"；在万隆会议上，周恩来不断强调发展中国家之间应"求同存异"的主张。"和平共处五项原则"和"求同存异"主张的精髓就是彼此尊重、相互平等、互不干涉，它不仅奠定了中国与发展中国家政治关系的深厚基础，同时也为亚非国家的团结合作作出了重要历史贡献。

（二）"富起来"：在改革开放中实现和平崛起

从改革开放的启动到 2012 年，是中华人民共和国历史上的"富起来"阶段，独立自主的和平外交政策进一步丰富起来。党的十一届三中全会之后，全党的工作重心从"以阶级斗争为纲领"转移到以经济建设为中心上，中国对于国际形势的判断也在发生重大变化，从争取不发生世界大战，到"和平与发展"的时代主题判定。这一时期的独立自主的和平外交政策进一步强调"不结盟"。1982 年 9 月 1 日，在中国共产党第十二次全国代表大会上，邓小平正式提出了中国独立自主外交政策的概念。关于新的历史条件下对外政策的独立自主，邓小平的解释是，我们坚持独立自主的和平外交政策，不参加任何集团。同谁都来往，同谁都交朋友，谁搞霸权主义我们就反对谁，谁侵略别人我们就反对谁。我们讲公道话，办公道事。

1984 年 5 月，邓小平会见巴西总统若昂·菲格雷多时指出，中国的对外政策是独立自主的，是真正的不结盟。中国不打美国牌，也不打苏联牌，中国也不允许别人打中国牌。1985 年，邓小平还全面阐述了独立自主的含义与维护世界和平的关系，此后这一政策成为中国特色社会主义理论的主要内容之一。1992 年的党的十四大报告和 1997 年的党的十五大报告中概括了独立自主的和平外交政策的主要内容：维护中国的独立和主权，促进世界的和平与发展，是中国外交政策的基本目标。

1979 年，《中美建交公报》公布后，邓小平访问美国，指出"中美关系正处在一个新的起点，世界形势也在经历着新的转折"，其间中美双方签署了一系列合作协议。在对苏关系方面，邓小平以消除"三大障碍"为条件提出与苏联谈判：第一，苏联从中苏边界撤军，包括从蒙古撤军；第二，越南从柬埔寨撤军；第三，苏联从阿富汗撤军。1982 年 3 月勃列日涅夫发表塔什干讲话，释放与新中国改善关系的积极态度。面对中美建交以来美国对台军售的遗留问题，中国利用此时苏联对华的有利信号，调整策略在对美谈判拉锯中获取有利地位，"八一七公报"的发布成为中国调整外交战略和对美苏政策的分水岭。1989 年 5 月，中苏举行第一轮高级会晤。在致力于改善中苏之间长达十年的"冷冻"关系的过程中，两国逐渐恢复了经济、科技、贸易等领域的互利合作和人员往来。1989 年，邓小平会见来访的戈尔巴乔夫，并举行了最高级会晤，本着"结束过去，开辟未来"的精神，实现了中苏两国关系的正常化。概言之，新的外交战略使中国在美苏之间处于相对中立的位置，中国与美国和西方关系持续改善，并同时保有对美苏互动的意愿和渠道。

这一阶段，国际秩序还出现了深刻调整，冷战背景下的两极格局转变为世界多极化与经济全球化持续深入发展的局面，和平与发展也面临一系列新的挑战。在此历史背景下，中国牢牢把握和平与发展的时代主题，坚持改革开放，坚持独立自主外交政策，不断深化和平、发展、合作、共赢的外交理念，开创出对外关系的新局面。在 20 世纪 80 年代末 90 年代初，世界社会主义事业遭遇了重大挫折和严峻挑战。面对东欧剧变、苏联解体和冷战终结的沧桑巨变，中国外交保持了足够的战略定力。1989年5月31日，邓小平说："改革开放政策不变，几十年不变，一直要讲到底。……要继续贯彻执行十一届三中全会以来的路线、方针、政策，连语言都不变。十三大政治报告是经过党的代表大会通过的，一个字都不能动。"① 虽然中国与美国和西方国家关系受到冲击，但正是中国十年改革开放及其战略调整，中国有实力和底气应付社会主义事业风波、苏联解体和冷战终结的冲击波。20世纪末，在推进祖国统一大业方面，中国贯彻"一国两制"，同英国和葡萄牙两国分别于1984年12月和1987年4月发表联合声明，在1997年7月1日和1999年12月20日分别对香港和澳门恢复行使主权。在处理大国关系方面，中国独立自主外交政策经历了从冷战时代的"结盟模式""不结盟模式"到后冷战时代的"伙伴关系模式"全面嬗变，中国与一些大国建立了不同程度、不同规范、不同性质和不同类型的伙伴关系，如中俄两国之间的"建设性伙伴关系"和"战略协作伙伴关系"、中美两国之间的"建设性伙伴关系"，等等。改革开放以来，中国全面深化与周边发展中国家的友好务实合作。中国同发展中国家的关系也进一步巩固和加强：在政治上，中国主持公道、伸张正义，维护广大发展中国家的权益；在经济上，中国除继续向一些发展中国家提供力所能及的援助外，按照"平等互利、讲求实效、形式多样、共同发展"四项原则，扩大同他们的经济技术合作，并取得明显成效。在多边外交的舞台上，作为联合国安理会五个常任理事国之一，中国支持联合国在国际事务中的核心地位，发挥世界和平的建设者、全球发展的贡献者、国际秩序的维护者作用。总之，在"富起来"的阶段，中国始终坚持改革开放的道路，以独立自主的积极姿态走向世界，形成了全方位、多层次、宽领域的对外开放格局。在亚洲经济危机中，中国经济逆势崛起，经济影响力迅速扩大。2001年中

---

① 《邓小平文选》第三卷，人民出版社1993年版，第296页。

国加入世界贸易组织后，经济实现了飞速增长，并在 2010 年崛起为世界 GDP 第二大国。

（三）强起来：新时代中国特色大国外交

"新时代中国特色大国外交"是对"站起来""富起来"阶段形成的重要外交理论和思想的继承，体现了"强起来"阶段独立自主和平外交的新发展。2014 年，习近平主席在中央外事工作会议上指出，"中国必须有自己特色的大国外交"，这意味着"中国特色大国外交"正式成为中国外交的定位。党的十九大的召开，新时代新征程的开启"构建新型国际关系"和"人类命运共同体"等新理念提出，更使中国以一种新的领袖国家的面貌伫立在世界舞台上。如果说过去中国以改革开放之后的迅速发展和崛起而成为引人注目的新兴大国，那么现在则更以对自己的未来最有方向感的大国而成为世界关注的焦点。中国的变化与世界的变化似乎形成了一个鲜明的对比：中国对自己道路、理论、制度、文化更加自信，中国对这个世界的发展也更有主见，而这个世界则变得越来越"迷茫"，似乎失去方向。

近年来，世界陷入"后真相、后西方、后秩序"的"不确定时代"，美国领导的西方正在失去"领导"世界的意愿和动力，而中国则越来越表现出大国的担当和胸怀，中国为这个纷乱和焦躁世界的和平发展，注入了新的活力。随着中国与世界的关系愈加密切地依存在一起，中国不断以实际行动推进国际经济和政治秩序的改革。中国提出来的理念、方案和采取的行动，不仅表达了中国改革现有国际秩序的愿望，也反映广大发展中国家的利益，同时也弥补了现有国际秩序的不足。党的十八大之后，中国积极参与全球治理体系改革和建设，提出了一系列新的理念、方案和举措，发挥"主场外交"的优势，承办了 2014 年北京亚太经合组织（APEC）第二十二次领导人非正式会议、2016 年二十国集团（G20）领导人杭州峰会、2017 年首届"一带一路"国际合作高峰论坛、2017 年金砖国家领导人第九次会晤、2018 年第七届中非合作论坛北京峰会、2018 年上海合作组织青岛峰会和 2019 年亚洲文明对话大会等一系列外事活动，向世界展示了中国负责任的大国形象与大国担当。中国提出来的"一带一路"倡议，在世界上引起强烈反响，"一带一路"倡议至今已获得 100 多个国家和国际组织的积极支持和参与。中国发起成立的亚投行（AIIB），提出来的一系列为发展中国家和地区设立发展基金的建议（例如丝路基金、非洲共同增长基金、中国气候变化南南合作基金），成为推进国际经济和政治秩序改革的有利步骤。2018 年，中国召开了首届国际进口博览会，三年来，进博会作为国际采购、投资促进、人文交流、开放合作的大平台，成为全球共享的国际公共产品。2020 年，"COVID-19"新型冠状病毒感染了全世界。疫情暴发后，中国坚持多边主义和人类命运共同体的理念，向国际社会的其他国家分享抗疫和诊疗经验，并积极开展疫苗合作。在第 73 届世界卫生组织大会上，习近平主席承诺，一旦中国新冠疫苗研发完成并投入使用，将作为全球公共产品，为实现疫苗在发展中国家的可及性和可担负性作出中国贡献。中国政府在积极参与全球治理过程中，坚定维护以联合国为核心的国际体系、以国际法为基础的国际秩序和联合国在国际事务中的核心作用，推动落实《联合国 2030 年可持续发展议程》[①]；中国提出的"共商共建共享"的观念也被联合国大会纳入全球经济治理理念。

中国不断推出的全球治理理念、方案和采取的实际行动，为这个"不确定"的世界带来了新的希望。越来越多的国家，包括西方发达国家，加入到中国倡导的改革方案中来了，这为中国赢得了越来越多的朋友，也赢得了越来越大的国际发言权和影响力，这标志着中国外交在世界舞台"强起来"的步伐显著加快。中国外交的理念在赢得人们广泛认同的同时也给"中国威胁论""中国统治论""中国阴谋论"的鼓吹者们提供了新的"口

---

① 《习近平在第七十五届联合国大会一般性辩论上的讲话》，2020 年 9 月 22 日，见 http://www.xinhuanet.com/2020-09/22/c_1126527652.htm。

实"，他们甚至把中美关系简单地与雅典、斯巴达之间的关系作比较，将"修昔底德陷阱"附在中国身上。中国与"守成大国"美国通过不断地创造、巩固和扩大共同利益来消弭矛盾，化解分歧，致力于避免中美关系滑向"修昔底德陷阱"，以实现两个大国关系的稳定发展和互利共赢。2020年7月，美国国务卿蓬佩奥发表演讲，表示要对中国采取全面的对抗姿态，这则"新冷战"宣言将中国置于美国的最主要竞争对手位置上。特朗普政府发起的新冷战确实给中国的经济发展和科技进步带来不利影响，但新冷战也将中国置于美国这个迄今世界上最强大国家最主要竞争对手位置上，对中国的改革开放和经济与社会发展提出了更高的要求，早日实现从"站起来""富起来"到"强起来"的伟大战略目标。事实上，中美之间的博弈同时也是"构建新型国际关系"和"人类命运共同体"新理念、"冷战思维"和19世纪大国权力政治思维之间的两种时代博弈，与后者不同，中国无意跟任何国家打冷战，而是站在全人类命运的高度，顺应时代潮流，高举和平、发展、合作、共赢的旗帜，将中国人民的根本利益同世界人民的利益有机结合起来，通过构建新型国际关系打造人类命运共同体。

三、推动构建人类命运共同体：百年变局形势下中国共产党人的世界方案

冷战结束之后，国际形势不断发生新的变化。美国的"单极时刻"没能延续多长时间，就被非西方大国崛起的大势"冲淡"了。特别是进入21世纪以来，随着非西方国家的持续崛起，西方和非西方力量对比发生了历史性变化。2008年国际金融危机进一步削弱了美国和西方国家主导世界的意志和能力，"世界正在经历百年未有之大变局"的形势愈加明显地展现在世人面前。与此同时，人类社会所面临的共同问题又愈加明显地展现出来，现有的国际关系体系面临重重危机。在这样一种形势面前，以

习近平同志为核心的党中央积极开拓中国外交发展的新局面和新境界，独立自主的和平外交政策得到不断丰富和发展，同时还针对世界形势的新变化，提出了构建新型大国关系和推动建设人类命运共同体的中国方案，为当今世界走出困局指明了方向。

（一）西方学界有关后冷战时代的判断

迄今为止，西方国家的领导人还没有人能够提出"百年未有之大变局"这样的战略判断，但他们大多对西方国家的前途已经忧心忡忡。2019年8月，刚刚主持完西方七国首脑会议的法国总统马克龙就对法国外交官发出警告，"我们正经历西方领导权的终结"。实际上，西方学界关于冷战后世界局势走向的讨论就一直没有中断过，除了冷战结束之初弗朗西斯·福山发表过"历史的终结"这样乐观的预判外，更多的讨论表现出来的是美国和西方主导地位的危机感。有关西方"衰落"的观点早已经林林总总，早在2002年，美国知名学者查尔斯·库普乾（Charles A. Kupchan）就发表了一篇题为《西方的终结》。当时正值美国反恐战争逐步扩大，"文明冲突"的预言似被应验之时。但库普乾却认为"9·11"恐怖袭击只是刺破了冷战结束和西方的胜利所带来的安全感，崛起的挑战者也不是中国或伊斯兰世界，而是欧盟，一个正在整合欧洲各民族国家优质资源和历史野心的新兴政体。两年后，他又发表了《美国时代的终结：美国外交政策与21世纪的地缘政治》，重申美国正在与欧洲分手，几十年的战略伙伴关系正在让位于新的地缘政治竞争关系。2008年，法里德·扎卡里亚（Fareed Zakaria）发表《后美国世界：大国崛起的经济新秩序时代》一书，认为过去500年来世界发生了三次结构性的权力转移，即西方世界的崛起，美国的崛起和当下正在发生的"他者的崛起"，世界正在步入"后美国世界"和"后西方世界"。2008年，美国知名历史学家和外交评论家罗伯特·卡根（Robert Kagan）发表了《历史的回归与梦想的终结》，提出1945年之后国际关系的发展是一种"冒进"，鼓吹"历史的终结"的人看到的是"海市蜃楼"，"世界再次回归正常"。2018 年，他又提出 1945 年之后建立的以美国为首的自由主义世界秩序是一个巨大的历史偏差，世界秩序将重回 20 世纪 30 年代，重回历史，重回丛林世界。当然，更有许多学者在讨论"后美国"或"后西方"世界的时候围绕中国的崛起做文章。斯蒂芬·哈尔波（Stefan Halper）认为美国"和平演变"中国的幻想已经不复存在，也不存在中美 G2 共治的可能性，中美之间的竞争最后将是"孔夫子和杰斐逊"的对决。

在美国学界，最为努力系统阐释自由主义国际秩序并为其辩护的是约翰·伊肯伯里。他认为美国主导的自由主义世界秩序并非起始于 1945 年，而是起始于欧洲的现代化进程的延续。他反对自由主义秩序正在终结的观点，认为这个秩序是开放的，即使美国衰落了，这个秩序仍将延续下去。他也反对把中国和俄罗斯视为"修正主义"国家，认为中俄等国只是想在现有秩序的框架中争取更大发言权。当今国际竞争实质上是话语权的竞争，而不是意识形态或者挑战国际体系等级的根本性对立。当然，他也承认中国的崛起给这个秩序带来的变化是史无前例的，为此他正在撰写他关于国际秩序三部曲的最后一部，题目暂定为《同一个世界：中国的崛起和国际秩序的未来》。他不认同中国等新兴国家的崛起会带来新价值主张的观点，认为开放和对规则的认同是东西方的共识。在国际自由主义的诸多主张中，开放性与流动性正是中国所呼吁的。

事实上，美国和西方学界有关"百年变局"的讨论还有很多，观点见仁见智，但基本出发点依然是西方的"主体"思维，依然围绕着西方"主导"地位的变化，阐释"百年变局"的利害得失，因此依然是没有跳出"西方中心论"的怪圈。但实际上，百年变局中的历史转换的深度已经远远超过西方学者的预判和想象。①

---

① 刘德斌：《百年变局中的历史转换与战略机遇》，《世界历史》2020 年第 6 期。

（二）中国学界有关百年变局的讨论

习近平总书记"百年未有之大变局"的战略判断发表之后，引发学术界的热烈讨论，众说纷呈。但就何谓"百年未有之大变局"这样的问题，有这样几个基本方面恐怕不容忽略：首先是世界经济重心从北大西洋向太平洋的转变。19 世纪中叶之后，世界经济的重心很长一段时间在北大西洋两岸，英法德等西欧国家和美国是全球经济的重要支柱，而这种形势已经发生了改变。根据国务院发展研究中心 2018 年 12 月发表的《未来国际经济格局变化和中国战略选择》课题报告预测，到 2035 年，发展中国家的 GDP 将超过发达经济体，在全球经济和投资中的比重接近 60%，全球经济增长的重心也将从欧美转移到亚洲，并外溢到其他发展中国家和地区。如果说一战后因美国一跃而成为全球最大债权国和资本输出国，世界经济重心从大西洋东岸（西欧）向大西洋西岸（美国）的迁移是一次经济地理大变局的话，当前正在发生的这次新的迁移，其覆盖范围之广、涉及人口之多，已远超上次。其次是世界政治格局正在发生变化，非西方化与多极化并行，表现在发展中国家群体性崛起和多极化新态势的呈现以及两者之间的相互作用。两次世界大战之后，随着西方殖民体系瓦解，越来越多的亚非国家政治独立，但在经济上依然处于弱势地位，西方国家依然主导者世界经济的发展变化。但是，随着经济全球化的日趋深入，一批非西方国家跻身于世界主要经济体行列，西方和非西方国家经济力量的对比发生了历史性的变化。2008 年国际金融危机发生之后，二十国集团（G20）取代七国集团（G7）成为讨论世界经济主要平台，标志着全球治理已经开始从西方主导向全球共同治理转变。1991 年冷战结束后，两极格局解体，美国曾经沉湎于"单极时刻"，世界形成了"一超多强"格局。但"一超"与"多强"进行着激烈的博弈，多极化成为日趋明显的现实，中国、俄罗斯、欧盟、印度等已成为重要的多极力量。中国自 2010 年跃升为全球第二大经济体，经济总量已从 40 年前占全球经济总量的 1.8％上升到 2017 年的 15％，对世界经济增长的贡献率更达到 30％。日益走近世界舞台中央的中国，已成为推动多极化趋势的中坚。美国特朗普政府已经把中国和俄罗斯明确为战略竞争对手，但它与其盟友之间的裂隙也在加深，大西洋同盟关系几近历史低点。这个过程中，全球化进程的主要推动力量发生了变化，新兴经济体正在成为推动全球化的新生力量。①

归根结底，百年变局的基础是 19 世纪以来西方主导的世界体系"中心—外围"结构的坍塌。当然这是一系列历史性的变化引起的。第一，非西方国家整体性崛起，越来越多的非西方国家在经济全球化的大潮中实现经济的跨越式增长。这样一种历史的转换不仅表现在非西方国家 GDP 总量已经超过了西方国家，改变了世界经济地理中心的位置，还表现在非西方国家之间新的经济协作关系的形成，非西方国家进入了更为独立自主的发展时期，甚至出现了"一个没有西方的世界"（A World Without the West）的说法。第二，伊曼纽尔·沃勒斯坦（Immanuel Wallerstein）提出来的"世界体系"结构正在经历历史性变化，中心国家增多，规模扩大，边缘规模缩小、分化，一批发展中国家进入到中心中来。原来意义上的"世界体系"已经解体，整个世界正在按照"超级版图"组合起来，而许多发展中国家的城市群已经成为全球供应链的重要节点。第三，随着经济全球化的不断深入，特别是互联互通网络的深入蔓延，欧亚非在经济上更为密切地联系在一起，欧洲正在消解，欧亚大陆正在"重回马可波罗世界"，改变了近代以来欧亚大陆地缘政治的基础，也削弱了美国对欧亚大陆的支配和平衡能力。第四，冷战期间构建起来的以美国为首的"西方阵营"正在走向解体。西方在历史上并不是一个恒久的存在，现在人们所认同的西方是在二战结束之后，欧洲对世界的领导权转移到美国手里的时候构建起来的。冷战的终结被认为是西方的"胜利"，但随着这一胜利的到

----

① 刘建飞：《何谓"百年未有之大变局"》，《党员文摘》2019 年第 11 期。

来，西方陷入了种种"困局"，原来意义上的"西方阵营"事实上已经走向解体。第五，美国主导的世界秩序正在终结。关于这方面的讨论已有许多。特朗普政府"美国至上"的理念和行动加剧了与其盟国的分离，推动了国际关系多极化的发展。即使拜登在 2020 年总统大选中获胜，他也将面对一个已经被特朗普政府严重破坏的世界，一个美国主导权难以"修复"的世界。以上种种，都是"人类社会正处在大发展大变革大调整时代"的不同表现。西方已经"走下神坛"，世界的"中心—外围"结构已经发生很大变化，欧亚大陆地传统的缘政治结构正在消解，"西方阵营"的存续基础已经不复存在，美国主导地位的现实条件正在消失，世界正以一种新的面貌展示在我们面前。[①]

（三）2020 年：世界历史进程的分水岭

2020 年注定要在人类社会的历史进程中留下深刻的记忆。首先是突如其来的新冠肺炎疫情改变了全世界的生产和生活秩序，并让人类付出了健康和生命的代价。截至 2020 年 12 月 30 日，全球新冠肺炎病毒感染者已经达到 82036653 人，其中美国 19515430 人，印度 10244852 人，巴西 7563551 人，死亡 1791662 人。新冠肺炎病毒依然在全球范围内快速扩散，新兴市场国家已经取代发达国家成为疫情的重灾区，印度与拉美的疫情尤其令人担忧；同时疫情在美国与欧洲已经出现了明显的二次反弹，全球范围内的疫情演进呈现扩大化与长期化的趋势。其次，全球经济遭受重创，陷入自二战以来最严重的衰退，2021 年能否实现 V 型反弹还面临着一系列不确定性。在全球主要经济体中，只有中国经济在 2020 年实现了正增长。2021 年全球经济能否实现 V 型反弹，还是 U 型（经济增速停留在底部的时间较长）、耐克型（经济复苏的轨迹脆弱且漫长）

---

① 刘德斌：《百年变局中的历史转换与战略机遇》，《世界历史》2020 年第 6 期。

甚至 K 型（也即高收入群体收入显著复苏、但中低收入群体收入长期受损）反弹，现在都不好说。第三，全球范围内各种类型冲突依然面临复杂多变之形势，甚至可能继续加剧，围绕疫情演进、中美关系关系重启和俄罗斯与北约之间博弈等方面的不确定性可能依然高企，甚至存在激化的可能性。

国务委员王毅对 2020 年国际形势的发展变化以及中国在世界舞台上的作用做了非常形象的概括和描述：2020 年是人类历史进程中具有分水岭意义的一年。突如其来的疫情引发全球性危机，各国人员往来按下了"暂停键"，世界经济增长挂上了"倒车挡"，强权政治、冷战思维沉渣泛起，单边主义、保护主义逆流横行，人类发展面临空前风险挑战，国际形势进入动荡变革期。同时，国际格局的演进正在提速换挡，新一轮科技革命和产业变革蓄势待发，人类社会对健康安全、和平发展、合作共赢、命运与共的认知更加深刻。世界回不到过去，人们在求索未来。各国都要作出团结还是分裂、开放还是封闭、合作还是对抗的重要抉择。2020 年是国家发展进程中具有里程碑意义的一年。面对来势汹汹的疫情冲击和日趋复杂的外部环境，在以习近平同志为核心的党中央坚强领导下，中国人民万众一心、众志成城，率先控制疫情，率先开展抗疫合作，率先复工复产，率先恢复经济增长。脱贫攻坚历史使命将如期完成，决胜全面建成小康社会取得决定性成就，实现第一个百年奋斗目标胜利在望。党的十九届五中全会胜利召开，擘画了未来五年乃至更长一个时期国家发展的宏伟蓝图，开启了全面建设社会主义现代化国家新征程，为战胜前进道路上的艰难险阻提供了强大动力，为实现中华民族伟大复兴锚定了前进方向。[①]

---

① 王毅：《百年变局与世纪疫情下的中国外交：为国家担当 对世界尽责》，《学习时报》2020年 12 月 14 日。

（四）新型国际关系与人类命运共同体

早在 2012 年，针对当今世界面临的形势，习近平总书记在党的十八大报告中提出了构建"人类命运共同体"的设想。这一设想一经提出就在国际社会引发强烈反响和认同，并且已经被写进一系列重要国际组织的文件之中。但是也有人对这一构想提出质疑：因为当今世界是由威斯特伐利亚式的主权国家构成的，超越主权国家之上的"人类命运共同体"就有可行性吗？这实际上也是习近平总书记"人类命运共同体"的重要意义所在。推动建设人类命运共同体的前提是构建新型国际关系。党的十八大召开之后，习近平总书记在国内外不同场合多次阐释他对推动建设新型国际关系和人类命运共同体的想法。党的十九大报告更是明确提出推动建设相互尊重、公平正义、合作共赢的新型国际关系。相互尊重、公平正义、合作共赢新型国际关系的基本理念和行动，三者之间相辅相成、相互作用。合作共赢作为新型国际关系的核心理念，同时也是新型国际关系最为根本的特征，新型国际关系是习近平总书记提出的重大理念之一，已纳入习近平新时代中国特色社会主义思想，对推进新时代中国外交具有重要指导意义。

现有的国际关系体系是根据 1648 年欧洲三十年战争结束之后签署的《威斯特伐利亚和约》构建起来的，以主权国家为主要行为体，是当年欧洲国家王权与教权博弈的产物，也是欧洲的历史经验推广到了全世界的结果。其主要特征是强调主权平等，但这种平等首先表现为欧洲列强之间的平等，而对于欧洲以外的地区，则表现为帝国主义，并在 19 世纪末 20 世纪初瓜分世界的狂潮中将全世界纳入欧洲殖民体系。欧洲列强为了争夺势力范围而引发第一、第二次世界大战，战争的结果是欧洲殖民地帝国体系的崩塌，亚非地区一大批新兴国家涌现出来。[1] 但是，虽然西方国家也倡导平等、公正、民主和法治，并试图将之运用到国际关系中来，但强权政

---

[1] 刘德斌：《世界的重塑：从"帝国"到"民族国家"》，《外交评论》2019 年第 6 期。

治、霸权主义和极端民族主义一直伴随其中。一些非西方国家由于受西方行为方式的影响，也奉行强权政治、地区霸权主义以及极端民族主义。而新中国成立以来中国共产党人倡导并践行和平共处五项原则、和平发展、和谐世界、新型大国关系和合作共赢等原则、理念、精神和政策主张，以及党的十八大以来中国所施行的一系列重大外交举措，如"一带一路"倡议的实施、亚洲基础设施投资银行的建立，等等，特别是习近平总书记有关新型国际关系和人类命运共同体的阐释，表现出来的是一种新型国际关系的理念和举措。党的十八大报告提出"建立更加平等均衡的新型全球发展伙伴关系"，其宗旨是实现合作共赢；2013 年 3 月，习近平在莫斯科国际关系学院首次提出"以合作共赢为核心的新型国际关系"的概念；2014 年 11 月，习近平在中央外事工作会议上提出"我们要坚持合作共赢，推动建立以合作共赢为核心的新型国际关系，坚持互利共赢的开放战略，把合作共赢理念体现到政治、经济、安全、文化等对外合作的方方面面"，进一步强调了"合作共赢理念"。依据习近平总书记对新型国际关系的阐述，其目标模式就是人类命运共同体。2015 年 9 月 22 日，习近平总书记在访美前夕接受美国《华尔街日报》书面采访时明确指出，中国愿同广大成员国一道，"推动建设以合作共赢为核心的新型国际关系，完善全球治理结构，共同构建人类命运共同体"。

　　将新型国际关系与人类命运共同体结合在一起阐述，表明在中国领导人心目中，新型国际关系与人类命运共同体是紧密相关的。可以理解为，构建新型国际关系就是以打造人类命运共同体为努力方向和目标模式。[①]根据习近平总书记的阐释："人类命运共同体，顾名思义，就是每个民族、每个国家的前途命运都紧紧联系在一起，应该风雨同舟，荣辱与共，努力把我们生于斯、长于斯的这个星球建成一个和睦的大家庭，把世界各国人民对美好生活的向往变成现实。"可以想象，在当今世界处于历史性的转

[①]　刘建飞：《新型国际关系"新"在哪里》，《学习时报》2018 年 4 月 16 日。

折关头，也唯有作为共产党人的国家领袖，能够既站在本民族的立场，同时又胸怀世界担当，在总结世界历史经验和教训的基础上，面向现实和未来，提出这样的设想和主张。2017年2月10日，联合国社会发展委员会第55届会议一致通过"非洲发展新伙伴关系的社会层面决议"，构建"人类命运共同体"理念首次被写入联合国决议中。3月17日，联合国安理会通过关于阿富汗问题的第2344号决议，构建"人类命运共同体"理念首次载入安理会决议。3月23日，联合国人权理事会第34次会议通过关于"经济、社会、文化权利"和"粮食权"两个决议，构建"人类命运共同体"理念首次载入联合国人权理事会决议。11月2日，中国关于构建"人类命运共同体"的理念又写入联大"防止外空军备竞赛进一步切实措施"和"不首先在外空放置武器"两份安全决议。

从1840年鸦片战争开始，战争、动乱和灾难缠绕了中华民族一百多年；从英法联军、甲午海战到八国联军，大清王朝在列强的欺压之下苟延残喘；从清朝的覆灭到辛亥革命后的军阀割据，再到日本侵略者占据中国半壁江山，多少百姓流离失所，多少河山生灵涂炭，一代又一代仁人志士的奔走呼号，苦心探索救国图存之路，都失败了。只有中国共产党人的方案和道路才使中国人民重新赢得了国家的独立和尊严。但重新焕发生机的中国并没有走向"国强必霸"传统大国的老路，而是在两极对抗的冷战格局中坚守独立自主的和平外交政策，在对亚非拉新兴国家给予大量无私援助的同时，扭转了美苏两个超级大国塑造和维持的冷战格局，推动了世界历史上一个和平发展时代的到来。在这其中，中国共产党人领导中国人民实现了新中国从站起来到富起来的伟大壮举，实现了中华民族的伟大复兴。进入新时代，世界正经历着百年未有之大变局，强起来的中国面临更为严峻的考验。推动建设新型国际关系和人类命运共同体的思想，既根植于中华传统文化的厚重土壤，也发自共产党人的理想和信念，为当今世界政治的困局，提供了最为切实可行的解决方案。中国不仅已经崛起为世界大国，也在为这个世界贡献新的思想和智慧。

从闭关锁国到改革开放，中国已经深深地融入了这个世界。中国之治不仅是"中国之治"，还必须与"世界之治"融合起来。唯有如此，中国之治才能够行稳致远。

策划编辑：陈　密

责任编辑：李京华

图书在版编目（CIP）数据

中国制度十二讲／姜治莹主编、孙正聿等 编著 . —北京：人民出版社，
2022.7

ISBN 978 - 7 - 01 - 024493 - 8

I. ①中… 　II. ①姜…②孙… 　III. ①中国特色社会主义 - 社会主义制度 -
文集 　IV. ① D621–53

中国版本图书馆 CIP 数据核字（2022）第 016546 号

中国制度十二讲

ZHONGGUO ZHIDU SHIER JIANG

姜治莹 主编

孙正聿 等 编著

人 民 出 版 社 出版发行

（100706 北京市东城区隆福寺街 99 号）

北京盛通印刷股份有限公司印刷 新华书店经销

2022 年 7 月第 1 版 2022 年 7 月北京第 1 次印刷

开本：710 毫米 ×1000 毫米 1/16 印张：23.75

字数：340 千字

ISBN 978 - 7 - 01 - 024493 - 8 定价：78.00 元

邮购地址 100706 北京市东城区隆福寺街 99 号

人民东方图书销售中心 电话（010）65250042 65289539